Patricia Peschel

Das Kurhaus in Baden-Baden im Wandel der Zeit

1824–2024

»...was zum geselligen und
anständigen Vergnügen alles umfaßt,
was nur immer an einem Kurort
gewünscht werden kann...«

Patricia Peschel

DAS KURHAUS IN BADEN-BADEN

IM WANDEL DER ZEIT 1824–2024

herausgegeben von der

BKV – Bäder- und Kurverwaltung Baden-Württemberg

SCHNELL + STEINER

Umschlagvorderseite:
oben: Kurhaus in Baden-Baden, 2024
(BKV)

unten: Konversationshaus in Baden-Baden, 1890
(Nasjonalmuseet for kunst, arkitektur og design Oslo, Robert Meyer Collection)

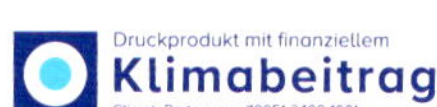

Bibliographische Informationen der Deutschen Nationalbibliothek:
Die Deutsche Nationalbibliothek verzeichnet diese Publikation
in der Deutschen Nationalbibliographie; detaillierte bibliographische Daten
sind im Internet über https://dnb.de abrufbar.

1. Auflage 2024

Umschlaggestaltung: Julie August
Satz: typegerecht berlin
Druck: Gutenberg Beuys Feindruckerei GmbH, Langenhagen
ISBN 978-3-7954-3905-7

Weitere Informationen zum Verlagsprogramm erhalten Sie unter:
www.schnell-und-steiner.de

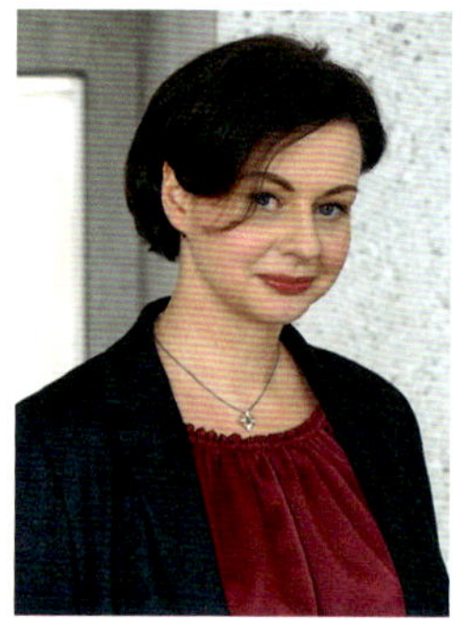

Dr. Patricia Peschel ist Historikerin und promovierte Kunsthistorikerin und seit 2010 als Konservatorin der Staatlichen Schlösser und Gärten Baden-Württemberg, seit 2014 als Oberkonservatorin tätig sowie seit März 2020 an das Finanzministerium Baden-Württemberg abgeordnet. Von ihr sind bereits zahlreiche Publikationen zur (Kunst-)Geschichte Württembergs des 18./19. Jh. erschienen.

EINFÜHRUNG

»...Dieses Haus bildet dem entsprechend den Herd des geselligen Lebens für den Cur- und Badeort...«

Das Kurhaus wurde am 1. Juli 1824 eingeweiht, ist seitdem untrennbar mit der Entwicklung Baden-Badens verbunden und gehört bis heute zu den prägendsten Gebäuden der Stadt.

Das Kurhaus – noch bis 1915 als das »Konversationshaus« bezeichnet – sollte nicht nur zur Keimzelle des wirtschaftlichen und gesellschaftlichen Erfolgs der Stadt werden, sondern letztendlich den »Mythos Baden-Baden« begründen.

Zunächst nur als ein zur Infrastruktur jeden Kurorts gehörender Gäste-Treffpunkt mit Gastronomie, Veranstaltungen und Spiel errichtet, wurde es durch die Visionen, Tatkraft und Leidenschaft aller Beteiligten zur einer beispiellosen Erfolgsgeschichte.

In zahlreichen Publikationen zum Kurhaus und zur Stadt wurden bisher überwiegend einzelne Aspekte beleuchtet, jedoch weniger das Haus in seiner gesamten 200-jährigen Geschichte zusammenhängend dargestellt. Die Vielschichtigkeit des Kurhauses zeigt sich jedoch gerade in seiner engen Verflechtung von Architektur, Wirtschafts-, Gesellschafts- und Kulturgeschichte: Nicht nur der Neubau von 1824, sondern jeder An- und Umbau im Laufe der Jahrhunderte war bedingt durch den Wunsch, die Attraktivität des Hauses für seine Gäste zu steigern und die Anziehungskraft durch die Jahrhunderte zu erhalten. Das Haus sollte durch seine Architektur und Ausstattung sowie sein Angebot an Kultur, Spiel und Gastronomie auf allerhöchstem Niveau zu jeder Zeit seine Besucher begeistern.

Maßgeblich verantwortlich für die Entwicklung des Kurhauses in dem knappen ersten halben Jahrhundert seines Bestehens waren die vier französischen Pächter – Antoine Chabert, Jean-Jaques Bénazet, Edouard Bénazet und Èmile Dupressoir –, weshalb die Historie des Hauses zunächst anhand der jeweiligen Pächter gegliedert ist. Mit jedem Pächterwechsel wuchsen die Ansprüche an das Haus: die jeweils modernste Ausstattung der Räumlichkeiten, das delikateste gastronomische Angebot, die beste Unterhaltung mit den zu ihrer Zeit berühmtesten Künstlern – alles »für die Bedürfnisse der an Luxus gewöhnten Fremden«.

Diese Zutaten bildeten den exquisiten Rahmen für den finanziellen Erfolgsgaranten und die wirtschaftliche Basis des Kurhauses: das »Hazard-Spiel« – das Glücksspiel! Die immensen Spieleinnahmen insbesondere ab Mitte des 19. Jahrhunderts bescherten dem Pächter, der Stadt und dem badischen Großherzogtum eine scheinbar endlos sprudelnde Geldquelle!

Angezogen durch das reizvolle und perfekte Umfeld strömten die Gäste in das Kurhaus, wo ein erheblicher Anteil von ihnen das Glück (vergeblich) im Spiel suchte – und mit jedem verlorenen Spiel steigerten sich die Einnahmen. Die schönsten, exquisitesten Räume und die besondere Aufmerksamkeit des Gastgebers waren hierbei den Gästen aus den höchsten Kreisen des internationalen (Geld-)Adels aus Politik, Wirtschaft und Kultur vorbehalten, welche durch ihre oft monatelange Anwesenheit das Kurhaus und die gesamte Stadt adelten, sie zur viel beschworenen »Sommerhauptstadt Europas« machten – und finanzierten.

Das ab Januar 1873 vom preußischen Kaiser für das gesamtdeutsche Gebiet erlassene Glücksspielverbot schien somit einem »oekonomischen Ruin« der Stadt gleichzukommen, war doch der ursprüngliche Zweck eines Aufenthaltes in Baden-Baden – das Kuren in den dortigen Thermalquellen – schon längst in den Hintergrund gerückt und durch die »Spiel-Wuth« und Vergnügungen jeglicher Art ersetzt worden. Um »in einer nachhaltig gestalteten Weise« diesem drohenden Ruin zu entgehen, war die Errichtung des Friedrichsbades als seinerzeit modernste Badeanstalt Europas ein gut geplanter Glücksfall für die Stadt, die sich damit wirtschaftlich und gesellschaftlich in das aufkommende 20. Jahrhundert rettete und so das über 60 Jahre andauernde Spielverbot überstand. Die Errichtung des Friedrichsbades wird daher in einem kurzen Exkurs dargestellt. Die Kapitel zur Weiterentwicklung des Hauses nach Ende und Wiederaufnahme des Spiels bis zur heutigen Nutzung vervollständigen die Historie des Konversations- bzw. Kurhauses.

Das Kurhaus hatte sich in seiner Ausstattung und in seinem Angebot immer wieder den jeweiligen Bedürfnissen seiner Nutzung bzw. seiner Gäste angepasst: sei es in der »goldenen Ära« des Spiels in der Mitte des 19. Jahrhunderts, sowohl in der glücksspiellosen Zeit nach 1872 als auch in der »Spielzeit« der kurzen Epoche von 1935 bis 1944 und ebenso in der neu auferstehenden Glücksspiel-Ära ab 1950. Die Spuren dieser Zeiten lassen sich bis heute in den zahlreichen An- und Umbauten ablesen, welche gleich einem Zeitfenster einen Blick in die jeweilige Epoche des Hauses bieten. Durch die Fokussierung auf seine Gäste steht das Haus auch nach 200 Jahren noch immer in seiner ursprünglichen Funktion und bietet bis heute die Verbindung von Entertainment, Spiel und Gastronomie in einem anspruchsvollen und eleganten Rahmen.

Die möglichst breite Darstellung und die Berücksichtigung all dieser Entwicklungen im Laufe der Jahrhunderte in der vorliegenden Publikation ermöglichte eine Vielzahl von teilweise erst flach erschlossenen Archivalien des 19. und 20. Jahrhunderts im Generallandesarchiv Karlsruhe (GLA), im Grundbuchzentralarchiv Kornwestheim und im Stadtarchiv Baden-Baden, sowie Abbildungen und Unterlagen im Landesamt für Denkmalpflege Karlsruhe (LAD), im Amt für Vermögen und Bau Pforzheim/Baden-Baden (VBA) und im Stadtmuseum/-archiv Baden-Baden.

Hinzu kamen Abbildungen aus den Beständen internationaler Museen sowie eine kaum fassbare Anzahl von zeitgenössischen Berichten und Artikeln in Zeitungen und Magazinen des 19. und 20. Jahrhunderts. Durch diese hervorragende Quellenlage war es möglich, die Geschichte des Kurhauses möglichst umfassend darzustellen, wobei neben den historischen Fakten ebenso die jeweilige Sichtweise der Zeitgenossen auf das Haus und seine Geschicke von großer Bedeutung sind.

Bei den verwendeten Archivalien handelt es sich im Einzelnen um folgende Bestände:

Im Generallandesarchiv Karlsruhe (GLA): 56-1 (Generalintendanz der Civilliste), 195 (Baden-Baden Stadt), 233 (Badisches Staatsministerium), 236 (Badisches Innenministerium), 339 (Bezirksamt Baden-Baden), 424a Zugang 1996-67 (Staatliches Hochbauamt Baden-Baden), 565 (Staatliches Rheumakrankenhaus Baden-Baden), N Nebenius (Nachlass Karl Friedrich Nebenius); im Grundbuchzentralarchiv Kornwestheim: ACH 5 A 002.327.061 (Grundbuchamt Baden-Baden) und im Stadtarchiv Baden-Baden: C20/9-1 (Schriftwechsel Bezirks-Bauinspektion Baden), A26/15-69 (Bauliche Unterhaltung des Kurhauses, Umbaumaßnahmen), A 26/15-83 (Kurhaus Inventar), C25/1070 (Konversationshaus. Die Spielpacht in Baden).

Hinzu kamen eine Vielzahl zeitgenössischer internationaler Zeitungen und Magazine, so zum Beispiel: Karlsruher Zeitung, Morgenblatt für gebildete Stände, Ost und West – Blätter für Kunst, Literatur und geselliges Leben, Der Friedens- und Kriegskurier, Wiener Fremdenblatt, Wiener Morgenpost, Zeitschrift für Bauwesen, Badeblatt, Illustration de Bade, Illustrierte Zeitung, Badische Abend-Zeitung, Münchner Wochenzeitschrift Germania, Harper's Weekly, Aerztlichen Mittheilungen aus Baden und Badische Presse.

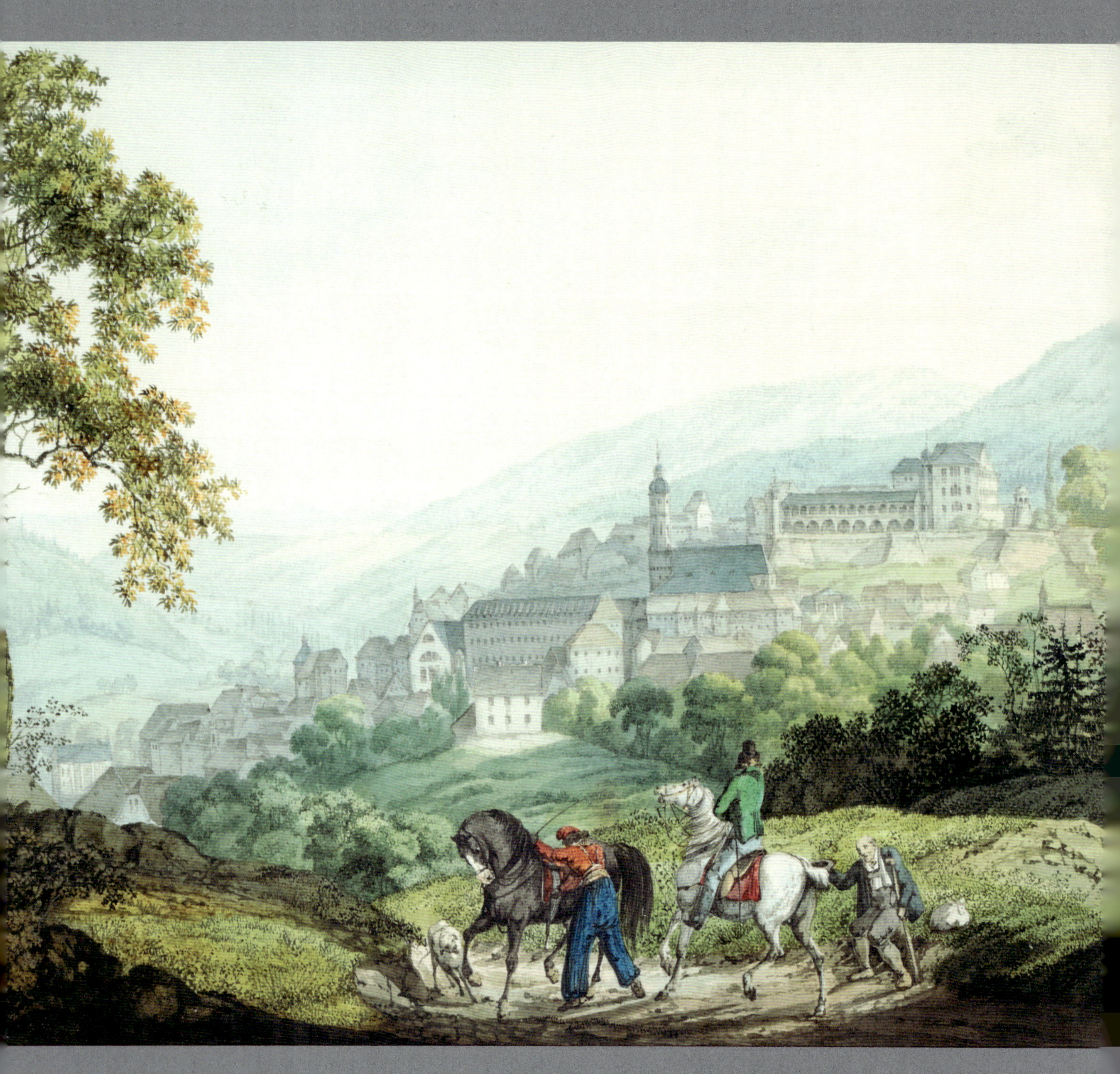

DIE ANFÄNGE

»Das Cur- und Conversationshaus (ist) als für jeden Curort unbedingt nöthig zu bezeichnen...«

Im Laufe des 19. Jahrhunderts erfuhr Baden-Baden eine europaweit steigende Beliebtheit als Kurort[1] (Abb. 1): Bereits zu Beginn des 18. Jahrhunderts war die Stadt u. a. im Zuge des Friedens-Kongresses im benachbarten Rastatt 1713/14 wiederentdeckt worden, als die Delegierten des Kongresses zur Vergnügung und Erholung nach Baden-Baden kamen, wo bereits ein konzessioniertes Glücksspiel (Hazard-Spiel) vorhanden war. Den Rahmen für eine derartige »Zerstreuung« bildete in Baden-Baden u. a. seit 1764/66 ein »Pavillon« bzw. »Promenadenhaus« an der Stelle des heutigen Gastronomieflügels des Kurhauses, welches um 1800 durch ein hölzernes Theater ergänzt wurde.[2] Dieses war nach einem Entwurf des Bauinspektors Franz Ignaz Krohmer (1714–1789) erbaut worden und lag an der Promenade hinter der Oos am Rand der Innenstadt.[3] Es bot jedoch nur eingeschränkten Platz, so zum Beispiel für Bälle, die nur *»jeden Sonntag von Nachmittags drei Uhr bis gegen Abend in jenem Pavillon statt fanden«*, und bei denen meist *»nur das zierliche Menuet getanzt wurde«*[4]. Dieses eingeschossige Promenadenhaus bestand zunächst aus einem Saal mit angeschlossenen Wirtschaftsräumen und der Wohnung des Wirts. Für größere und repräsentativere Veranstaltungen war dieses Gebäude jedoch nicht geeignet.

Kur- bzw. Konversationshäuser gehörten jedoch zu der Infrastruktur einer Kurstadt, da sie den Gästen verschiedene Unterhaltungsmöglichkeiten wie Lesekabinette, Konzerte oder (Glücks-)Spiel zur Zerstreuung anboten: *«(...) Das Cur- und Conversationshaus (ist) als für jeden Curort unbedingt nöthig zu bezeichnen; es soll den Leidenden die zum erfolgreichen Gebrauch der Heilquellen und Bäder gehörige Zerstreuung gewähren; es soll den Besuchern Ersatz für die Annehmlichkeiten und Anregungen bieten, die sie in großen Städten zu finden gewohnt und deren sie bedürftig sind, um den Aufenthalt auf dem Lande möglichst angenehm zu finden. Dieses Haus bildet dem entsprechend den*

1 Zum Aufstieg Baden-Badens im 19. Jhd. vgl. Heike Kronenwett: Baden-Baden – vom römischen Kurort zur Sommerfrische Europas, in: Europäische Kurstädte und Modebäder des 19. Jahrhunderts, (Int. Fachtagung des Deutschen Nationalkomitees von ICOMOS (...) 25.–27.11.2010), hg. von Volkmar Eidloth, Stuttgart 2012 (Hefte des Deutschen Nationalkomitees, Nr. 24), S. 43–56, dort mit weiteren Verweisen.

2 Vgl. Gustav Haebler: Der Weinbrennersaal – die abwechslungsreiche Geschichte eines berühmten Saales im Kurhaus zu Baden-Baden, in: Die Ortenau. Veröffentlichungen des Historischen Vereins für Mittelbaden, 47. Jg. 1967, S. 229–242.

3 Stadtmuseum/Stadtarchiv Baden-Baden (Hg.): Promenade der Klassik. Friedrich Weinbrenner in Baden-Baden, bearb. von Ulrich Maximilian Schumann, Bad Saulgau 2015, S. 64/65.

4 Alois Schreiber: Ausgeführte und projectirte Gebäude von Friedrich Weinbrenner, großherzoglich badischen Ober-Baudirektor, Carlsruhe und Baden 1835, S. 1.

Abb. 1 Baden von der Ostseite gesehen, um 1814/15 von Carl Philipp Fohr (Städelmuseum, Frankfurt am Main)

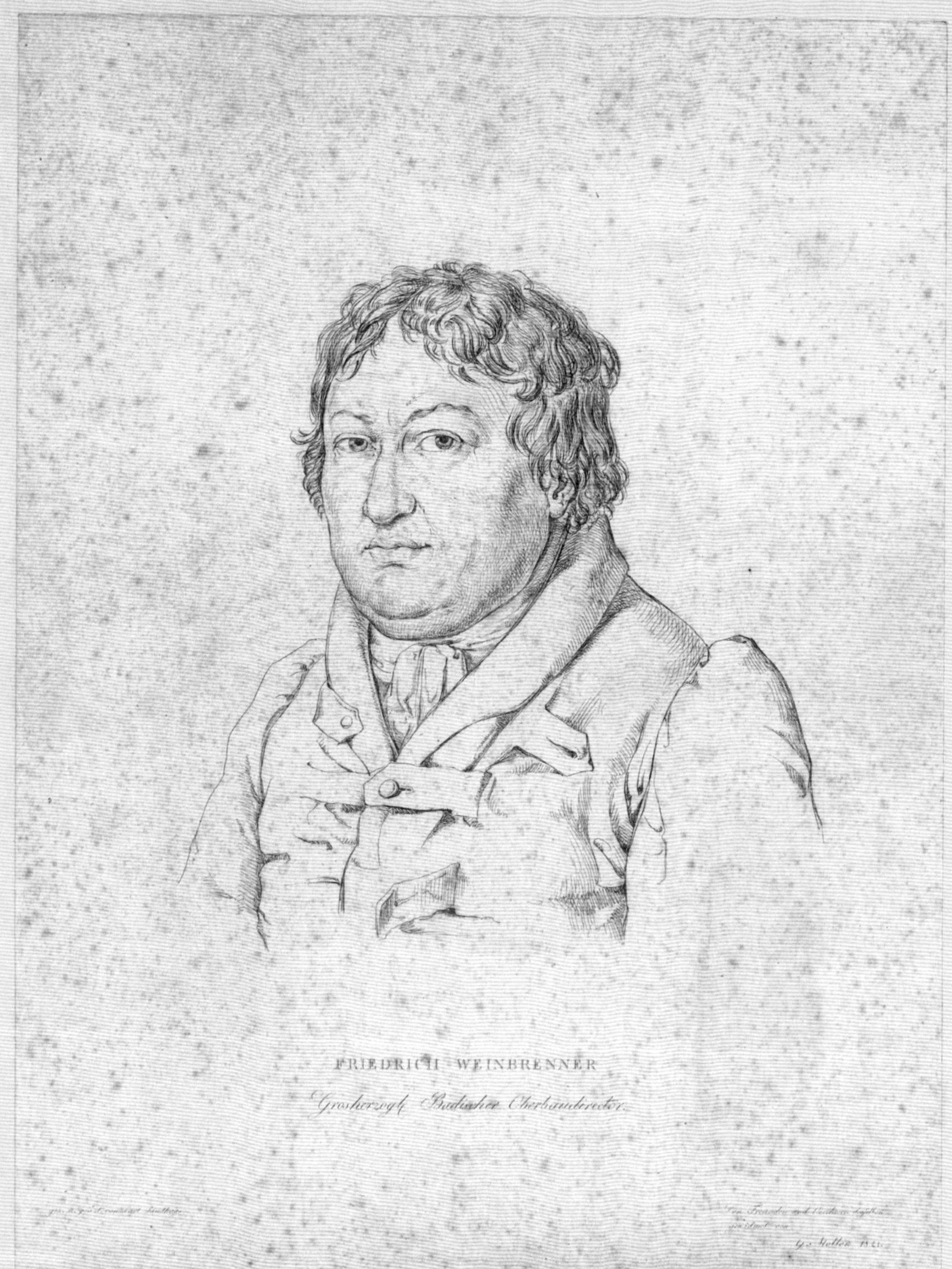

FRIEDRICH WEINBRENNER

Grosherzogl. Badischer Oberbaudirector.

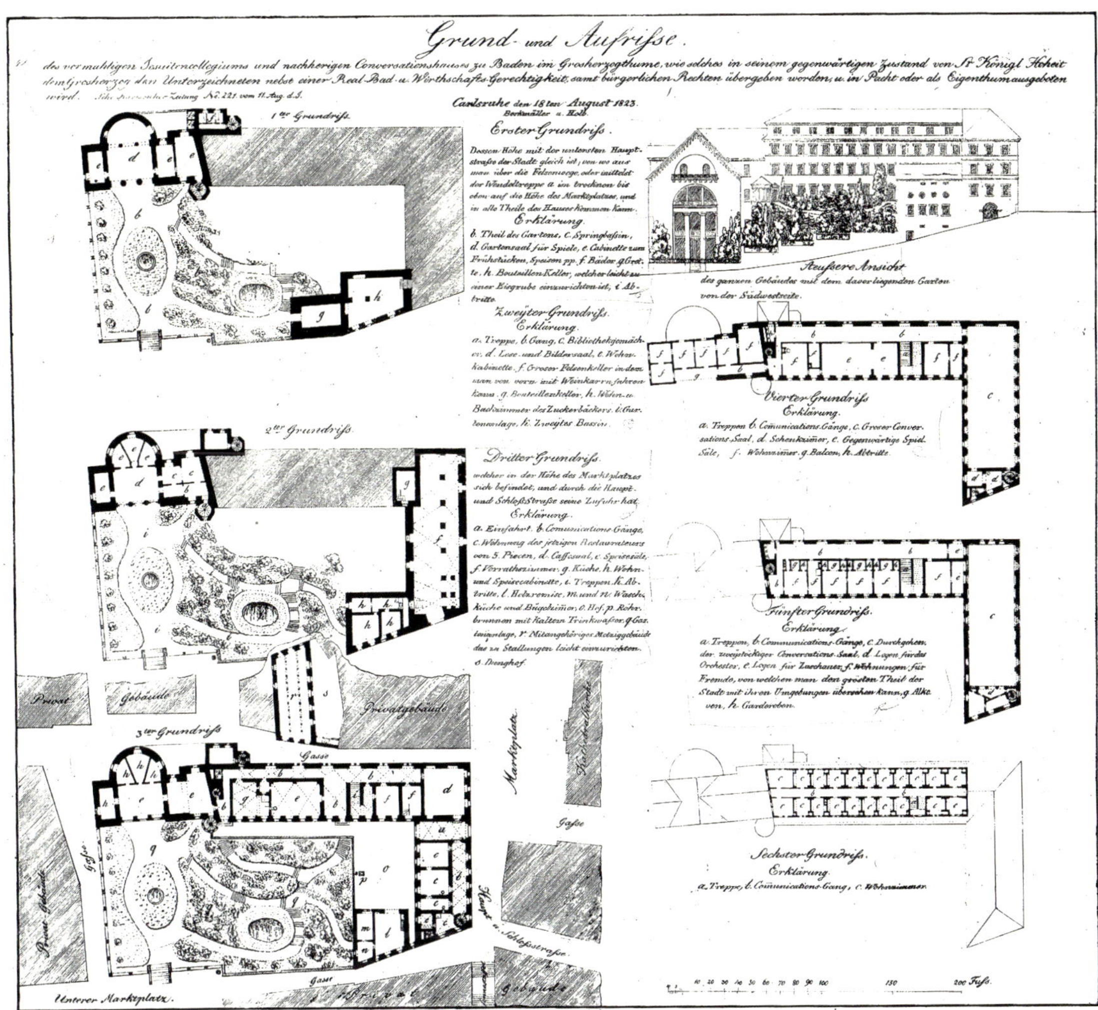

Abb. 3 Das alte Jesuitenkollegium im Grund- und Aufriss von 1823, noch in der Nutzung als ehemaliges Konservationshaus (Generallandesarchiv Karlsruhe 498-1 Nr. 434)

Herd des geselligen Lebens für den Cur- und Badeort, dessen Schwerpunkt naturgemäß dahin gelegt ist (...)«[5].

Daher wurde das Promenadenhaus zunächst 1802 durch den Architekten und großherzoglichen Baudirektor Friedrich Weinbrenner (1766–1826) (Abb. 2) um einen rückseitig angeschlossenen Saal und 1807 durch die Aufstockung des vorderen Gebäudeteils erweitert.[6] Da das Haus trotz der Erweiterungen jedoch weiterhin zu wenig Platz für die nötige Unterhaltung bot, wurde das einstige Jesuitenkollegium am heutigen Rathausplatz in der Altstadt, welches Anfang des 19. Jahrhunderts in den Besitz der Markgrafschaft Baden bzw. des späteren Großherzogtums Baden übergegangen war, ab 1810 ebenfalls von dem

5 Jonas Mylius/Heinrich Wagner: Baulichkeiten für Cur- und Badeorte, in: Josef Durm: Handbuch der Architektur, Theil 4, Darmstadt 1894, S. 1–40; zitiert nach Eidloth, 2012, S. 29.

6 Der damalige Pächter des Promenadenhauses Francois Chèvilly hatte weitere Anbauten gefordert, da das Promenadenhaus trotz der Erweiterungen immer noch zu wenig Platz bot und mit dem Angebot des nahegelegenen neu erbauten Hotels »Badischen Hof« um Gäste konkurrierte. Sein Wunsch ebenso wie der erweiterte Entwurf von Weinbrenner, das Promenadenhaus mit zwei zusätzlichen Pavillons und einer umgebenden Mauer zu ergänzen, wurden jedoch nicht umgesetzt, vgl. Stadtmuseum/Stadtarchiv Baden-Baden (Hg.): Promenade der Klassik. Friedrich Weinbrenner in Baden-Baden, bearb. von Ulrich Maximilian Schumann, Bad Saulgau 2015, S. 64/65.

Abb. 2 Der Architekt Friedrich Weinbrenner (»Großherzoglich Badischer Oberbaudirektor«), 1822, gezeichnet von Carl Sandhaas (Generallandesarchiv Karlsruhe S Thomas Kellner K 48, 7)

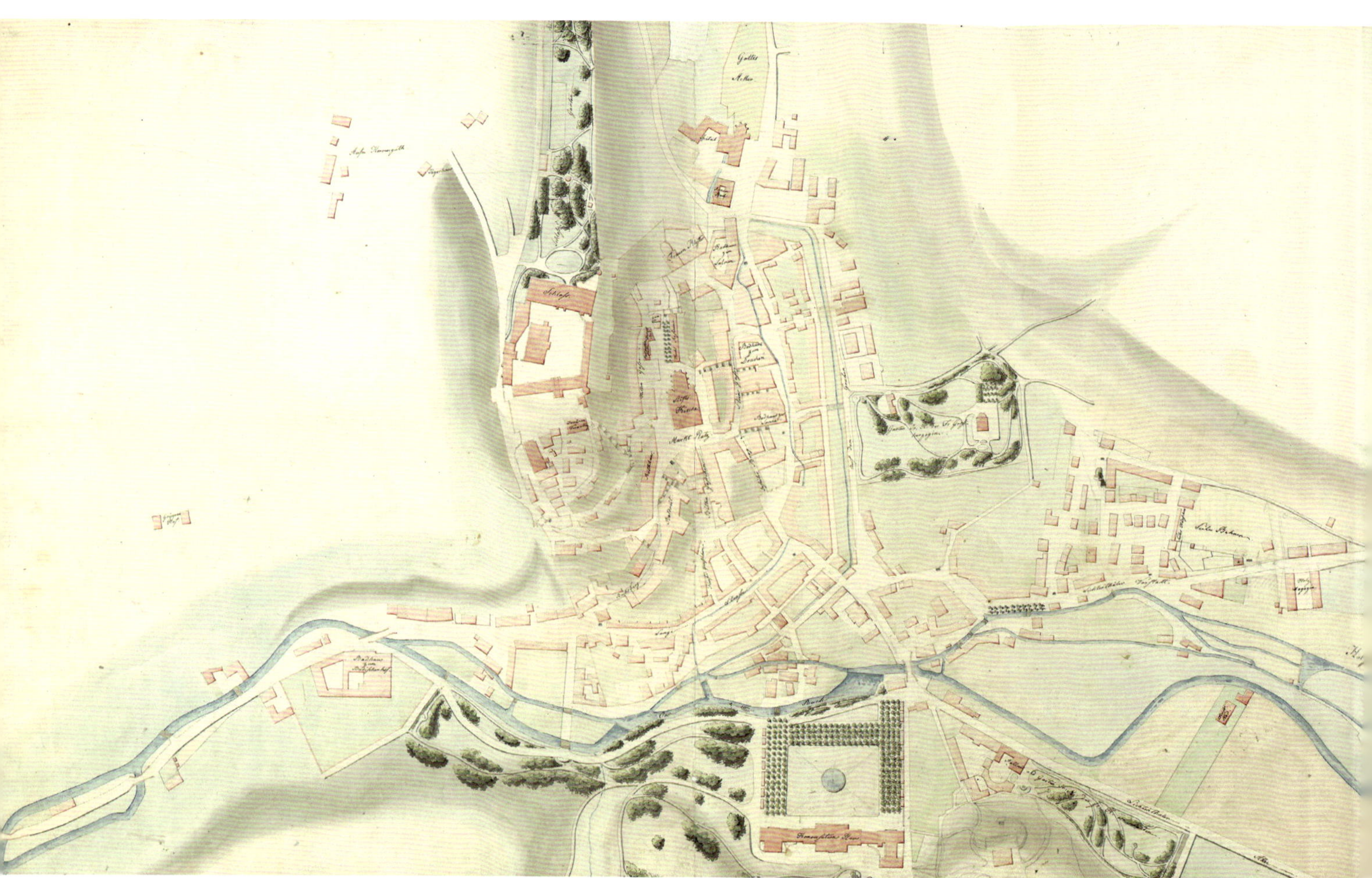

Abb. 4 Stadtplan von Baden-Baden u. a. mit der Altstadt (mit Badhaus, Schloss, Schlossgarten, Garten der Großherzogin, Häuser, Kirchen) und am unteren Bildrand das neue Konversationshaus, nach 1824 (Generallandesarchiv Karlsruhe H Baden-Baden 10)

Architekten Friedrich Weinbrenner (1766–1826) zum »Conversationshaus« umgebaut (Abb. 3).[7]

Mit stetig wachsender Besucherzahl entsprach aber auch dieses Gebäude ebenso wie das bestehende Promenadenhaus in kurzer Zeit schon nicht mehr den Anforderungen der wachsenden Kurstadt: *»(...) Ein Kurort, wie Baden, in welcher die Frequenz (...) die Zahl von 15.000 überschritten hat, und der von den meisten Fremden blos des Vergnügens wegen besucht wird, erheischt Anlagen und Einrichtungen, wie sie an minder besuchten Heilquellen nicht nothwendig sind (...)«*[8]. Insbesondere das Glücksspiel zog schon früh eine Vielzahl von illustren Gästen an, obwohl diese Auswirkungen auch kritisch gesehen wurden. So beklagte der Verleger Johann Friedrich Cotta (1764–1832) bereits 1822: *»(...) Baden, das lieblichste Bad durch seine schöne Natur, würde auch das angenehmste im geselligen Verkehr sein, wenn dieses unselige Spiel nicht bestände, der verhängnisvolle Vereinigungsort ist das sogenannten Promenadenhaus und der Unfug, der die Gesellschaft entehrt, das Hazardspiel (...)«*[9]. Gleichzeitig stand Baden-Baden in einer gewissen Konkurrenz mit der Kurstadt Wiesbaden, die bereits 1810 ein neues Kurhaus für Veranstaltungen, Gastronomie und Glücksspiel erbaut hatte[10].

7 Zum umgebauten Konversationshaus im einstigen Jesuitenkolleg vgl. Schreiber, 1835, S. 1. Stadtmuseum/Stadtarchiv Baden-Baden (Hg), 2015, S. 30–35. Zum einstigen Jesuitenkollegium: https://www.kloester-bw.de/klostertexte.php?kreis=&bistum=&alle=&ungeteilt=&art=&orden=&orte=&buchstabe=&nr=250&thema=Geschichte

8 Schreiber, 1835, S. 4.

9 Zitiert nach: August Stürzenacker: Das Kurhaus in Baden-Baden und dessen Neubau 1912–1917, Karlsruhe 1918, S. 40.

10 Das von Christian Zais 1808–1810 entworfene Kurhaus Wiesbaden existierte bis zu seinem Abriss 1904 und wurde durch das heutige »Neue Kurhaus« an gleicher Stelle ersetzt. In seiner klassizistischen Architektur mit dem großen Festsaal mit Säulen-Portikus in der Mitte, flankiert von Arkadengängen und zwei abschließenden Pavillons diente das Kurhaus wohl auch als Inspiration für das Konservationshaus in Baden-Baden. Eine der größeren Abweichungen war u. a., dass der große Saal sich mit der Schmalseite zu den Besuchern öffnete

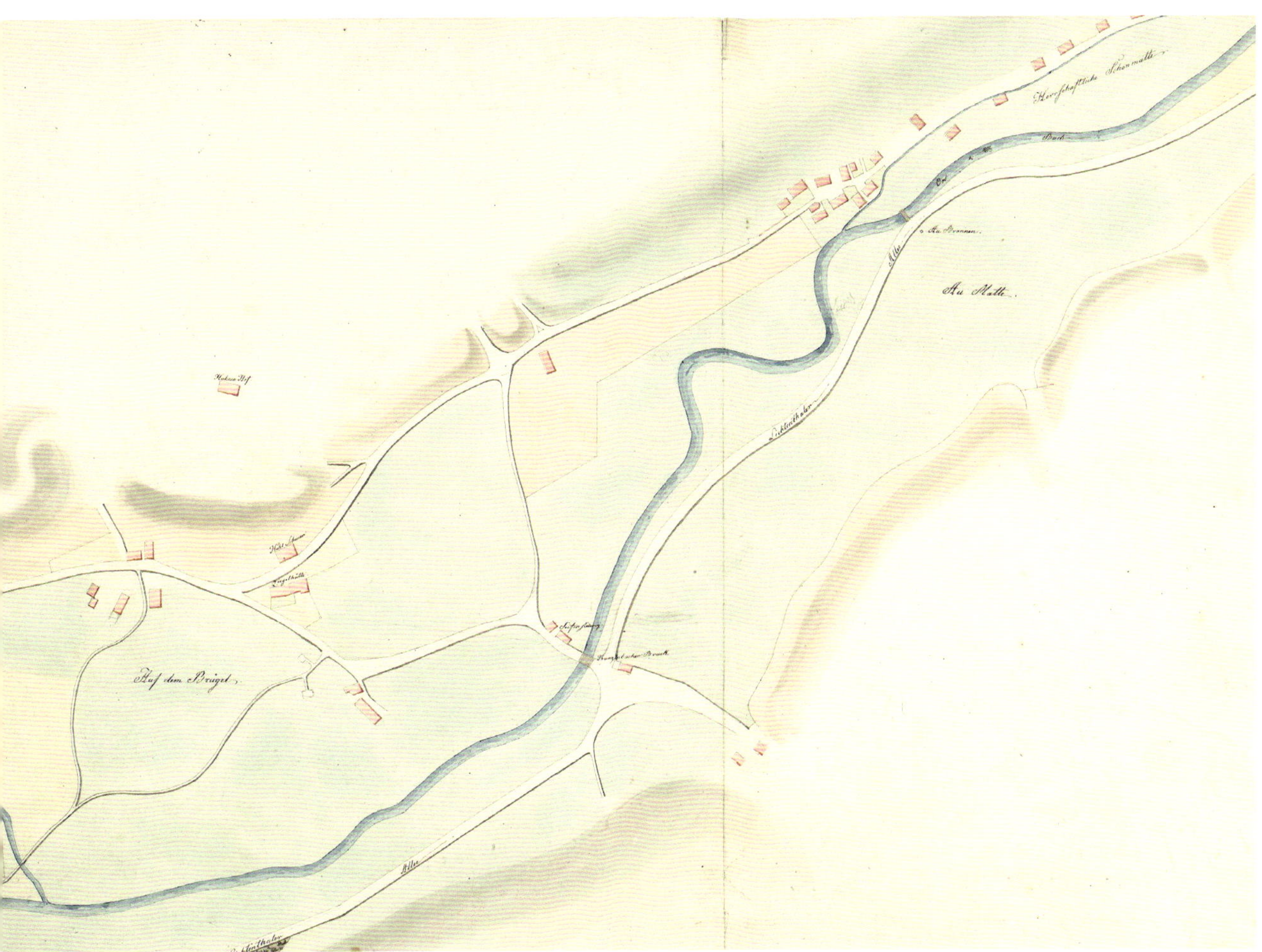

Nachdem bereits 1812 die Fläche um das bestehende Promenadenhaus von der großherzoglichen Badeanstalten-Commission angekauft worden war[11], wurde daher am 11. September 1821 vom Großherzoglichen Haus bekanntgegebenn, dass das alte Konversationshaus bzw. das ehemalige Jesuitenkolleg verkauft und ein neues Konversationshaus errichtet werden soll[12]: *»(...) Seine Königliche Hoheit der Großherzog haben gnädigst zu resolvieren geruht, daß (...) ein neues (...) Gebäude (...) und zwar in Verbindung mit dem bereits bestehenden Promenadenhaus erbaut werden soll. Dieses Kur- oder Konversationshaus soll das Lesekabinett, das Hazardspiel, eine Restauration und ein Table d'hote und das Theater in sich enthalten und zugleich ein schönes Local für die Bälle, für Privatgesellschaften, Cammerspiele darbiethen, überhaupt aber einen schönen und bequemen Vereinigungspunkt bilden, der so sehr vermißt wird, und in welcher Beziehung Baden vis a vis von anderen Bädern noch allein zurücksteht. (...)«*[13] (Abb. 4).

und nicht mit der Längsseite wie in Baden-Baden. Vgl. Ulrich Coenen: Die Kurhäuser in Baden-Baden und Wiesbaden – Ein neuer klassizistischer Bautyp innerhalb der Bäder- und Kurarchitektur und seine Einbindung in die Landschaft, in: Die Ortenau – Jahrbuch des Historischen Vereins für Mittelbaden, 2021, Band 101, S. 231–260. Christian Spielmann: Das Kurhaus zu Wiesbaden 1808–1904, Wiesbaden 1904.

11 Die Fläche umfasst die Lage des heutigen Kurhauses, des Kurgartens und der Trinkhalle und war am 27. Juli 1812 für 18.000 fl. samt des seinerzeit dort befindlichen Hofguts vom Freiherrn von Lassolaye an die großherzoglichen Badeanstalten-Commission verkauft worden, vgl. Gustav Haebler: Der Weinbrennersaal – die abwechslungsreiche Geschichte eines berühmten Saales im Kurhaus zu Baden-Baden, in: Die Ortenau. Veröffentlichungen des Historischen Vereins für Mittelbaden, 47. Jg. 1967, S. 229–242, hier S. 231.

12 Zusammenfassung des Badischen Innenministeriums bzgl. der »Besitzverhältnisse der Badanstaltsgebäude in Baden« (-Baden), vom 31.12.1919, GLA 236 Nr. 28612.

13 Zitiert nach: August Stürzenacker: Das Kurhaus in Baden-Baden und dessen Neubau 1912–1917, Karlsruhe 1918, S. 20.

1824:
DAS NEUE KONVERSATIONSHAUS

»Auf diese Weise wird Baden ein Konversations-Haus erhalten, was zum geselligen und anständigen Vergnügen alles umfaßt, was nur immer an einem Kurort gewünscht werden kann...«

Als ausführender Architekt für das geplante neue Konservationshaus war die Wahl wiederum auf Friedrich Weinbrenner (1766–1826) gefallen, der als Baudirektor des badischen Großherzogtums das Bauwesen im Land lenkte und bereits eine Vielzahl von öffentlichen und privaten Bauwerken entworfen hatte. In Baden-Baden hatte er neben dem Umbau des Jesuitenkollegs zum Konversationshaus (1810–1812), die Antiquitätenhalle (1804), der Umbau des Kapuzinerklosters zum Hotel Badischer Hof (1807–1809) und die Villa Hamilton (1809) ausgeführt[14].

Einen ersten Entwurf zum neuen Konversationshaus legte Weinbrenner bereits 1821 vor, bei welchem jedoch noch vonseiten des badischen Innenministeriums diverse Änderungen gewünscht wurden. Der zweite Entwurf wurde am 24. Dezember 1821 über das Innenministerium an das Staatsministerium zur Genehmigung geschickt. In diesem vorgelegten neuen Entwurf hatte Weinbrenner offensichtlich die gewünschten Änderungen berücksichtigt: *»(...) Die Gründe aus welchen man diese Abänderungen für sachgemäß fand, bestanden darin, daß man die Speisezimmer zu klein fand, hinter dem großen Tanzsaal noch einige kleinere Säle für nöthig, und die Sonderung des Theaters von dem Hauptgebäude wegen Feuers Gefahr für nöthlich erachtete. Letzteres ist (...) auf eine zweckmäßige und zugleich einträgliche Weise projectiert, indem die in den kleinen Säulen-Gängen vorgeschlagenen Boutiquen, wofür 800–900 fl. jährlich Bestandszins und zugleich den Vortheil gewähren, daß wenn in der Küche, oder in dem Theater Feuer ausbrechen sollte, sogleich durch Abweisung der Dächer, welche diese Gänge decken, dem etwas weiter umgreifenden Feuer nöthigen Falles Einhalt gethan, und das Hauptgebäude gerettet werden kann. Eben so ist in dem zweiten Plan für die Erbauung mehrerer kleinerer Säle gesorgt, und wir glauben daher, daß das von dem Oberbaudirector Weinbrenner vorgelegte neuere Project, da es allen Erfordernissen entspricht, und der gleich hinter dem Gebäude ansteigende Berghöhen wegen nicht anders ausführbar ist – mit folgenden Abänderungen zu genehmigen sey. (...) Auf diese Weise wird Baden ein Konversations-Haus erhalten, was zum geselligen und anständigen Vergnügen alles umfaßt, was nur immer an einem Kurort gewünscht werden kann. (...)«*[15]. Der Entwurf wurde noch im Oktober 1822 genehmigt, nachdem Weinbrenner am 14. Oktober 1822 vom großherzoglich Badischen Innenministerium aufgefordert worden war, eine *»Kosten Rechnung über den Bau eines neuen Conversations Hauses in Verbindung mit dem bestehenden Promenaden Gebäude in der englischen Anlage zu Baden«* einzureichen. Nach der vorgelegten Kostenberechnung vom 31. Oktober 1822 sollten sich die Baukosten auf 92.453 Gulden belaufen (ca. 1,6 Mio. €), wovon die Stadt 12.000 Gulden (ca. 200.000 €) übernehmen sollte[16]. Die Bauausführung wurde von den Maurermeistern Berkmüller und Holl aus Karlsruhe übernommen[17].

14 Vgl. Stadtmuseum/Stadtarchiv Baden-Baden (Hg.), 2015. Ulrich Coenen: Die Kurhäuser in Baden-Baden und Wiesbaden, 2021, S. 231–260. Peter Kohlbecker: Der Architekt Friedrich Weinbrenner in Baden-Baden, in: Aquae. – Baden-Baden. Arbeitskreis für Stadtgeschichte Baden-Baden, 2011, S. 124–146. Jeweils mit weiterführender Literatur.

15 »Bericht des Baudirectors Weinbrenner dem Plan zu dem neuen Konversationshaus in Baden betreffend« für das großherzogliche badische Ministerium des Inneren vom 24. Dezember 1821 und von dort für das großherzogliche badische Staatsministerium, dort empfangen am 3. Januar 1822, GLA 233 Nr. 28495.

16 Vgl. Generallandesarchiv Karlsruhe, GLA 195, Nr. 130. Zusammenfassung des Badischen Innenministeriums bzgl. der »Besitzverhältnisse der Badanstaltsgebäude in Baden« (-Baden), vom 31.12.1919, GLA 236 Nr. 28612

17 Generallandesarchiv Karlsruhe, GLA 195, Nr. 130. Zusammenfassung des Badischen Innenministeriums bzgl. der »Besitzverhältnisse der Badanstaltsgebäude in Baden« (-Baden), vom 31.12.1919, GLA 236 Nr. 28612.

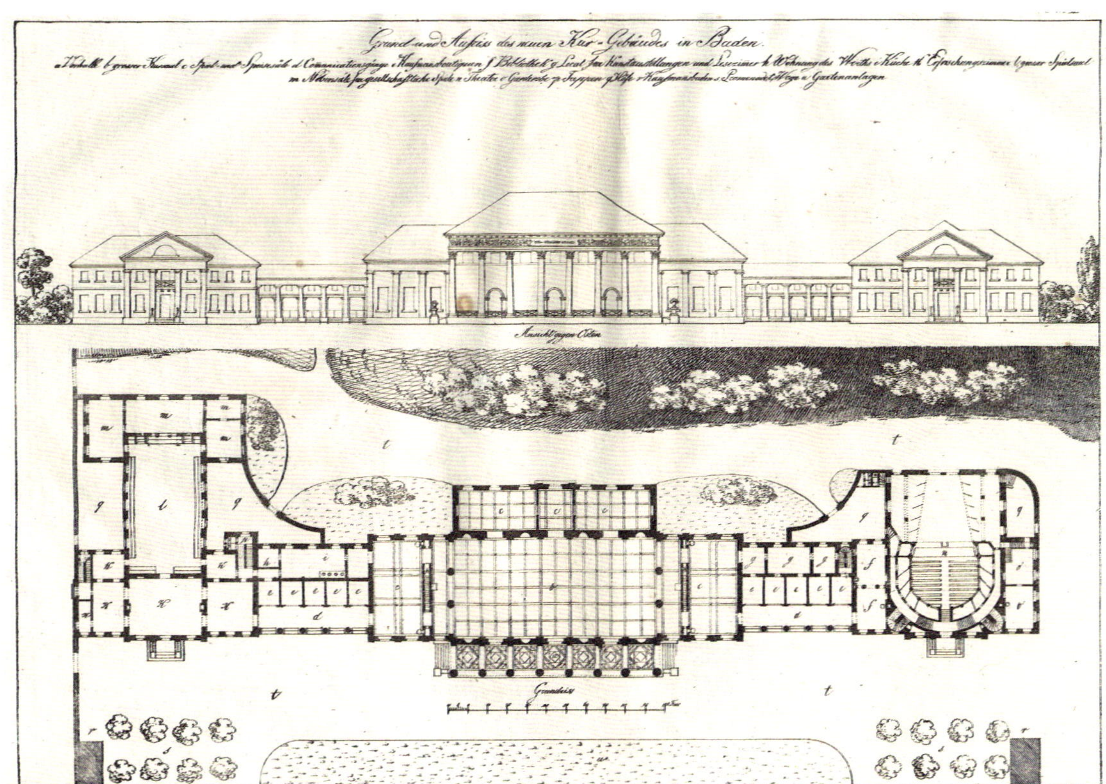

Abb. 5 Ausgeführter Grundriss und Aufriss der Vorderfront des »Neuen Conversationshaus« in Baden-Baden nach Friedrich Weinbrenner von 1822, mit der Aufteilung und Nutzung der Räume 1835 (aus: Schreiber, 1835)

Die Finanzierung und Notwendigkeit des neuen Konversationshauses führte das Innenministerium wie folgt aus: *»(...) Was nun den für das ganze Bauwesen erforderliche Kostenaufwand betrifft, so sind folgende Mittel hierzu zu verwenden. 1.) der jährliche Brutto Ertrag der Hazardspielgelder Kasse ad 23.000 fl. kann nach Abzug der Parthie »Kapitalzinsen und Besoldungen«, so wie der Unterhaltung der öffentlichen Anlage ad circa 8.000 fl. p. Jahr entbehren; 15.000 fl. also in drei Jahren, welche zu Vollendung des ganzen Baues nöthig sind: 45.000 fl. ; 2.) der Betrag der Stadt Baden: 12.000 fl.; 3.) der Erlös aus dem Konversationshaus, wenn solches mit der gnädigst bewiligten real Bad- und Wirtschafts Gerechtigkeit veräußert wird, mit ungefähr 30.000 fl.; 4.) die Aufnahme eines Capitals von 20.000 fl., welches die Entrepreneurs des Hazardspiels zu verzinsen sich anheischig gemacht haben: 20.000 fl. ; (gesamt) 107.000 fl. (...), denn Baden aber das projectierte Etablisment mit dem vis a vis von anderen Bädern noch allein zurück steht, höchst nöthig bedarf; die Frequenz dieses Kurortes bedeutend gewinnen, die Gewinne von dem Spiel und der Wirtschaft in gleichem Verhältniß sicher erhöhen, und aller weiterer Bauaufwand aufhören wird (...)«*[18].

Friedrich Weinbrenner erhielt als »*Bezirksbaumeister aus Lörrach*« für die Zeit, während welcher er mit der Aufsicht für das neue Bauwesen in Baden-Baden beschäftigt war, für seine zweijährige Tätigkeit die Kosten für eine »*freie Wohnung samt Ameublement*« in Höhe von 110 Gulden jährlich vor Ort und zusätzlich 3 Gulden pro Tag an Kostgeld (»Tagesdiät«), d. h. 1203 Gulden zusätzliche Auslagen pro Jahr neben seiner bestehenden Besoldung als Beamter in Höhe von 650 Gulden: *»(...) (er) auf zwey Jahre nach Baden berufen wurde, da er ledigen Standes ist, und also in Lörrach keine Haushaltung oder Familie zu unterhalten hat, so glauben wir, daß er sich mit einem Jahresgehalt von 1200 fl. um so mehr begnügen könne, als mancher Landesbeamte, der eine Familie zu ernähren hat (...)«*[19].

18 »Bericht des Baudirectors Weinbrenner dem Plan zu dem neuen Konversationshaus in Baden betreffend« das großherzogliche badische Ministerium des Inneren vom 24. Dezember 1821 für das großherzogliche badische Staatsministerium, dort empfangen am 3. Januar 1822, GLA 233 Nr. 28495.

19 Vermerk des großherzoglichen badischen Ministeriums des Inneren an das Staatsministerium, vom 15. Dezember 1823, GLA 233 Nr. 28495.

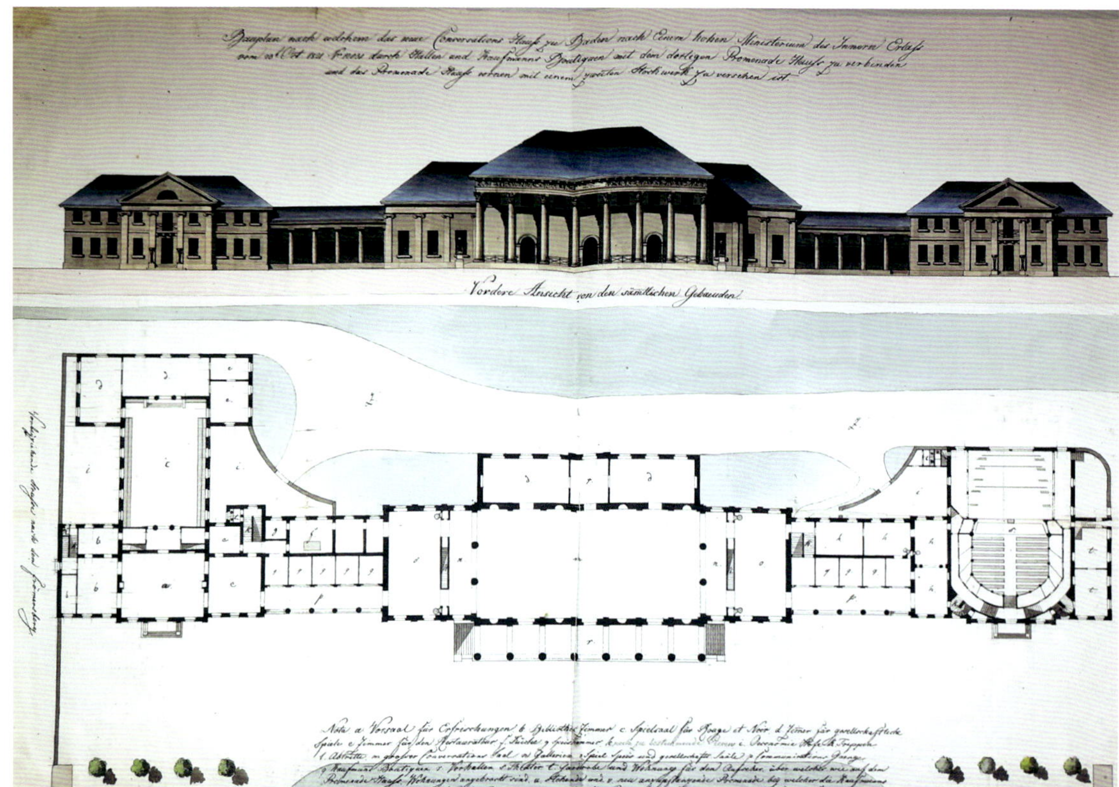

Abb. 6 Grundriss und Aufriss der Vorderfront des »Neuen Conversationshaus« in Baden-Baden nach dem Plan von Friedrich Weinbrenner, 1822 (Generallandesarchiv Karlsruhe, G Baden-Baden 116)

Den Mittelpunkt des neuen Konversationshauses bildete wie gewünscht der große Saal (heute Weinbrenner-Saal) mit einer von acht korinthischen Säulen getragenen Vorhalle an der vorderen Fassade unter einem hohen Walmdach (Abb. 5). Auffällig sind die weit oben liegenden Fenster an der Vorderseite; der Grund hierfür war, dass man *»(...) einen Plaz, wo sich oft Hunderte von Menschen drängend und im raschen Tanze bewegen, so viel als möglich gegen die brennenden Sonnenstrahlen und den Zugwind zu schirmen, und längs der Wände hin bequemen Raum für die sitzenden Frauen zu gewinnen (...)«*[20]. Dieser Saal wurde für Bälle bzw. Veranstaltungen und für das Glücksspiel benutzt[21]. Direkt angeschlossen waren drei kleinere Räume als Speise- oder Gesellschaftszimmer an der Rückseite und jeweils ein kleinerer Saal an den Querseiten des großen Saals.

Über zwei niedrigere offene Arkadengänge mit ionischen Säulen (»Kommunikationsgänge«) gelangte man jeweils in einen Eck-Pavillon mit giebelbekrönten Mittelrisaliten: links in den Gastronomieflügel und rechts in das Theater. An den Arkadengängen waren rückseitig weitere Räume angeschlossen, in denen links der *»Kunsthändler Velten«* und die dahinterliegende Küche des Gastronomieflügels untergebracht war, und rechts die *»Marx'sche Kunst- und Buchhandlung«* mit zugehörigen Lesezimmern. Im linken Gastronomieflügel – dem 1764 erbauten und inzwischen aufgestockten ursprünglichen Promenadenhaus – befand sich zentral ein Speisesaal, der aber auch für kleine Veranstaltungen und das Glücksspiel genutzt wurde, *»wenn die Zahl der Fremden in Baden sich bedeutend vermindert hat«*, mit rückseitig angeschlossenen weiteren drei Räumen für Gastronomie oder Spiel[22]. Zur

20 Schreiber, 1835, S. 5. Demnach sollen den Wand-Nischen des großen Saals ursprünglich noch Kopien antiker Skulpturen aufgestellt werden, was zur klassizistischen Architektur gepasst hätte, aber wohl nicht mehr ausgeführt wurde.

21 Der große Saal mit seiner Gliederung von jeweils acht Halbsäulen mit korinthischen Kapitellen an den Längsseiten und an den Schmalseiten mit jeweils Emporen zwischen zwei Rundsäulen mit korinthischen Kapitellen sowie der kassettierten Flachdecke weist in seiner Gestaltung Ähnlichkeiten mit dem zuvor von Weinbrenner 1811/12 umgebauten sog. Hubbad in Hub bei Bühl nahe Baden-Baden auf. In der äußeren Architektur weist das Konversationshaus hingegen Parallelen mit dem 1810 eröffneten Kurhaus in Wiesbaden auf, vgl. Coene, 2021, S. 249 ff.

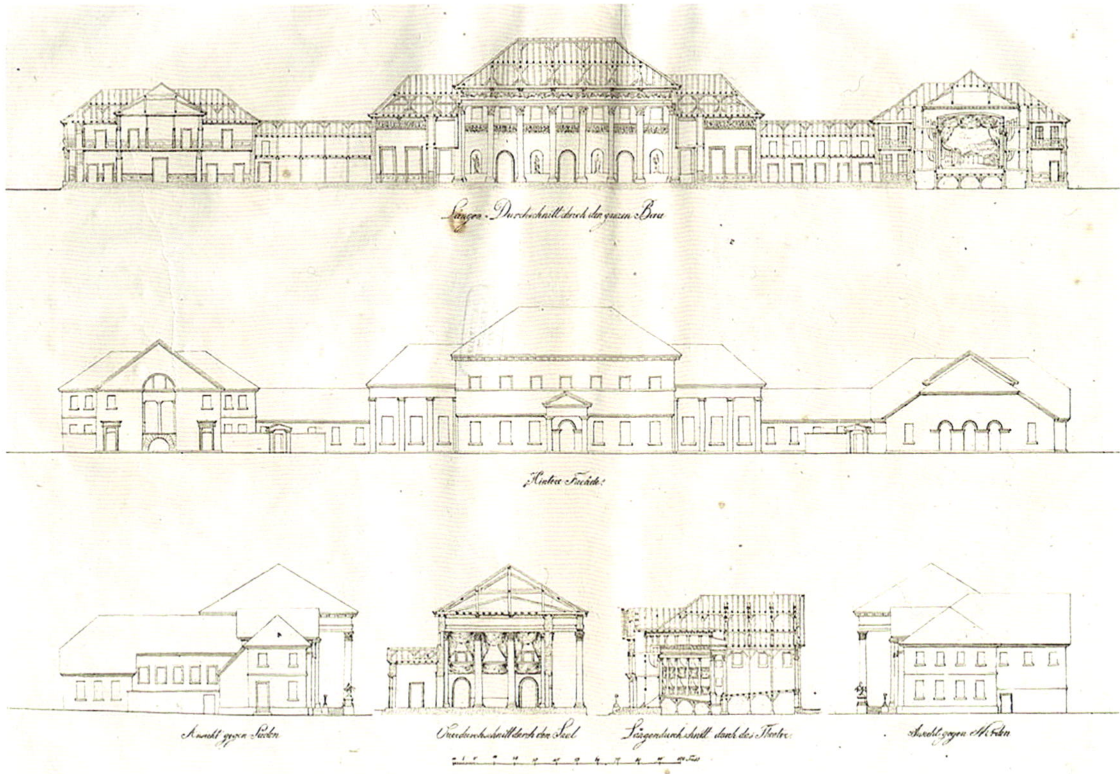

Abb. 7 Aufriss und Querschnitt des neuen Konversationshaus in Baden-Baden, 1835 (aus: Schreiber, 1835)

Vorderseite hin waren dem Speisesaal eine Vorhalle mit seitlich angrenzenden (Bibliotheks-) Räumen und der Wohnung des Wirts angegliedert (Abb. 6/7). An dem rechten Arkadengang schloss sich das Theater mit zwei Ränge für 500–600 Besucher samt Garderoben und Nebenräume an[23]. Im Inneren waren die Säle und Räume sowie das Theater im Stil des Spätklassizismus mit Einfluss des seinerzeit modernen französischen Empire-Stil gestaltet (Abb. 8/9): die Decken im große Saal (Weinbrenner-Saal), den kleineren Sälen und im Speisesaal waren mit Kassaturen bzw. Kassettendecken verziert, während die Decken des Theaters und des *»kleinen und großen Café-Zimmers«* (der Saal und die Räume im Gastronomieflügel) mit Malereien in einer Mischung von französischen Empire-Stil und antikisierenden pompejanischen Stil verziert waren (Abb. 10)[24]. Möglicherweise war für die Entwürfe der Innendekorationen Johann Ludwig Weinbrenner (1790–1858), der Neffe von Friedrich Weinbrenner, verantwortlich[25]. So haben sich drei Entwurfsblätter erhalten, die Muster für Wandmalereien im großen Saal (Weinbrenner Saal) (Abb. 11), sowie laut Beschriftung *»Entwürfe für die Deckenverzierungen der drey Promenade Haus Säle«* mit den Zuordnung zu *»a. Speisesaal rechts«*, *»b. Mittlerer Vorsaal«* und *»c. Speisesaal links«* zeigen: Hierbei dürfte es sich um die drei Säle im vorderen Teil des alten

22 Schreiber, 1835, S. 5. Im Plan von Stürzenacker von 1917 werden den Räumen teilweise andere Nutzungen zugewiesen als im ursprünglich angelegten Entwurf von Weinbrenner, vgl. Stürzenacker, 1918, S. 47.

23 Für die Erbauung des Theaters wurden von der Stadt 1821 Baumaterialien in Höhe » (...) von 12.000 fl. in Holz, Schnittwaren und gebrannten Steinen sowie Überlassung des bisherigen Theatergebäudes zur Verwendung in den Neubau (...)« bereitgestellt; zudem war die Stadt vom laufenden Unterhalt des Theaters befreit worden, vgl. Zusammenfassung des Badischen Ministerium des Inneren (»Historisch-rechtliche Auszüge aus den Akten über die Besitzverhältnisse der Badanstaltsgebäude Badens – Theater in Baden-Baden«) vom 31.23.1919, GLA 236 Nr. 28612.

24 Zuständig für die Malereien waren der Karlsruher Theater- und Dekorationsmaler Jakob Orth (1780–1861) und »Fritze, einem in Carlsruhe verstorbenen Berliner«, vgl. Schreiber, 1835, S. 6.

25 Johann Ludwig Weinbrenner war als Bezirksbaumeister ab ungefähr 1820 in Lörrach tätig und ab 1825 in gleicher Funktion in Baden-Baden tätig. Sein Onkel Friedrich Weinbrenner wurde 1821 für die Bauleitung des neuen Konversationshaus von Lörrach nach Baden-Baden berufen, so dass eine Zusammenarbeit in den Entwürfen für das Konversationshaus wahrscheinlich ist. https://stadtlexikon.karlsruhe.de/index.php/De:Lexikon:bio-1072.

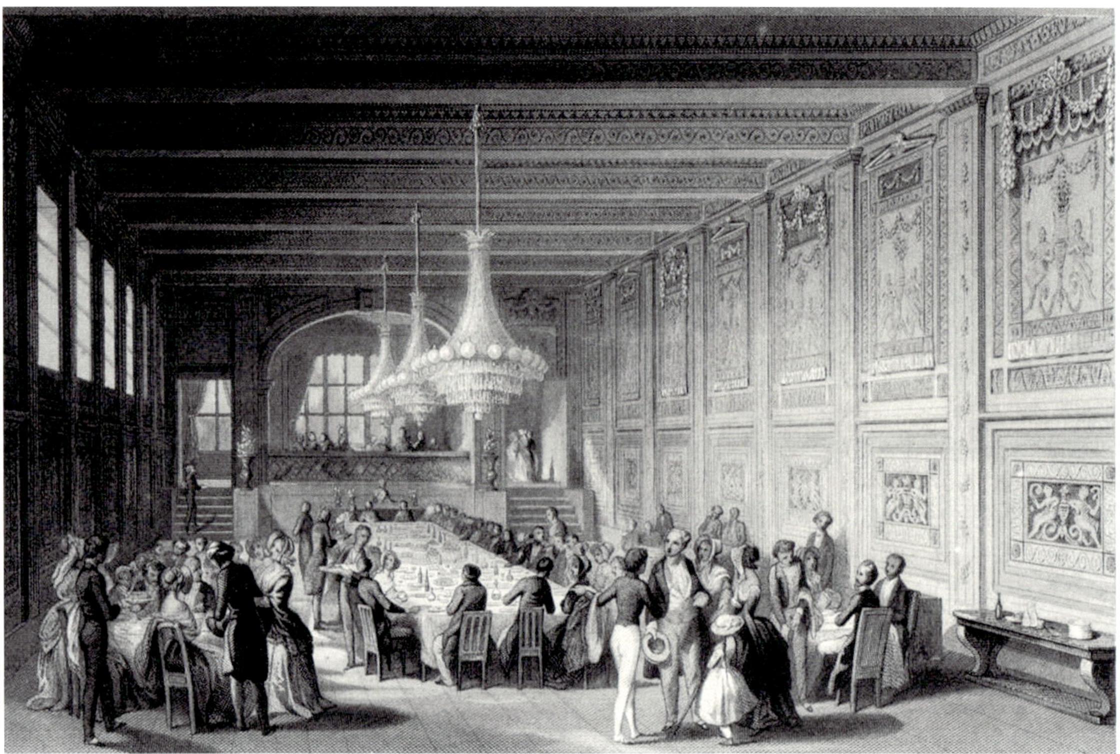

Abb. 8 Speisesaal im Gastronomieflügel des Konversationshauses (»Salle de la Restauration«), gemalt von Tony Johannot, gestochen von Charles Heath, wohl Ende 1820er Jahre (Generallandesarchiv Karlsruhe J-B Baden-Baden 34)

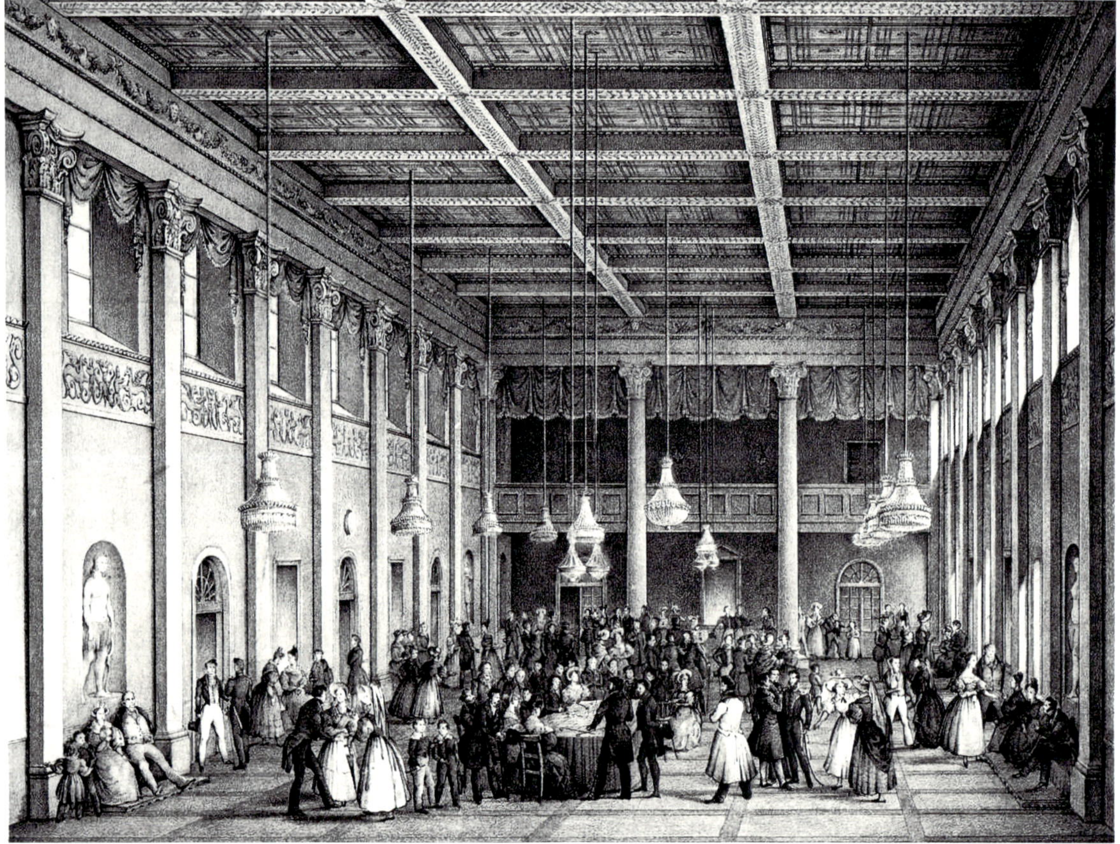

Abb. 9 Der große Saal im Konversationshaus (heute Weinbrenner-Saal) (»Conversationssaal in Baaden«), gezeichnet von C. Guise, Lithografie von Johann Velten, Ende 1820er/Anfang 1830er Jahre (Generallandesarchiv Karlsruhe J-B Baden-Baden 112)

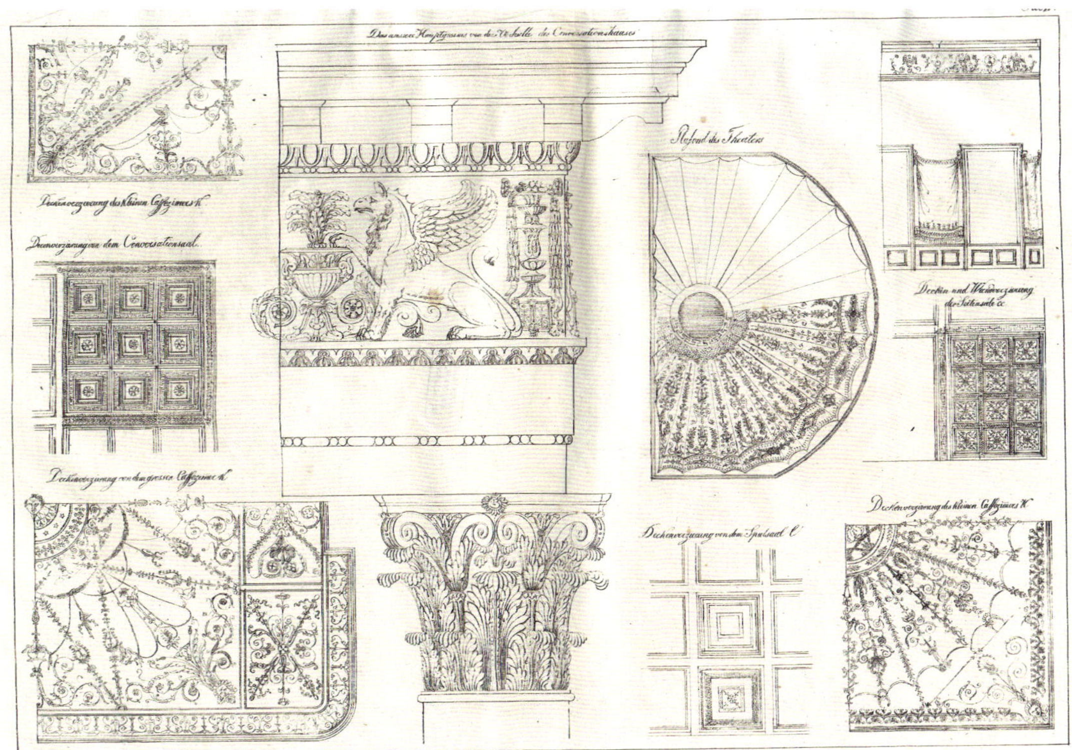

Abb. 10 Details der Innenausstattung des »neuen Conversationshaus« nach dem Entwurf von Friedrich Weinbrenner 1821, in der fertigen Ausführung von 1835 (aus: Schreiber, 1835)

Promenadenhaus bzw. des Gastronomieflügels handeln (Abb. 12), zudem findet sich noch ein Entwurf für die Decken- und Brüstungsverzierungen im Theater (Abb. 13)[26]. Die Entwürfe wurden wohl nicht exakt übernommen, weisen jedoch sehr große stilistische Ähnlichkeiten mit den ausgeführten Malereien auf, die 1835 publiziert wurden (Abb. 10). Zudem finden sich in der Innenaufnahme des Speisesaals aus den späten 1820er Jahren ebenfalls stilistisch vergleichbare Wanddekorationen wie auf den Entwürfen von Johann Ludwig Weinbrenner (Abb. 8).

Umgeben wurde das neue Konversationshaus von einer Gartenanlage, welche ebenfalls von Weinbrenner in seiner Planung berücksichtigt bzw. teilweise entworfen wurde und 1835 mitsamt Lageplan (Abb. 14) publiziert wurde: *»(...) Das Terrain bildet eine Fläche, welche durch den Oelbach von der Stadt getrennt wird, und südwestlich an die Vorhügel des Friesenbergs lehnt, welche mit in die Anlage gezogen wurden. Es wäre unmöglich gewesen eine glücklichere Lage aufzufinden, und die Vortheile, welche die Natur hier dabot, sind von der Kunst auf das sinnigste benutzt worden. Das Kurgebäude (a) musste zwar auf die Seite gelegt werden, doch bildet es, mit den beiden Kastanienalleen und dem grünen Rasenplatze, gewissermaasen ein unabhängiges Ganzes, an das sich die übrigen Spaziergänge anschließen. Was man tadeln könnte, wäre der Umstand, dass man von der Fronte her nirgends eine freie Ansicht des ganzen Gebäudes hat. Dagegen erhält es aber durch die Baumgruppen, einem mehr ländlichen Character und gewinnt einen malerischen Reiz. Die mit ›b‹ bezeichnete Promenade zeigen uns Baumgänge von wilden Kastanien, die sich von drei Seiten an den grossen Rasenplatze vor dem Conversationshause anreihen. Die gleichfalls mit ›b‹ markierten Wege hinter dem Gebäude und zur nordwestlichen Seite (...) sind mit mannichfachen Baum- und Gebüscharten besezt, die zum Theil freundliche Gruppen bilden, und man sieht hier Linden, Weiden, Tannen, Lerchen, Kiefern traulich mit der Tuja, den Bohnebaum, der Mehlbeer, Vogelbeer, Sumach, der Eberesche, Bignonia, verschiedenen Pappeln, Akazien, Wachholder etc. vermischt. Von Gebüschen blühen hier Jasmin, Geisklee, Pelfschen, Hartriegel etc.*

26 Die Entwürfe werden heute im Karlsruher Institut für Technologie (KIT), Saai – Archiv für Architektur und Ingenieurbau im Werksarchiv von Johann Ludwig Weinbrenner aufbewahrt.

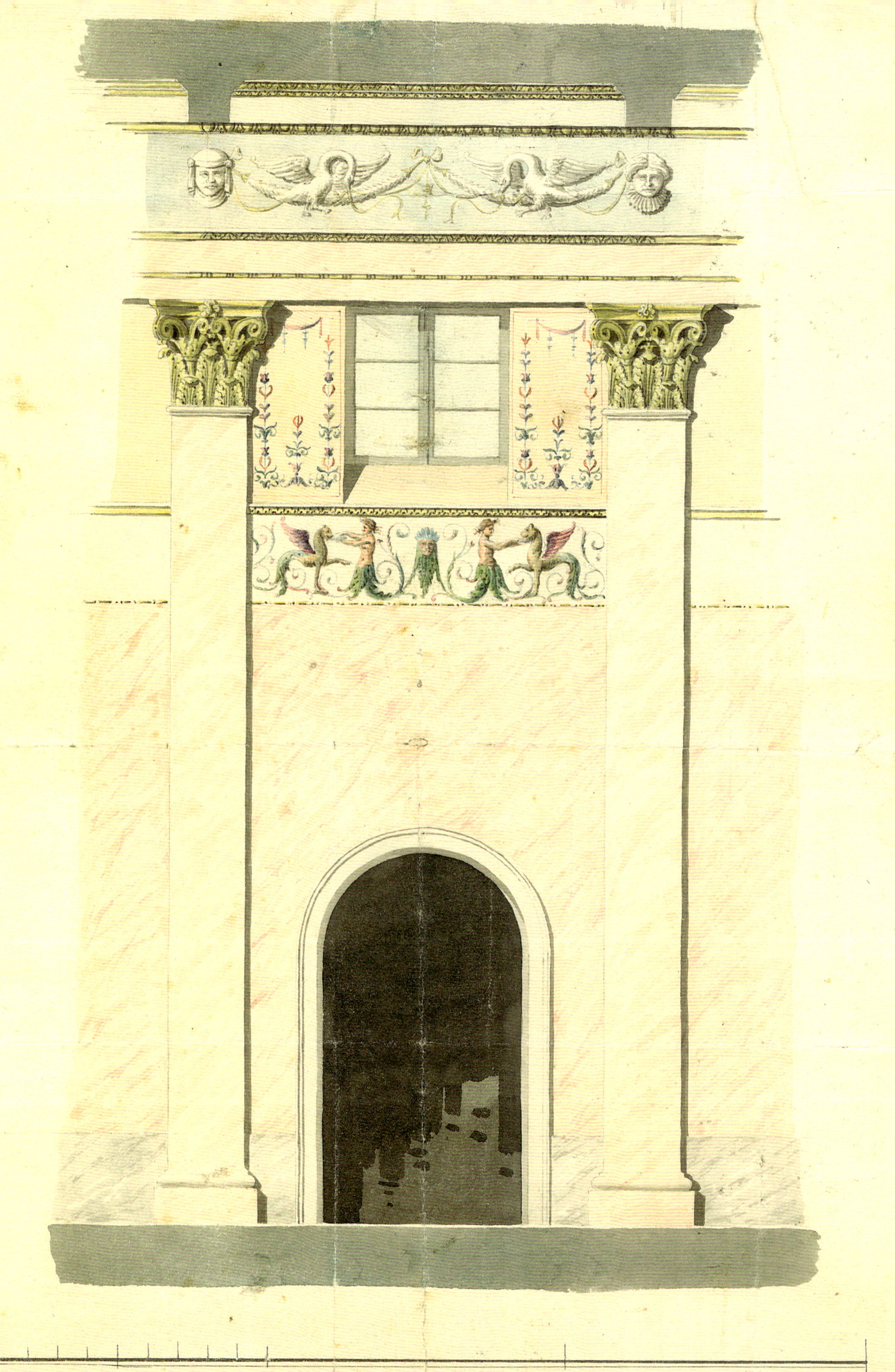

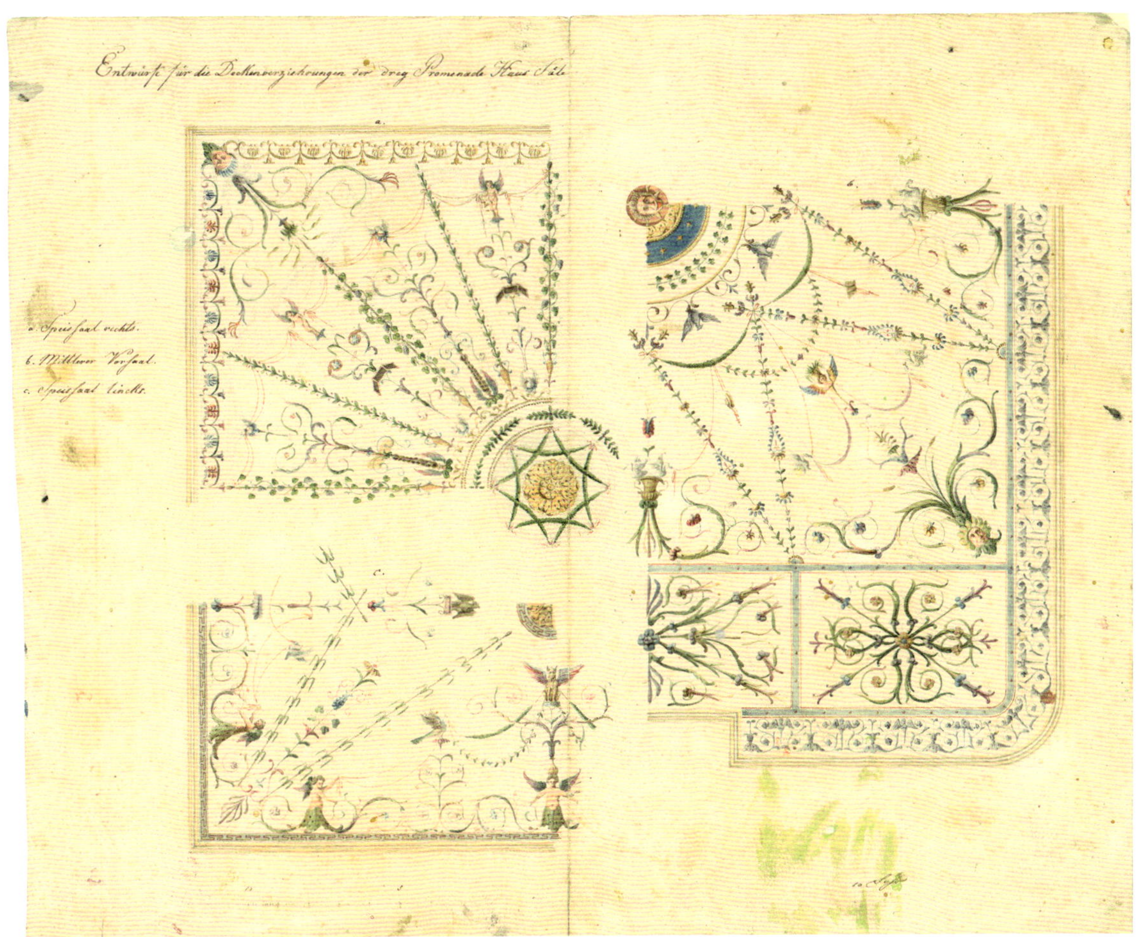

△ Abb. 12 »Entwürfe für die Deckenverzierungen der drey Promenade Haus Säle« von Johann Ludwig Weinbrenner, um 1820 (saai | Archiv für Architektur und Ingenieurbau, Karlsruher Institut für Technologie, Werkarchiv Johann Ludwig Weinbrenner)

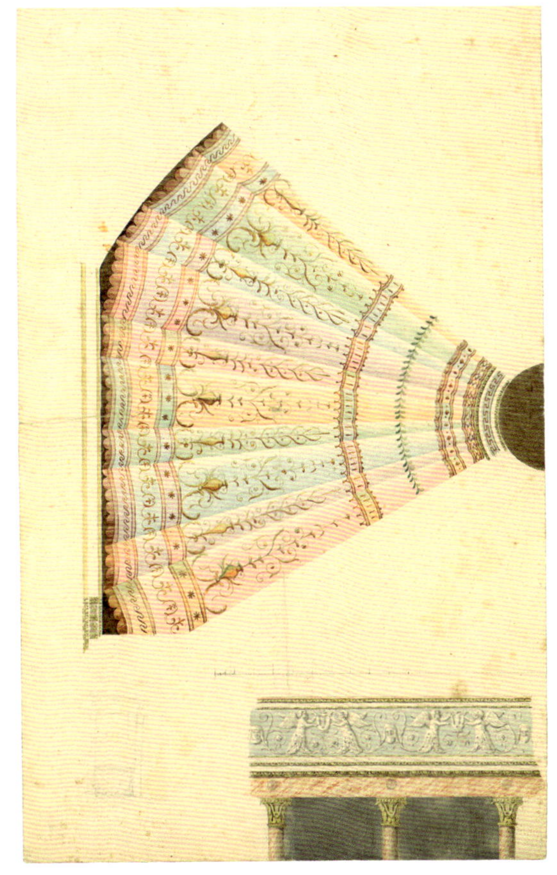

▷ Abb. 13 Entwurf für die Decken- und Brüstungsverzierung im Theater von Johann Ludwig Weinbrenner, um 1820 (saai | Archiv für Architektur und Ingenieurbau, Karlsruher Institut für Technologie, Werkarchiv Johann Ludwig Weinbrenner)

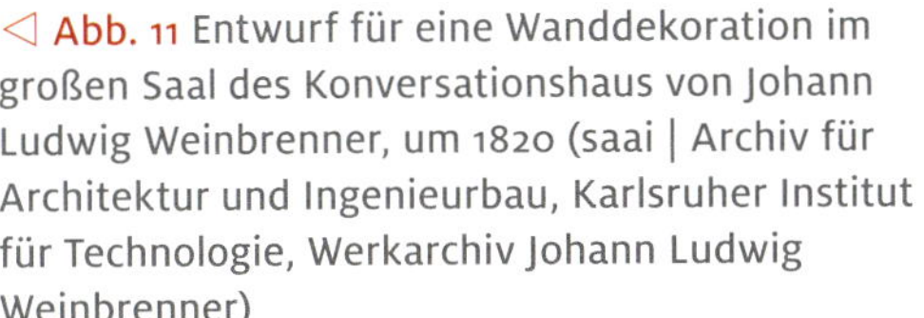

◁ Abb. 11 Entwurf für eine Wanddekoration im großen Saal des Konversationshaus von Johann Ludwig Weinbrenner, um 1820 (saai | Archiv für Architektur und Ingenieurbau, Karlsruher Institut für Technologie, Werkarchiv Johann Ludwig Weinbrenner)

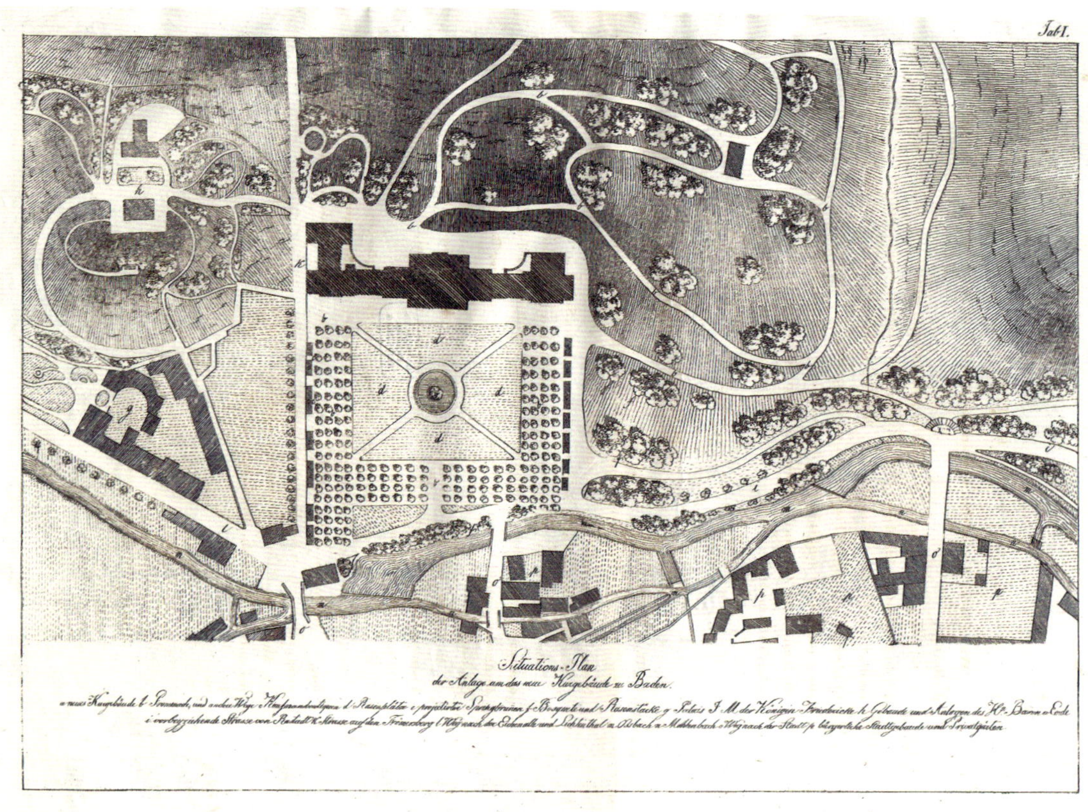

Abb. 14 Plan »Situationsplan der Anlage um das neue Kurgebäude zu Baden«, 1835 (aus: Schreiber, 1835)

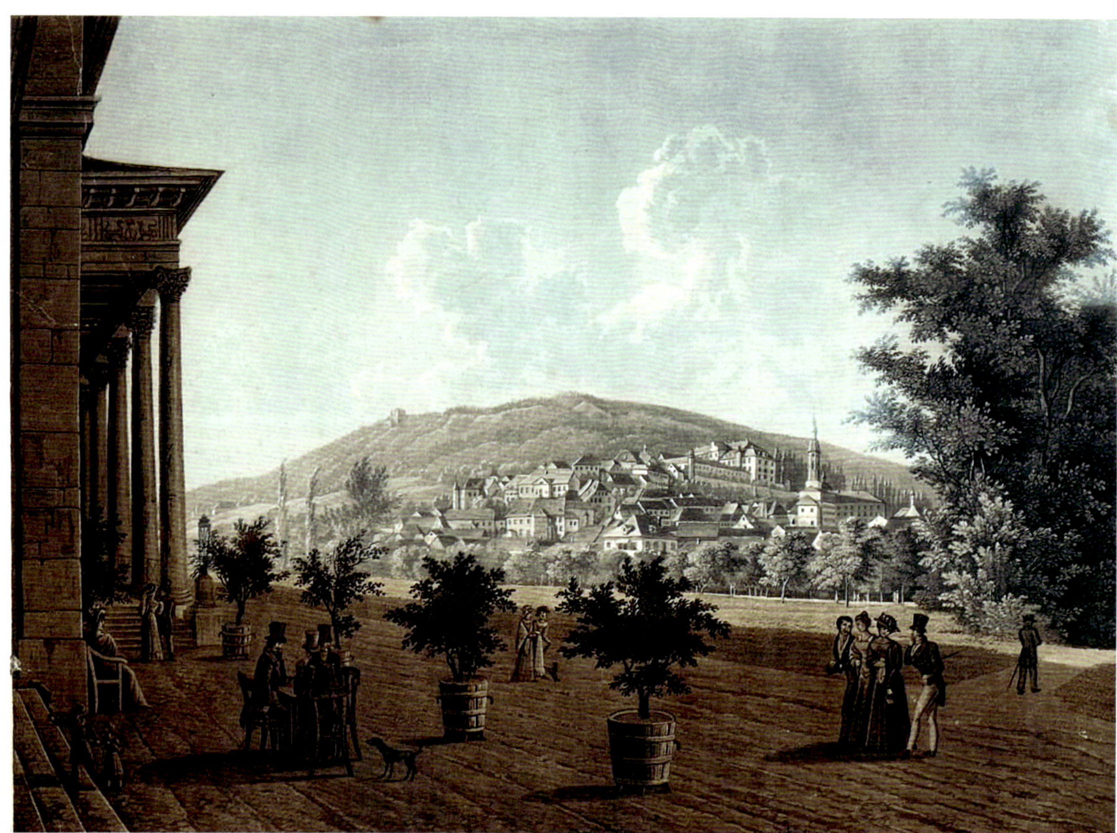

Abb. 15 »Baden am Conversationshaus«, gezeichnet von Wilhelm Scheuchzer, gestochen von Christian Meichelt, wohl Mitte der 1820er Jahre (Generallandesarchiv Karlsruhe J-B Baden-Baden 17)

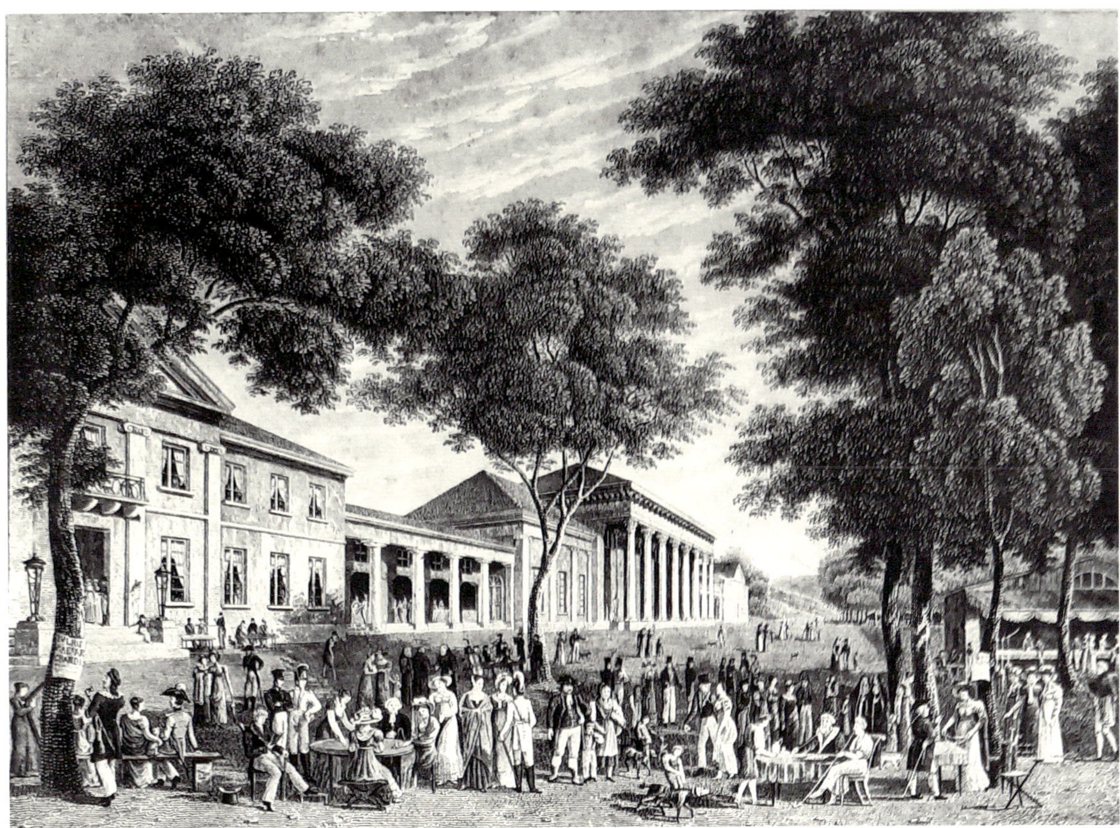

Abb. 16 Das neue Gesellschaftshaus in Baden, von Carl Ludwig Frommel, 1825 (Generallandesarchiv Karlsruhe J-B Baden-Baden 110)

Gegen Westen trennet ein enges Wisenthal die Höhe hinter dem Conversationshaus vom dem Rebbuckel, welcher die reichsten und schönsten Aussichten in der Nähe der Stadt bietet. (...) Der grosse Rasenplatz ›d‹ bildet ein undurchschnittenes Viereck, oben mit einer Rosenhecke eingefasst. Den früheren Gedanken, hier einen Springbrunnen ›e‹ von unseren warmen Mineralquellen anzulegen, und eine Trinkhalle damit zu verbinden, hat man aufgegeben (...). Die Bosquete und Rasenplätze ›f‹ ziehen sich theils in der Ebene, theils über die rechten Höhen hin, und bieten dem Spaziergänger freundliche Ruhepunkte. Einer dieser Schattengänge führt an einem kleinen schlammigen Weiher vorüber, dessen Bewohner Unken und Frösche, den Lustwandler an Sommerabenden mit ihrer fatalen Musik begrüssen.(...) Unten, gegen die Stadt und den Oelbach, an welchem eine dichte Laubwand mit Kieswegen für Spaziergänger und Ruhebanken hinzieht, liegt die Strasse ›i‹ (...) diese wird gegen Süden durch die Strasse ›k‹ von den Tunnelgarten getrennt. Nach Weinbrenners ursprünglichem Plane sollten diese Gärten mit der Promenade selbst in Verbindung gebracht werden (...). Das Bett des Osbachs (...) wird (...) beim höheren Anschwellen des manchmal reissenden Bergstroms ist selbst ein Theil der Promenade der Gefahr der Überschwemmung ausgesetzt (...)«[27]. Mit der schlichten geometrischen Gestaltung des Platzes vor dem Konversationshaus mit dem rechteckigen Rasen, der umrahmt war von mehreren Reihen von Kastanienbäumen, folgte Weinbrenner der gradlinigen klassizistischen Architektur des Konversationshauses und fand somit einen harmonischen Übergang zu den Außenanlagen.

27 Die Gestaltung und Pflege der Anlage vor dem Konversationshaus wurde auch nach dem Tod Friedrich Weinbrenners von dem damaligen großherzoglichen badischen Gartendirektor Johann Michael Zeyher (1770–1843) weitergeführt, welcher auch die Gestaltung der neuen Anlagen längs der Lichtentaler Allee übernahm. Die Idee eines aus den Mineralquellen gespeisten Springbrunnes vor dem Konversationshaus wurde ebenfalls von Zeyher wiederaufgenommen, allerdings wurde der Plan nicht weiter umgesetzt, da u. a. »*(...) dieses Mineralwasser nicht die angenehmste Ausdünstung (verbreitet), und ein starker Strahl desselben hätte, auf sonnigen Stellen, in den heissen Sommertagen die Hitze vermehrt, und eine Menge Insekten herbeigezogen (...)*«, vgl. Schreiber, 1835, S. 3–4. Vgl. Stadtmuseum/Stadtarchiv Baden-Baden (Hg.), 2015, S. 73.

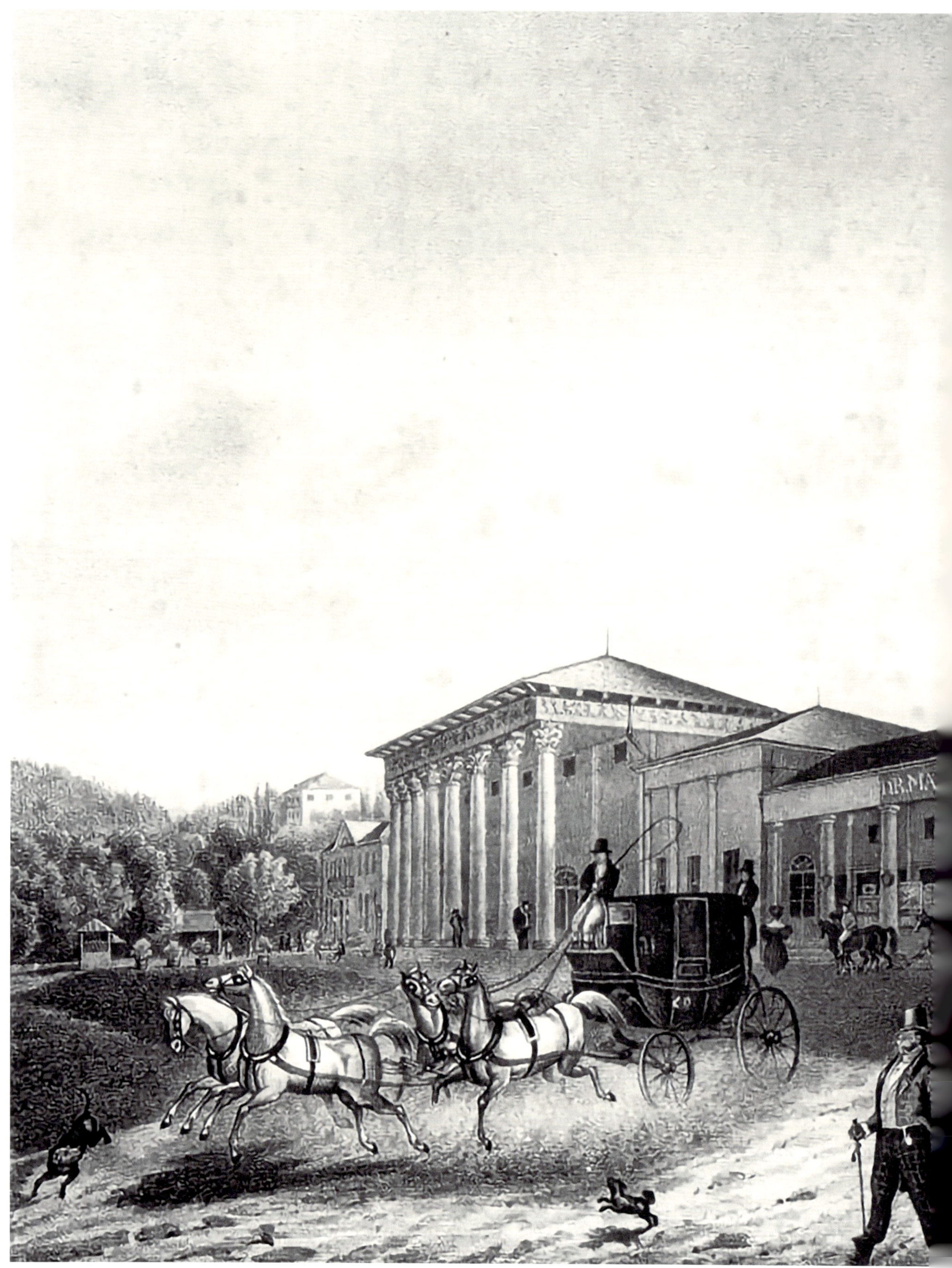

Abb. 17 Konversationshaus mit dem Theaterflügel vorne rechts und der anschließenden Marx`schen Buchhandlung (»Theater. Marx'sches Lesecabinet – Théatre. Cabinet litteraire de D. R. Marx«), von G. Morat, wohl 1830er Jahre (Generallandesarchiv Karlsruhe J-B Baden-Baden 63)

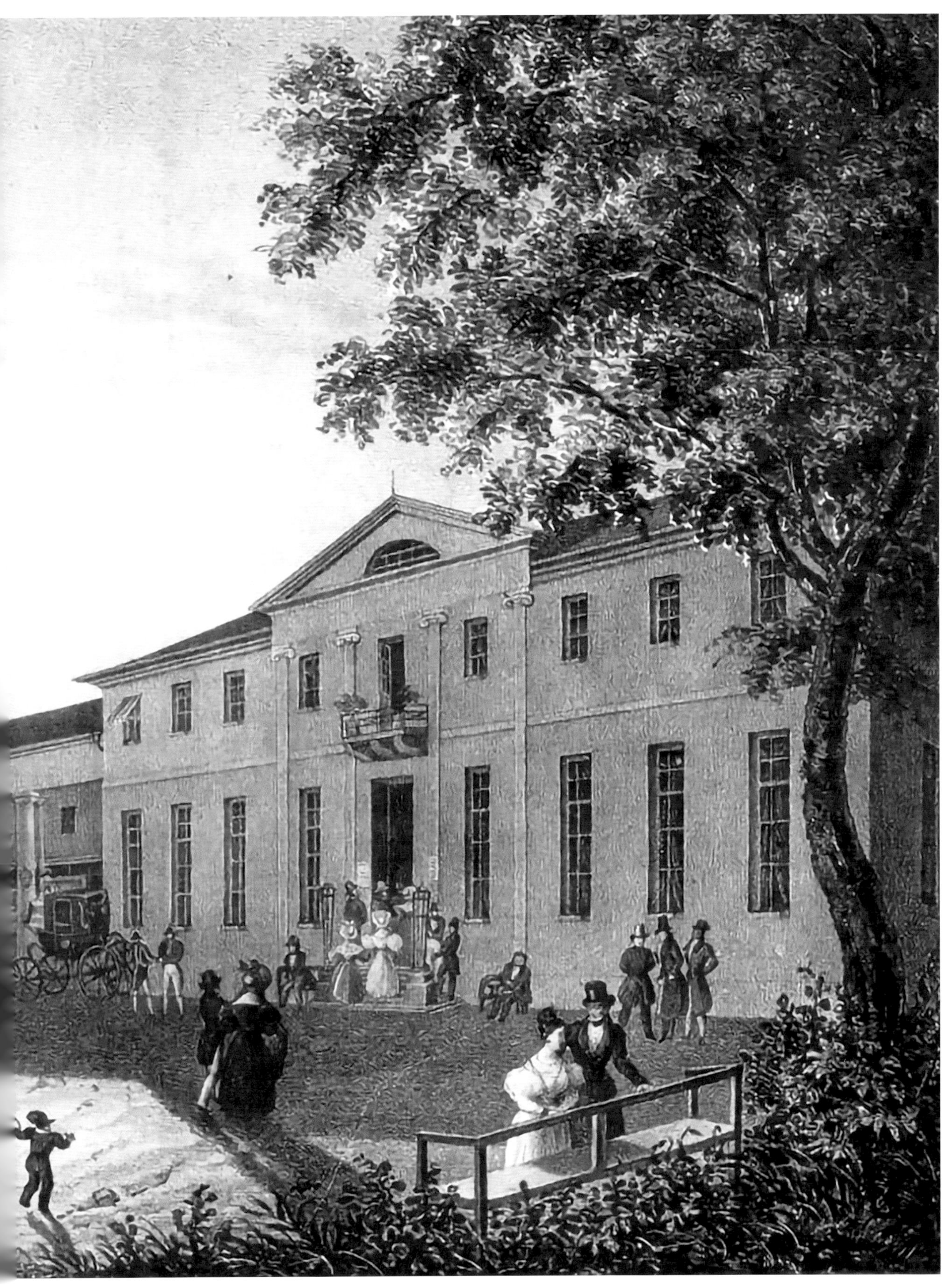

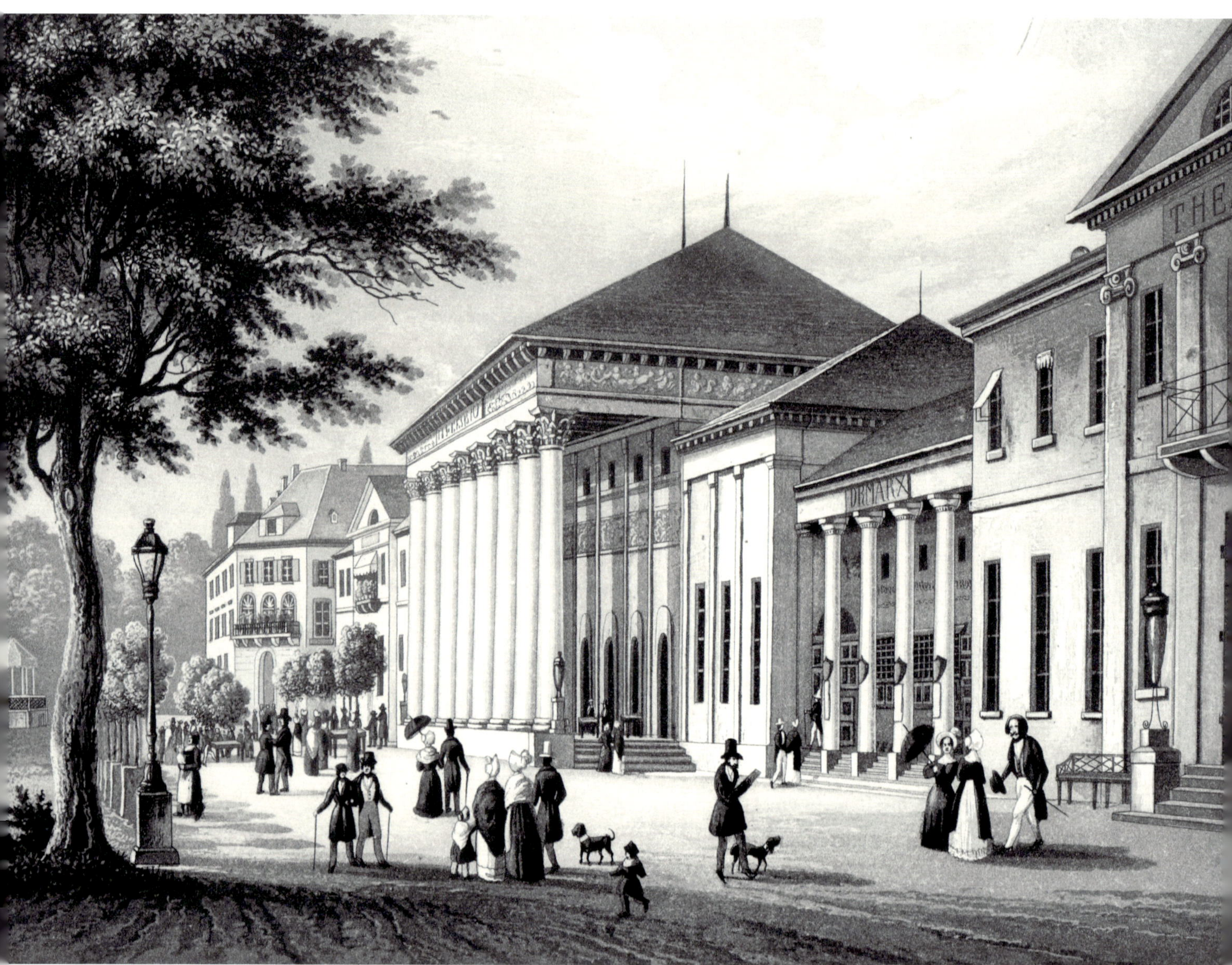

Abb. 18 »Ansicht des Kursaales zu Baden-Baden» (»Vue de la maison de conversation à Bade-Baden«), gezeichnet und gestochen von Johann Jakob Tanner, wohl Ende 1820er Jahre (Generallandesarchiv Karlsruhe J-B Baden-Baden 64)

Das neue Konversationshaus wurde am 1. Juli 1824 eröffnet: »*(…) Das neue Konversationshause ist seit 8 Tagen vollendet und sämmtliche Säle auf das Geschmackvollste eingerichtet. Seine Majestät der König von Baiern haben bereits gestern in diesem schönen Lokal ein Mittagsmahl von 56 Couverts gegeben (…). Künftigen Sonntag den 11. wird der erste große Ball, und Donnerstag den 15. die erste große Abendgesellschaft gegeben, womit abwechselnd die ganze Kurzeit fortgefahren wird. (…)*«[28]. In den folgenden Jahren entwickelte sich das neue Haus zunehmend zum gesellschaftlichen Mittelpunkt der Stadt (Abb. 16–19). Das Geschick des Konversationshauses hing hierbei jedoch maßgeblich von den jeweiligen Pächtern ab, welche das Haus in den folgenden Jahren und Jahrzehnten führen und formen sollten.

28 Karlsruher Zeitung vom 10. Juli 1824.

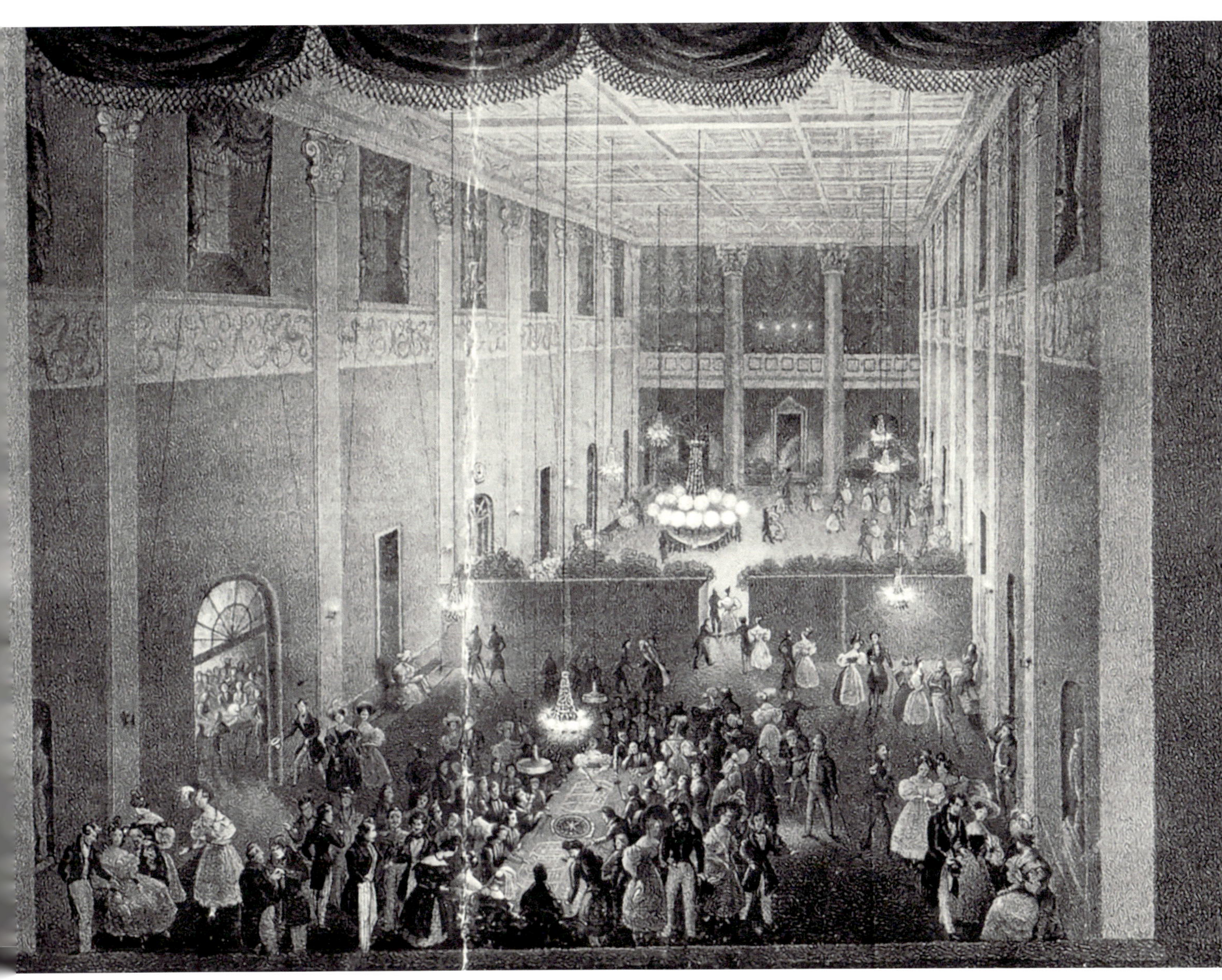

Abb. 19 Der große Saal im Konversationshaus (heute Weinrenner-Saal) (»Ein Ball-Abend im Conversationshaus in Baden«) mit Besuchern beim Spiel, um 1833 (Generallandesarchiv Karlsruhe J-B Baden-Baden 42) Grafik nach einem Gemälde von Johann Martin Morat, gezeichnet von »Maier«, verlegt in der Marx`schen Buchhandlung, die auch ein Geschäft direkt im Konversationshaus betrieb. Handschriftlicher Vermerk wohl von Marx »Marx an Freybaum (?) verkauft May 1833, Marx«.

DIE PÄCHTER

1824–1837: JOSEPH ANTOINE CHABERT

»Das Restaurant unseres Mitbürgers, Hrn. Chabert, ist der Sammelplatz der schönen Gesellschaft (...)«

Der erste Pächter des neuen Konversationshauses war der Franzose Joseph Antoine Chabert (1774–1850), der das Haus ab 1824 zunächst bis zum Oktober 1837 für 29.000 Gulden (ca. 493.000 €) jährlich gepachtet hatte und ebenso seit 1834 an den Spielbanken in Wiesbaden, Ems, Langen-Schwalbach und Schlangenbad beteiligt war[29]. Das Konversationshaus wurde unter seiner Leitung gleich zu Anfang für repräsentative Veranstaltungen genutzt, so auch im Juli 1825: *»(...) Baden, den 14. Juli: In dem großen Saale des neuen Konversationshause gaben S.M. der König von Baiern, zur Feier des Geburtstagsfestes I.M. der Königin, gestern ein festliches Mittag-Essen zu 400 Couverts, welchem Seine Königliche Hoheit der Großherzog und alle dermalen in Baden sich aufhaltenden höchsten Herrschaften mit ihren Suiten anwohnten (...)«*[30] und: *»(...) Das neue Conversationshaus ist ein schönes Gebäude, und der große prächtige Saal wurde im vergangenen Monat hauptsächlich von den anwesenden Herrschaften und diplomatischen Personen zu Gesellschaften benuzt, bey welchen gebildete Fremde leichten Zugang fanden (...)«*[31]. Neben diesen einzelnen exklusiven Veranstaltungen fand der Großteil der gesellschaftlichen Aktivitäten in den ersten Jahren jedoch noch eher im privaten Kreis als im Konversationshaus statt, und die dortige Besucherzahl sowie das Niveau der kulturellen Unterhaltung waren zu diesem Zeitpunkt offensichtlich noch ausbaubar: *»(...) Die Spielbank wurde diesmal weniger besucht. An Sängerinnen und Sängern, die sich hören lassen wollten, war ein Ueberfluß. Aber der Sommer ist nicht die Zeit und unsere Stadt mit ihren mannigfachen Umgebungen ist nicht der Ort zu Konzerten und Schauspiel. Das letztere ist unterm Mittelmäßigen, und die Einnahme eines Abends soll oft keine zwanzig Gulden betragen (...)«*[32].

Auch das (zu) anspruchsvolle Konzept des Pächters Chabert, die Gäste u. a. mit Spiel und französischen Küche zu locken, schien zu Beginn noch nicht ausgereift: *»(...) wo der Pächter des Spiels und Wirth der Restauration, Hr. Chabert, noch nicht einmal freundlich ist, weil nach seiner Meynung die Leute noch lange nicht genug Geld auf seinem mit der trügerischen Farbe der Hoffnung bedeckten Tische verlieren und seine kostbaren Speisen und Getränke nicht (...) mit Heißhunger verzehren. Der Mann scheint eher den vergrößerten (...) Maßstab aus dem Pariser Palais Royal mitgebracht zu haben (...) – Allein diesmal hat selbst der Wirth die Rechnung ohne den Wirth gemacht, denn er hat nicht berechnet, daß die*

29 Chabert bezahlte ab Mai 1834 für die Spielbanken in »sämmtlichen Tanusbädern« zusammen jährlich 31.000 Gulden für eine 12-jährige Pacht und zudem eine verzinste Kapitalanlage von 150.000 Gulden an die dortige Domänenkasse zur »Erweiterung und Verschönerung«, vgl. Karlsruher Zeitung, vom 24. Mai 1834.

30 Karlsruher Zeitung vom 16. Juli 1825. Bei dem »König von Baiern« handelte es sich um König Maximilian I. Joseph von Bayern (1756–1825), der wenige Monate nach dem Besuch in Baden-Baden am 13. Oktober verstarb, und seine zweite Gattin Friederike Karoline von Baden (1776–1841), die am 13. Juli Geburtstags hatte und eine Tochter des Erbprinzen Karl Ludwig von Baden war.

31 Morgenblatt für gebildete Stände vom 19. August 1824.

32 Morgenblatt für gebildete Stände vom 19. August 1824.

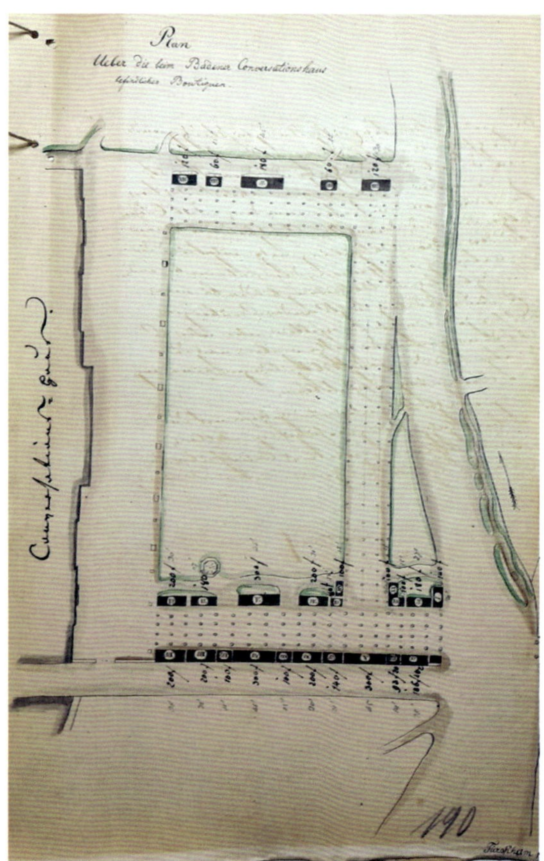

Abb. 20 Plan der Verkaufsbuden am Konversationshaus »Plan ueber die beim Badener Conversationshaus befindlichen Boutiquen«, undatiert (wohl um 1830,) mit den Standorten der einzelnen Buden und die jeweilige jährliche Pacht (Generallandesarchiv Karlsruhe 195 Nr. 117)

meisten reichen Engländer und andere wohlhabende Familien ihre Küche in Privathäusern führen, und auch andere Leute lieber etwas weniger kostbar und um einen billigern Preis in den ebenfalls nicht schlecht bewirthenden Gasthäusern speisen, als die (...) französische Küche so theuer zu bezahlen (...)«[33].

Somit war der gesellschaftliche und kommerzielle Erfolg des neuen Hauses anfangs noch verhalten. Erst ab 1827 gab es wohl einen erkennbaren Aufschwung im Konversationshaus und in der ganzen Stadt: *»(...) man schreibt uns aus Baden-Baden: Nie war die Menge an Badgäste und Spaziergänger so groß als dieses Jahr. Alle Hotels und Privathäuser sind mit Fremden angefüllt. An Haupt-Gasttafeln findet man nicht Raum, wenn man sich nicht tags zuvor einschreiben lässt. Das Restaurant unseres Mitbürgers, Hrn. Chabert, ist der Sammelplatz der schönen Gesellschaft, man sieht dort an der nämlichen Tafel Prinzen, Herzoge, Generale, Deputierte, Gelehrte, Bankiers, Manufakturisten, Magistrats- und Privatpersonen; vorzüglich auch sehr hübsche Frauenzimmer. Beinahe jeden Abend sind sehr angenehme Vereine in einem besonderen Lokal des Chabert'schen Hauses, wo man musiziert und nach dem Piano tanzt. Montags und Donnerstags Abends haben kleine Bälle stattgefunden, denen I.K.H. die verwitwete Großherzogin Stephanie mit der Prinzessin Luise, ihrer ältesten Tochter, bisweilen beiwohnt (...)«*[34]. Zudem hatte Chabert zwischenzeitlich sein Gastronomie-Konzept von einer eher hochpreisigen, exklusiven französischen Küche zu einem mehr »zweckmässigen« Angebot zur Saison 1830 umgestellt, das wohl eher dem Großteil der Besucher entgegen kam: *»(...) Was Baden bis jetzt fehlte, ist eine große zweckmäßige Restauration, erhält es jetzt durch die rühmlichen Tätigkeit des Hrn. Chabert in dem schönen Lokal des Konversationshauses (...)«*[35].

Nahezu zeitgleich wurde wohl auch die umliegende Infrastruktur verbessert: *»(...) neue Spaziergänge sind angelegt, neue Alleen gepflanzt, eine beträchtliche Anzahl von neuen geschmackvollen Häusern wurde gebaut (...) schon ist die Promenade mit Lustwandlern und Kaufleuten besetzt, die Boutiquen, die Säle des Konversationshauses, das vortreffliche Etablissement des Hrn. Chabert und die Spielbank sind eröffnet (...). Was aber die Promenaden betrifft (...) so sind es drei verschiedene Wege, welche, ein jeder in einer Breite von 12 Schuh (...), um die Fußgänger gegen das Gedränge der Equipagen zu sichern (...)«*[36]. Ab 1826 wurden zudem insgesamt 25 Verkaufsbuden eingerichtet, die an verschiedenen Kaufleute verpachtet wurden; im Angebot waren zum Beispiel verschiedene Modeartikel, Schmuck, Kunst und regionales Kunsthandwerk sowie Delikatessen (Abb. 20)[37]. Die Haupteinnah-

33 Morgenblatt für gebildete Stände vom 16. August 1825.
34 Karlsruher Zeitung vom 9. August 1827.
35 Karlsruher Zeitung vom 26. Mai 1830.
36 Leserbrief zur Entwicklung Baden-Badens, vom 28. Mai 1832, in: Karlsruher Zeitung vom 19. August 1832.
37 Die jährliche Pacht betrug je nach Lage und Größe der Verkaufsbude zwischen 75 und 300 Gulden, d. h. eine jährliche Gesamtpacht von 40.074 Gulden (ca. 69.000 €) im Jahr 1834. Neben Händlern aller Art gehörten u. a. auch Schirmmacher, Modisten, Konditoren, Goldschmiede und Schuhmacher zu den dortigen Verkäufern. Auf Anordnung des badischen Innenministeriums wurden jedoch auch einige Buden pachtfrei an Kunsthändler vermietet, wohl um dort auch ein gewisses anspruchsvolles Niveau zu halten. Zugleich gab es auch eine Warteliste von Händlern, die sich um eine Anmietung der Buden bemühten, vgl. »Tabellarische Übersicht über die Buden auf der Promenade in Baden« vom 25. März 1834 und »Die Unterhaltung der Handelsboutiquen auf der Promenade in Baden und deren jährliche Bestandsverleihung« 1833–1839, GLA 195 Nr. 117.

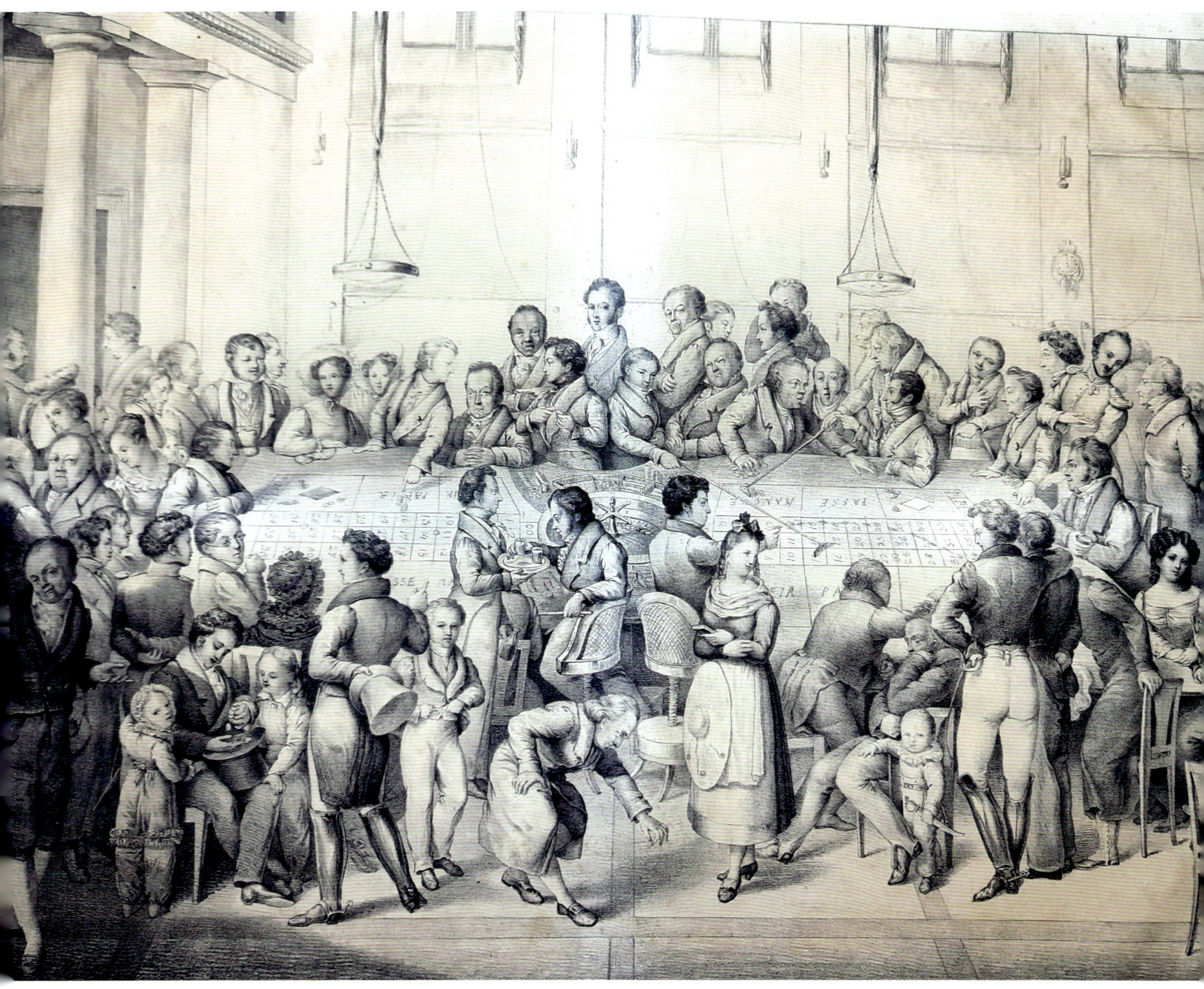

Abb. 21 »Das Roulette oder die Banque zu Baden«, Lithographie von Johann Velten, um 1830 (Generallandesarchiv Kalrsruhe, J-N B3)
Dargestellt ist das Roulettespiel bzw. Rouge-et-Noir-Spiel im neuen Saal im Gastronomieflügel, welcher auf den betreffenden Plänen von Weinbrenner von 1822 unter »C. Spielsaal für Rouge et Noir« markiert wurde (Abb. 6). Die Ausstattung ist eher zweckmäßig mit schlichten Holzstühle für das Publikum und modernen Drehstühle für die Croupiers; auffällig ist die Uhr an einem der Wandpfeiler am rechten Bildrand. Das Publikum ist sehr gemischt u.a. mit Familien mit Kindern sowie Spielern aus unterschiedlichsten Gesellschaftsschichten.

mequelle im Konversationshaus stellte für den jeweiligen Pächter jedoch in erster Linie das »Hazard- (Glücks-)Spiel« dar, wobei das Angebot das Roulette-Spiel und das Rouge-et-Noir-Spiel umfasste (Abb. 21).

Bereits seit 1809 gab es eine »Spielbank-Concession« für das Konversationshaus im ehemaligen Jesuitenkollegium, welches in seiner wirtschaftlichen Bedeutung aber wohl noch keine größere Rolle spielte. Für das Glücksspiel gab es bereits seit 1823 ein belegbares Reglement, das die Spielregeln festhielt und für ein sicheres, betrugsfreies Spiel sorgen sollte (Abb. 22). Demnach war das Spiel nur während der Saison zwischen dem 1. Mai und 31. Oktober erlaubt und nur von 11.00 Uhr vormittags (an Sonn- und Feiertagen

Spiel-Reglement.

§. 1. Das Spiel fängt in der Frühe zwischen 10 und 11 Uhr an, und endigt sich gegen 1 Uhr. — — Nachmittags beginnt dasselbe zwischen 3 und 4 Uhr, und wird gegen 9 Uhr Abends geschlossen.

§. 2. Es darf nur mit weissen Karten gespielt werden, welche die Innhaber des Spiels von dem großherzoglichen Commissarius erhalten. — Jedes Paquet Karten muß mit dem großherzoglichen Siegel verschlossen, und von einem der Spiel-Commissarien öffentlich recognoscirt seyn, ehe die Karten geöffnet werden dörfen.

§. 3. Die Bank nimmt jeden Tag frische Karten, und wird dieses auch zwischen der Zeit thun, wenn es die Galerie verlangt, ist aber ohne dieses Verlangen nicht dazu befugt. — — Der Wechsel der Tailleurs bey dem Rouge et noir und der Roulette, geschieht nach bestimmten Stunden, und wird durch die Commissaire vom Spiel veranlaßt, welche die bestimmte Zeit streng einzuhalten, angewiesen sind.

§. 4. Die Tailleurs werden der Galerie jedesmal anzeigen, daß das Spiel geschlossen werde; dieses geschieht im Rouge et noir vor der lezten Taille, und bey der Roulette vor den drey lezten Touren des Rads.

§. 5. Wenn das Rad in der Roulette wegen Beschädigung oder Unrichtigkeit gewechselt werden muß, so geschieht dieses öffentlich durch einen Commissaire vom Spiel, in Gegenwart eines Mitglieds der Bank und in Begleitung zweyer Polizeydiener. Der Commissaire hat genau darauf zu sehen, daß die Scheibe des Rads im Gleichgewicht stehe.

§. 6. So oft das Spiel, den obigen Bestimmungen gemäß, geschlossen wird, werden sowohl die Karten von dem Rouge et noir, als das Roulette, von einem Commissaire des Spiels unter Siegel gelegt, und nicht wieder geöffnet, ehe der Commissaire sein Siegel recognoscirt hat.

§. 7. Weder bey dem Rouge et noir, noch bey der Roulette wird ein Einsatz auf Parole angenommen oder bezahlt, ausser wenn der Banquier gesagt hat: „ça va!“

§. 8. Sobald der Banquier beym Rouge et noir gesagt hat: „le jeu est fait,“ und beym Roulette: „rien ne va plus,“ gilt kein Einsatz mehr; und wenn wirklich aus Mangel der Zeit derselbe nicht zurückgestoßen werden konnte, so wird er doch nicht bezahlt.

§. 9. Der höchste Einsatz in der Roulette ist für eine Nummer 6 Louisd'or, und auf andern Changen 4000 Franken; im Rouge et noir aber 6000 Franken.

§. 10. Wenn durch Zufall ein Stück Geld oder sonst etwas in die Scheibe der Roulette fällt, während die Kugel im Umlauf ist, so wird der Wurf dadurch ungültig.

Vorstehendes Spiel-Reglement ist streng zu vollziehen befohlen, und wird hierdurch zur Kenntniß des Publikums gebracht.

Baden, den 20. Juny 1823.

Réglement du Jeu.

§. 1. Les jeux commenceront le matin entre dix et onze heures, et finiront vers une heure après midi; ils recommenceront entre trois et quatre heures et finiront vers neuf heures du soir.

§. 2. Il n'est permis de jouer qu'avec des cartes blanches, delivrées aux entrepreneurs de la banque, par le Commissaire du Gouvernement. Chaque paquet de cartes doit être revêtu du Sceau Grand-Ducal, et être publiquement reconnu par un Commissaire inspecteur du jeu avant l'émission des cartes.

§. 3. La banque prend chaque jour des cartes neuves, et doit en prendre de nouvelles pendant la Séance quand la Galerie le demande, sans quoi elle n'y est point autorisée.

Le changement de Tailleurs à la Rouge et noir et à la Roulette échoit aux heures fixées et se fait par les Commissaires inspecteurs qui sont enjoint, d'exécuter exactement les ordres prescrites.

§. 4. Les Tailleurs doivent annoncer à la Galerie quand le jeu va finir: à la Rouge et noir avant la dernière taille, et à la Roulette avant les trois derniers tours de roue.

§. 5. Si le cylindre de la Roulette doit être changé par quelque dommage ou détérioration; ce changement se fait publiquement par un Commissaire du jeu assisté d'un des banquiers et accompagné de deux valets de Police. Le Commissaire doit s'assurer alors que le nouveau cylindre est parfaitement en équilibre.

§. 6. Toutes le fois que le jeu sera fini, les cartes de la Rouge et noir, ainsi que la Roulette seront cachetées par un Commissaire et ne seront ouvertes que quand le dit Commissaire aura reconnu son cachet.

§. 7. Aucune masse sur parole ne sera reçue ni payée, tant à Rouge et noir qu'à la Roulette, à moins que le banquier ne dise: ça-va!

§. 8. Dès que le banquier a dit, à Rouge et noir, le jeu est fait, et à la Roulette, rien ne va plus, aucune masse ne va plus, et quand même, faute de temps, la dite masse n'auroit pas pû être repoussée, elle ne sera point payée.

§. 9. La plus haute masse, sur un N^ro. est de 6 Louis d'or, et sur les autres Chances de la Roulette, de 4000 Francs, et à la Rouge et noir de 6000 Francs.

§. 10. Si, par hazard, une pièce d'argent ou quelqu'autre chose tombait dans le Cylindre de la Roulette pendant le cours de la Boule, le coup serait nul.

Le présent réglement sera publié et affiché pour être exécuté selon sa forme et teneur.

Bade le 20. Juin 1823.

Abb. 22 Spiel-Reglement für das Hazard-Spiel (Glücksspiel) im Konversationshaus in Baden-Baden, vom 20. Juni 1823 (Generallandesarchiv Karlsruhe 195 Nr. 1218)

allerdings erst nach dem Gottesdienst) bis Mitternacht bzw. bis zum Ende von Festlichkeiten im Konversationshaus. Das Spiel wurde einem großherzoglichen »Spielcommissär«, Polizeibeamten und Angestellten der Spielbank überwacht. In den folgenden Jahren wurden das Reglement erweitert, indem u. a. die Einsatzhöhe festgelegt wurde (beim Roulette mindestens einen Gulden (ca. 17 €), beim Rouge et Noir mindestens zwei Gulden (ca. 34 €); der maximale Einsatz lag beim Roulette für eine Zahl bei sechs Louis d´Or (ca. 1.400 €) und sonst bei 4000 Franken (ca. 30.000 €) bzw. bei 6000 Franken (ca. 45.000 €) im Rouge-et-Noir-Spiel) festgelegt wurde. Zudem wurden die zugangsberechtigten Personen aufgeführt: so hatten zum Beispiel *»Landleute, Dienstboten, Handwerkspurschen und dergleichen Leute«* offiziell keinen Zugang zum Spiel (da man wohl annahm, dass derartige Personen nicht über ausreichende finanzielle Mittel verfügten). Zudem durfte die Spielbank keinerlei Kredite gewähren und die Gewinne, die keinem Spieler zugeordnet werden konnten, wurden der örtlichen Waisenanstalt zugeführt[38].

IIn den folgenden Jahren nahm die Besucherzahl in der Stadt und ebenso im Konversationshaus weiter zu, so dass bereits 1835 berichtet wurde: *»(...) Nach Angaben im gestrigen Badeblatt beläuft sich die Zahl der diesjährigen Kurgäste auf 11.505 Personen, worunter viele ausgezeichnete englische, französische, holländische, russische und preußische Herrschaften. Auch Ihre kaiserl. Hoheit die Frau Kronprinzessin der Niederlande haben unter den Namen einer Gräfin von Büren bereits seit drei Monaten und zum erstenmale, ferner S. Maj. der König von Württemberg und höchstdero verehrten Familie, S. Königl. Hoheit der Großherzog und S. Hoh. der Prinz Bernhard von Sachsen-Weimar, sowie S. Hoh. der Prinz Emil von Hessen-Darmstadt unserem Badeort mit dem so werthen Besuche beehrt. Gleichfalls beglückten uns Seine Königl. Hoheit, unser allgeliebter Großherzog und die großherzogliche Familie mit höchst ihrer Gegenwart. (...) so steht Baden denn doch auch in der Trefflichkeit seiner Anstalten keinem anderen europäischen Bade nach. (...) der prachtvolle Kursaal (...), das zuvorkommende und gewandte Benehmen des bisherigen Beständers, Hrn. Chabert, (...) locken noch täglich Gäste herbei (...)«*[39].

Zum Saisonende 1836 wurde somit über die wachsende illustre Gesellschaft und die Veranstaltungen im Konversationshaus resümiert: *»(...) Also der Monat August war der Focus aller Lustbarkeiten (...) Alles suchte nun aber von allem zu profitieren, und daher hatten wir die außerordentliche Erscheinung, daß der Konversationssaal die Ballgäste an den Samstagabenden kaum zu fassen vermochte. (...) In ein Feenreich glaubte man sich versetzt, trat man Samstags Abends in den brillant erleuchteten Ballsaal; der hübschere Theil der vor dem Kursaale aufgestellten Orangerie ist in das Innere geschafft; mitten unter duftenden Orangen und blühenden Granaten sitzen die schönsten Damen Deutschlands, Englands, Hollands, Frankreichs u. Russlands im glänzendem Putze gruppenweise vertheilt, und während das verwöhnte Auge den Luxus und die Pracht, die Schönheit und den verschiedenen Geschmacke der zur gleichen Genußsucht versammelten Nationen mustert, rauscht, gleich einem Bergstrome, eine Straußwalzer- oder Lannergallopadenmusik durch den wohlduftenden Raum (...)«*[40]. Die Anzahl der illustren Gästeschar hielt weiter an, so dass auch die kommenden Jahre zum Aufstieg des Konversationshaus und der gesamten Stadt beitrugen[41]. So stieg die Zahl der offiziellen »Badgäste« von 1790 mit 554 Personen auf 23.828 Gäste im Jahr 1843[42]. Die Einnahmen für das Innenministerium aus diversen Verpachtungen beliefen sich 1843 und ebenso 1844 auf jeweils 54.703 Gulden (ca. 930.000 €), die wiederum zu 100 % in die Einrichtungen der Stadt investiert wurden[43]. Die wachsenden Besucherzahlen in der Stadt und die damit verbundene steigende Wirtschaftlichkeit des Konversationshauses erregten jedoch auch das Interesse von auswärtigen Spielpächtern.

38 Beispielhaft hierfür die Spiel-Reglements bzw. Spiel-Ordnungen vom 20. Juni 1823, vom 26. Mai 1839 und vom 1. Mai 1854, die jeweils von der Badanstalt-Commission in Abstimmung mit dem jeweiligen Spielbank-Pächter aufgesetzt wurden, vgl. GLA 195 Nr. 1218.

39 Karlsruher Zeitung vom 31. August 1835.

40 Karlsruher Zeitung vom 9. November 1836. War der Beginn der Saison bis Mitte Juli 1836 noch verhalten, so zählte man ab Mitte Juli bereits 6000 Gäste in der Stadt, wobei »(...) Engländer machen, wie gewöhnlich, die Mehrzahl der Gäste aus; auch befinden sich einige namenhafte russische Familien hier (...) Bälle und Reunionen versammeln wie gewöhnlich die elegante Welt, und der letzte Samstagsball übertraf an Eleganz, Glanz und Reichthum, hauptsächlich der Damenkleidung, alle bis jetzt stattgehabten. Wie der Entrepreneur des Konversationshauses nichts unterläßt, den Fremden alle gewünschten Agrements zu verschaffen, so spielt, auf dessen Veranstaltungen, die Rastatter Regimentsmusik abwechselnd mit den Böhmen auf den Bällen. (...)«, vgl. Karlsruher Zeitung vom 20. Juli 1836.

41 So werden für Anfang September 1837 als seinerzeit besonders berühmte Gäste bzw. »ausgezeichnete Personen« beispielhaft genannt: »Lord Lyndhurst ... am Arm seine jugendliche Gattin« (John Singleton Copley, 1. Baron Lyndhurst (1772–1863), brith. Lord Chancellor (Lordkanzler), Justizminister und Diplomat; und seine zweite Gattin Georgiana Goldsmith (1807–1901)); »Zea-Bermudez im Kreise seiner Familie« (Don Francisco Zea-Bermudez (1772–1850), spanischer Staatsmann, Diplomat und Berater der spanischen Königin Christine von Bourbon); »Baron Heeckeren« (Georges-Charles de Heeckeren d'Anthès (1812–1895), französischer Offizier und Politiker – während er in russischen Diensten stand, erschoss er Anfang 1837 im Duell den Dichter Puschkin, da er wohl ein Verhältnis mit dessen Frau und gleichzeitig seiner Schwägerin Natalia hatte); »Marshall Gerard« (Robert Tolver Gerard, 1. Baron Gerard (1808–1887), brithisches Mitglied des House of Lords und Spitzenbeamter); »Crockford« (William Crockford (1776–1844), brithischer Unternehmer und Inhaber des Gentlemen Clubs und Spielcasions »Chrockfords's Club« in London), der ... eine Gastrolle seiner Art geben, und dreimal im Rouge et Noir 25.000 Franken setzen wollte, allein Chabert, soll diese Ausforderung abgelehnt haben ...«, vgl. Karlsruher Zeitung vom 8. September 1837.

42 »Frequenz der Badgäste in Baden« vom 2. April 1844, GLA N Nebenius Nr. 121.

43 Die Einnahmen speisten sich in erster Linie aus den Pachtzins des Kurhauses mit allen zugehörigen Einrichtungen mit 45.400 Gulden, sowie ferner u. a. aus den Verpachtungen der »Handelsbuden« mit 3.865 Gulden und der Trinkhalle mit 2.300 Gulden. Die Ausgaben wurden u. a. für die »Herstellung neuer Anlagen und neuer Gebäude« mit 26.370 Gulden, der dem allgemeinen Unterhalt bestehender Gebäude und Anlagen mit insgesamt 10.000 Gulden oder für »öffentliche Belustigungen (Theater)« mit 2.000 Gulden oder für den Betreib der Trinkhalle mit 2.300 Gulden verwendet, vgl. »Öffentliches Budget für 1844 und 1845 Ministerium des Inneren – Einnahmen und Lasten und Verwaltungskosten – Badanstalten«, GLA N Nebenius Nr. 121.

1838–1867:

JEAN-JAQUES BÉNAZET

»so gestaltete sich das Ganze zu einem Kunstwerk und zu einem Heiligthum der Eleganz im weitesten Sinne des Wortes, reich, prächtig und großartig...«

Nach dem Auslaufen des Pachtvertrags für das Konversationshaus wurde dieser Vertrag mit dem bestehenden Pächter Chabert nicht verlängert, sondern 1837 von dem wohlhabenden und einflussreichen französischen Geschäftsmann Jean-Jacques Bènazet (1778–1848) übernommen (Abb. 23)[44]. Jean-Jaques Bènazet war in Paris u. a. Mitpächter von zehn Spielbanken und soll über ein geschätztes Privatvermögen von fünf Millionen Francs verfügt haben. Ab 1837 wurde in Frankreich jedoch das Glücksspiel verboten und Bènazet siedelte nach Baden-Baden um. Bereits seit 1834 hatte er sich über Mittelsmänner um die Übernahme der Pacht des Konversationshauses bemüht, obwohl der Vertrag des damaligen Pächters Antoine Chabert offiziell noch bis Oktober 1838 lief.

Nach langwierigen Verhandlungen über den Bankier Moritz von Haber (1798–1872) als Mittelsmann wurde am 7. Februar 1837 mit Bénazet der neue Pachtvertag geschlossen. Demnach umfasst die 15-jährige Pacht das Konversationshaus samt Gastronomie, jedoch ohne das Theater im rechten Flügel, ohne die Räume der (Marx'schen) Buchhandlung zwischen dem Gastronomieflügel und dem Hauptgebäude und ohne *»sämmtliche in dem Konversationshause erbaute Buden mit den oberhalb derselben befindlichen Zimmer«* (d. h. die erwähnten 25 Verkaufsbuden vor dem Konversationshaus). Zudem enthielt der Vertrag das Exklusiv-Recht (!) für das »Hazard-« (Glücks-)Spiel in der gesamten Stadt und im Großherzogtum Baden, wobei in *»einem Umkreise von 6 Stunden«* kein weiteres Glücksspiel angeboten werden durfte. Im Gegenzug verpflichtete sich Bénazet zu einer jährlichen Pacht von 140.000 Gulden (ca. 2,38 Mio. €), dazu das Konversationshaus *»reich und geschmackvoll zu dekorieren«* und *»alle übrigen Reparaturen und Ausschmückungen des Lokals (...) auf seine Kosten herzustellen«* (der staatliche »Badanstaltenfond« war hingegen für nötige Reparaturen an »Mauer- und Dachwerk« zuständig). Zudem war der Pächter verpflichtet jährlich, 5.000 Gulden (ca. 85.000 €) für *»Neubauten oder Verbesserungen (...) zu verwenden«* und eine Kaution in Höhe von 30.000 Gulden (ca. 510.000 €) zu hinterlegen[45].

Der neue Pachtvertrag mit Bénazet hatte jedoch im Nachhinein zu erebblichem Aufsehen geführt, da der bisherige Pächter Chabert geklagt hatte. Chabert – der bis dato jährlich »nur« 40.000 Gulden »Pachtzins« zahlte – hatte sich bereits 1832 um eine Verlängerung der Pacht bemüht, wobei das Innenministerium aber wohl erst ab 1837 über eine Pachtverlängerung neu verhandeln wollte. Zugleich bemühte sich Bénazet seit 1834 um die Pacht und ließ vermitteln, dass er zu äußerst großzügigen finanziellen Zugeständnissen bereit wäre. Außerdem übergab Bénazet dem Bankier von Haber als Mittelsmann insgesamt 105.000 Gulden (ca. 1,78 Mio. €) für »Auslagen«, um die Verhandlungen möglichst zu seinen Gunsten zu beeinflussen. Kurz vor Abschluss des Vertrages mit Bénazet erfuhr Chabert davon und reichte seinerseits noch ein Angebot zur Pachtverlängerung ein, was aber nicht mehr berücksichtigt wurde. Aufgrund dieses Vorfalls, einer fehlenden öffentlichen Ausschreibung der Pacht, sowie einer möglichen Bestechung von Seiten Bénazets an Vertreter des großherzoglichen badischen Innenministeriums, machte Chabert den Fall öffentlich und forderte die Auflösung des Vertrags mit Bénazet.

44 Bonner Wochenblatt, vom 4. April 1837.

45 Karlsruher Zeitung, vom 14. Juli 1839, S. 2144. Zudem soll Bénazet die städtischen Rückstände in Höhe von 120.000 Gulden aus dem Bau des Konversationshaus und des Dampfbades übernommen haben, vgl. Bonner Wochenblatt, vom 4. April 1837, S. 2.

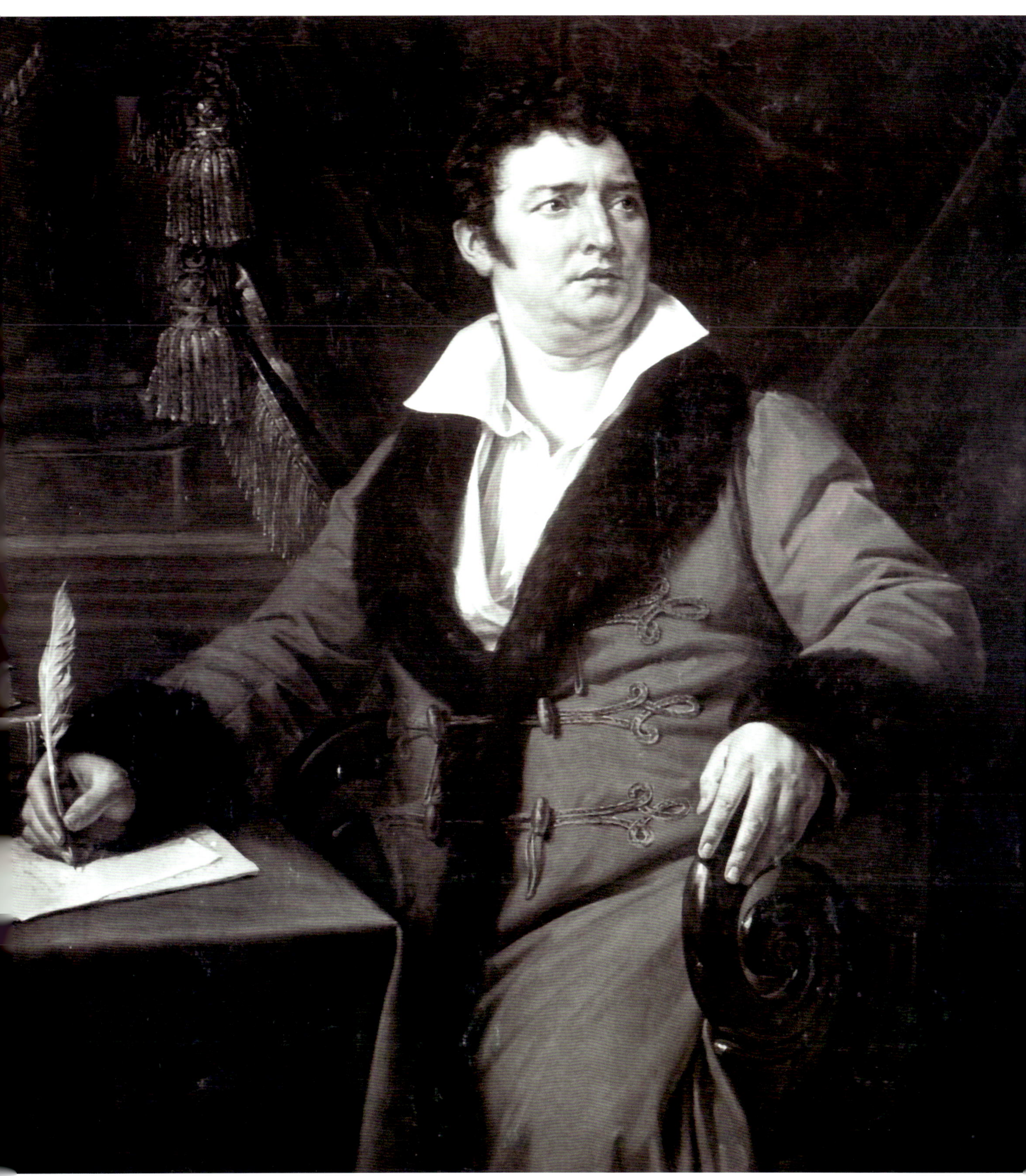

Abb. 23 Jean Jaques Bènazet (1778-1848), von Louis-Charles-Auguste Couder (Ausschnitt), wohl 1. Drittel des 19. Jhd. (Generallandesarchiv Karlsruhe 69 Baden, Sammlung 1995 F I Nr. 120, 88). Das Gemälde befindet sich heute im Bestand des Stadtmuseums Baden-Baden und ist im Empfangsbereich der Spielbank Baden-Baden ausgestellt.

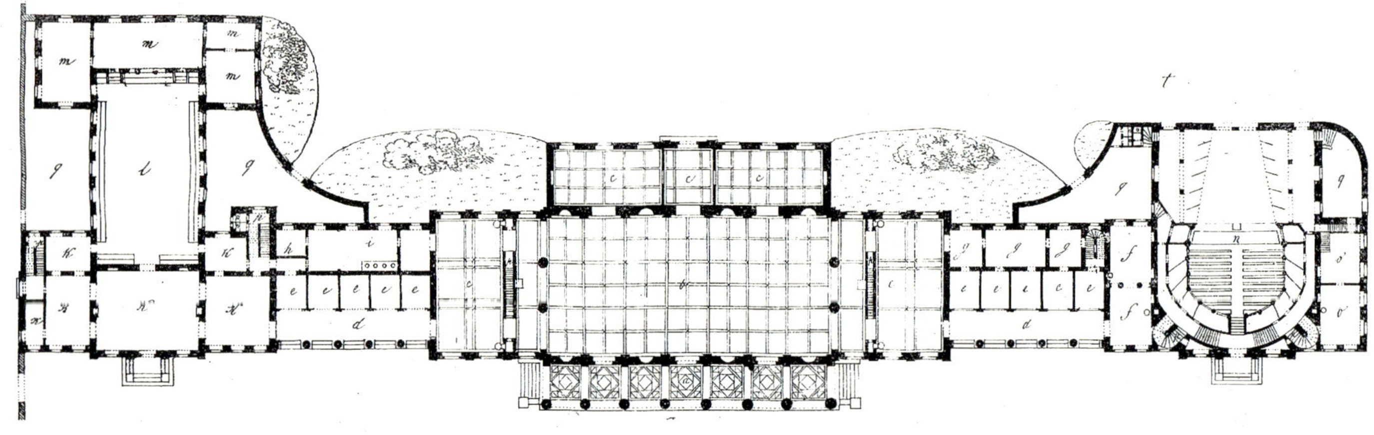

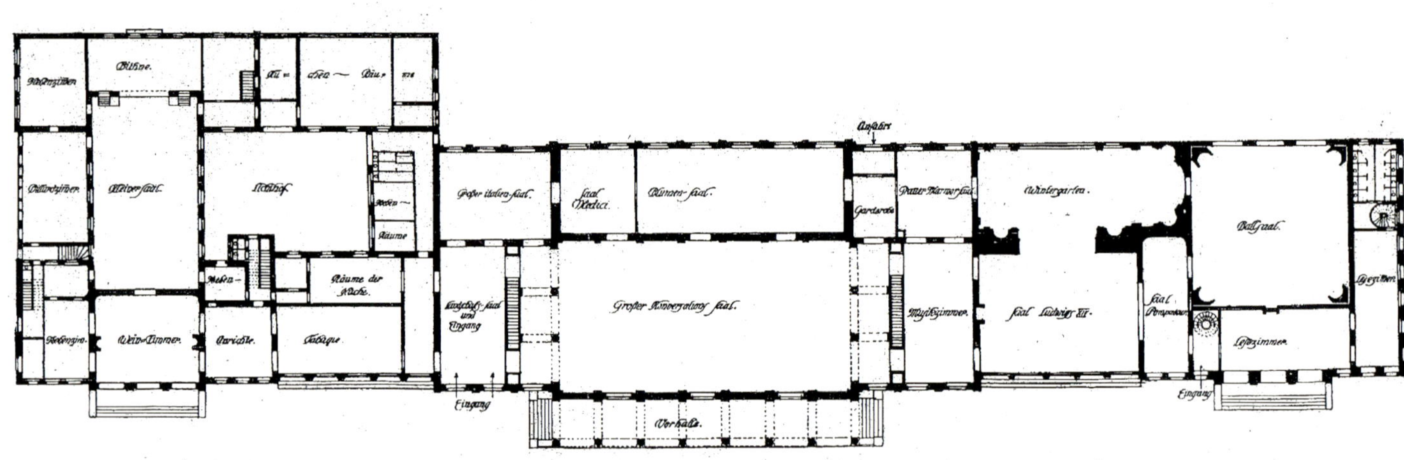

Abb. 24 Grundriss des Konversationshauses von 1824 bzw. 1835 (oben) und Grundriss von 1900 mit den Umbauten von 1838 und 1855 (unten) (Ausschnitt Grundriss oben: aus Schreiber, 1835; Grundriss unten aus: Planarchiv BKV)

Seine Forderungen wurden jedoch abgewiesen, da Chabert u. a. während seiner Pachtzeit auch wiederholt um Pachtnachlässe – die ihm auch gewährt wurden – wegen angeblich schlechter Umsätze gebeten hatte, wobei im Nachhinein durchaus hohe Gewinne bekannt wurden. Zudem wollte man wohl nicht, dass Chabert neben der seit 1834 bestehenden Pacht für die Spielbanken in Wiesbaden, Ems, Langen-Schwalbach und Schlangenbad auch weiterhin die Pacht für das Konversationshaus bzw. das Spiel in Baden-Baden erhielt[46].

Bereits im März 1838 wurde die Übernahme des Konversationshauses durch Bénazet in der Presse bekanntgegeben: *»(…) Der neue Spielpächter der Badener Banken, der zur Klasse der Bewohner der Chaussee d'Antin gehört, d. h. zu der Klasse der Pariser vornehmen Welt (…) wird diesem so sehr beliebten Kurorte einen Schwung geben, der für seine materiellen Interessen von der größten Bedeutsamkeit seyn muß. Hr. Bénazet wird die Banken diesen Sommer noch nicht übernehmen; er wird dieses Jahr in Muse verbringen, mit den großartigen Plänen beschäftigt,*

46 Die öffentlichen Sitzungen um die Pachtvergabe zogen sich im Juli/August 1839 über mehrere Tage hin und wurden ausführlich in der Presse behandelt, da es vor allem um die Frage ging, »*…ob die badische Regierung der Bestechlichkeit zugänglich ist…*« vgl. Karlsruher Zeitung, vom 14.,15., 16., 17., 28., 29., 30., 31 Juli und 1. August 1839. Vgl. auch hierzu die Unterlagen im GLA 234 Nr. 2069, darin u. a. der Bericht des Hochgerichtsvorstandes bzgl. der »(…) von Seiten des Spielpächters Bénazet oder seiner Mandatarien angeblich stattgefundene Bestechung (…)« vom 19. November 1839.

die er für Baden im Auge hat. Wer nur etwas in Paris in der Haute volée lebt, der weiß, welch ein Haus Bénazet macht, und mit welchen Leuten er in Verbindung steht; sein Ueberzug nach Baden wird zugleich einen hauptsächlichen Theil der besten Pariser Gesellschaft mit hinziehen (...) Hr. Bénazet ist nicht der Mann, der auf ein paarmal hunderttausend Franken sieht, wo es großartige Pläne zu befördern gilt; und da er diese für Baden im Auge hat, so kann es unter seiner Leitung nur prosperieren. Nicht bloß Verschönerung der Lokalitäten wird man ihm zu verdanken haben; sein Hauptaugenmerk wird auf edle und anständige Unterhaltung der Badegäste gerichtet seyn, er wird zu diesem Behuf die ausgezeichnetsten dramatischen und musikalischen Talente Europas für die Dauer der Saison nach Baden zu ziehen wissen. Es ist vorauszusehen, daß die Frequenz Badens sich mit den Jahren steigern wird, und daß hauptsächlich die Franzosen, die seit einigen Jahren ausgeblieben sind, wieder ihren gebührenden Rang unter der Zahl der Badegäste einnehmen werden. (...)«[47].

Bezüglich der Auswahl der Künstler, die Bénazet wohl gedachte nach Baden-Baden zu holen, waren im Februar 1838 erste Gerüchte in Umlauf: *»(...) Paris 20. Febr.: Wer die Italiener Tamburini, Rubini, Lablache und die Grisi hier gehört, mag in keine andere Oper mehr gehen. Im Jahr 1839 wird das Badepublikum diese Heroen des Gesanges in Baden-Baden bewundern können. Hr. Bénazet, der Spielpächter, der mit ihnen allen in genauer Relation steht, wird sie ganz sicher für einen Zyklus von Vorstellungen dorthin ziehen (...)«*[48]. Mit diesen Gerüchten zur Auswahl dieser seinerzeit weltbekannten Künstler hatte Bénazet bereits das geplante hohe Unterhaltungsniveau für das Konversationshaus festgelegt.

Nach der Übernahme der Pacht ließ Bénazet ab Oktober 1838 aber zuerst das Konversationshaus wie angekündigt einige Monate umbauen und modernisieren. Hierbei wurden an dem großen Konversationssaal und dem einstigen Promenadenhausflügel weitere Räume seitlich und nach hinten an- und umgebaut: *»(...) die Neubauten an der Rückseite des Konversationshauses haben sich mit wunderbarer Schnelligkeit erhoben, und sind größtentheils schon unter Dach und Fach gebracht; vier große Säle schließen sich den bestehenden weiten Räumen im unmittelbarsten Zusammenhang an (...), einer dieser neuen Salons, von 96'Länge und etwa 40'Breite, ist für die Reuninonsbälle bestimmt (...). Auf die innere Ausschmückung wird große Sorgfalt verwendet (...) die Malerei hat der französische Hofmaler Ciceri übernommen*[49]*, und ein Lieferant desselben Hofes hat sich verpflichtet, ein reiches, elegantes und durchaus komfortables Ameublement herzustellen (...). Der freie Platz vor dem Konversationshause wird durch Abstechen des Rasenplatzes um 8 Fuß breiter gemacht, und das im Wege stehende unbequeme Gerüst (...) wird verschwinden, stattdessen aber ein morgenländischer Kiosk, für ein 22 Köpfe starkes Orchester, eingerichtet (...). Die Tische, welche bisher den Spaziergängern den Weg versperrten, werden ebenfalls verschwinden, und dagegen der neu geräumte Platz neben der Restauration gegen das Meßmer'sche Haus, von der Straße durch ein zierliches Eisengitter geschieden, mit Orangen- und Myrthen-Bäumen geschmückt*[50]*, einen schicklichen und bequemen Raum für die bieten, welche ungestört im Freien ihren Kaffee trinken wollen; auch wird dabei noch immer eine hinlängliche Anzahl von Plätzen an der vorderen Seite zur Verfügung der Schaulustigen bleiben (...)«*[51]. Zur Genehmigung u. a. dieser »Neubauten an der Rückseite« hatte die großherzogliche Baukommission im Vorfeld die Planungen vor Ort besichtigt: *»(...) seit 2 Tagen befindet sich die großh. badische Baukommission hier, um Einsicht von den Plätzen zu nehmen, wohin das neue Amt- und Posthaus, einige neue Gasthöfe, und die von dem neuen Spielpächter, Bénazet, zu errichtenden, Gebäulichkeiten zu stehen kommen sollen. Es ist in der That erstaunlich, wie sehr hier die Zahl der neuen, prachtvollen Häuser zunimmt, besonders die Zahl der Gasthöfe. (...) wie natürlich* rufen diese Unternehmungen *von Seiten der übrigen Gasthofbesitzer wetteifernde Nachahmung hervor, und sollen demzufolge bereits einige Pläne zur Vergrößerung schon bestehender Gasthöfe vorliegen (...)«*[52]. Die allgemein steigende Gästezahl und die

47 Karlsruher Zeitung vom 13. März 1838.

48 Karlsruher Zeitung vom 24. Februar 1838. Gemeint sind die Opernsänger Antonio Tamburini (1800–1876), Giovanni Batista Rubini (1795–1854), Luigi Lablache (1794–1858) und Giulia Grisi (1811–1869), die zu den (welt-)berühmtesten und erfolgreichsten Opernsängern ihrer Zeit gehörten; alle vier waren zusammen 1835 in der Uraufführung von Vincenzo Bellinis Oper »I puritani« und Gaetano Donizettis Oper »Marin Faliero« in Paris aufgetreten und wurden danach als das legendäre »Puritani Quartett« in der Opernwelt gerühmt.

49 Gemeint ist Pierre-Luc-Charles Cicéri (1782–1868), der ab 1812 als Hofmaler am französischen Königshof besonders für die Dekorations- und Festmalerei zuständig, und parallel ab 1818 als oberster Dekorateur und Maler an der Pariser Opera Garnier tätig war.

50 Gemeint war die Westseite des Konversationshaus, seitlich des alten Promenadenhaus, wo das Restaurant untergebracht war, gegenüber dem Hotel Meßmer.

51 Karlsruher Zeitung vom 6. Dezember 1838.

52 Karlsruher Zeitung vom 11. Oktober 1838.

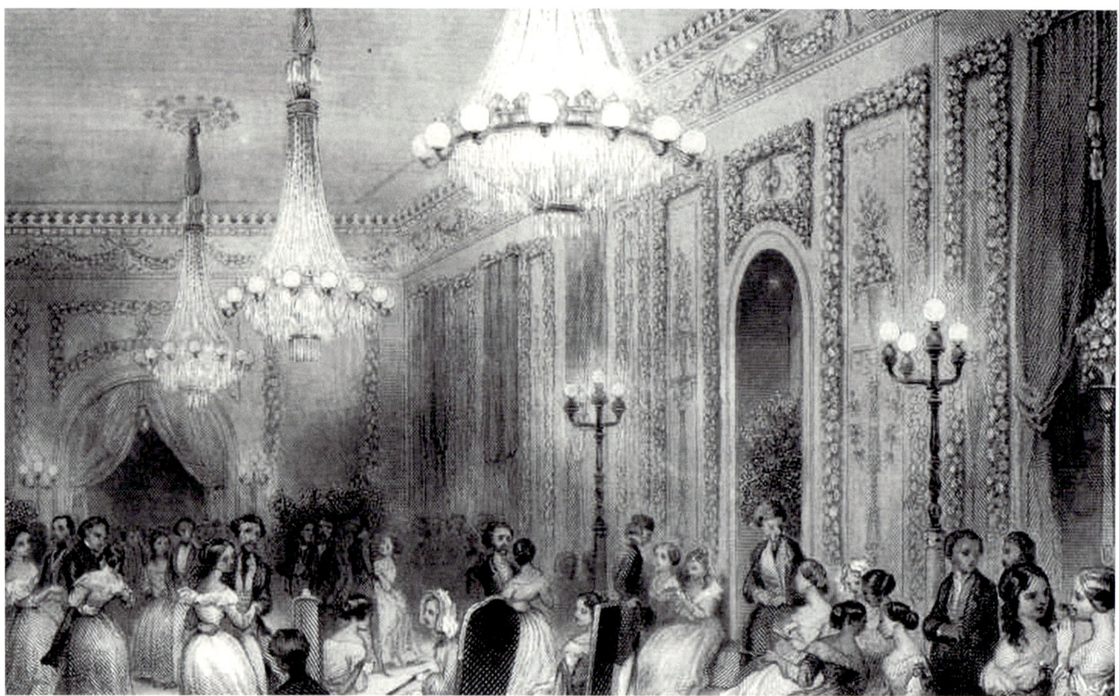

Abb. 25 Der neue »Blumensaal« (»Le Salon des Fleurs«) rückseitig des großen Saals (heute Weinbrenner-Saal), gemalt von Tony Johannot, gestochen von Charles Heath, um 1839/40 (Generallandesarchiv Karlsruhe J-B Baden-Baden 35)

geplante Erweiterung des Konversationshauses hatten offensichtlich zu einem allgemeinen baulichen Konjunkturprogramm in Form zahlreicher Neubauten in der Stadt geführt. Zugleich wurde dieser »Bau-Boom« von einigen Zeitgenossen angesichts der steigenden Preise aber auch kritisch gesehen: *»(...) Mit jedem Jahr verliert Baden mehr von seinem ländlichen Reiz. Paläste steigen empor, die Aussichten werden verbaut; von einem Bauplatz, der kürzlich verkauft wurde, mit einer alten Baracke darauf, kam der Quadratschuh fünf Gulden* (Anm. ca. 40 €/qm)*; anderthalb Morgen Land an (*Anm. außerhalb*) der Stadt 3500 fl. (*Anm. 5400 qm für ca. 59.500 €*) (...)«*[53].

Im Zuge dieser Umbauten ließ Bénazet die rückseitig bzw. westlich des großen Saals (Weinbrenner-Saal) gelegenen drei kleinen Säle (die zwei »Zimmer für gesell. Spiele« samt »Vorhalle« in der Ausführung von Weinbrenner 1824) so weit erweitern, dass diese bündig an die beiden bestehenden Säle an den Schmalseiten des großen Saals anschlossen (Abb. 24). Somit entstanden dann dort drei neue Säle bzw. Räume: der »Blumensaal (Reunions-Saal)« (Abb. 25), daran anschließend der »Medici-Saal« (Abb. 26) und daran anschließend der »große italienische Saal« (»Renaissance-Saal«) (Abb. 27), sowie am anderen Ende des »Blumensaals« der neue »graue Marmorsaal« (samt Garderobe)[54]. Ein weiterer bzw. der vierte Saal entstand wohl in dem bisherigen »Gesellschafts-Spielzimmer«, der zwischen dem großen Saal und dem Theaterflügel lag und nun zum neuen »Musikzimmer« wurde. Ebenso wurde der große Saal in seiner Innendekoration überarbeitet, indem u. a. sämtliche Wandflächen mit aufgesetzten farbig oder vergoldeten Ornamenten (Stuckaturen oder hölzerne Boisserien) verkleidet wurden, die Fenster mit üppigen Draperien verziert und deutliche größere und aufwendigere Kronleuchter sowie zusätzlich hohe Girandolen (Leuchter/Laterne) an den Wänden aufgehängt bzw. aufgestellt wurden (Abb. 28).

Insgesamt sollen sich die Kosten für die Umbauarbeiten und Neuausstattungen der Räume auf über 200.000 Gulden (ca. 3,4 Mio. €) belau-

53 Vgl. Ost und West – Blätter für Kunst, Literatur und geselliges Leben vom 22. Juni 1839.

54 Die genauen Bezeichnungen der einzelnen Säle variieren je nach Beschreibungen immer wieder, wodurch sich die Identifizierung der einzelnen Räume in den zeitgenössischen Quellen mitunter schwierig gestaltet. Erst 1915 erhielten sämtliche Säle/Räume im Kurhaus eine feste offizielle Bezeichnung vgl. Anm. 225.

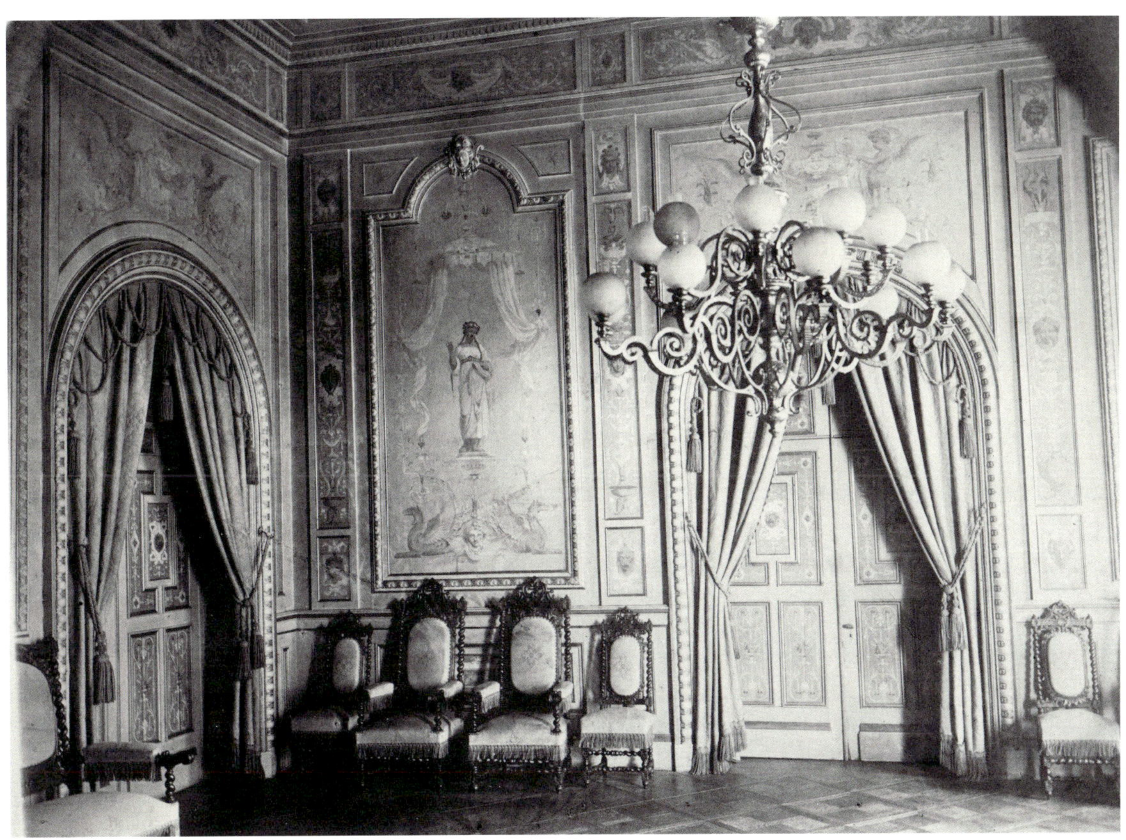

Abb. 26 Der einstige »Saal Medici« , ehemals rückseitig des großen Saals (heute Weinbrenner-Saal) und zwischen »italienischem Saal« und »Blumensaal« gelegen, Aufnahme um 1890 (Stadtmuseum/-archiv Baden-Baden)

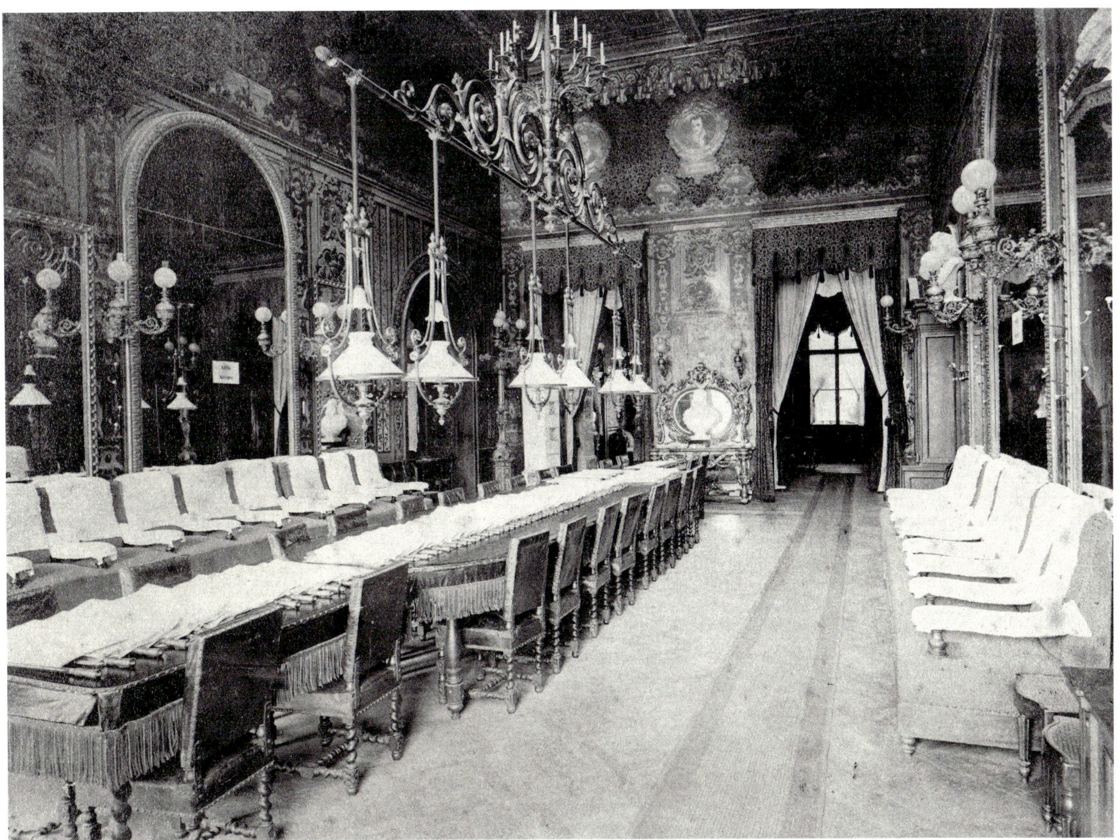

Abb. 27 »Der italienische Saal« (später auch »Lesezimmer«), Aufnahme um 1900 (hier in Nutzung als Lesezimmer) (Stadtmuseum/-archiv Baden-Baden)

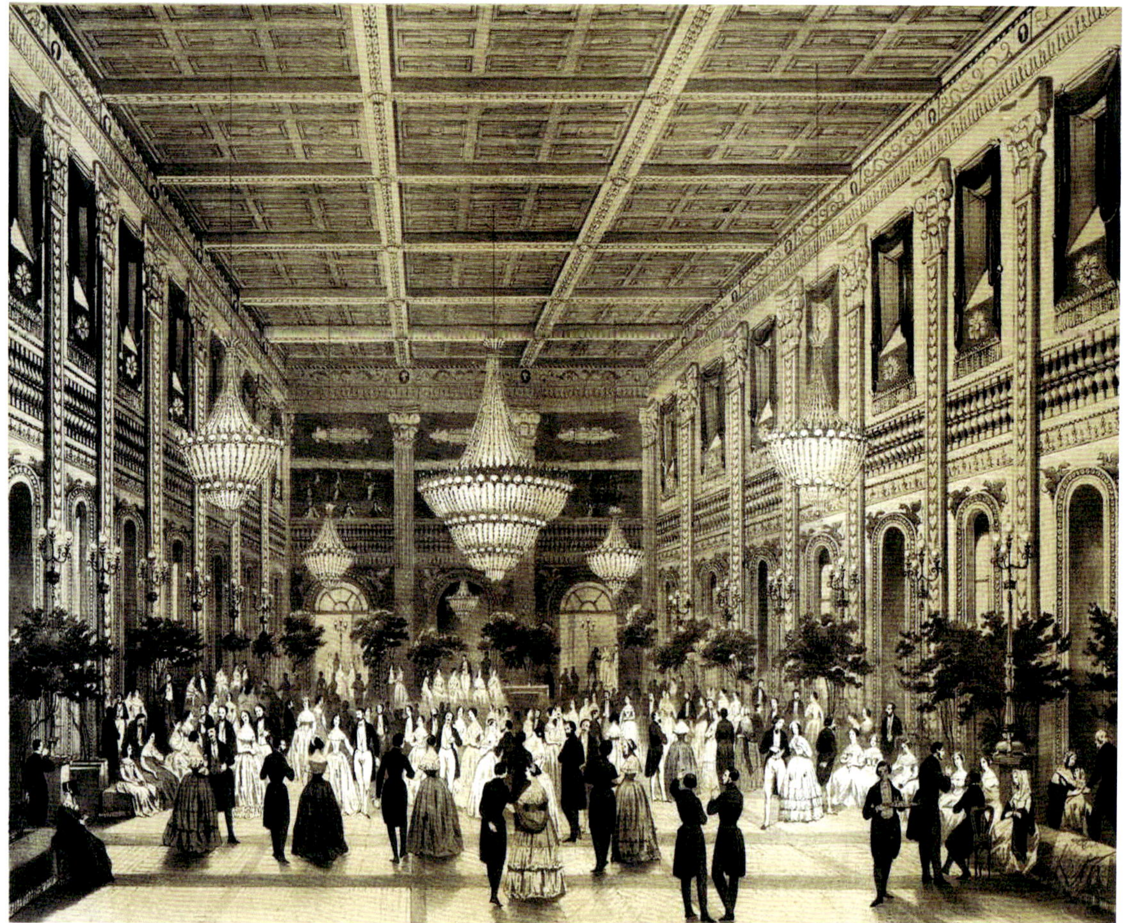

Abb. 28 Der große Konversationssaal ("Grande Salle de la Conversation de Baden-Baden"), heute Weinbrenner-Saal, nach 1839, gezeichnet von E. Jaquemot, Lithografie von G. Muller & Auguste Francois Laby (Generallandearchiv Karlsruhe J-B Baden-Baden 41)

fen haben[55]. Eine Woche vor der Eröffnung ließ Bénazet wohl schon einen Einblick in die neu gestalteten Räumlichkeiten geben: *»(...) Das Konversationshaus in Baden-Baden wird wahrhaft verschwenderisch ausgestattet. Der neue Pächter Bénazet ist angelangt und ließ am 12. Mai eine öffentliche Ausstellung der Service und Geräthschaften machen. Die Säle sind fürstliche dekoriert, schwere Atlasstoffe zieren die Fenster, treffliche Gemälde den Planfond und Wände; 24 Maler arbeiteten fast den ganzen Winter hindurch. Der letzte Transport aus Paris an Möbeln, Spiegeln etc. hat allein 3000 Franken Mauth gekostet (...)«*[56]. Am 20. Mai 1839 wurde das neu gestaltete Konversationshaus dann endlich offiziell eröffnet: *»(...) Baden, 10. Mai: heute Nachmittag ist Hr. Bénazet hier eingetroffen, und ich habe aus sicherer Quelle erfahren, daß er die Eröffnung des Promenadenhauses unwiderruflich auf den 20. d. M. festgesetzt hat (...) es ist kaum glaublich, daß es nur möglich war, in so kurzer Frist, alle die großartigen neuen Einrichtungen herzustellen; u. um diese riesenhafte Aufgabe zu vollführen, bedurfte es wahrlich eines eisernen Willens, der keine auch noch so großen Opfer scheut, von keiner Schwierigkeit sich schrecken läßt, und dem, nebenbei gesagt, auch so ausgedehnte Mittel zu Gebote stehen, wie Hrn. Bé-*

55 Fränkischer Merkur vom 6. Juni 1838. In einer Zusammenfassung des Badischen Innenministeriums bzgl. der »Besitzverhältnisse der Badanstaltsgebäude in Baden« (-Baden), vom 31.12.1919, GLA 236 Nr. 28612. ist jedoch davon die Rede, dass Bénazet 1838/1839 unter seinem Bauleiter »Werkmeister Britsch« diverse Umbauten in Höhe von »nur« 75.000 Gulden vornehmen ließ, sowie weitere Umbauten um 1842/43 für 56.706 Gulden und 1844 für 5.000 Gulden.

56 Der Friedens- und Kriegskurier vom 24. Mai 1839. Die Angaben in dem Artikel zu den hohen »Mauth-Kosten« verweist auf die umfangreichen Transporte der Ausstattungsobjekte per Kutschen aus Paris. Die erwähnten 24 Maler passen zu der dort genannten Anzahl »dgl. mehr zu Dutzenden, meist aus Paris verschrieben«.

nazet, welcher das in ihn gesetzte Vertrauen mehr als nur rechtfertigte. Ein Wunder scheint es, was hier so schnell, nicht durch einen Zauberstab, sondern durch Talent, guten Geschmack und die Macht des rücksichtslos gespendeten, mit vollen Händen ausgestreuten Goldes bewirkt war. Die Pracht u. Eleganz der neuen Einrichtungen übertrifft Alles, was in dieser Art noch je gesehen wurde, und ist sicherlich das non plus ultra seiner Gattung (...)«[57].

In der Folge lieferten diverse Berichte eine sehr genaue Beschreibung der Umbauten, die umso interessanter sind, da sie zu den wenigen Quellen der heute nicht mehr erhaltenen Ausstattungsphase zählen. So schrieb 1839 der Schriftsteller August Lewald (1792–1871): *»(...) Als der neue Pächter, Herr Bénazet, das Conversationshaus aus den Händen des abtretenden Herrn Chabert im vergangenen Spätherbst übernahm, hatte er nur wenige Monde vor sich, um nicht nur die großartigen Einrichtungen zu treffen, die er in's Leben zu rufen sich vorgesetzt, sondern er mußte auch noch zum großen Theil den Raum selbst schaffen, in welchem er seine Pracht entfalten, denn das letzte Jahr hatte gelehrt, daß* für den Zudrang der Gäste das Haus zu eng *sey (...). So erhob sich denn, den winterlichen Stürmen zum Trotz, an der Rückseite des Hauses der Neubau, der (...) vier große Piecen enthält, deren zwei an den Enden zu den Flügelsalons, während eine größere (von fast 100 Schuh Länge), für die Bälle und Reunions der »Gesellschaft« ausschließlich bestimmt, an ein elegantes Vorzimmer stößt. Um den überbauten Raum für die anfahrenden Wägen wieder zu gewinnen, mußte der Berg weiter abgegraben und mit hohen Mauern unterstützt werden. (...) und so gestaltete sich das Ganze zu einem Kunstwerk und zu einem Heiligthum der Eleganz im weitesten Sinne des Wortes, reich, prächtig und großartig, und es ist wahrlich nichts* übertriebenes *in den Berichten (...), welche fast alle darin übereinstimmen, daß sie drei Hauptpunkte besonders hervorheben: Den großen Saal, den Renaissance-Salon, und im rechten Flügelgebäude die Restauration mit dem Speisesaal. Der Plan stammt ursprünglich aus des bekannten Ciceri Erfindung, doch hat sein Stellvertreter, Herr Riquier, sich ein weit größeres Verdienst dabei erworben, als das der Ausführung nach gegebenen Muster allein. Der große Saal ist zu einem traulichen, luftigen Aufenthalt geworden, (...) während ehedem, die kahlen Wände einen unangenehmen Eindruck hervorbrachten. In dem ganzen Raum findet sich jetzt kein vernachläßigtes Fleckchen; überall strahlt goldene Malerei über dem weißen Grund oder über mildem Grün, und die architektonische Schönheit der Verhältnisse wird dadurch erst recht deutlich. (...) An der schräg angeschnittenen Brüstung der genannten oberen Fenster hängen grüne Teppiche mit breiten Goldzierrathen abwärts, so wie von den Tragbalken über den Tribünen – beide nämlich gemalt. Den unteren Theil der Wände nehmen die Spiegel und Glasthüren ein, an den langen Seiten je zu sieben, nämlich drei Glasthüren und vier Spiegel, an den kürzeren je zu drei, nämlich drei Glasthüren und vier Spiegel (...). Den Rand jeder dieser zehn Türen und jedes dieser zehn Spiegel umgibt eine Bordure von gemalten Rosetten, über der zu beiden Seiten ein heraldisches Thier mit Arabesken die Füllung vorstellt (...). Vom Plafond hängen fünf Kronleuchter, vier kleinere von je fünf und zwanzig Lampen und ein großer von hundert und acht; an jedem der zwölf Pfeiler steht ein bronzirter Candelaber mit vier Lampen (...) und verbreiten ein weit helleres Licht, als man es in früheren Jahren hier zu sehen gewohnt war, denn man kann dabei von einem Ende des Saals bis zum anderen die Leute ganz deutlich erkennen; (...) und der ganze Apparat aus Carcellampen besteht, deren gleichmäßiger, niemals flackernder Glas so stätig durch die Kugeln von mattgeschliffenem Glase strahlt. – In solcher Beleuchtung entfaltet der Saal erst seine ganze Herrlichkeit, deren Wirkung wahrlich etwas Zauberisches an sich zu hegen scheint. An der östlichen Seite des großen Saales befindet sich das für Trente-et-Quarante bestimmte Spielzimmer (...) dessen Einrichtung mit einer solchen Einfachheit durchgeführt ist, daß dieselbe fast (aus-)gesucht erscheint; ein in Blau und Gelb gemalter Plafond, glatte, einfarbige Wände, oben von einer breiten Bordüre eingefaßt, blaue Sopha's, mit blauen Leder überzogene Stühle und ein Buffet von dunklem Acajouholz, nebst dem Spieltisch; dem Kronleuchter und den von Schirmen bedeckten Lampen über dem Tisch (...) nicht einmal Spiegel sind hier zu finden. (...) mit dem großen Saal parallellaufende, der neue Reunionssalon (...); die Ausstattung dieses Raumes ist noch nicht ganz geordnet (...) doch sind schon jetzt die drei Kronleuchter (...) bemerkenswerth, so wie die vergoldeten Candelaber, von derselben Form, wie die broncierten im großen Saal (...). Von dem Baalsaal aus gelangt man (...) in das Gemach, welches (...) an den oben erwähnten Renaissance-Salon stößt, (...) dieses Gemach ist (...) im Rococo-Geschmack decoriert und meubliert*

57 Karlsruher Zeitung vom 12. Mai 1839.

(…), parchtvoll (…). Die reichen Tapeten, der Camin von rothem Marmor, der sonderbare Plafond mit seinen zierlichen Schnörkeln auf einem Grunde, der naturfarbige Tannenbretter täuschend darstellt, die schweren Stoffvorhänge an Thüren und Fenster, (…) den Vorhangeiner der beiden tiefen Zwischenthüren theilend (…) und so in den schönen und reichen Salon treten, dessen harmonische Pracht, und eben so geschmackvoll als streng durchgeführten Styl beim ersten Anblick schon einen wunderbaren Eindruck hervorrufen (…). Die herrschenden Farben sind hier das edle Gold in den verschiedensten Abstufungen und das feierliche Roth (…). Aus dem mit goldenem, arabeskenartigem Laubwerk damascirten rothen Stoffe bestehen die Ueberzüge der Sopha's und Sessel, die mit weißer Seide gefütterten Vorhänge der Thüren und Fenster, und in täuschender Oelmalerei wieder gegeben, die Verzierungen der Spiegel, und der sie umgebenden phantastischen Arabesken. An den beiden längeren Seitenwänden dehnen sich auf goldenen Dachspfoten niedere Sopha's (…), den Pfeilern zwischen den Fenstern füllt eine Ottomane, der gegenüberstehenden zwischen den Thüren ein Trumeautisch mit einer prachtvollen Pendule (…), die Leuchter zur Seite sind ebenfalls weibliche Figuren von Bronce, mit ausgebreiteten Armen auf Goldkugeln schwebend (…). Den Plafond füllen Oelmalereien (…) auf denen in allegorisch bedeutsamen Gestalten die Welttheile abgebildet sind, jeglicher durch ein in seiner Art schönes Weib dargestellt; in der Mitte hängt ein metallener Kronleuchter dessen goldene Aeste einen Kranz von Lampen tragen, deren Licht von allen Seiten in vier langen Seiten wiederstrahlt aus den Spiegeln, von denen die zwei größten (an den längeren Wänden zwischen den Bogenthüren), durch Höhe und Breite ganz besonders bemerkenswerth sind. (…) In dem Speisesaal der Restauration finden sich (…) Arabesken, Fruchtstücke, Laubwerk und Medaillons, in Oel auf Baumwollstoff gemahlt, bedecken die Wände und den Plafond; die Meubles sind von dunklem, polirtem Holze (…) und die Restauration ist überhaupt (das Ceffeehaus mit einbegriffen) so wohl bestellt in allen Stücken, daß sie sich ganz gut in Paris selbst dürfte sehen lassen (…).«[58]. Diesem Bericht nach übernahm neben dem französischen Hofmaler Pierre-Luc-Charles Cicéri (1782–1868) auch noch der belgische Genre- und Historienmaler Louis Riquier (1792–1884) die Arbeiten in den neuen Räumen. Ebenso bemerkenswert sind die erwähnten Carcellampen, die um 1800 von dem Pariser Uhrmacher Bertrand Guillaume Carcel (1750–1812) erfunden wurden. Diese Öllampen wurden über Federmechanismus und einen eingebauten kleinen »Tank« automatisch mit Öl versorgt wurden und konnten somit selbstständig über einen längeren Zeitraum brennen[59]. Die Kosten allein für die diese neue Beleuchtung sollen sich wohl auf über 50.000 Franken belaufen haben[60].

Die genannte üppige Ausstattung der einzelnen Räumlichkeiten erfolgte mit französischen Möbeln und Dekorationsobjekten und von überwiegend französischen Künstlern und Handwerkern: *»(…) Der neue Pächter Benacè richtet das Conversationshaus wahrhaft prächtig ein, Hundertausende werden darein verwandt; acht Wagen voll Meubles, Spiegel, Draperien u.s.w. sind bereits von Paris angelangt: Maler, Bildhauer, Tapeziere, Vergolder und dgl. mehr zu Dutzenden, meist aus Paris verschrieben, sind viele Monde schon im Inneren beschäftigt (…)«*[61] und *»(…) die Neubauten und bedeutende Reparaturen am Konversationshause schreiten rasch voran und wird besonders dessen Saal ungemein prachtvoll und elegant. Nach dem, was der neue Spielpächter, Hr. Bénazet, seither geleistet und gethan, darf man sagen, daß er seine Aufgabe gelöst hat. (…)«*[62]. Zu den neu gestalteten Räumen im Innenraum kam zudem der erwähnte neue »morgenländische Kiosk« im Außenbereich hinzu, bei welchem es sich um einen Pavillon als Bühne für die Auftritte der Orchester und Künstler vor dem Konversationshaus handelte, welcher in den folgenden Jahren aber noch durch eine größere Variante ersetzt werden sollte (Abb. 29). Der Bereich vor dem Konversationshaus, der offensichtlich in der Vergangenheit durch ungeordnet stehende Tische und Stühle den Weg der flanierenden Besucher störte, wurde geordnet indem die Außengastronomie auf dem Bereich direkt vor dem Restaurant beschränkt wurde und *»mit Orangen- und Myrthen-Bäumen geschmückt«* und *»gegen das Meßmer'sche Haus, von der Straße durch ein zierliches Eisengitter«* abgegrenzt wurde (Abb. 30).

58 August Lewald: Die Saison von Baden-Baden, in: Europa 2 (1839), S. 557–564.

59 Aufgrund der relativ hohen Kosten und der hohen Reparaturanfälligkeit erfuhr die Carcellampe nur eine eingeschränkte Verbreitung und wurde ab 1827 zunehmend von der verbesserten Moderateurlampe abgelöst

60 Wilhelm von Chezy: Tableau de Baden-Baden et de ses environs, Carlsruhe 1841, S. 24

61 Vgl. Ost und West – Blätter für Kunst, Literatur und geselliges Leben vom 22. Juni 1938.

62 Karlsruher Zeitung vom 9. März 1839.

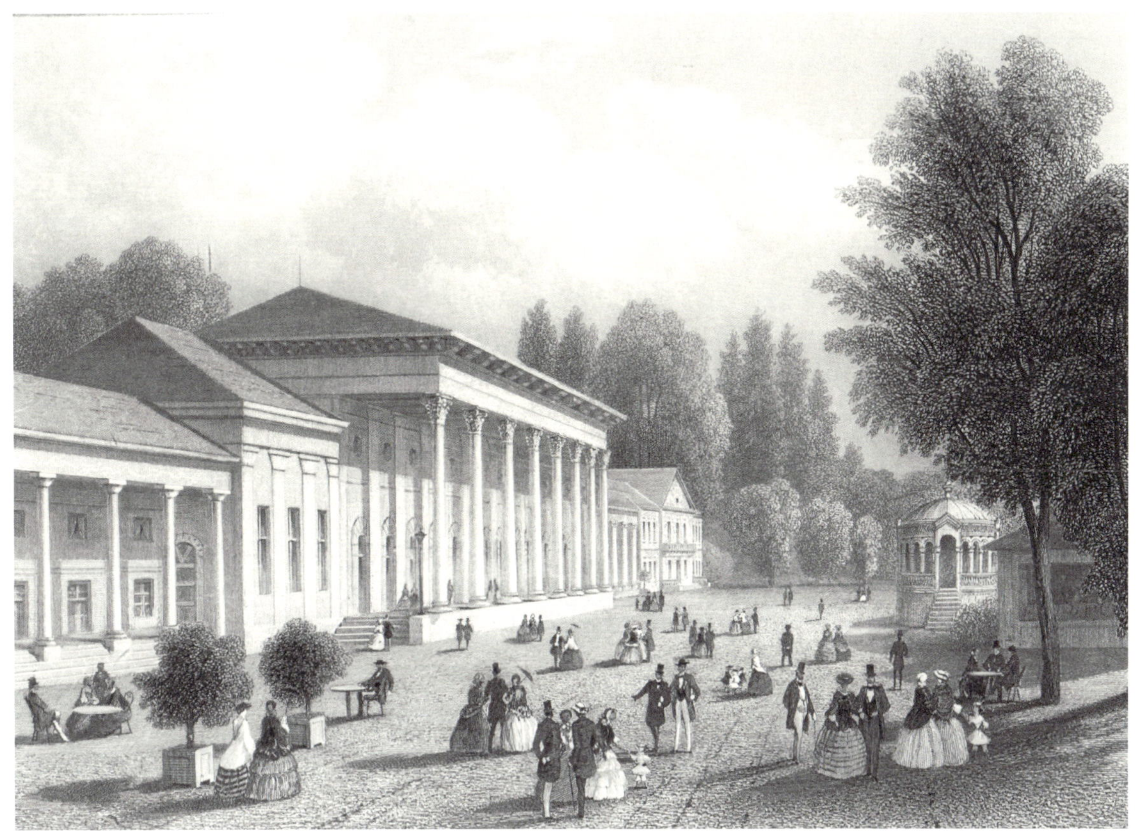

Abb 29 Das Konversationshaus, nach 1839, rechts im Hintergrund der neue »morgenländische Kiosk« und davor die Kolonaden mit den Verkaufsbuden; links vorne die »Orangen- und Myrthenbäumchen« vor den Tischen des Außenbereichs des Restaurants, gezeichnet von Karl Lindemann-Frommel; gestochen von Friedrich Würthle (Generallandesarchiv Karlsruhe J-B Baden-Baden 38)

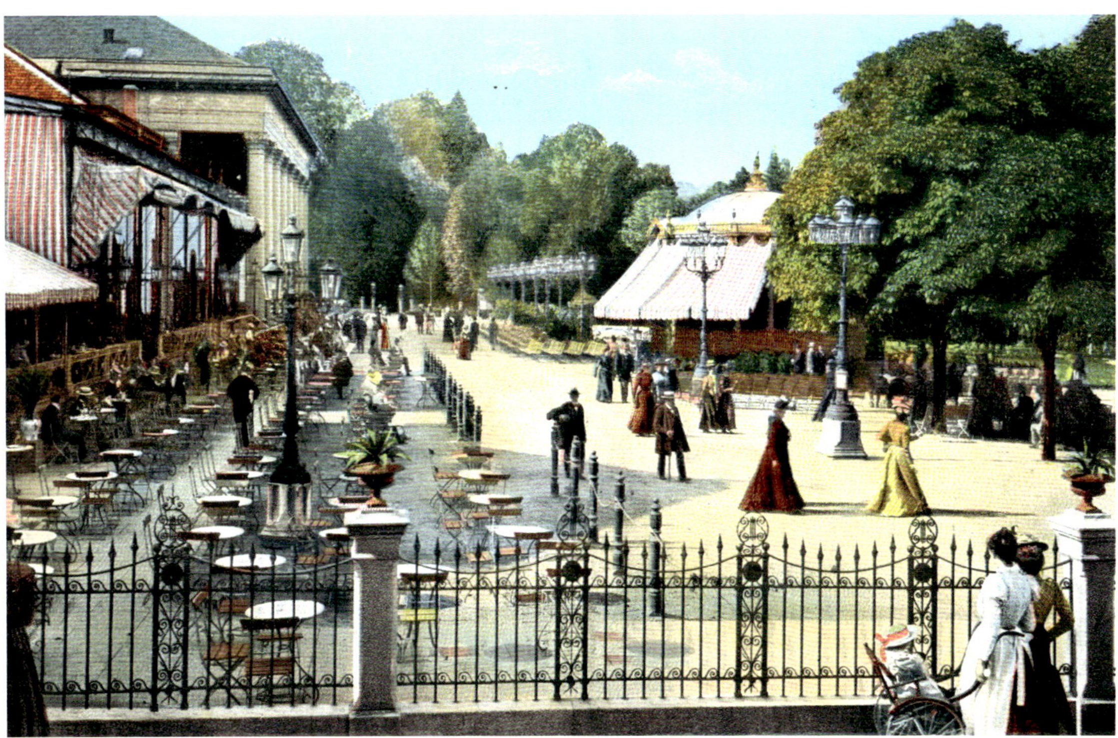

Abb. 30 Das Konversationshaus mit dem Eisengitter-Zaun im Vordergrund vor dem Restaurant, gegenüber dem »Meßmer`sche Haus« (Hotel Meßmer/Werderstrasse), um 1900 (Stadtmuseum/-archiv Baden-Baden)

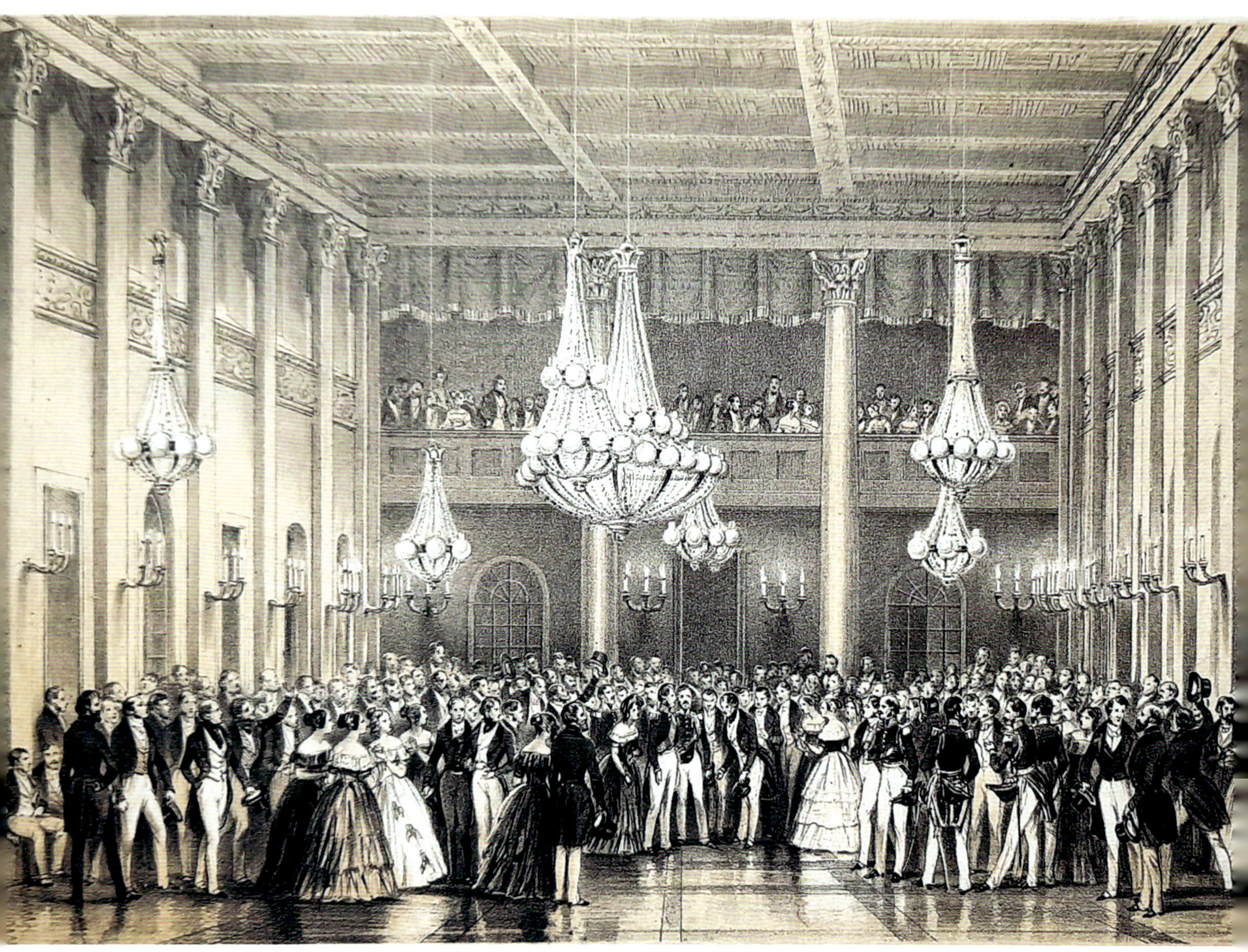

Abb. 31 Ball im großen Saal (heute Weinbrenner-Saal): »Bal Donné a Bade, par M. Bénazet, au profit des indigens Pour l`anniversaire de la naisannace de S.A.R. Le Grand Duc de Bade, le 29 Aout 1844« (»Ball veranstaltet in Baden(-Baden) durch Hr. Bénazet, zu Gunsten der Einheimischen, zum Geburtstag seiner Hoheit den Großherzog von Baden, den 29. August 1844«), Lithographie von Lehnert, 1844 (Generallandesarchiv Karlsruhe J-N B4)

Auch das Angebot im Restaurant wurde anspruchsvoll umgestaltet, wobei sowohl französische als auch deutsche und englische Küche angeboten wurde: *»(...) Die Restauration wird der thätige und erfahrene Wirt zum Salmen, Hr. Haug, verwalten, und zwar unter bleibender Oberaufsicht des Unternehmers, Hrn. Bénazet, selbst, (...) das Hauptpersonal der Küche wird zwar aus Parisern bestehen, doch soll auch die englische und deutsche Küche wohl versorgt werden. Die bisher bestehenden Preise werden beibehalten, und in Betracht auf Kaffee, Eis und Liqueurs noch vermindert werden (...)«*[63]. Weitere Verbesserungen im Konversationshaus waren u.a. die Einrichtung eines Rauchersalons (um *»...bei schlechtem Wetter den Tabaksrauchern eine Zuflucht zu gewähren...«*), eine überdachte Verbindungsgalerie zwischen allen Räumlichkeiten *(»...man wird fortan vom Anfang bis zum Ende*

63 Ebenda. Mit einer schönen Außengastronomie und günstigen »Erfrischungen« (»Kaffee, Eis und Liqueur«) sollten wohl die vorbei flanierenden Gäste leichter ins Konversationshaus gelockt werden. Karlsruher Zeitung vom 6. Dezember 1838.

des Konversationshauses (...) durch helle und trockene Räume auch an stürmischen Regenabenden ungefährdet von Wind und Wetter gelangen können...«) und eine größere, besser sortierte Buch-/ Zeitschriften- und Musikalienhandlung des »*Dr. Marx*«[64] (samt einem »*...Fortepiano ...und einem neuen schönen Salon (...) und einen kleinen geschlossenen Garten für Lesegäste«*)[65]. Der genannte Rauchersalon dürfte im Bereich der Boutiquen hinter dem linken Kommunikationsgang gelegen sein, wo im Grundriss von 1900 ebenfalls noch ein »Tabaque«-Salon eingezeichnet war (Abb. 24). Der größere »*Buchhandlung des Dr. Marx*« dürfte nach dem Umbau die vollständige Fläche der Boutiquen hinter dem rechten Kommunikationsgang eingenommen haben.

In der zeitgenössischen Presse wurde sogar die Reaktion des badischen Großherzogs auf die umgebauten Räumlichkeiten im Konversationshaus beschrieben: »*(...) Als im Frühjahr der Großherzog Baden besuchte und die neuen Einrichtungen in Augenschein nahm, soll er die Aeußerung gethan haben: ›Sie haben mein Schloß in Karlsruhe übertroffen‹ worauf Bénazet ehrerbietig geantwortet: ›K. Hoheit empfangen viele hohe Personen, ich empfange das ganze Europa (...)‹«*[66]. Das neue Konversationshaus wurde angesichts dieser allseitigen Anerkennung auch weiterhin gerne als Rahmen für exklusive Veranstaltungen genutzt, wie zum Beispiel für den Geburtstag des Großherzogs Karl Leopold Friedrich I. von Baden am 29. August 1844, anlässlich dessen Bénazet einen Empfang zu Ehren des Großherzogs im Konversationshaus gab (Abb. 31).

Jean-Jaques Bénazet beabsichtigte mit den Umbauten im Konversationshaus neben einer allgemeinen Besuchersteigerung vor allem ein besonders exklusives und zahlungskräftiges Publikum zu gewinnen. Dieses Publikum sicherte mit ihren Ausgaben – vor allem im Spiel – die Einnahmen Bénazets, der trotz der hohen Pacht noch immer einen entsprechenden Gewinn erzielen wollte und musste, damit seine Bemühungen um die Pacht des Konversationshauses gerechtfertigt blieben. Durch den Anstieg der Besucherzahlen wurde wiederum in der gesamten Stadt ein erweitertes Angebot an geeigneten Unterkünften, Gastronomie- und Einkaufsmöglichkeiten und medizinischer Versorgung notwendig[67]. So entstand in der Zeit von 1839 bis 1842 zum Beispiel auch die neue Trinkhalle nach dem Entwurf des Architekten Heinrich Hübsch (1795–1863), die im Kurgarten etwas nordöstlich des Konversationshauses errichtet wurde[68]. Jean-Jaques Bénazet verstarb nur knapp zehn Jahre nachdem er das Konversationshaus übernommen hatte, am 23. März 1848 in Paris. Da der mit ihm abgeschlossene Pachtvertrag jedoch noch bis 1851 lief, übernahm sein Sohn Edouard die Pacht des Konversationshauses[69].

64 Die »Marx'sche Buchhandlung« existierte bereits seit Mai 1821 zunächst noch im alten Konversationshaus im einstigen Jesuitenkolleg, ehe diese dann auch ab 1824 im neuen Konversationshaus zu finden war. Das Geschäft umfasste neben dem Verkauf von Büchern (mit besonderen Bezug zu »Bädern und Baden«) und internationalen Zeitschriften auch eine Leihbibliothek mit 2000 Büchern, ein Lesekabinett und ein »*Kunstkommisionsbureau*«, wo »*von Jedermann Kunstgegenstände zum Verkauf ausgestellt werden (können), und außer einer billigen Provision, welche beim Verkauf entrichtet wird, (...) keine weiteren Kosten dafür berechnet (werden)*«, vgl. Anzeige in der Karlsruher Zeitung vom 23. Mai 1821.

65 Karlsruher Zeitung vom 6. Dezember 1838.

66 Vgl. Ost und West – Blätter für Kunst, Literatur und geselliges Leben, Nr. 67, vom 19. August 1840.

67 Zur baulichen Entwicklung Baden-Badens vgl. auch: Volkmar Eidloth: Kleine historische Geographie europäischer Kurstädte und Badeorte im 19. Jahrhundert, in: Europäische Kurstädte und Modebäder des 19. Jahrhunderts (Int. Fachtagung des Deutschen Nationalkomitees von ICOMOS (...) 25.–27.11.2010), hg. von Volkmar Eidloth, Stuttgart 2012 (Hefte des Deutschen Nationalkomitees, Nr. 24), S. 15–44.

68 Die neue Trinkhalle sollte die von Friedrich Weinbrenner von 1821 bis 1824 erbaute Trink- und Wandelhalle im alten Bäderviertel in der Altstadt ergänzen: durch die Erbauung des neuen Konversationshauses jenseits der Oos und dem bisherigen Bäderviertel war eine neue Trinkhalle in unmittelbarer Nähe des Konversationshauses notwendig geworden. Die alte Trinkhalle wurde 1871 abgerissen, um Platz für das neu zu erbauende Friedrichsbad zu schaffen, vgl. Stadtmuseum/ Stadtarchiv Baden-Baden (Hg.), 2015, S. 28/29.

69 Karlsruher Zeitung vom 24.03.1848. In der Allgemeinen Zeitung vom 26. März 1848 wird allerdings der 19. März als Todestag angegeben. Jean-Jaques Bénazet soll bei seinem Tod angeblich rund 2 Millionen Frances Schulden hinterlassen haben, die sein Sohn Edouard übernahm, vgl. Der Sammler. Beilage zur Augsburger Abendzeitung vom 21. Dezember 1867.

1848–1867:
EDOUARD BÉNAZET

»...Das Glück, daß unseren Spielpächter begünstigt, verschafft ihm natürlich auch Freunde aus den höchsten Ständen, die sich glücklich schätzen, seine Soireen, Theatervorstellungen, Concerte u.s.w. besuchen zu dürfen...«

Edouard Bénazet (1801–1867) hatte Jura studiert und war 1836 Kommandant der Nationalgarde in Paris gewesen; er soll aber auch ein *»(...) reicher Müßiggänger, ein Elegant seiner Zeit, (der) sich jung, feurig, sorglos in das Leben der Boulevards, in Duelle und Liebesabenteuer (stürzte) (...)«* gewesen sein[70] (Abb. 32). Seine eigenen Erfahrungen mit »reichen Müßiggängern« und deren Bedürfnissen waren ihm jedoch offensichtlich von Nutzen das Konversationshaus trotz der Wirren der Revolutionskriege von 1848/49[71] erfolgreich weiterzuführen: *»(...) Der alte Löwe des Boulevards zog bald Leute von Auszeichnung an sich, die Eisenbahnen wurden zur rechten Zeit für ihn erbaut[72] (...) und machte es in wenigen Jahren zum Mittelpunkt der fashionablen Gesellschaft; er unterhielt dort eine französische und italienische Bühne, und berief die berühmtesten Virtuosen zu sich. Im Hochsommer fand sich in Baden-Baden ganz Paris zusammen (...)«*[73]. Inzwischen genügten aber die seinerzeit von seinem Vater veranlassten Umbauten im Konversationshaus nicht mehr den Ansprüchen von Edouard Bénazet bzw. dem gewünschten Publikum, so dass ab 1851 erneut Pläne zur Modernisierung und zum Umbau des Konversationshaus entwickelt wurden[74].

Der bestehende Pachtvertrag lief jedoch nur bis Saisonende 1851 und wurde wohl zunächst bis zur Saisonende 1853 übergangsweise nochmals verlängert, so dass es im Dezember 1852 zu einer Neuausschreibung der Pacht mit einer öffentlichen Bekanntmachung der »Behebung des Spielpachtes in Baden-Baden vom 1. Januar 1854 an«[75]. Trotz verschiedener Bewerber um die Pacht entschied man sich offensichtlich für das Angebot und eine erneute Pachtvergabe an Eduard Bénazet und schloss mit diesem am 10. Februar 1853 einen neuen, erweiterten Vertrag[76]. Darin wurde u. a. auf ein Kündigungsrecht von Seiten des großherzoglichen Innenministeriums bis 1867 verzichtet, der Pachtzins auf 127.400 Gulden (ca. 2,165 Mio. €) und die Abgabe für

70 Der Sammler. Beilage zur Augsburger Abendzeitung vom 21. Dezember 1867.

71 Die Revolutionskriege 1848/48, erfassten zwischen März 1848 (Märzrevolution) und Juli 1849 alle Gebiete im Deutschen Bund, so auch das Großherzogtum Baden und die Stadt Baden-Baden: *»(...) Seit gestern ist der Bürgerkrieg mit allen Symptomen seiner Gräuel auch hier in die friedlichen stillen Berge gekehrt. Das von Gästen dichtvolle Baden ist derselben baar geworden, alles zerstäubt in rascher Flucht, und dort wo Bénazet einst reiche Ernte hielt, wohnt heute nur mehr eine Familie und diese ist eine englische (...)«*, vgl. Der Wanderer. Beilage zum Wiener Abendblatt vom 4. Juni 1848.

72 Seit Juli 1845 verkehrte eine Eisenbahn zwischen Baden-Oos, das seit 1844 an die Badische Hauptbahn (Mannheim-Basel) angeschlossen war, und Baden-Baden Stadt. Ab 1858 konnte man über Umsteigen auf Schnellzüge die reine Fahrzeit zwischen Paris und Baden-Baden auf ca. 12 Stunden reduzieren, allerdings kamen ggf. längere Aufenthalt beim Umsteigen in Baden-Oos, Kehl und Straßburg hinzu. Es war jedoch immer noch eine kürze Reisezeit als die ursprünglich fast zwei Tage und Nächte dauernde Reise mit der Kutsche von Paris nach Baden-Baden, vgl. Eva Zimmermann: Baden-Baden, Sommerhauptstadt Europas: Eine deutsch-französische Beziehungsgeschichte, 1840–1870, Heidelberg: Heidelberg University Publishing, 2024 (Pariser Historische Studien, Band 128), S. 155 ff.

73 Der Sammler. Beilage zur Augsburger Abendzeitung vom 21. Dezember 1867.

74 Wiener Fremdenblatt vom 8. Januar 1851.

75 Bekanntmachung des großherzoglichen badischen Innenministeriums vom 8. Dezember 1852, Stadtarchiv Baden-Baden C25/1070. Demnach musste der potenzielle Bewerber sein Angebot bis zum 8. Januar 1853 einreichen und vorab bereits eine Kaution als Sicherheit in Höhe von 125.000 Gulden hinterlegen. Zu den einzelnen Pachtbedingungen gehörte u. a. Verpflichtung nur das Roulette und Rouge-et-Noir-Spiel als Hazard-Spiele anzubieten, andere Glücksspiele waren verboten. Zugleich erhielt der Pächter die Zusicherung, dass außer im Konversationshaus das Glücksspiel ansonsten im gesamten Großherzogtum Baden verboten war.

76 Zu den einzelnen Bewerbern wurden von Seiten des Innenministeriums Erkundungen über deren geschäftlichen und persönlichen Hintergrund eingeholt. Offensichtlich entsprachen diese bzw. deren Angebote jedoch nicht die Vorstellungen des Innenministeriums, so dass es zu dem erwähnten Vertrag vom 10. Februar 1853 mit Edouard Bénazet kam, Stadtarchiv Baden-Baden A26/15-83.

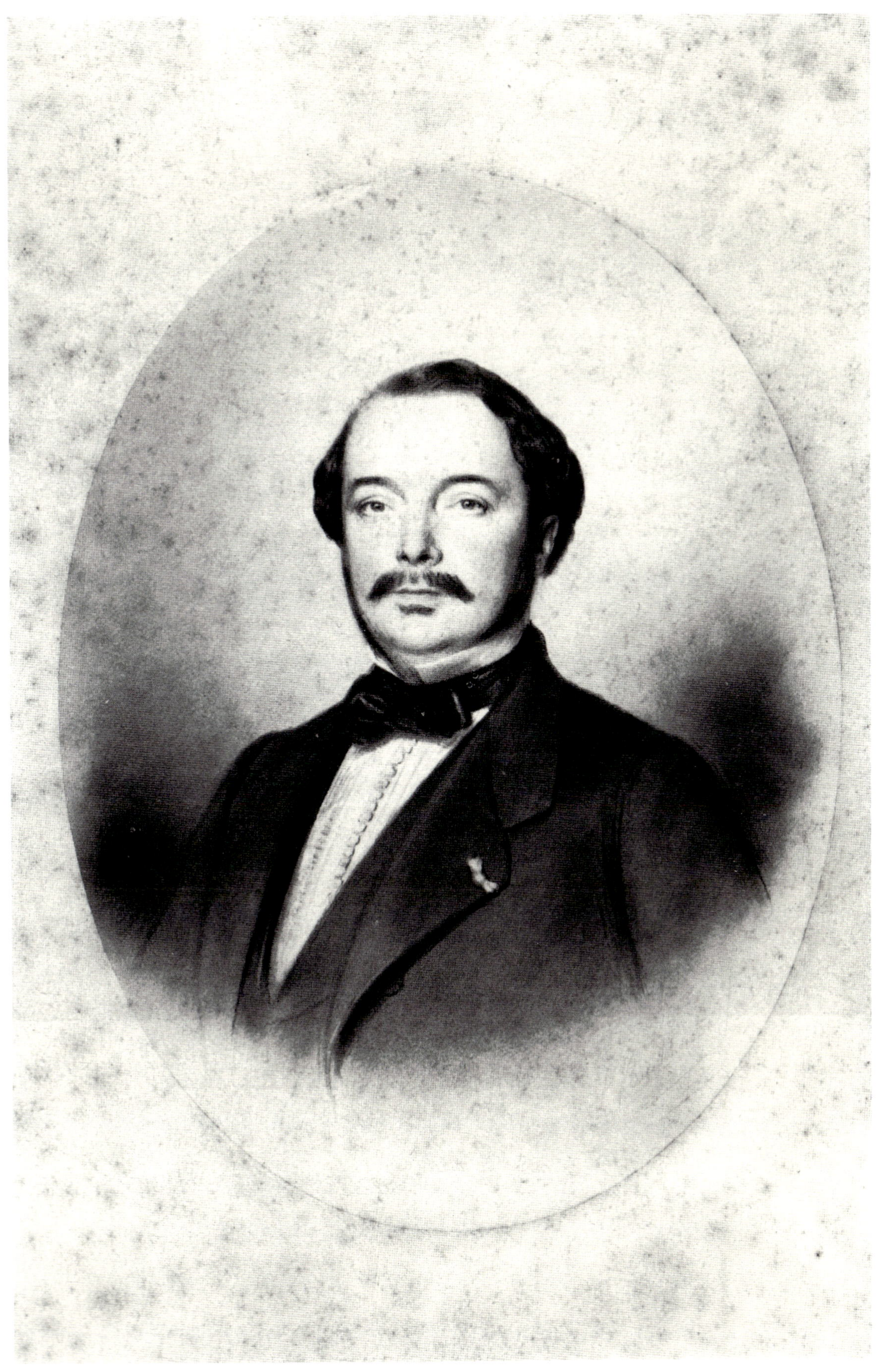

Abb. 32 Oscar Edouard Bénazet (1801-1867), wohl Mitte des19. Jhd. (aus: http://www.stadtwiki-baden-baden.de/wiki/Edouard_B%C3%A9nazet/)

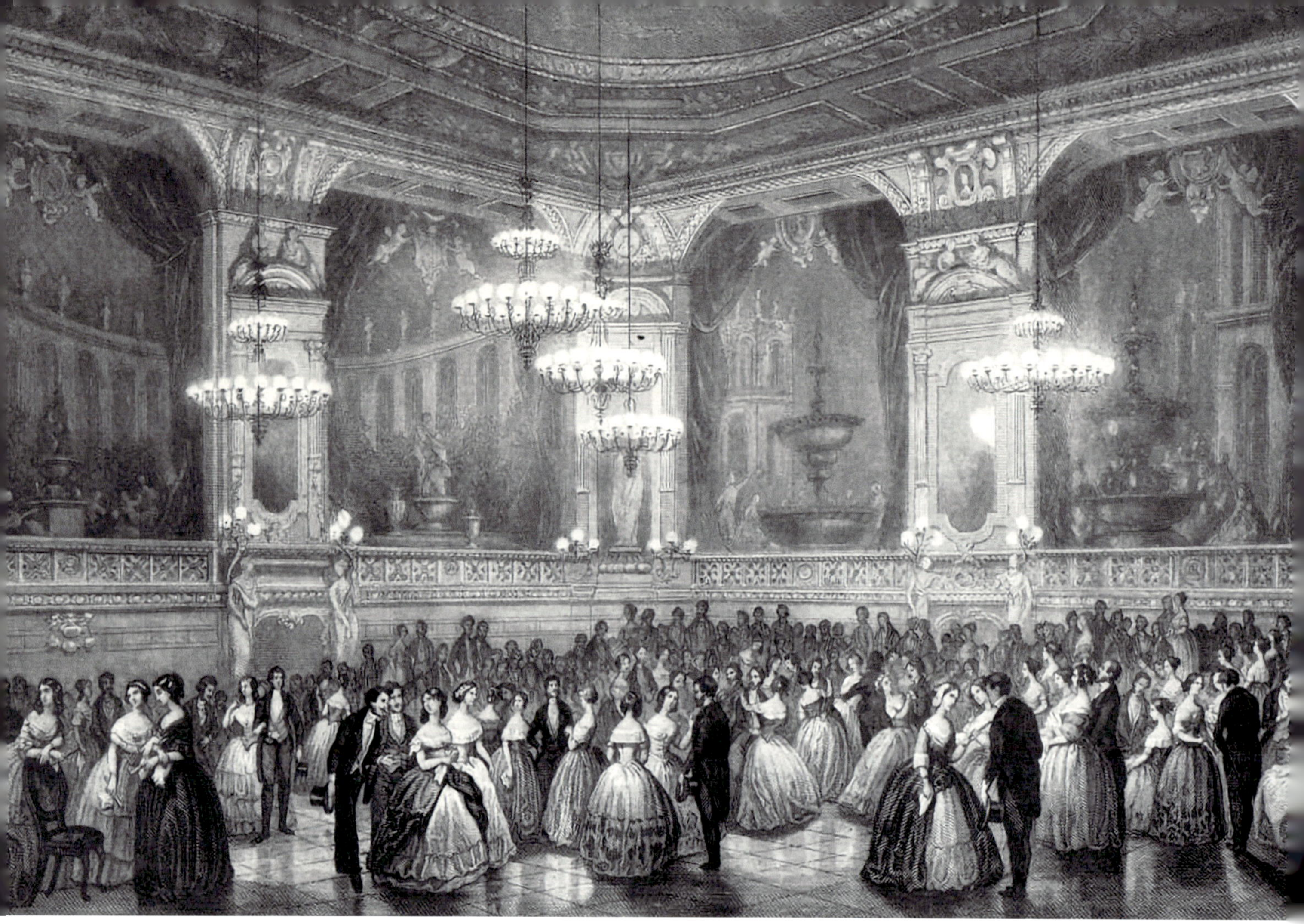

Abb. 33 Der neue große Saal (heute grüner Saal der Spielbank): »Grosser Ball und Konzert-Saal im Conversationshaus in Baden – Grande Salle de Bals & Concerts – Salloon for Bals & Concerts«, von Carl Ludwig Frommel und Carl Lindemann-Frommel, gestochen von Edouard Schuler, nach 1855 (Generallandesarchiv Karlsruhe J-B Baden-Baden 1, 7)

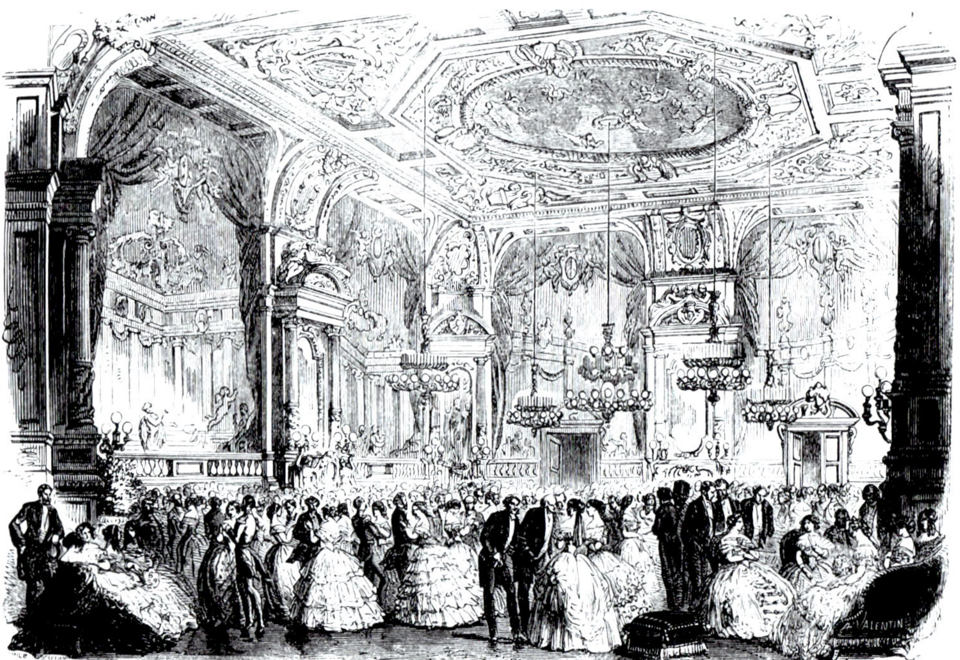

Abb. 34 Der neue große Saal (heute grüner Saal der Spielbank), 1858 (aus: Eugene Guinot: Ein Sommer in Baden-Baden, 1858)

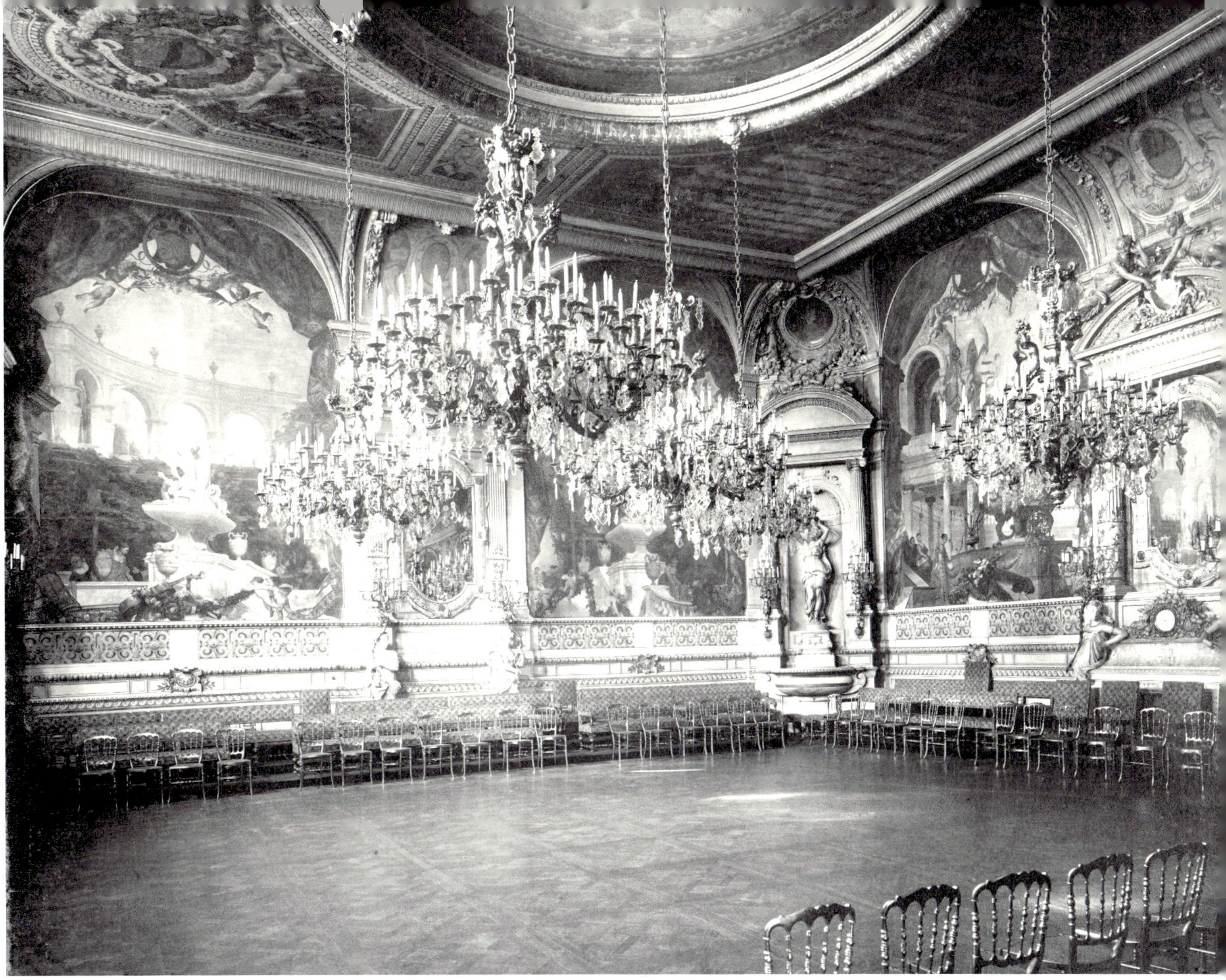

Abb. 35 Der neue große Saal (heute grüner Saal der Spielbank), um 1890 (Stadtmuseum/-archiv Baden-Baden)

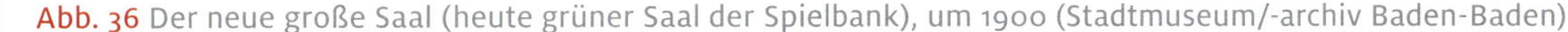

Abb. 36 Der neue große Saal (heute grüner Saal der Spielbank), um 1900 (Stadtmuseum/-archiv Baden-Baden)

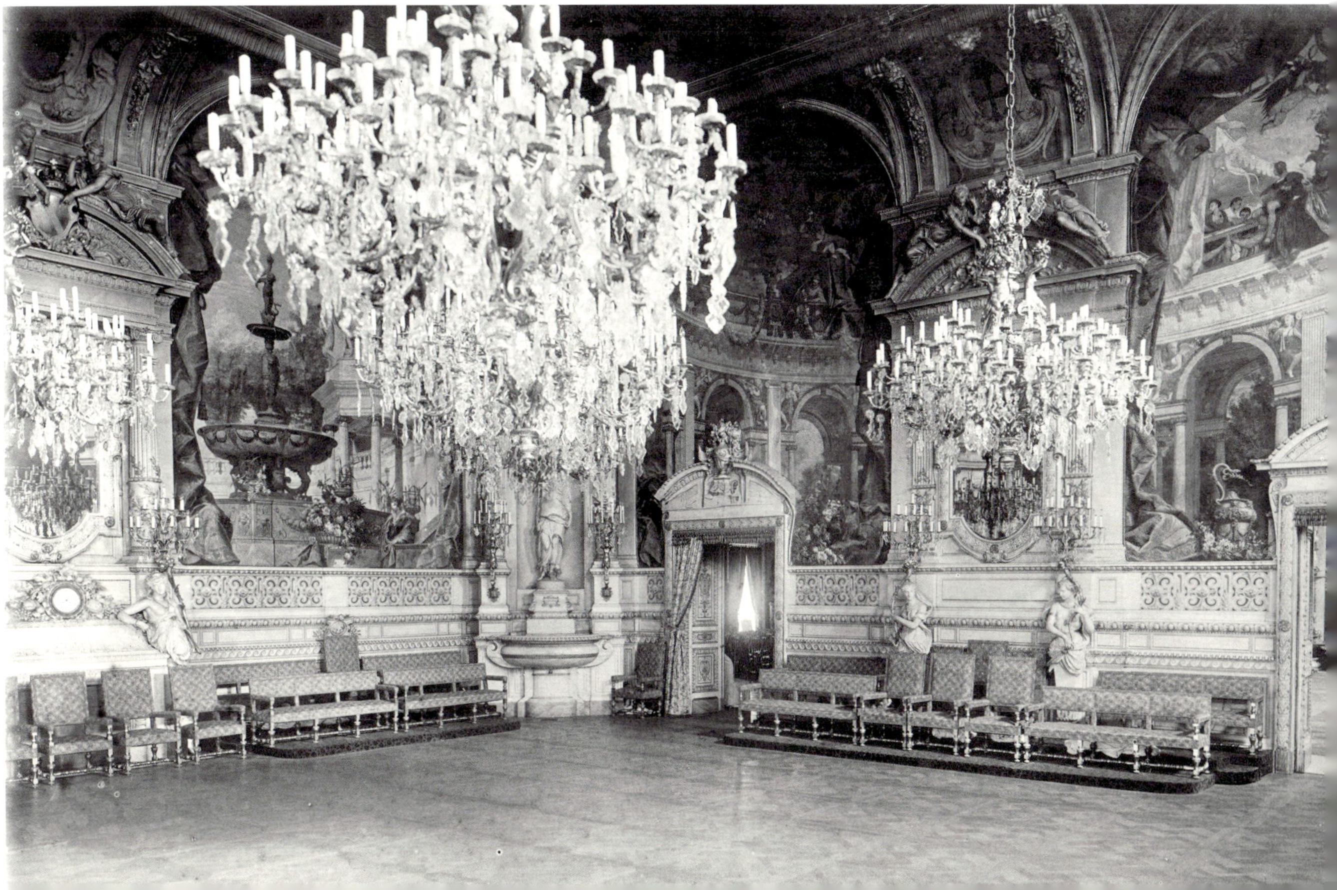

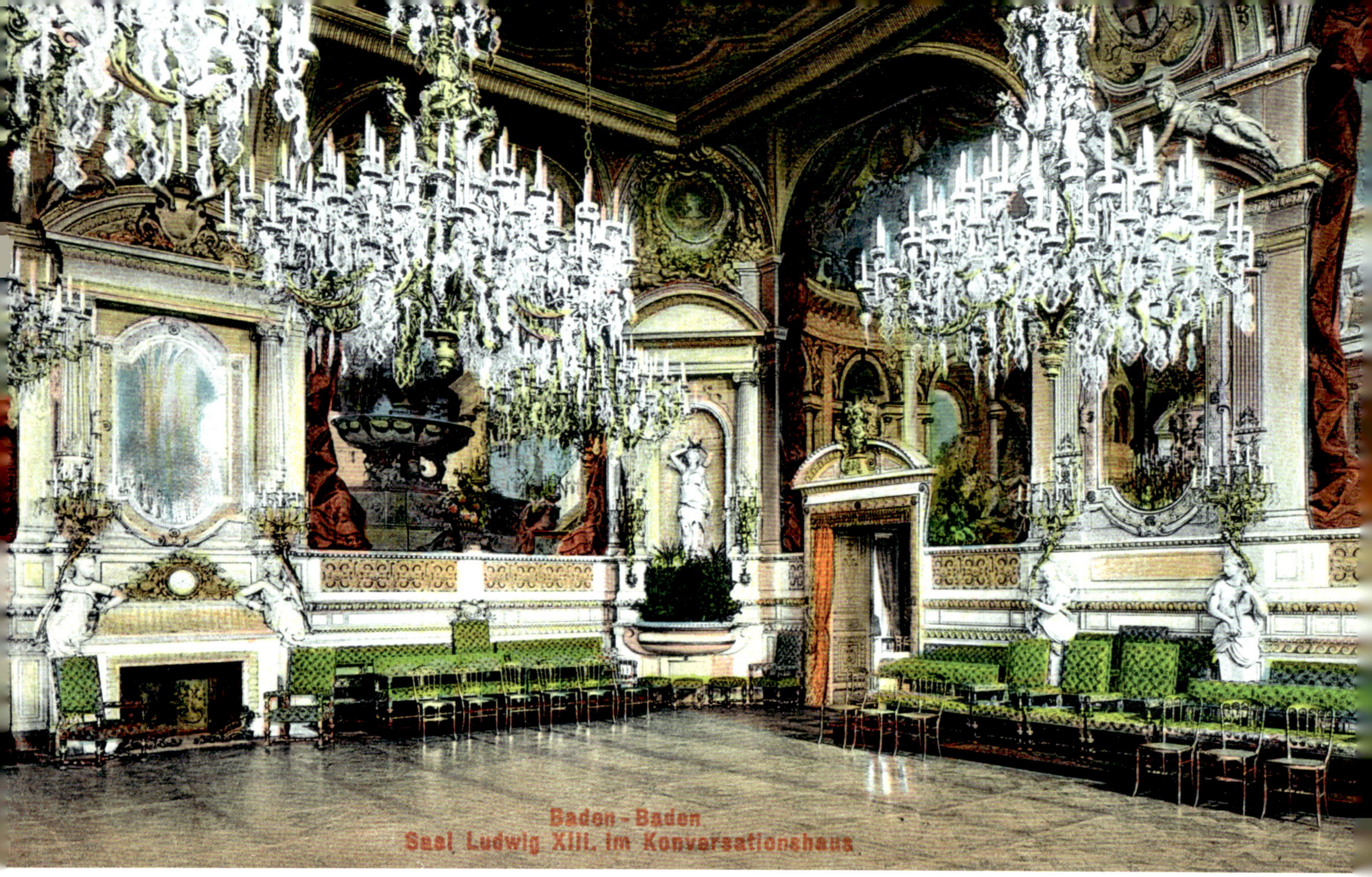

Abb. 37 Der neue große Saal (heute grüner Saal der Spielbank), um 1900 (Stadtmuseum/-archiv Baden-Baden)

Abb. 38 Der neue große Saal – heutiger grüner Saal der Spielbank, 2024 (Spielbank Baden-Baden/Thorben Beeg)

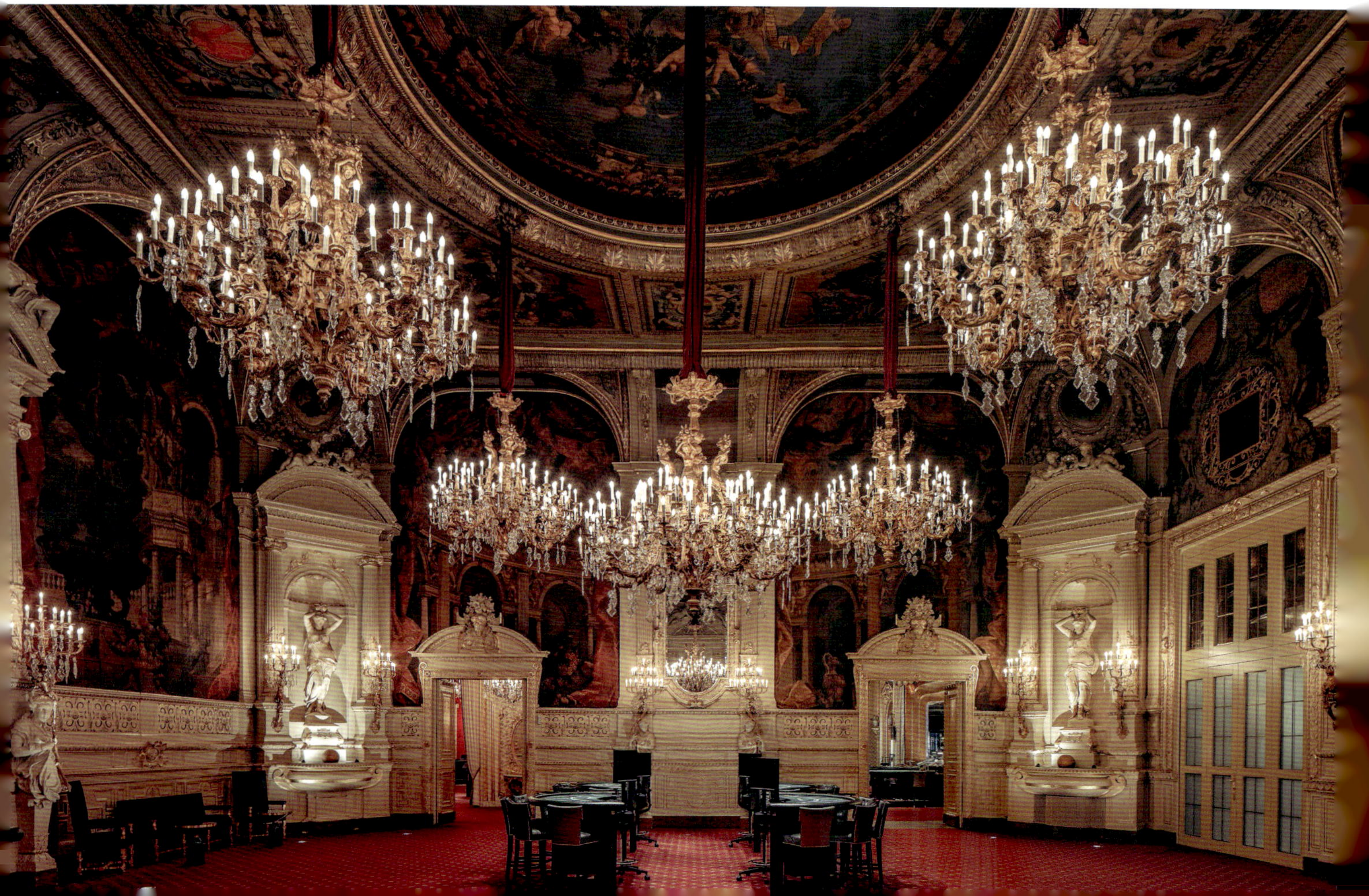

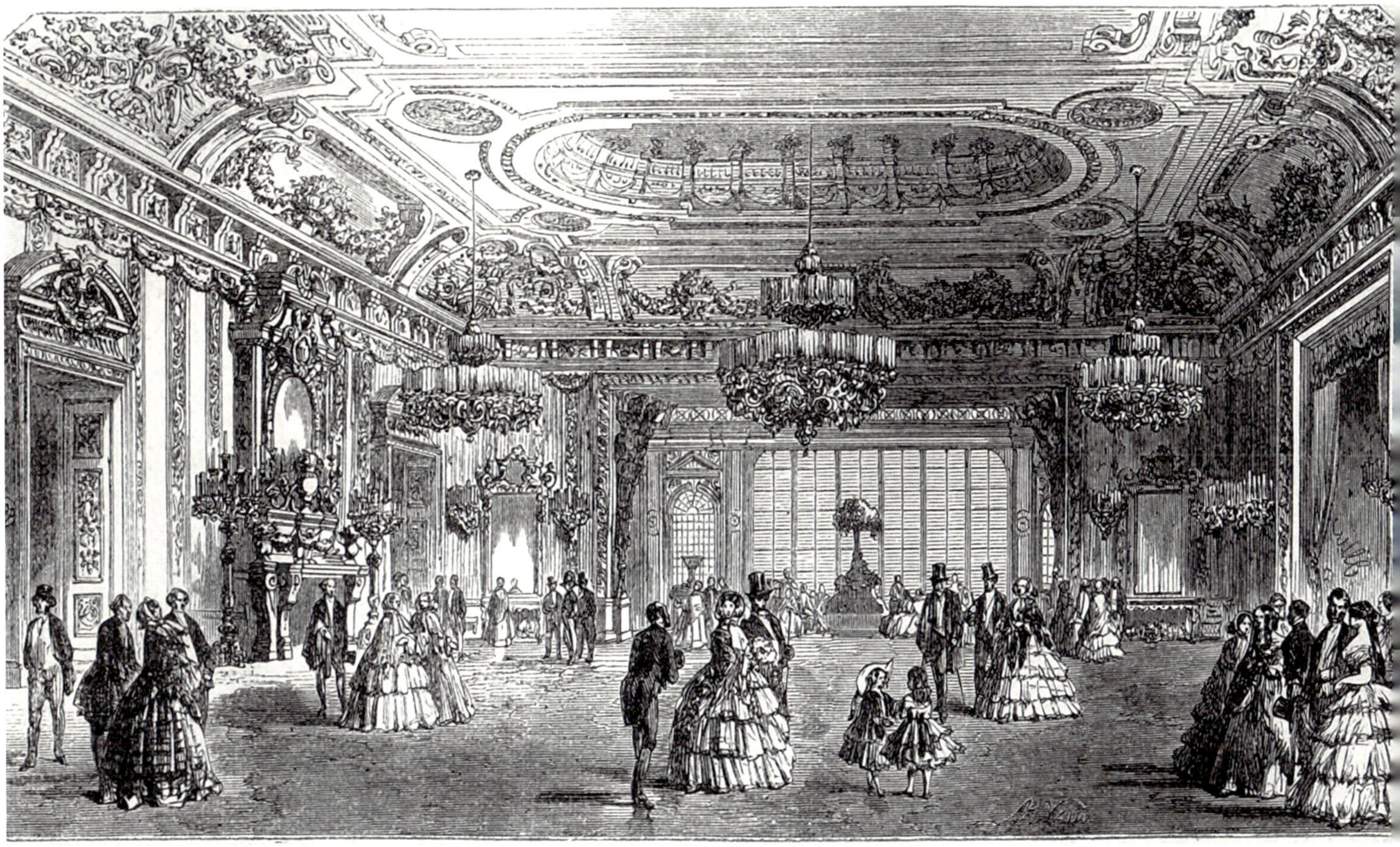

Abb. 39 Der sog. Saal Ludwig XIV. oder rote Pracht-Saal (heute roter Saal der Spielbank), 1858 (aus: Eugene Guinot: Ein Sommer in Baden-Baden, 1858)

Abb. 40 Der sog. Saal Ludwig XIV. oder rote Pracht-Saal (heute roter Saal der Spielbank), um 1890 (Stadtmuseum/-archiv Baden-Baden)

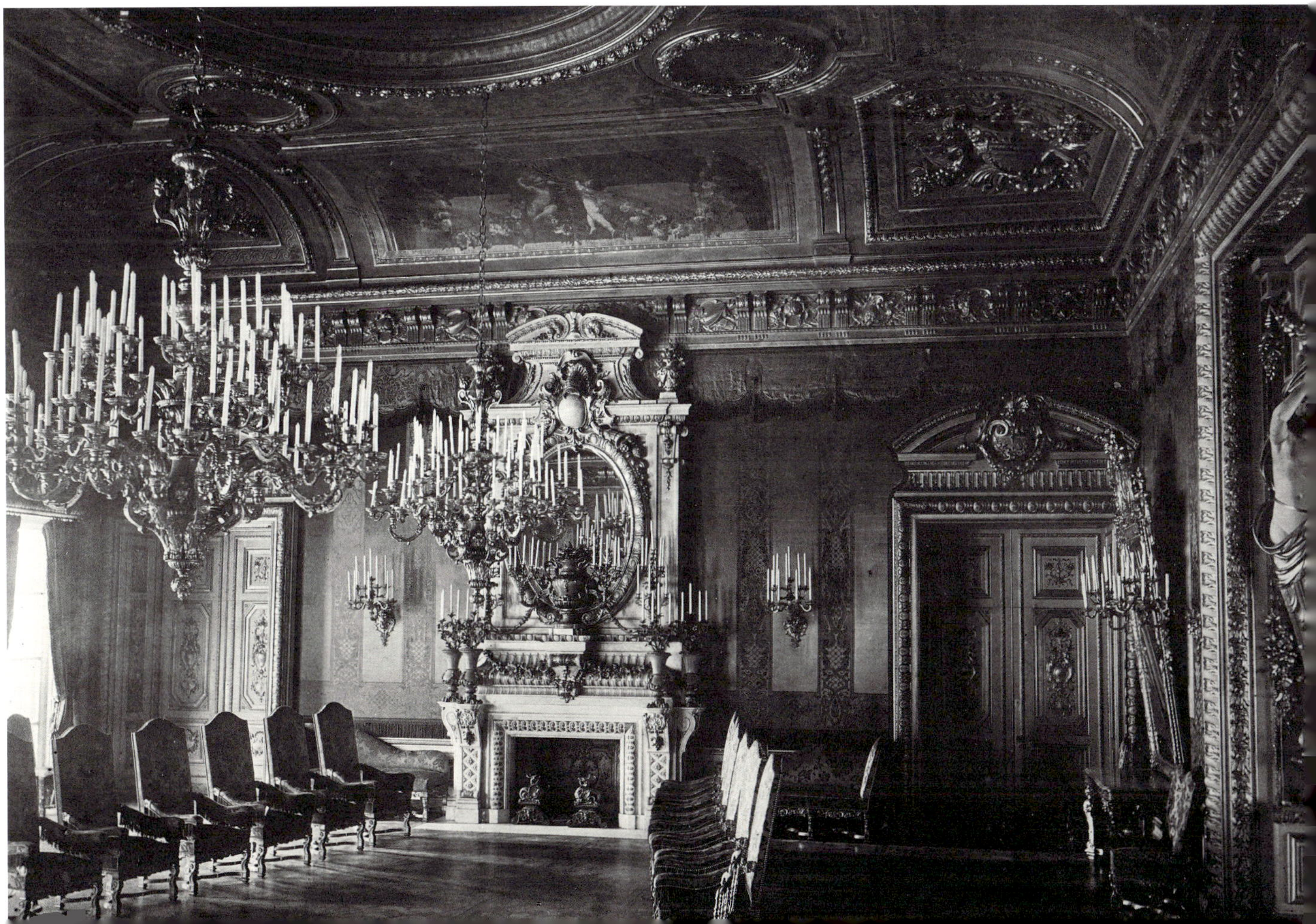

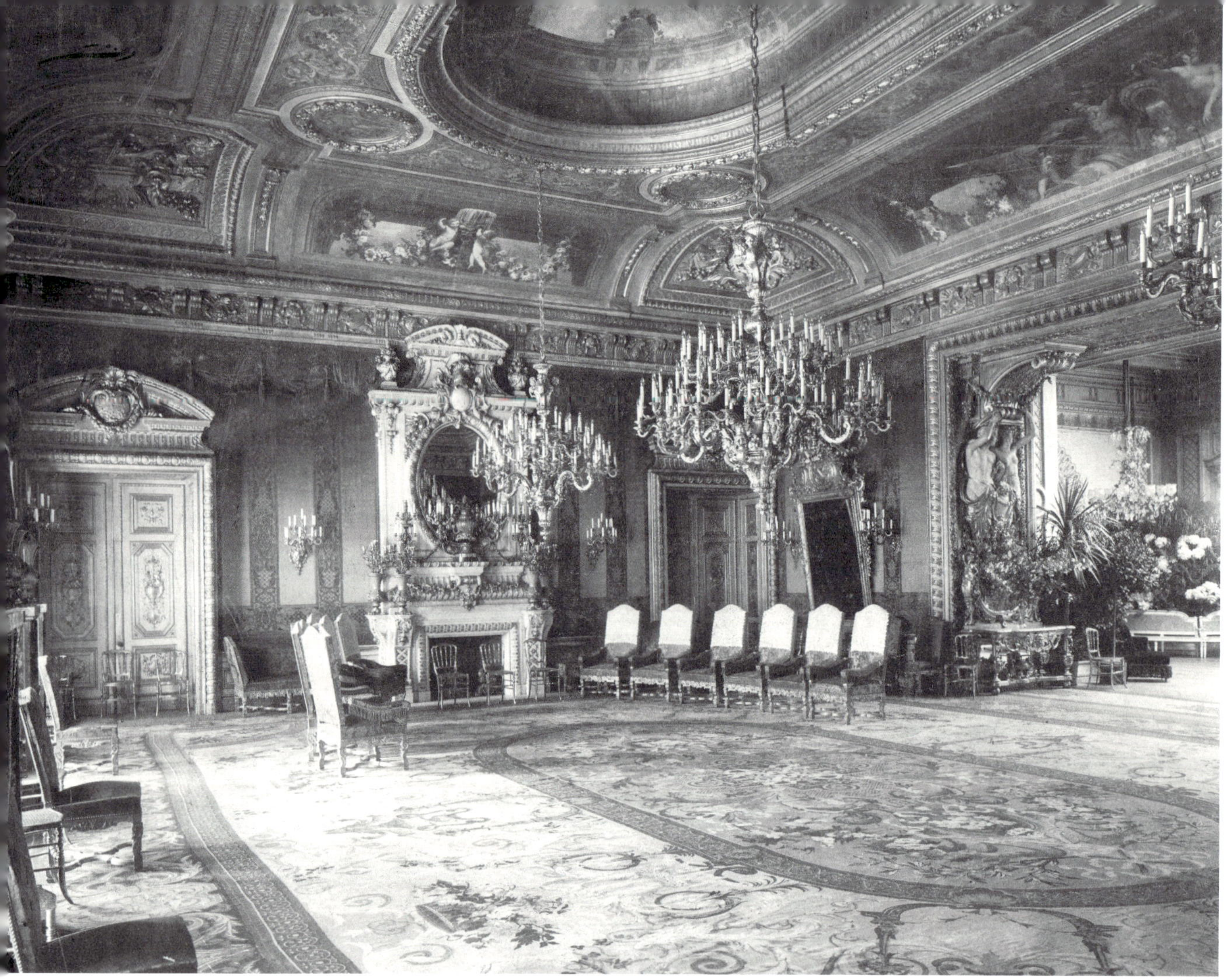

Abb. 41 Der sog. Saal Ludwig XIV. oder rote Pracht-Saal (heute roter Saal der Spielbank), um 1900 (Stadtmuseum/-archiv Baden-Baden)

Abb. 42 Der sog. Saal Ludwig XIV. oder rote Pracht-Saal – heutiger Roter Saal der Spielbank, 2024 (Spielbank Baden-Baden/Thorben Beeg)

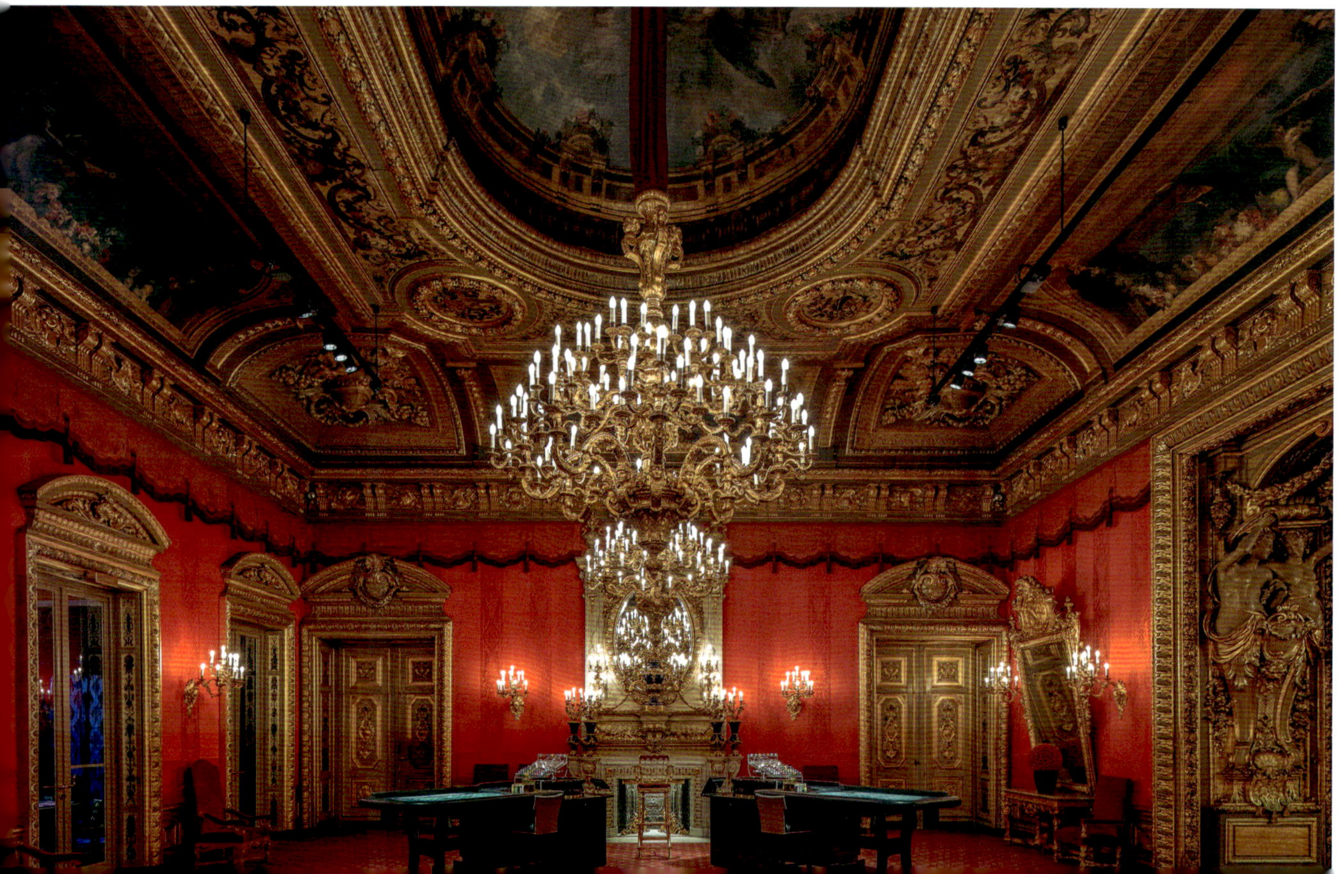

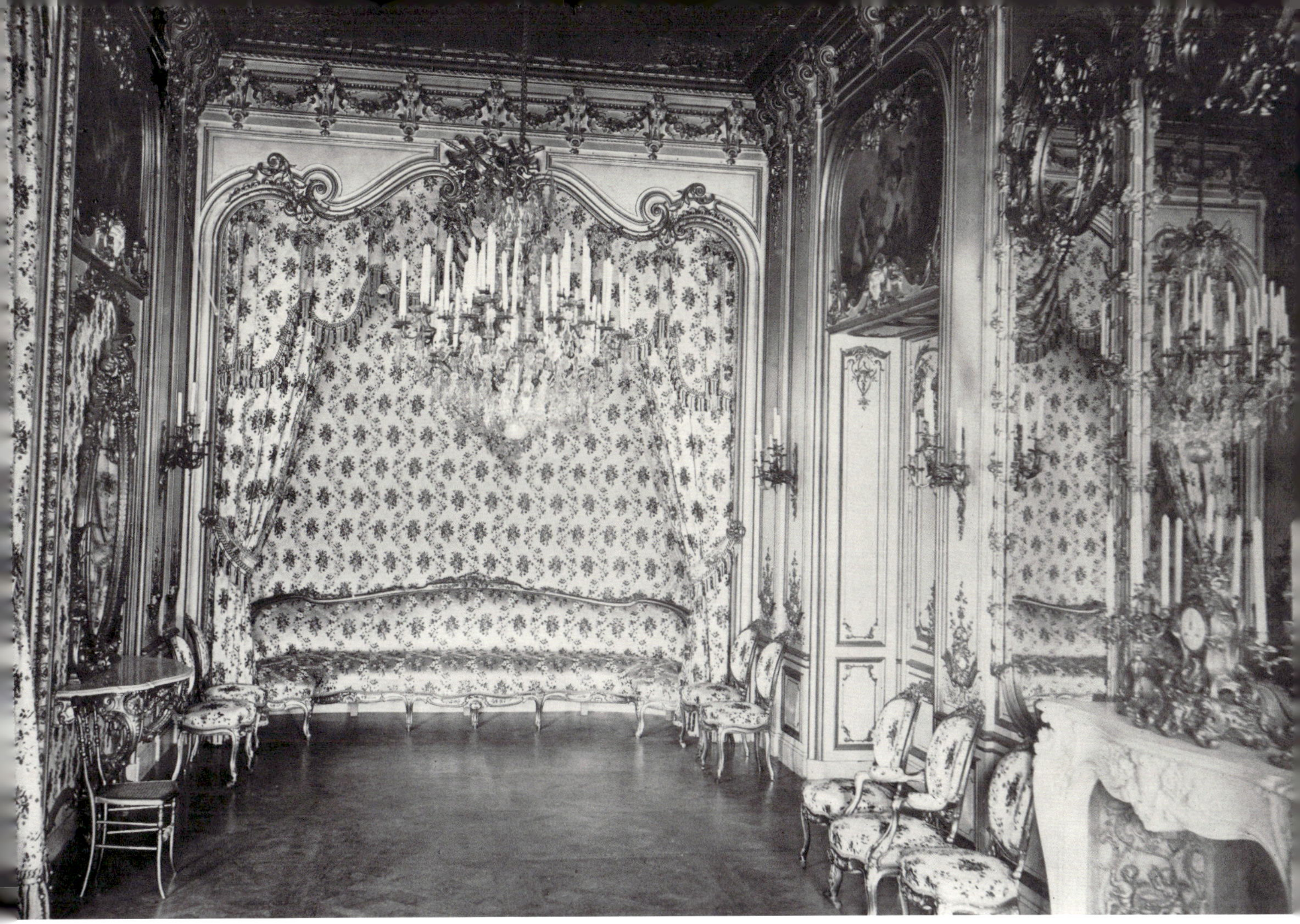

Abb. 43 Der »Salon Pompadour« (heute ebenfalls »Salon Pompadour« der Spielbank), um 1890 (Stadtmuseum/-archiv Baden-Baden)

Abb. 44 Der »Salon Pompadour« heute ebenfalls »Salon Pompadour« der Spielbank), um 1900 (Stadtmuseum/-archiv Baden-Baden)

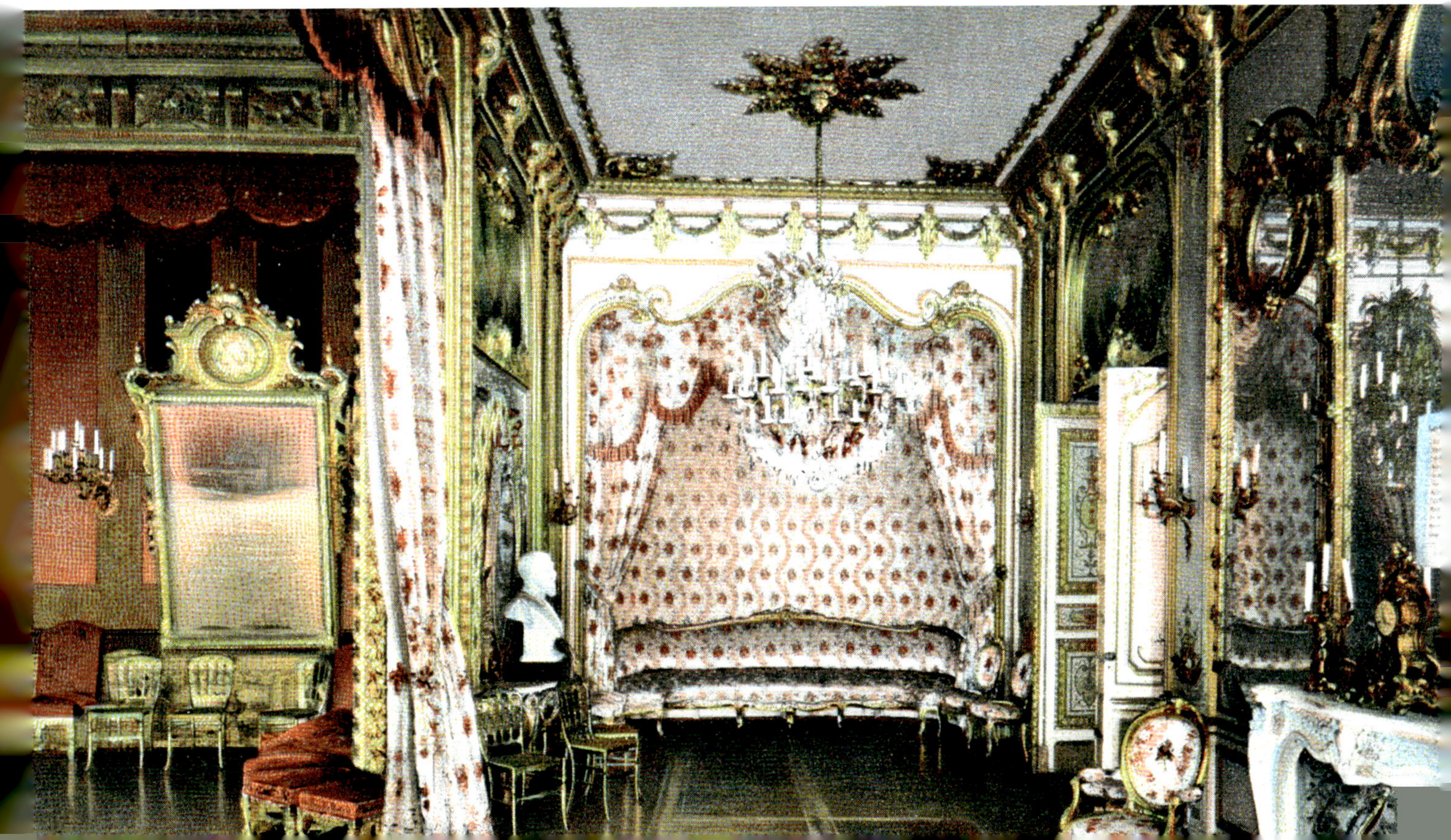

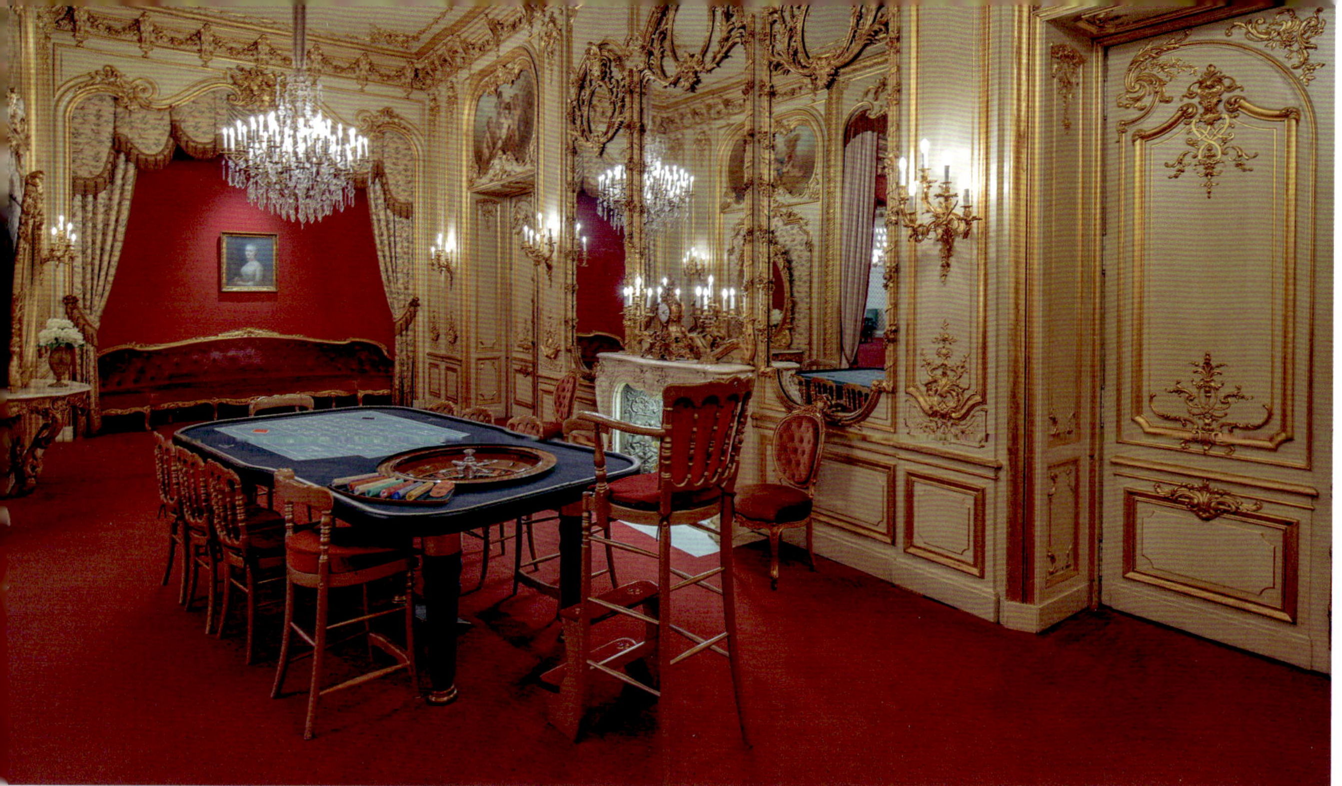

Abb. 45 Der heutige »Salon Pompadour« der Spielbank, 2024 (Spielbank Baden-Baden/Thorben Beeg) Über den Türen befinden sich als Supraporten-Gemälde die Darstellungen der vier Jahreszeiten; die Vorhänge und Polsterbezüge sind neu, das Portrait in der Sitz-Nische ursprünglich nicht zugehörig.

Abb. 46 Der Wintergarten mit Blick in den roten (Pracht-)Saal (heute Wintergarten der Spielbank), um 1890 (Stadtmuseum/-archiv Baden-Baden)

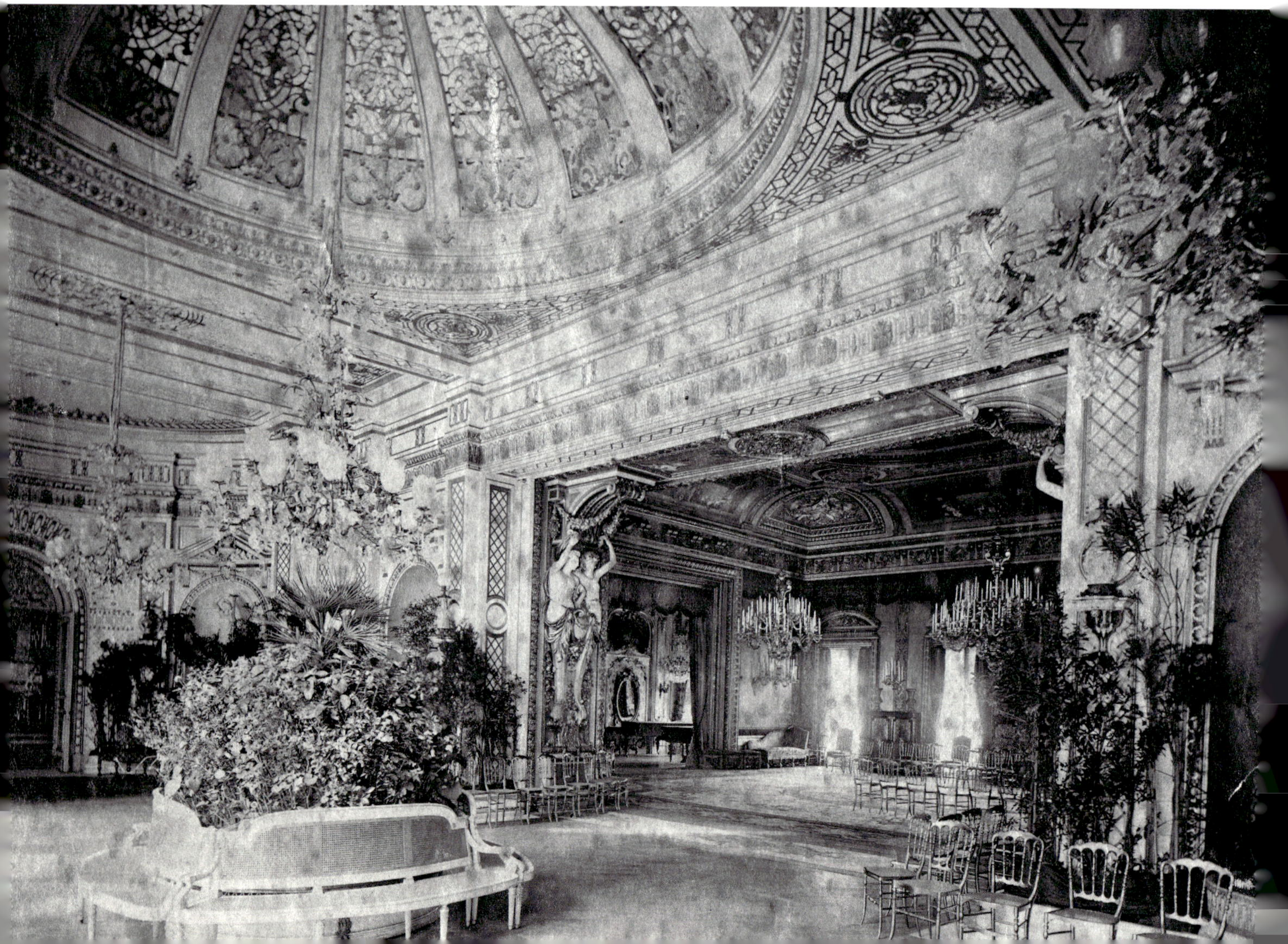

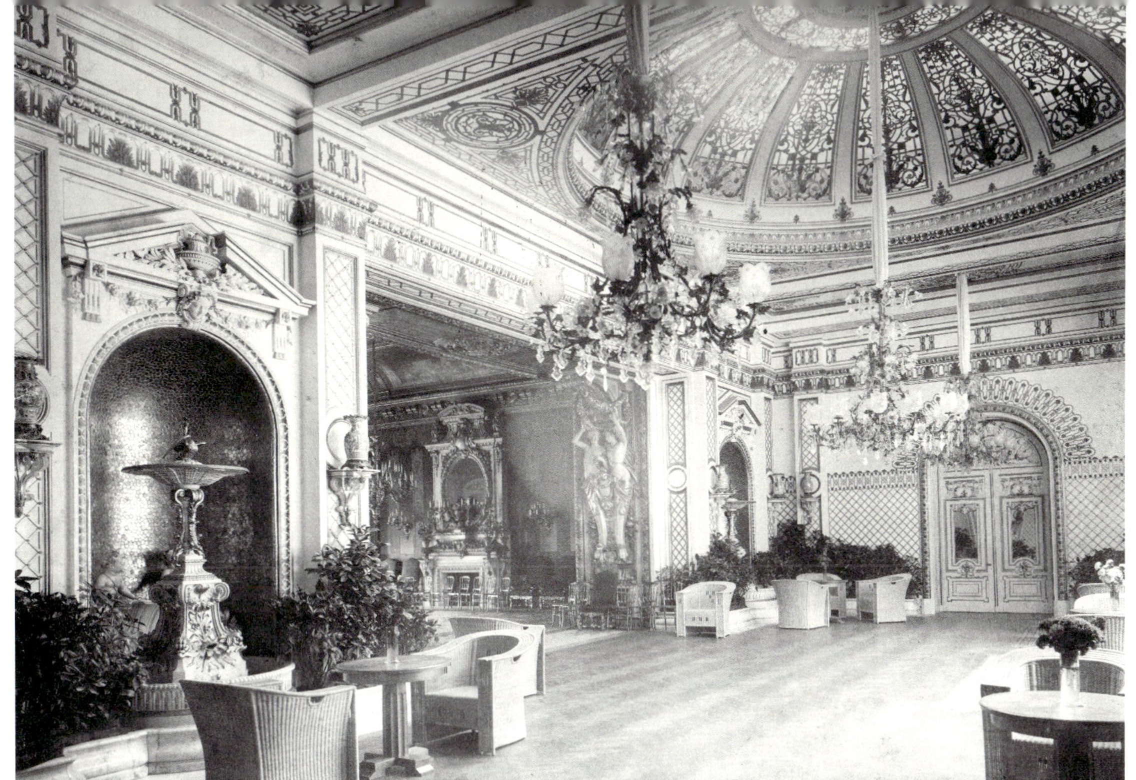

Abb. 47 Der sog. Wintergarten mit Blick in den roten (Pracht-)Saal (heute Wintergarten der Spielbank), um 1900 (Stadtmuseum/-archiv Baden-Baden)

Abb. 48 Der heutige Wintergarten der Spielbank, 2024 (Spielbank Baden-Baden/Thorben Beeg)

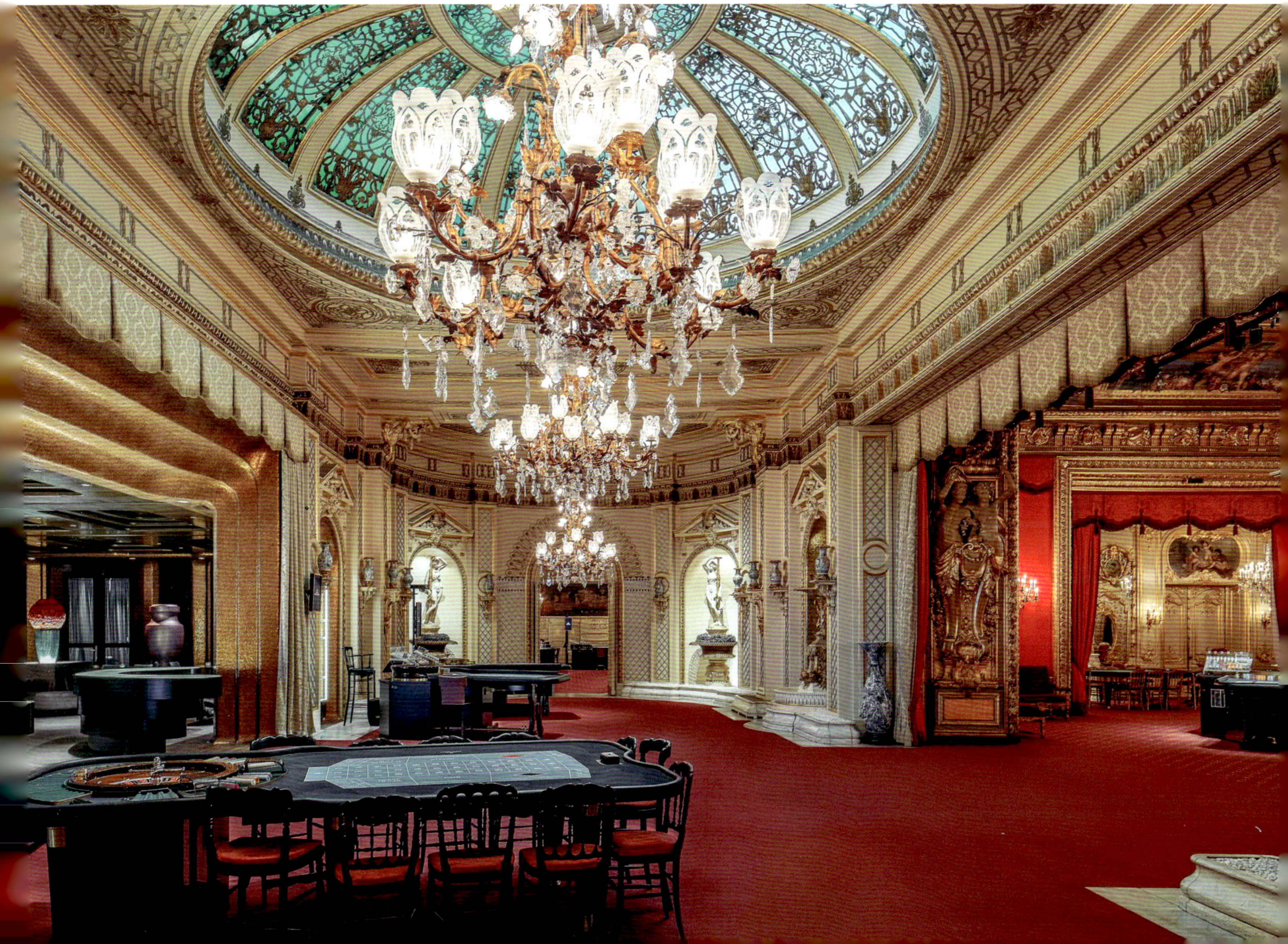

»Verschönerungen« in der Stadt auf 25.000 Gulden (ca. 425.000 €) festgesetzt. Zudem sollte jegliche Ausstattung des Konversationshauses mitsamt den Gewächshäusern und der Pflanzen in den Sälen sowie der »Musikkiosk« vor dem Haus nach Ende der Pacht 1867 kostenfrei an den städtischen Badanstaltenfond übergehen. Außerdem sollte ab 1863 der Mindesteinsatz beim Spiel auf 1 Gulden und 45 Kreuzer (ca. 26 €) beim Roulette und Rouge et Noir Spiel auf 2 Gulden und zwanzig Kreuzer (ca. 38 €) steigen[77]. Durch die Zusicherung der Pacht bis 1867 und die Erhöhung des Mindestspieleinsatzes und der damit zu erwartenden Erhöhung der (Spiel-)Einnahmen konnte Edouard Bénazet wohl davon ausgehen, dass sich die hohen Investitionen in den erneuten Umbau des Konservationshauses für ihn lohnen würden.

Die Baukosten hierfür konnte Bénazet von der ihm jährlich verpflichteten Summe von 25.000 Gulden für Verschönerungen und Investitionen ins Konversationshaus abziehen[78]. Nach § 18 des bestehenden Pachtvertrags hatte sich der Pächter bzw. Bénazet verpflichtet, die Kosten für Reparaturen, Ausschmückungen und Einrichtungen des Konversationshaus selbst zu tragen; die Baukosten am Gebäude (»am rohen Mauer- und Dachwerk«) übernahm hingegen die dem Innenministerium unterstellte Badanstaltencommission. 1856/57 wurde auf Kosten der Badanstaltencommission zudem noch die bestehende Küche im Gastronomieflügel erweitert[79].

Somit nahm Bénazet den geplanten Umbau in Angriff, wobei das Konversationshaus vor allem im Bereich des Gastronomieflügels und des Theaterflügels umgebaut werden sollte. Im Gastronomiebereich wurde an der südlichen Außenseite ein weiterer Raum als Billardzimmer direkt an den großen Speisesaal angebaut, so dass es jetzt eine durchgehende Seitenfassade zur Werderstraße hin gab. An der gegenüberliegenden Seite des Speisesaals wurde ein Lichthof mit umgebenden Küchen- und Ökonomieräume angebaut. Den größten Umbau erfuhr jedoch der Theaterflügel samt dem zugehörigen Kommunikationsgang und den dahinterliegenden Boutiquen: der komplette Bereich wurde rückseitig erweitert, die bestehenden Räume zusammengelegt und die Innenräume samt dem Theater nahezu vollständig entkernt (Abb. 24)[80]. Im einstigen Theaterflügel sollten vier neue Säle und Salons entstehen: ein »Wintergarten« (Abb. 46–48), ein »Saal Ludwig XIV.« (auch »roter (Pracht-)Saal«) (Abb. 39–42), ein »Ballsaal« (auch »großer grüner (Ball-)Saal)« (Abb. 33–38) und ein »Salon Pompadour« (auch »Salon Louis XV.«) (Abb. 43–45)[81]. Zudem wurde der bestehende Musikkiosk im Außenbereich durch einen neuen Kiosk in Eisen ersetzt (Abb. 49).

Diese neuen Räumlichkeiten sollten in erster Linie einer sehr exklusiven Gesellschaft vorbehalten sein, damit diese bei Veranstaltungen und vor allem beim Spiel ungestört sein konnte. Das Bezirksbauamt nahm diese Begründung für den Umbau 1853 auf: *»(...) schon in den letzten Jahren wurde vielfach der Wunsch geäußert, es möchte möglich sein, daß die höhere und bessere Gesellschaft von dem großen, sehr gemischten Publikum getrennt sich versammeln könnte (...). Dieser Wunsch wird aber immer mehr zunehmen, wenn die Pariser Eisenbahn uns eine Maße von Personen bringt, wel-*

77 Zusatz zu dem am 10. Februar 1853 zwischen dem großherzoglichen badischen Innenministerium und Edouard Bénazet abgeschlossen Vertrag über die Spielpacht, Stadtarchiv Baden-Baden C25/1070.

78 Zusammenfassung des Badischen Innenministeriums bzgl. der »Besitzverhältnisse der Badanstaltsgebäude in Baden« (-Baden), vom 31.12.1919, GLA 236 Nr. 28612: nach Erlass des großherzoglichen badischen Ministeriums des Inneren vom 5. Dezember 1853. Nach § 18 des Pachtvertrags hatte sich der Pächter bzw. Bénazet verpflichtet, alle Reparaturen und Ausschmückungen des Konversationshaus selbst zu übernehmen; nur Arbeiten »am rohen Mauer- und Dachwerk« übernahm der dem Innenministerium unterstellte Badanstaltenfond bzw. die Badanstaltencommission.

79 Generallandesarchiv Karlsruhe, GLA 195, Nr. 130. Zusammenfassung des Badischen Innenministeriums bzgl. der »Besitzverhältnisse der Badanstaltsgebäude in Baden«(-Baden), vom 31.12.1919, GLA 236 Nr. 28612.

80 Anstelle des Theaters im Konversationshaus hatte Bénazet bereits 1855 angeboten ein neues Theater in unmittelbarer Nähe des Konversationshauses auf eigene Kosten zu errichten, nachdem der Gemeinderat nach Schließung des alten Theaters im Konversationshaus ein neues Theater in der Stadt befürwortete. Nach mehrfacher Planänderung einigte man sich 1858 auf den Neubau: Nach einem Entwurf im Stil des französischen Historismus des Architekten Charles Derchy und Ausführung sowie Änderungen des Architekten Charles Antoine Coteau wurde für den Bau insgesamt 193.000 fl. veranschlagt, wovon Bénazet insgesamt 105.000 fl. übernahm, wobei er 80.000 fl. von der Spielpacht abziehen durfte; zudem übernahm er jährlich 4.000 fl. für den Unterhalt des Theaters. Die übrigen jährlichen Unterhaltskosten von 12.000 fl. wurden zwischen Stadt und staatlichem Badfond geteilt. Zusammenfassung des Badischen Ministerium des Inneren (»Historisch-rechtliche Auszüge aus den Akten über die Besitzverhältnisse der Badanstaltsgebäude Badens – Theater in Baden-Baden«) vom 31.23.1919, GLA 236 Nr. 28612.
Am 9. August 1862 wurde das Theater eröffnet und ist noch heute in Betrieb: https://www.theater-baden-baden.de.

81 Alle Ausführungen und Benennungen zu den einzelnen Räumen nach dem Plan in Stürzenacker, 1918, S. 47. In den verschiedenen zeitgenössischen Beschreibungen variieren die Bezeichnungen jedoch oftmals.

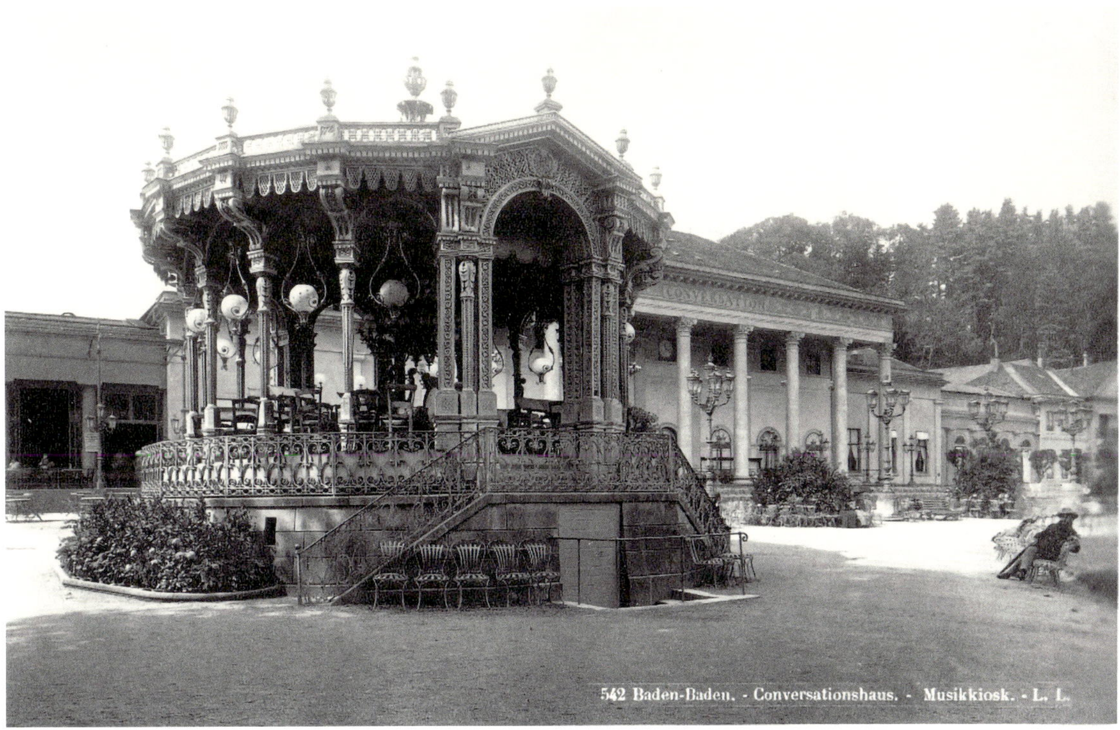

Abb. 49 Der einstige Musikkiosk vor dem Konversationshaus von 1856/57, um 1890 (Tekniska Museet, Stockholm)

che nicht zur guten Gesellschaft gehören, was bei den niederen Fahrpreißen nicht ausbleiben kann und so wird es ein Bedürfniß werden, einige Lokalitäten zu haben, in welche nur eine ausgewähltere Gesellschaft Zutritt hat. (...)«[82].

Die neuen Räume sollten im seinerzeit modernen Stil des Historismus gestaltet werden und einen angemessenen Rahmen für die gewünschte »*ausgewähltere Gesellschaft*« bieten, wobei sich durch den Glanz der Anwesenden der Ruf des Hauses weiter steigern sollte. Daher stimmte die Badeanstalten-Kommission der Stadt von Bénazet vorgelegten Plänen zum Innenumbau zu. Die neuen Räume sollten die seinerzeit von Weinbrenner im klassizistischen Stil gestalteten Räume im Theater-Flügel ersetzen: »*(...) Die projektierten Säle sind dem jetzigen Geschmack entsprechend und sehr elegant und wir glauben, daß gerade am hiesigen Orte weniger der reinere Kunstgeschmack als jener der Zeit, der Mode berücksichtigt werden muß, da der Zweck hier nicht sowohl der Bildung des Kunstsinnes, als der Befriedigung des Publikums nach seinem Geschmack die Hauptsache sein dürfte (...)*«[83]. Es wurde darauf gedrungen, dass die Umbaupläne insofern verändert werden mussten, dass die »äußere Architektur« des Weinbrenner-Baus unverändert bliebe[84]. Man war sich somit durchaus bewusst, dass man die ehemals von Weinbrenner geschaffene Einheit von klassizistischer Architektur und Innenausstattung zugunsten des Zeitgeschmacks eines zahlungskräftigen Publikums aufgab. Eine umfangeiche Veränderungen der Außenarchitektur, wie sie Bénazet wohl durch die Erhöhung einzelner Räumlichkeiten plante, sollte jedoch möglichst unterbleiben, so dass nur ein neuer Aufbau über »der Säulenhalle, hinter welcher der Rote Ballsaal liegt« für die gewünschte neue Raumhöhe umgesetzt wurde[85]. Der Weinbrenner-Schüler und damalige Baudirektor des badischen Großherzogtums Heinrich Hübsch (1795–1863) hatte die geplanten äußeren Umbauten zu verhindern versucht und die Umbauten der Innenräume wohl nur angesichts der »wirtschaftlichen Notwendigkeit« und ebenso der zu erwartenden Vergänglichkeit gebilligt: »*(...) Die verschiedenen Säle sollen zwar in einem anderen Baustyle, als das Äußere des Conversationshauses zeigt, gehalten werden, indessen sind bereits schon mehrere Säle in solchem Style vorhanden* (Anm. gemeint sind wohl die bereits 1838 von Jean Jaques Bénazet umgebauten Säle, wie der Speisesaal,

82 Zitiert nach: Stürzenacker, 1918, S. 34.
83 Zitiert nach Stürzenacker, 1917, S. 35.
84 Ebenda.
85 Zitiert nach Stürzenacker, 1917, S. 37.

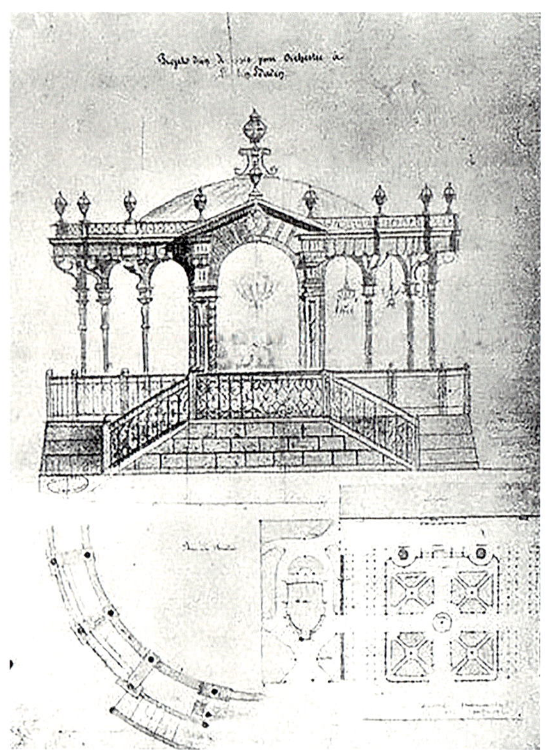

Abb. 50 Entwurf für den Musikkiosk: »Projet d`un kiosque pour orchestre«, Entwurf von Charles Sèchan, um 1853 (Gazette des Beaux Artes, No. 67, Paris 1925, S. 358)

Blumensaal, italienische Saal und Saal Medici*), so daß gegen die weitere Ausbreitung desselben im Inneren, wozu ohnehin – wie man voraussetzt – Bénazet die Kosten tragen wird, nichts zu sagen wäre. Auch hält man es für überflüssig, sich über den ästhetischen Werth dieser jetzt gerade in Frankreich vorübergehend beliebten Modearchitektur, die in Deutschland gewöhnlich nur an Meubles angewendet wird, auszusprechen. Dieselbe dürfte wahrscheinlich in nicht ferner Zukunft – schon der Industrie wegen – durch eine andere Modearchitektur verdrängt werden; und es könnte dann leicht kommen, daß das Innere des Conversationshauses eine abermalige Travestirung erlitte. Nun setzt sich aber das Projekt des französischen Architekten in einer sehrt auffallenden Weise über die bestehende äußere Architektur des Gebäudes und dessen symetrische Gruppirung hinaus, indem die offene Halle des linken Flügels zugebaut werden soll, und indem hier die Dachungen abgeändert und in ein gebrochenes oder Mansarden-Dach umgeändert werden soll, was mit den übrigen Dächern und mit der bestehenden Facade auf das häßlichste contrastiren würde. (...) es möge (daher) der Spielpächter Bénazet veranlaßt werden, durch seine Architekten den fraglichen Vergrößerungsplan in der Weise zu modificiren zu lassen, daß die äußere Architektur des Conversationshauses dabei unangetastet bleibt (...)«*[86].

Zur Gestaltung dieser neuen Räumlichkeiten beauftragte Edouard Bènazt den französischen Maler, Theatermaler und Innenarchitekten Charles Sèchan (1803–1874), welcher bereits für den Palast des Sultan Abdülmecid in Istanbul, für die Dresdner Oper und der Pariser Opera Garnier tätig war; sowie erneut den (Theater-)Maler und Zeichner Etienne Eugene Ciceri (1813–1890), der die Wandmalereien mit Hilfe der Malers Emile-Richard Haumont (1800–1900) und des Malers/Dekorateurs Georges Pierre Dieterle (1844–1937) ausführte[87]. Auch der neue eiserne Musikkiosk vor dem Konversationshaus wurde von Charles Séchan im historistischen Stil entworfen, wobei zunächst wohl zwei ähnliche Kioske an jeder Seite des Konversationshauses geplant waren, letztendlich aber nur ein Exemplar 1859 ausgeführt und vor dem Konversationshaus gegenüber dem Gastronomieflügel aufgestellt wurde (Abb. 50)[88]. Die Kosten hierfür beliefen sich allein auf 45.000 Franken[89].

Die neuen Säle/Räume wurden ab 1853 im opulenten, historistischen Stil verschiedener Epochen gestaltet: *»(...) es seien in Baden-Baden von dem Spielpächter Bénazet neben den Spielsälen vier neue höchst elegante und prächtige Räume hergestellt, welche, für gewöhnlich geschlossen, nur bei Festivitäten geöffnet werden. Der erste Raum*

86 Aussage Heinrich Hübsch, zitiert nach Stürzenacker, 1917, S. 35.

87 Eugene Guinot: Ein Sommer in Baden, Leipzig 1858.

88 Vgl. Jeanne Dion: Charles Sèchan et son Atelier de Dècoration thèatrale pendant le Romantisme, in: Gazette des Beaux Artes, No. 67, Paris 1925, S. 358. Demnach ist der Entwurf des Kiosks (»Projet d'un kiosque pour orchestre«) mitsamt einem Lageplan, worauf die Positionen von zwei Kiosken markiert sind, der heute einzig bekannte Entwurf zu seinen Arbeiten in Baden-Baden.
Im GLA findet sich noch ein Brief von Sèchan an Edouard Bénazet vom 24. Februar 1854 (GLA 195 Nr. 97), worin dieser auf seine Vorschläge und Entwürfe für den Parkett-Boden im großen Saal eingeht. Sèchan schlug die Verwendung von dem seinerzeit modernen Bitumen-Parkett vor, d.h., es wurde Bitumen als Kleber unter dem Parkett verwendet, wodurch dieser u.a. weder feuchtigkeitsempfindlich war noch feucht wurde und somit auch unempfindlicher gegen Schimmel oder dem gefürchteten Hausschwamm wurde (heute wird der Einsatz von Bitumen angesichts der darin enthaltenen Schadstoffe jedoch kritisch gesehen). Angesichts der hohen Belastbarkeit, welcher der Boden bei den zahlreichen Veranstaltungen ausgesetzt sein würde, war der Vorschlag Sèchans nachvollziehbar. Es finden sich jedoch keine weiteren Unterlagen, welche Art von Parkett letztendlich verlegt wurde, sowie die im Brief angesprochenen Entwürfe oder sonstige Belege seiner Arbeiten im Konversationshaus.

89 Generallandesarchiv Karlsruhe, GLA 195, Nr. 130. Zusammenfassung des Badischen Innenministeriums bzgl. der »Besitzverhältnisse der Badanstaltsgebäude in Baden«(-Baden), vom 31.12.1919, GLA 236 Nr. 28612.

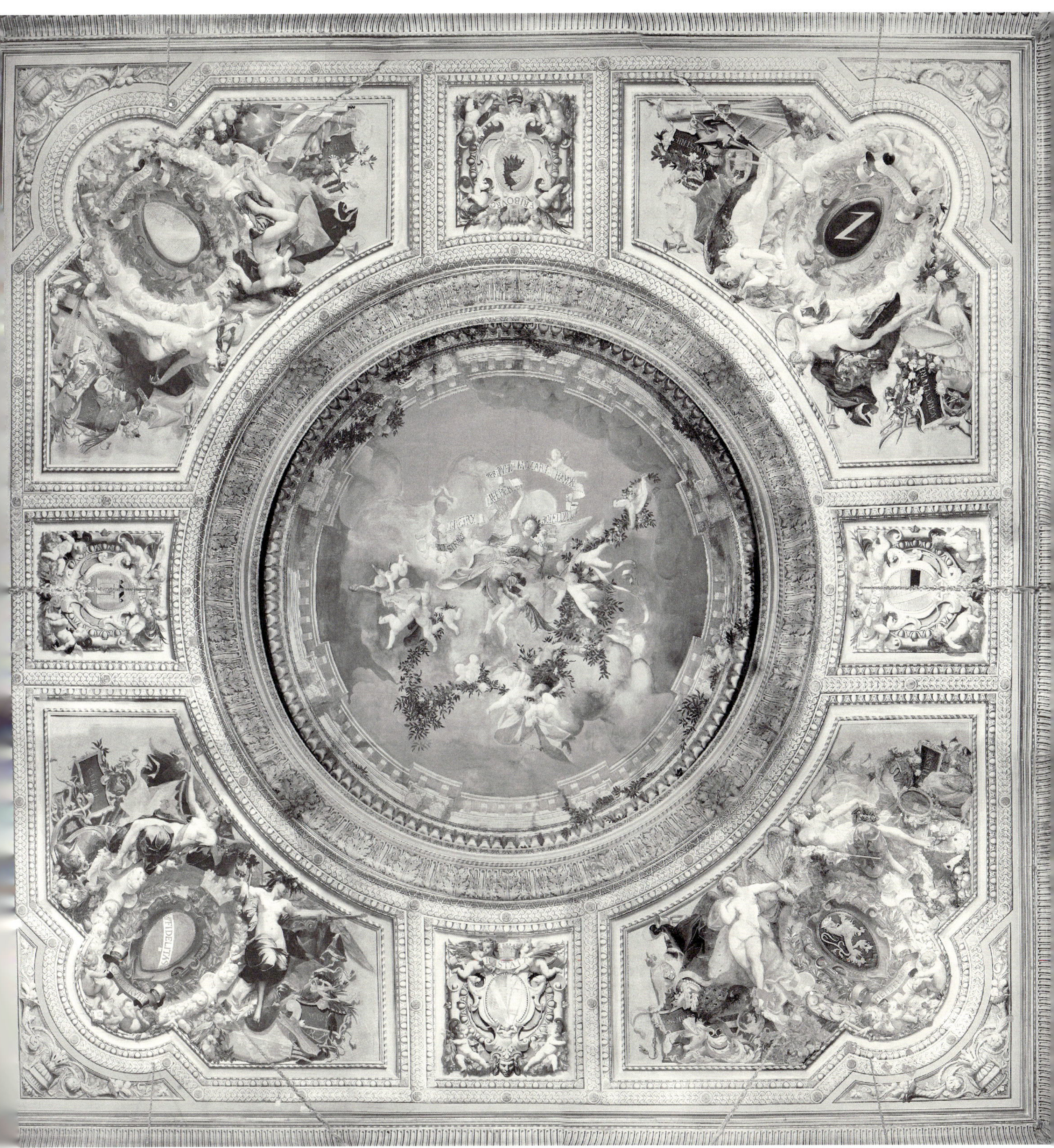

Abb. 51 Deckengemälde im neuen große Saal (heute grüner Saal der Spielbank), 2006 Vermögen und Bau Baden-Württemberg: Amt Pforzheim/Baden-Baden

(Anm. der »Wintergarten«*), mit einer Kuppel überdeckt, erhält durch die dieselbe seine Beleuchtung; die Wände sind weiß mit einer reicher gemusterten Vergoldung. An ihnen entlang ziehen sich Marmorbecken, welche zum Schmuck von Treibhausblumen benutzt werden. In den Ecken befinden sich Springbrunnen; das Centrum nimmt eine Fächerpalme ein.*

*Der zweite Raum (*Anm. der »rote (Pracht-) Saal«*), 40 bis 50 Fuß breit und 50 bis 60 Fuß lang, hat eine sehr reiche Decke nach Art des großen Saals im Dogen-Palast, die Wände bedecken rothseidene Tapeten, die Elle zu 30 Frances;*

*der dritte Raum (*Anm. der heutige »Salon Pompadour«*), kleiner in seinen Dimensionen, im Styl Ludwigs XV. gehalten, ist wiederum weiß mit Gold; vielfache Spiegel wechseln mit Wandflächen, welche mit weißen von Blumen-Bouquets durchmusterten Atlas-Tapeten überzogen sind.*

*Der vierte Raum (*heutiger »großer grüner Saal«*) endlich ist der eigentliche Tanzsaal. Er wird durch vortretende Säulen gewissermaßen in zwei Hälften getheilt. Zwischen den Säulen sind in entsprechenden Nischen Figuren angebracht, welche Candelaber halten. Die Wandflächen bedecken Gemälde von 25 bis 30 Fuß Länge. (...)*«[90].

Durch die von Sèchan und seinen Kollegen verwendeten verschiedenen Techniken (Textil-Bespannungen, Wand- und Deckenmalereien, Farb- und Goldfassungen, Marmorverkleidungen usw.) variierte somit die Gestaltung jedes einzelnen Raumes und bot dem Gast beim Betreten immer wieder ein neues, abwechslungsreiches Bild vergleichbar einem wechselnden Bühnenbild – alles unter der Prämisse der größtmöglichen Opulenz und des Luxus, um den Ansprüchen der Gäste aus den höchsten gesellschaftlichen Kreisen zu genügen: *»(...) L´or, le marbre, les allègories, les cariatides, les paysages, les arabesques, les moulures, les treillages, les lustres et les glaces y avaient* èté *disepenès à profusion pour répondre sans doute au gout des visiteurs cosmopolites (...)«*[91].

Im roten Pracht-Saal und großen grünen Ballsaal verzierten zudem großflächige Decken- und Wandgemälde die Räume. Im großen grünen Ballsaal ist im Deckengemälde im Mittelpunkt die Verherrlichung der Musik und der Komponisten dargestellt (Abb. 51): in der Mitte trägt eine geflügelte weibliche Figur mit Lorbeerkranz auf dem Haupt (wohl Fama, die Göttin des Ruhms) ein Schriftband mit den Namen verschiedener, seinerzeit bedeutender Komponisten: »Strauss« (wohl Johann Baptist Strauss' Vater, (?)1804–1849), »Gretry« (André-Ernest-Modeste Grétry, 1741–1813), »Weber« (Carl Maria von Weber, 1786–1826), »Beethoven« (Johann Ludwig van Beethoven, 1770–1827), »Mozart« (Wolfgang Amadeus Mozart, 1756–1791), »Haydn« (Franz Josef Haydn, 1732–1809), »Boieldieu« (François Adrien Boieldieu, 1775–1834) und »Rossini« (Gioachino Rossini, 1792–1868). Umgeben wird sie von verschiedenen Putti mit Musikinstrumenten und Lorbeergirlanden (Abb. 52). In den vier Ecken des Deckengemäldes werden den bedeutendsten badischen Städten gehuldigt: die Personifikation von Kunst, Wissenschaft, Gesellschaft und Wirtschaft in Gestalt von jungen Damen umrahmen die jeweiligen Stadt-Wappen: Baden-Baden mit Wissenschaft und Kunst (»Sciene«, »Beaux Arts«) (Abb. 53), Karlsruhe mit der Kriegskunst und der Marine (»Guerre«, »Marine«), Heidelberg mit Adel und Reichtum »(Nobellese«, »Richesse«) und Mannheim mit Landwirtschaft und Industrie (»Agriculture«, »Industrie«). Jeweils zwischen den Ecken sind in einzelnen Feldern weiterer badische Städte mit ihren Wappen umgeben von Putti dargestellt: Offenburg, Rastatt, Pforzheim und Freiburg (Fribourg).

In den umlaufenden Wandgemälden ist eine vornehme Gesellschaft in einer Gartenarchitektur dargestellt; an den Bildrändern ziehen Putti schwere Vorhänge zur Seite, um gleich einer Bühne das Treiben der Gesellschaft für die Augen des Publikums frei zu geben (Abb. 54). Zwischen den einzelnen Bildfeldern zieren zusätzlich große Spiegel die Wände. In den Zwickeln der vier Ecken sind in Medaillons antikisierende Köpfe dargestellt, bei denen es sich wohl um die Götter Apollo (mit Strahlenkranz und Leier, Gott der Künste), Bacchus (mit Weinlaubkranz, Gott des Weins), Persephone (mit Ährenkranz, Göttin der Landwirtschaft und Fruchtbarkeit mit Ähren) und vielleicht Amphitrite (mit Schilfkranz und Fischen, Nereide/Nymphe und Schutzgeist von Gewässern) handeln dürfte (Abb. 55). Die Wand- und Deckengemälde sind von reich, teilweise vergoldeten, stuckierten oder illusionistisch ge-

90 Zeitschrift für Bauwesen, Ausgabe XII., Berlin 1862, S. 282/283.

91 *»(...) Gold, Marmor, Allegorien, Karyatiden, Landschaften, Arabesken, Leisten, Spaliere, Kronleuchter und Spiegel waren dort in Hülle und Fülle platziert, um zweifellos den Geschmack kosmopolitischer Besucher zu treffen (...)«*, vgl.: Jeanne Dion: Charles Sèchan et son Atelier de Dècoration thèatrale pendant le Romantisme, in: Gazette des Beaux Artes, No. 67, Paris 1925.

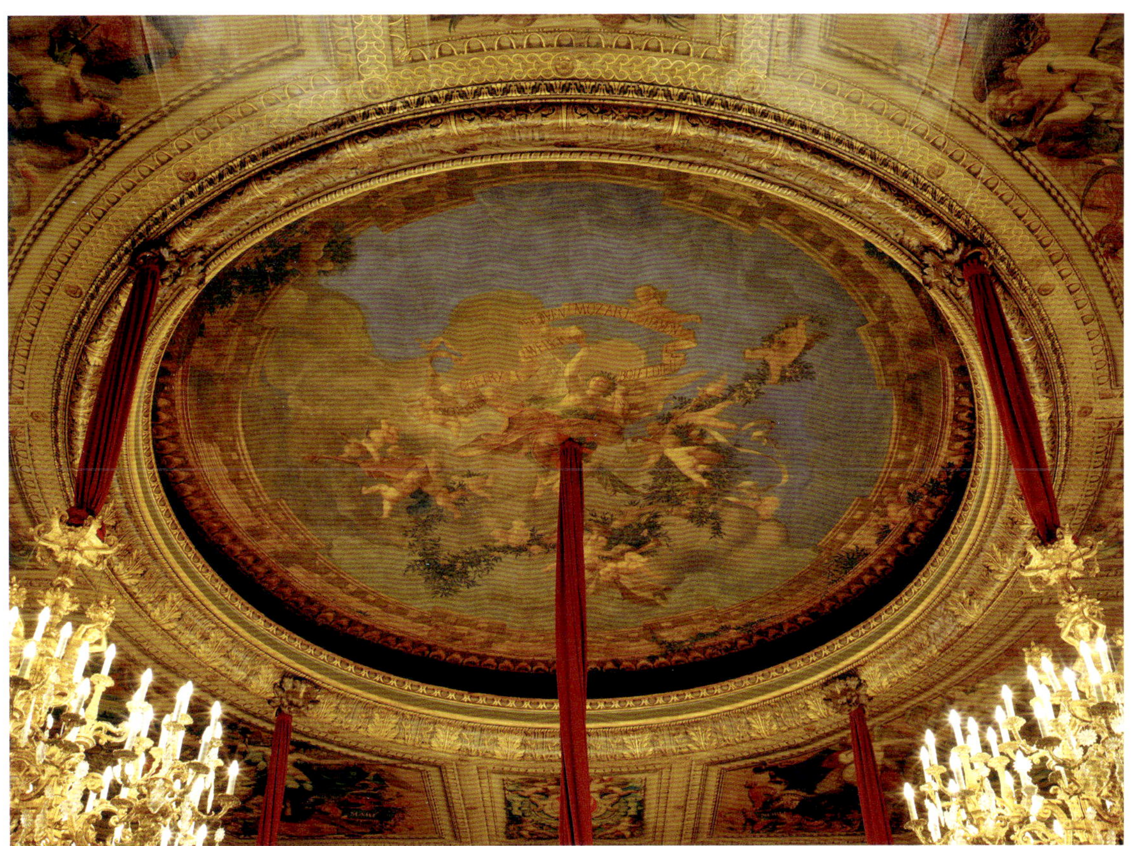

Abb. 52 Detail des Deckengemäldes im neuen große Saal (heute grüner Saal der Spielbank), 2006 Vermögen und Bau Baden-Württemberg: Amt Pforzheim/Baden-Baden

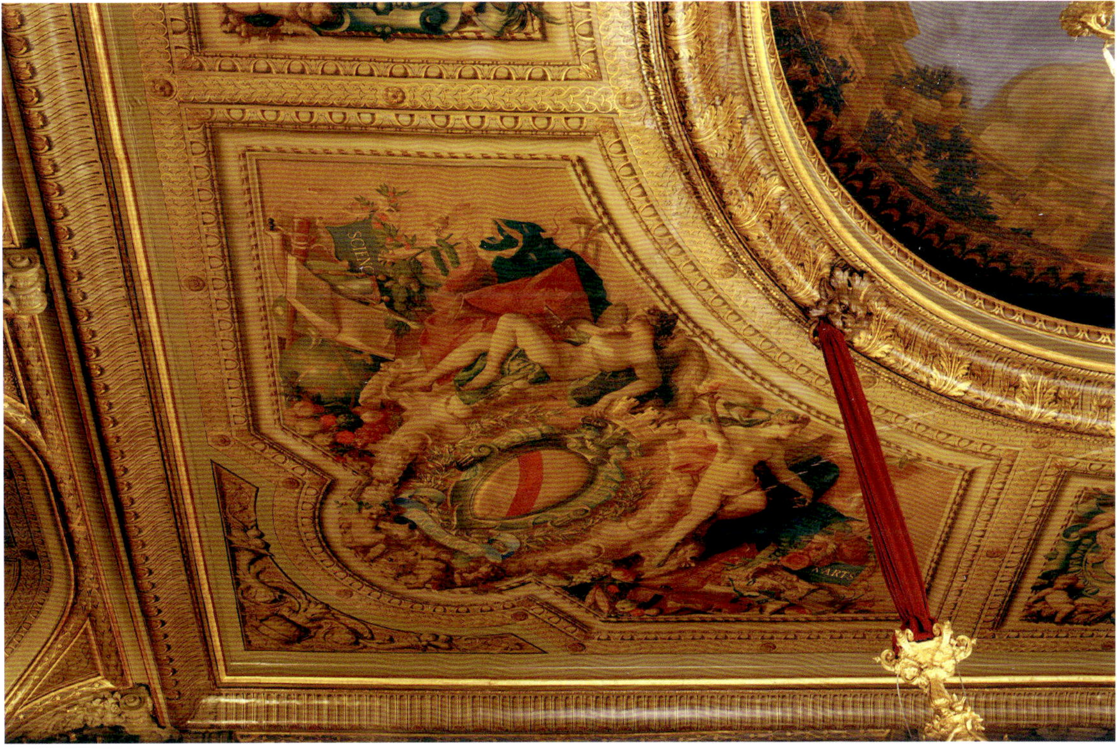

Abb. 53 Detail des Deckengemäldes (Stadt-Wappen Baden-Badens mit den Personifikationen von Wissenschaft und Kunst – »Sciene« und »Beaux Arts«) im neuen große Saal (heute grüner Saal der Spielbank), 2006 Vermögen und Bau Baden-Württemberg: Amt Pforzheim/Baden-Baden

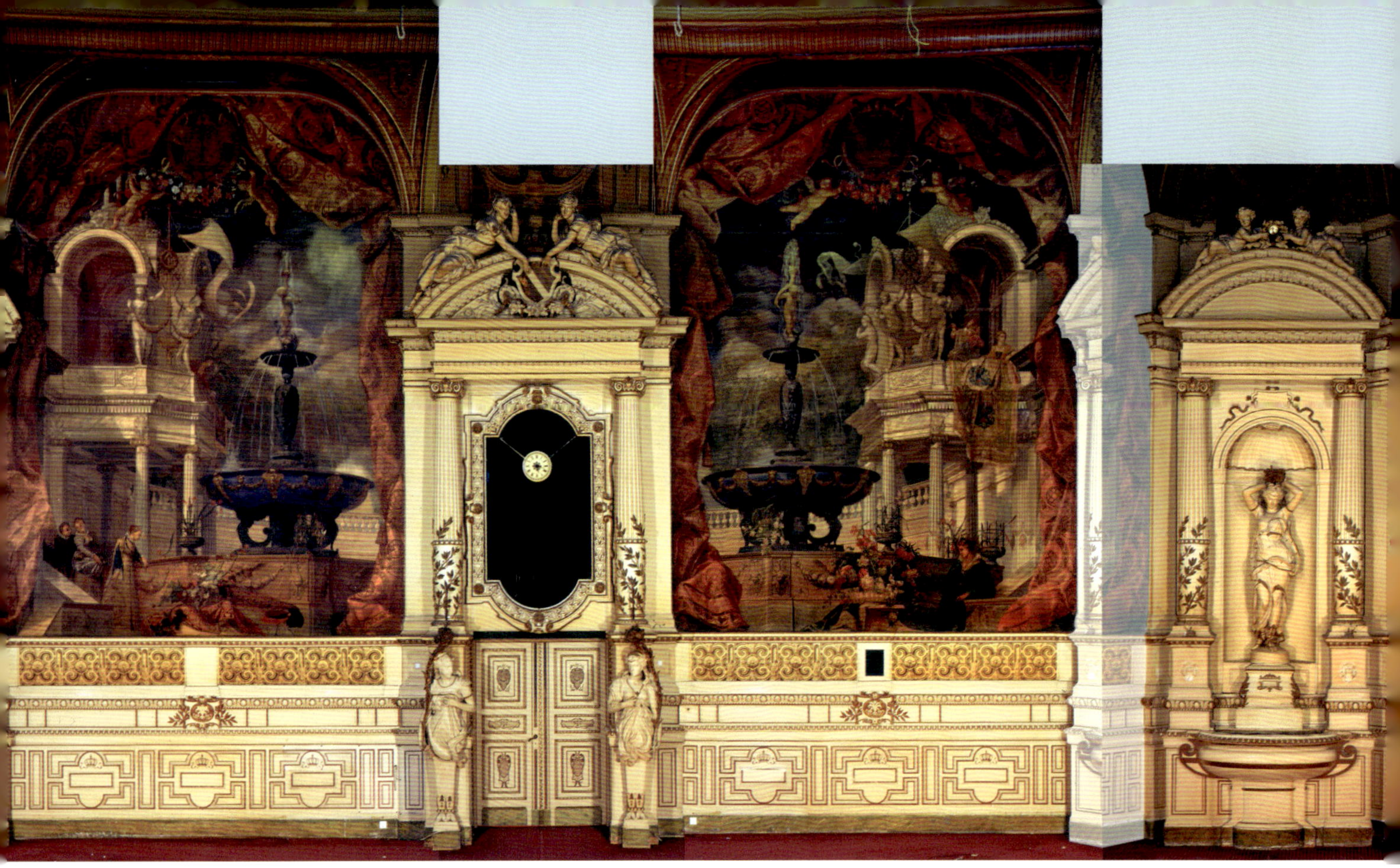

Abb. 54 Montage der Wandgemälde im neuen große Saal (heute grüner Saal der Spielbank), 2006 Vermögen und Bau Baden-Württemberg: Amt Pforzheim/Baden-Baden

Abb. 55 Detail im Wand- bzw. Deckengemälde (Darstellung eines antikisierenden Portaitkopfs des Bacchus in einer der Zwickeln) im neuen große Saal (heute grüner Saal der Spielbank), 2006 Vermögen und Bau Baden-Württemberg: Amt Pforzheim/Baden-Baden

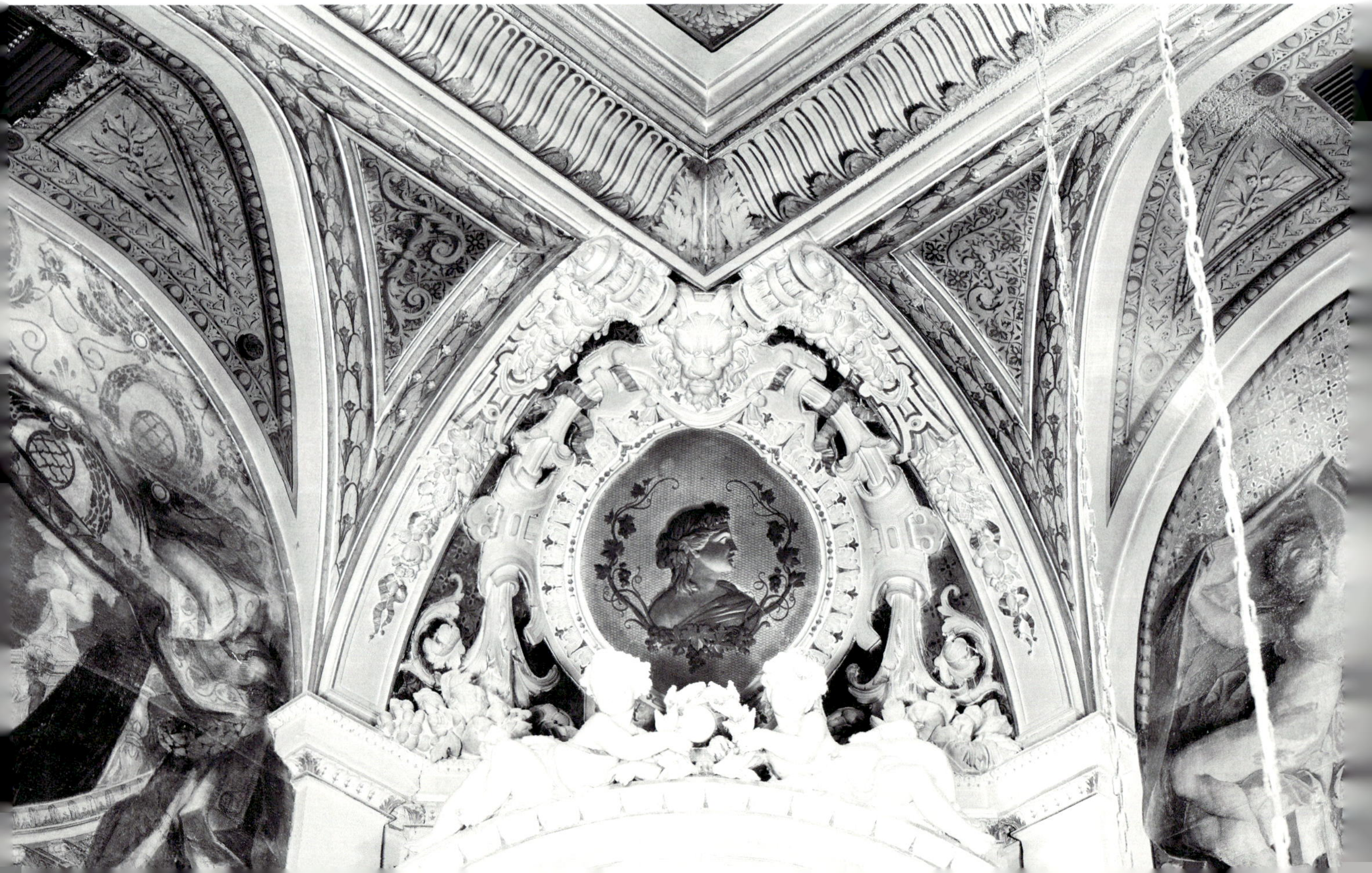

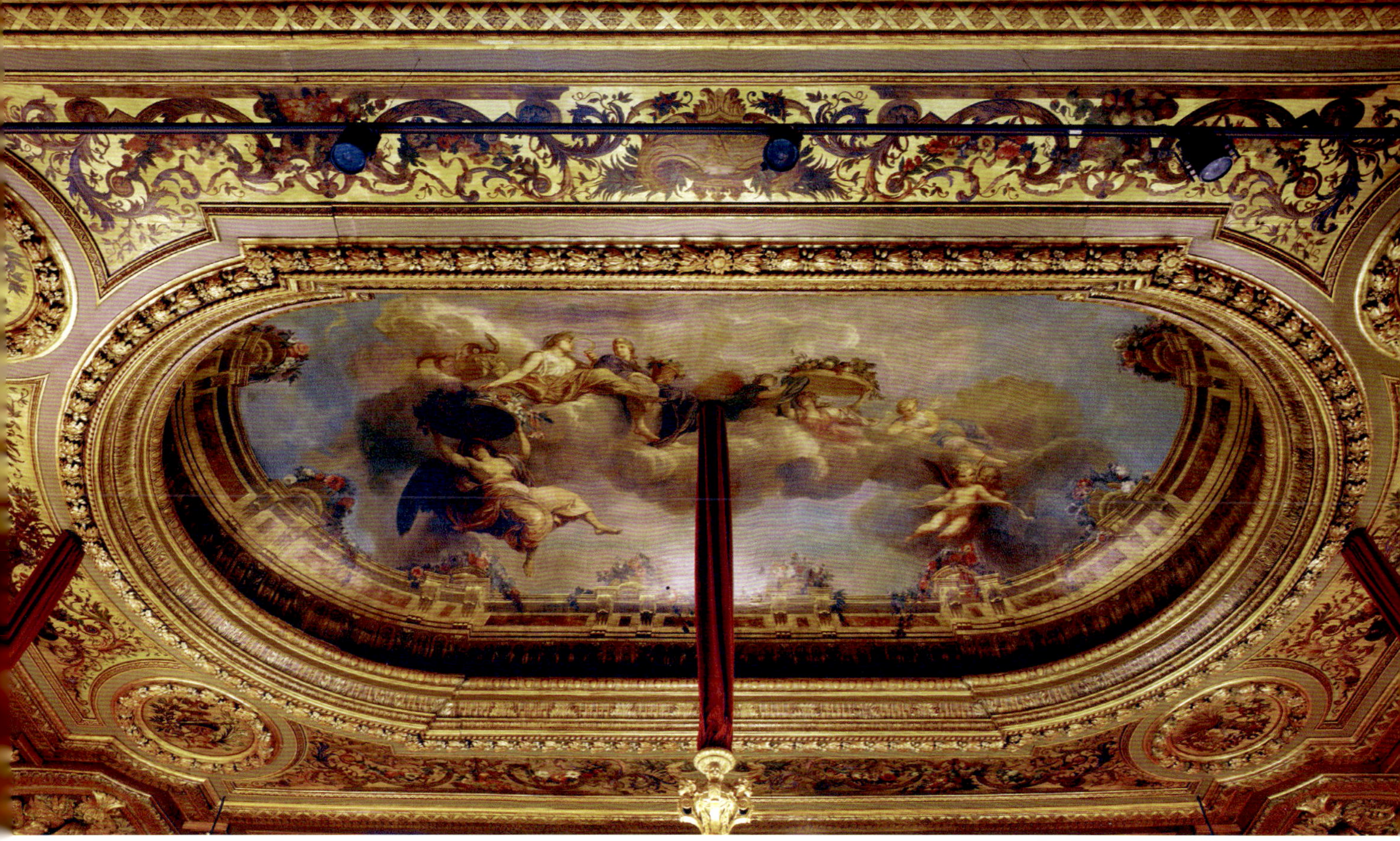

Abb. 56 Detail des Deckengemäldes im roten (Pracht-)Saal (heute roter Sall der Spielbank), 2006 Vermögen und Bau Baden-Württemberg: Amt Pforzheim/Baden-Baden

malten Rahmungen gefasst. Zahlreiche Stuckfiguren in Gestalt von weiblichen Figuren und Putti umrahmen einzelne Spiegel oder fungieren als Kandelaber-Trägerinnen ebenso wie als Brunnenfiguren in den Ecken des Saals.

Im roten Pracht-Saal zieren seidene Wandbespannungen ebenso wie großflächige Deckengemälde den Raum: in einzelnen Bildfeldern mit gemalten und reich stuckierten Bilderahmen wird im Mittelpunkt in einem ovalen Bildfeld das blühenden Badische Großherzogtum in Gestalt der Badenia mit goldener Tiara, blauen Mantel, Wappenschild und einem üppig gefüllten Früchtekorb im Arm dargestellt; neben ihr erscheint wohl Persephone, die Göttin der Fruchtbarkeit, mit Ährenkranz und einer goldenen Sichel; umgeben werden sie von zahlreichen Genien und Putti mit reichen Früchte- und Blumenschalen (Abb. 56). In flankierenden Bildfeldern an der Längsseite sind die Personifikationen der Flüsse Rhein und Oos in Gestalt von bärtigen Männern mit sprudelnden Wasserkrügen und in Begleitung von Nymphen und Putti mit reichen Blumen- und Früchteschmuck erkennbar. Damit wurde die blühende und fruchtbare badische Landschaft in der Rheinebene und der Stadt Baden-Baden an der Oos beschworen und verherrlicht (Abb. 57–59).

Nach der Eröffnung der neuen Räume am 14. August 1855 wurde diese und die Verdienste der Bénazets dementsprechend gefeiert: *»(...) Gestern sind die neuen Sälen im Konversationshause durch ein Konzert eröffnet worden. Der Zudrang war so außerordentlich, daß viele Personen keine Karten mehr erhalten konnten. Sämmtliche hier anwesende Personen beehrten das Konzert mit ihrer Gegenwart, und bezeugten ihre Zufriedenheit mit der großartigen musikalischen Produktion. Was die Säle selbst betrifft, so übertrafen sie selbst weite alle Erwartung, und boten in ihrer glänzenden Ausschmückung und überreichen Beleuchtung in der That einen Anblick dar, der unwillkürlich an die Märchen- und Feenwelt erinnerte (...)«*[92].

Einige Tage später folgte nochmals ein aus-

92 Karlsruher Zeitung vom 16. August 1855.

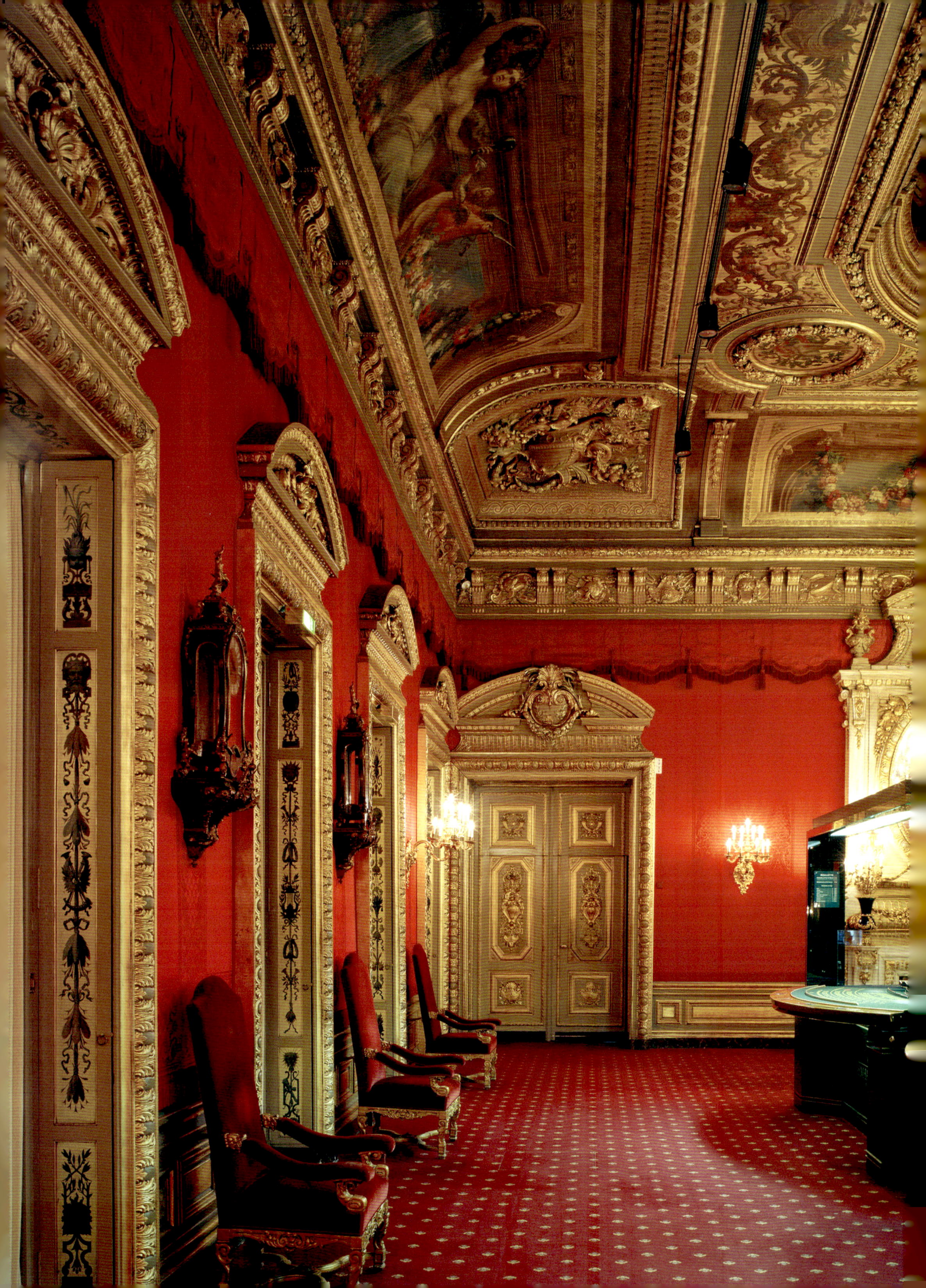

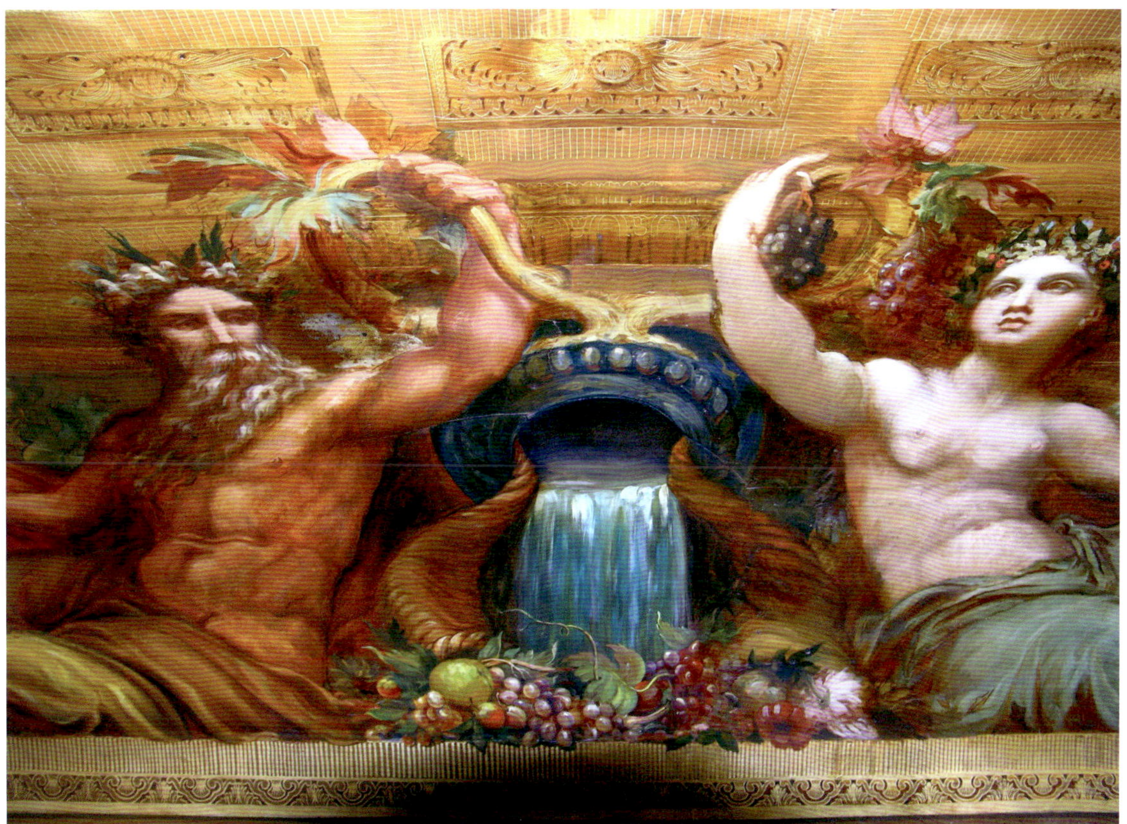

Abb. 58 Roter (Pracht-)Saal der Spielbank mit Details der Deckengemälde der Längsseiten, 2006 Vermögen und Bau Baden-Württemberg: Amt Pforzheim/Baden-Baden

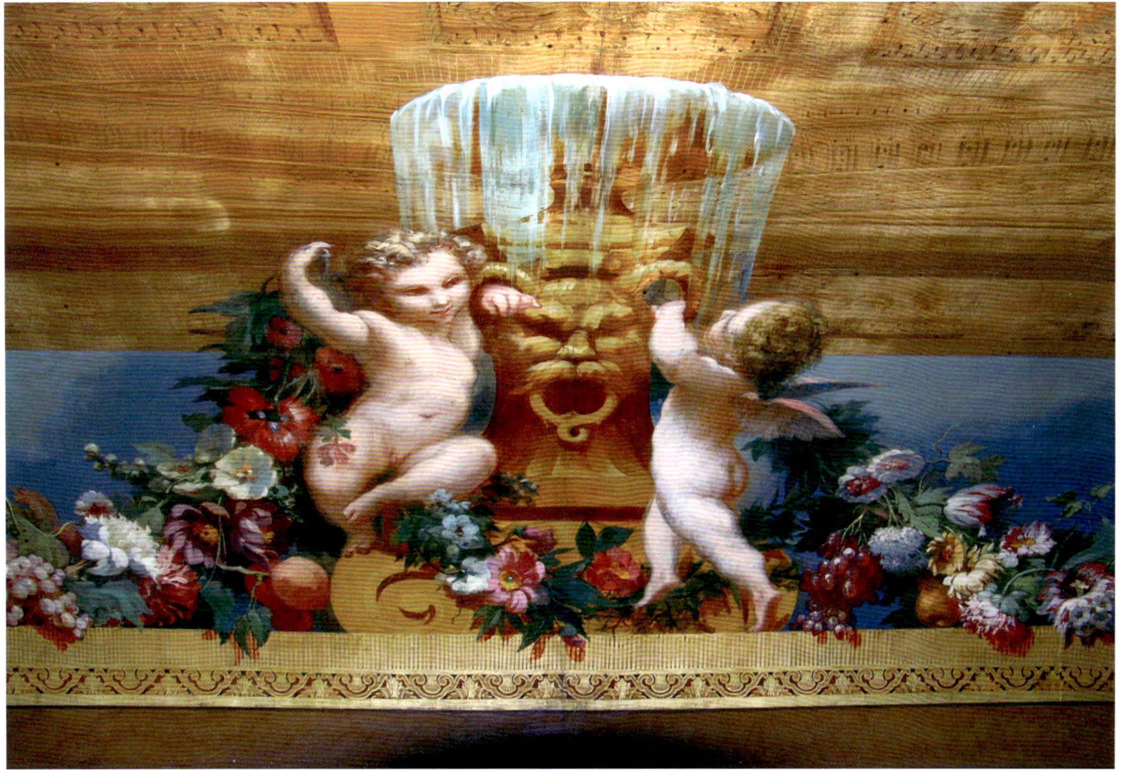

Abb. 59 Roter (Pracht-)Saal der Spielbank mit Details der Deckengemälde der Längsseiten, 2006 Vermögen und Bau Baden-Württemberg: Amt Pforzheim/Baden-Baden

◁ Abb. 57 Roter (Pracht-)Saal der Spielbank mit Details der Deckengemälde der Längsseiten, 2006 (Vermögen und Bau Amt Pfortheim/Baden-Baden)

führlicher Bericht: *»(...) den Blick auf die Einzelheiten der neuen Bauten weilen zu lassen, bei deren Herstellung alle Mittel der Kunst und Industrie sich zu überbieten suchten. (...) Der erste Saal, in den man aus den älteren Sälen gelangt, ist in dem Style des 17. Jahrhunderts ausgeschmückt, und deshalb der »Saal Ludwigs XIV. »* (Anm. der rote Pracht-Saal*) genannt. Die gewölbte Decke mit ihrer herrlichen Kuppel ist reich mit Schnitzwerk und allegorischen Gemälden geschmückt. Die letzteren stellen den Rheinstrom dar, an dessen blühenden Gestaden das gesegnete badische Land sich hinzieht, und der Oosbach, dessen helle Fluthen den reizenden Thalgrund von Baden durchströmen. Auf dem Goldgrunde des Fachwerks verschlingen sich kunstvoll zierliche Arabesken. Die Wände sind mit dunkelrothem Seidenzeug überkleidet, und von dem prachtvoll geschnitzten Friese wallen schwere Draperien derselben Farbe von schwersten Damaste herab. An der einen Seite des Saals erhebt sich ein bodenhohes Kamin von weißem Marmor, ein wahres Kunstwerk an Erfindung und Ausführung. Diesen Arrangements entsprechend sind die kostbaren hohen Spiegel, die vergoldeten Möbel, die eingelegten Geräthe, die Consols, und die Mächtigen Kronleuchter von schimmernden Kristall, die mit zahllosen Kerzen, sowie der Unzahl von bronzenen Girandolen ein wahres Lichtermeer verbreiten. (...) Auf einer Seite öffnet sich der Saal des Wintergartens. Die Wände desselben sind von weißer Stuckarbeit, verziert mit Arabesken und vergoldeten Gitterwerk, an welchem sich üppige Schlingpflanzen hoch emporranken. Rings an den Wänden umher zieht sich ein Bassin von weißem Marmor, in welchem in reichster Fülle Pflanzen und Stauden aller Zonen wuchern; prachtvolle Exemplare der seltensten Pflanzenarten vereinigen stehen in Gefäßen umher. Die Reize der Pflanzenwelt vereinigen sich hier mit der Kunst, um einen fröhlichen Aufenthalt zu bilden, und während wir uns ergehen unter dem Schirme der glänzenden Räume, umfluthen uns die Düfte eines wunderlieblichen Pflanzengartens. Durch die andere Bogenöffnung blickt man in einen dritten Saal (*Anm. Salon Pompadour*), zwar nicht von so großer Ausdehnung, aber äußerst schmuck, anmuthig, und zierlich. Der Stoff, welcher die Wände und vergoldeten Möbel bekleidet, ist mit bunten Blumenbüschen übersäet, was dem Gemache den freundlichsten Anblick verleiht. Goldenes Laubwerk umrankt die weißen Rahmen der strahlenden Spiegel, und der reiche Goldschmuck von Decke und Wänden strahlt wider von dem Lichtglanze der mächtigen Leuchter. Die prächtigen Gemächer von Marly und Trianon waren in diesem Geschmack ausgestattet, und darum trägt dieser Saal auch den Namen von deren Gebieterin. Aus diesem wie auch aus dem Gartensaal führt je eine Thüre in den »Ball- und Konzertsaal«* (Anm. großer grüner Ballsaal*), welcher, an Raum der ausgedehnteste von allen, die Stelle des früheren Theaters einnimmt. Als dessen Hauptfarben erscheinen Weiß und Gold, geschmackvoll abwechselnd mit dem lebhaften Kolorit der Malereien. An den getheilten Wandfeldern erblickt man Darstellungen von Gartenparthien und perspektivischen Ansichten von Bauwerken. An der prachtvollen Decke, die mit einem durchgebrochenen Geländer umgeben erscheint, zeigt sich ein luftiges Orchester von geflügelten Kindern, Amoretten, und Genien mit den verschiedensten Musikinstrumenten. Die Ecken sind mit allegorischen Figuren geschmückt, die an ihren Attributen sich leicht als Ackerbau, Kriegskunst, Marine, Gewerbfleiß, Reichthum, Schönheit, Wissenschaft, und Kunst erkennen lassen. Daneben sind die Wappen der bedeutenderen Städte des badischen Landes angebracht, und das Wappen und der Namenszug des Regenten. Alles zusammen bildet die reichste, geschmackvollste Deckenverzierung, mit welcher das Innere des Saales, die zierlichen Säulen mit ihren Giebelbogen, das kunstvolle Kamin und die Blumenbehälter von weiße Marmor, die vielarmigen Wand- und Deckenleuchter aufs vollkommenste zusammenstimmen und ein harmonisches Ganze im Style der Renaissance bilden. Das Tageslicht erhält der Saal von der Südseite durch drei hohe Oeffnungen, welche zugleich sechs Glasthüren als Eingänge von außen bilden. (...) Nach übereinstimmenden Urtheile entsprechen sie* (Anm. die Säle*) vollkommen ihrem Zwecke: einen angemessenen Vereinigungspunkt für die Eliten der Badewelt unseres Kurortes, der ersten in Europa, zu bilden (..)«*[93].

Der französische Journalist und Schriftteller Eugene Guinot (1805–1861) lieferte 1858 ebenfalls eine Beschreibung der neuen Säle im Konversationshaus. Dieser hatte in seinem Reiseführer »L'été à Bade« (Ein Sommer in Baden-Baden / A summer at Baden-Baden) seit 1845 in insgesamt fünf Auflagen bis 1868 eine umfangreiche Beschreibung der Stadt und ihrer Sehenswürdig-

93 Karlsruher Zeitung vom 26. August 1855.

keiten geliefert. Die Arbeit an dem Reiseführer war von den Pächtern Bénazet mit 60.000 Franken »unterstützt« worden, so dass Guinot eine ebenso subjektive wie illustre Werbung für das Konversationshaus verfasste, die dennoch aufschlussreich ist: *»(...) Früher war das Konversationshaus ein enges, schlecht eingerichtetes Gebäude mit Sälen in Wasserfarbe bemalt und bürgerlich möbliert – da kam Bénazet, und mit einem Zauberstab hat er dieses Haus in einen kostbaren und prachtvollen Palast verwandelt. Alle Zauber der schönen Künste und des fein gebildeten Geschmackes haben ihre Wunder über diese Stätte ausgestreut; Ciceris Pinsel hat die Hallen dieses Tempels mit Gemälde geschmückt. Nichts gleicht dem Anblick des von Gold strahlenden, durch den Adel seiner Bauart und seiner Ausschmückung ausgezeichneten großen Saales. Sechan aus Paris, der Großmeister der Verzierungskunst, hatte die Ausführung der Säle, mit Dieterle und Haumont zusammen übernommen, und es waren nicht nur Pariser Künstler, die da arbeiteten, sondern es war echteste Pariser Kunst, die bis zum kleinen verarbeitet wurde und dann nach Baden ging. An anderen Orten herrscht auch Luxus, in Baden ist er fein und sinnreich, anderwärts haben die Ball- und Konversationssäle das Aussehen von Kaffeehäusern (...)«*[94].

Die Ausstattung der Räume erfolgte mit ausgesuchten zeitgemäßen Einrichtungsobjekten wie Leuchter, Vasen, Konsoltische, Kronleuchter und Spiegel, die Bénazet wohl ebenfalls direkt aus Paris bezog. In Inventaren von 1863 und 1867 über *»...das Mobiliar und die inneren Verzierungen im Conversationshaus in Baden«* werden eine Vielzahl von Ausstattungsobjekten aufgeführt, so zum Bespiel im großen Saal (heute Weinbrenner-Saal): *»(...) 10 Canapee, 48 vergoldete Stühle, 13 gemalte Fensterstores, (...) 4 Paar Damastvorhänge sog. Portieres, (...) 10 große Spiegel, 1 Kristall Kronleuchter mit 102 Lampen, 4 kleinere Kristall Kronleuchter mit je 24 Lampen, 16 Candelabres mit je 4 Lampen, 4 Armleuchter aus Bronze, vergoldet mit je 3 Lampen, (...) 1 Wanduhr, 4 große Porzellanöfen (...)«* oder im roten Pracht-Saal: *»(...) 4 Canapee, 12 Fauteuils, 12 Stühle, 6 Tabourets (alle mit rother Seide überzogen), 2 Uhren, 4 Buffets von Ebenholz mit Bronzeverzierungen und je 2 Vasen von Sevres, (...) 1 französischer Kamin mit Bronzeverzierung und mit 1 großen und 4 kleinen Vasen von Sevres und 2 Vorsätzen, 1 großer Spiegel, 2 Consoles vergoldet mit Marmorplatten mit je 1 Spiegel mit Goldrahmen, 3 große Leuchter vergoldet, 12 Armleuchter aus Bronze vergoldet, 195 vergoldete Rohrstühle, 6 Paar roth seidene Vorhänge, 6 Paar weiße Vorhänge, 1 buntgeblümter Fußteppich (...)«*[95]. Die Beschreibung der einzelnen Ausstattungsobjekte – mit Möbeln von Ebenholz mit Bronzeverzierung, Vasen von Sevres-Porzellan, Konsolen mit Marmorplatten, und vergoldete, seiden-bezogene Sitzmöbel sowie Kristall-Leuchtern – zeugt von einem sehr hohen Anspruch, um mit der repräsentativen Ausstattung höchstadeliger Häuser konkurrieren zu wollen und zu können. Teile dieser historischen mobilen Ausstattung habe sich bis heute im Kurhaus und in der Spielbank erhalten[96]. Beispielhaft für die heute noch erhaltenen Ausstattungsobjekte sind besonders die Mobilien in den historischen Sälen der heutigen Spielbank, aber auch einzelne Objekte im Bereich der Gesellschaftsräume des Kurhauses im Obergeschoss. So zum Beispiel drei vergoldete Konsoltische, die seinerzeit von der auf Vergoldungen spezialisierte Firma »Le Brun« in Paris hergestellt wurden (Abb. 60–62)[97]. Neben der wandfesten Ausstattung wie Spiegel, Kamine, Skulpturen und Supraporten sowie Decken- und Wandgemälde, zählen auch die zahlreichen Wand- und Kronleuchter, die Vasen und Kaminservices, sowie die Konsoltische sowie Sitzmöbel zu den erhaltenen Einrichtungsobjekten (Abb. 63–82). Die Ausstat-

94 Eugene Guinot: »Ein Sommer in Baden«, Leipzig 1858. https://www.stadtwiki-baden-baden.de/wiki/L%27%C3%A9t%C3%A9_%C3%A0_Bade/

95 Vgl. Stadtarchiv Baden-Baden A26/15-83, das Inventar vom 2. Mai 1863 und 12. November 1867 wurde von der Badanstaltencommission und dem Spielpächter unterzeichnet, und führt Ausstattungsobjekte in den Veranstaltungsräumen und Spielsäle samt Nebenräumen auf, jedoch nicht das Restaurant und die dort zugehörigen Räume. Einige der im roten Saal genannten Ausstattungsobjekten wie den *»4 Buffets von Ebenholz mit Bronzeverzierungen mit je 2 Vasen, den »Canapees«, »Tabourets«, der »bunt geblümte Teppich«* oder den *»vergoldeten Rohrstühlen«* sind auf der Abbildung 46 noch erkennbar.

96 Die mobile Ausstattung wurde nach 1872 vom städtischen »Cur-Komitée« übernommen und verwaltet; die »bau-feste« Ausstattung, z. B. teilweise elektrische Leitungen/Licht, Öfen u. ä. fiel in die Zuständigkeit des staatlichen Badfonds; allerdings gab es wohl immer wieder Probleme die genaue Zuständigkeit für die einzelnen Objekte zu ermitteln. So gab es von Seiten der Bauinspektion des großherzoglichen badischen Innenministeriums mit einem Schreiben vom 14. Oktober 1911 an das Bezirksamt der Stadt Baden-Baden einen erneuten Versuch ein vollständiges aussagekräftiges Inventarverzeichnis des Konversationshaus erstellen zu lassen, vgl. GLA 565 Nr. 81.

97 Die Firma hatten von 1847 bis 1900 ihren Sitz in der Rue St. Lazare, ehe sie in die Rue de Monceau umzog. Die Firma existiert bis heute: https://www.cadres-lebrun.fr/

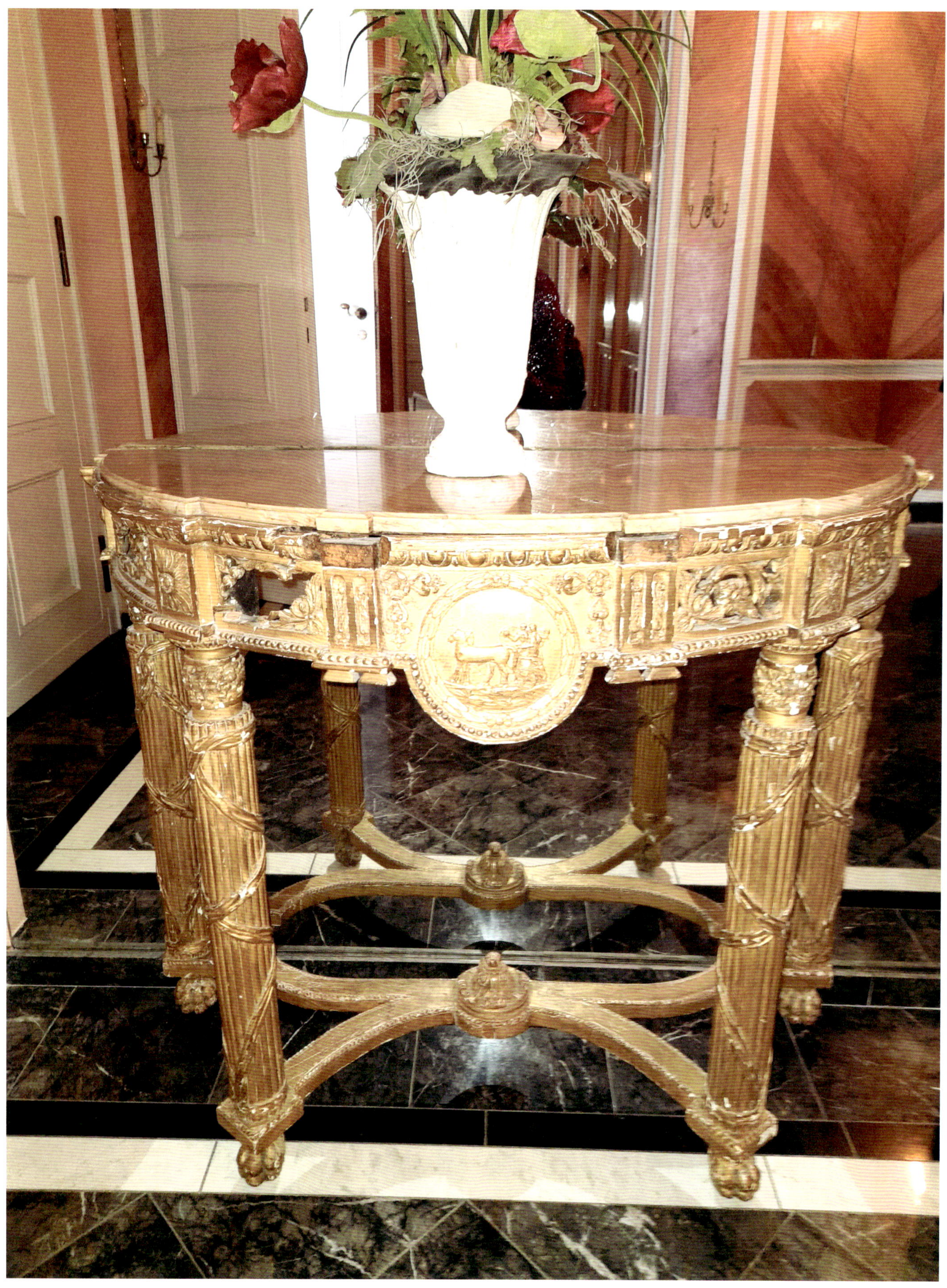

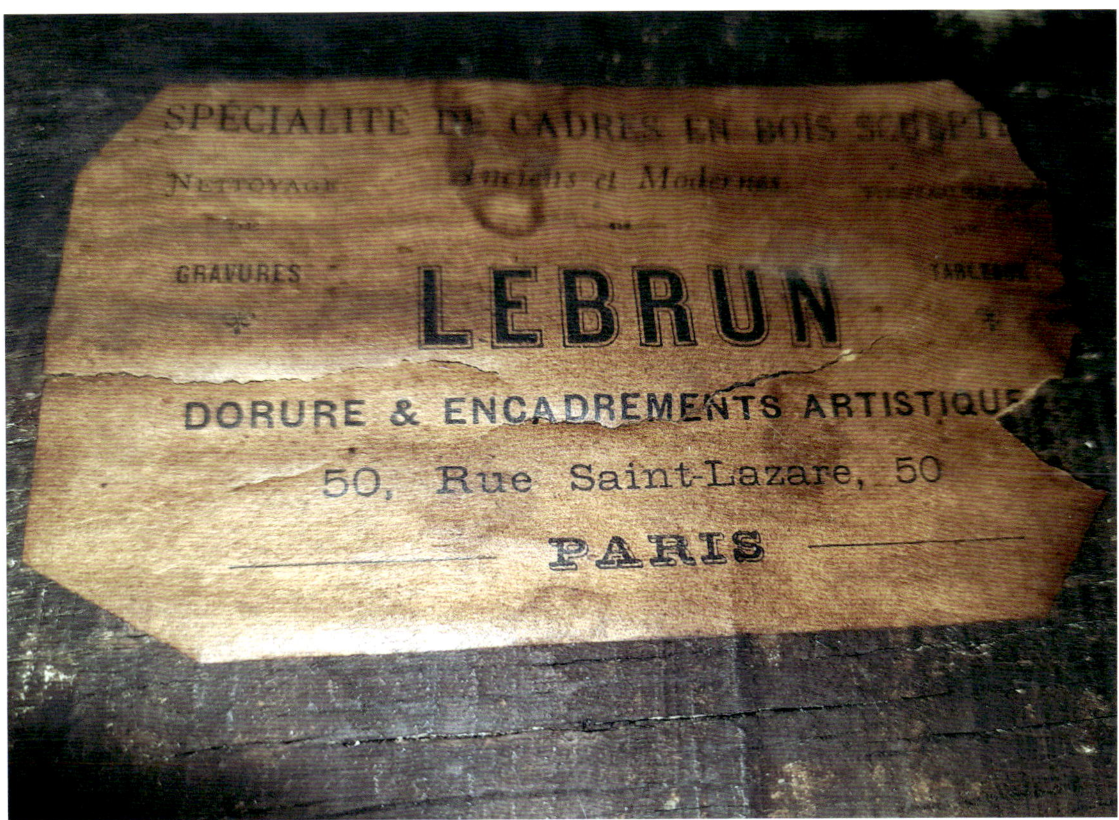

Abb. 60/61 Einer von zwei identischen halbrunden Konsoltischen, Holz gefasst/vergoldet und Marmorplatte, Paris um 1850: An der Innenseite befindet ein Etikett der 1847 gegründeten Pariser Firma Lebrun, die sich u.a. auf vergoldete Möbel spezialisiert hatte
Gang vor den Gesellschaftszimmern im Kurhaus Baden-Baden, 2024 (privat)

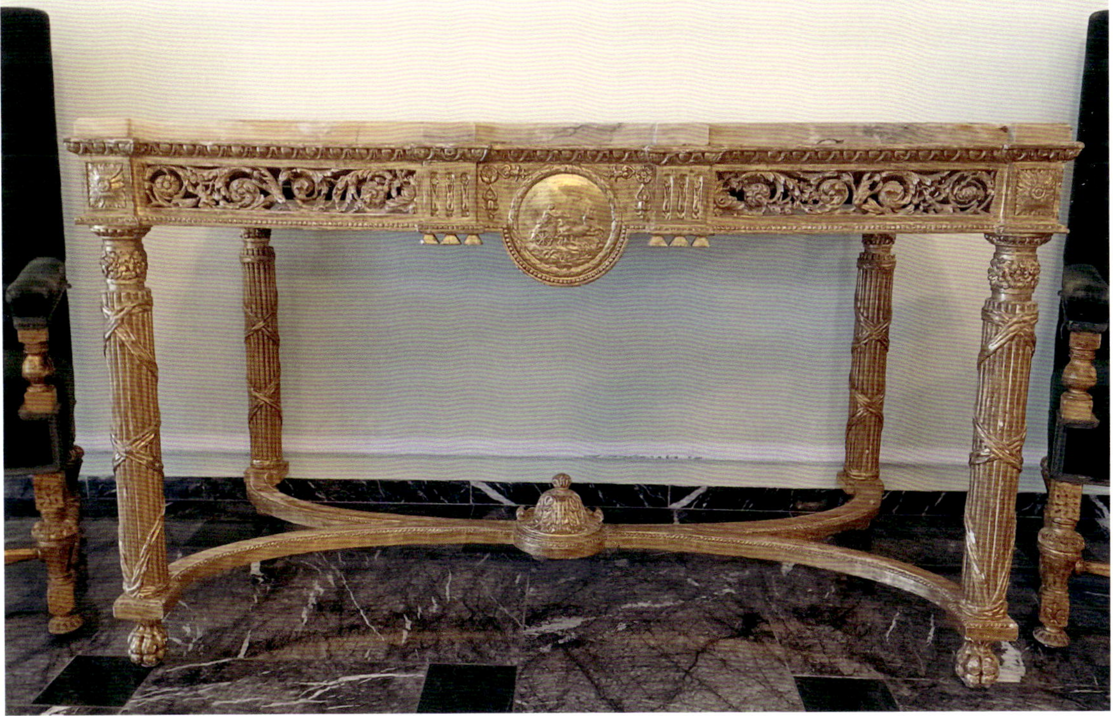

Abb. 62 Konsoltisch, Holz gefasst/vergoldet und Marmorplatte, Paris um 1850: in seiner stilistischen Gestaltung und Ausführung ist das Möbel dem Konsoltisch in Abb. 60 sehr ähnlich und wohl ebenfalls von der Firma Lebrun um 1850 in Paris gefertigt worden
Gang vor den Gesellschaftszimmern im Kurhaus Baden-Baden, 2024 (privat)

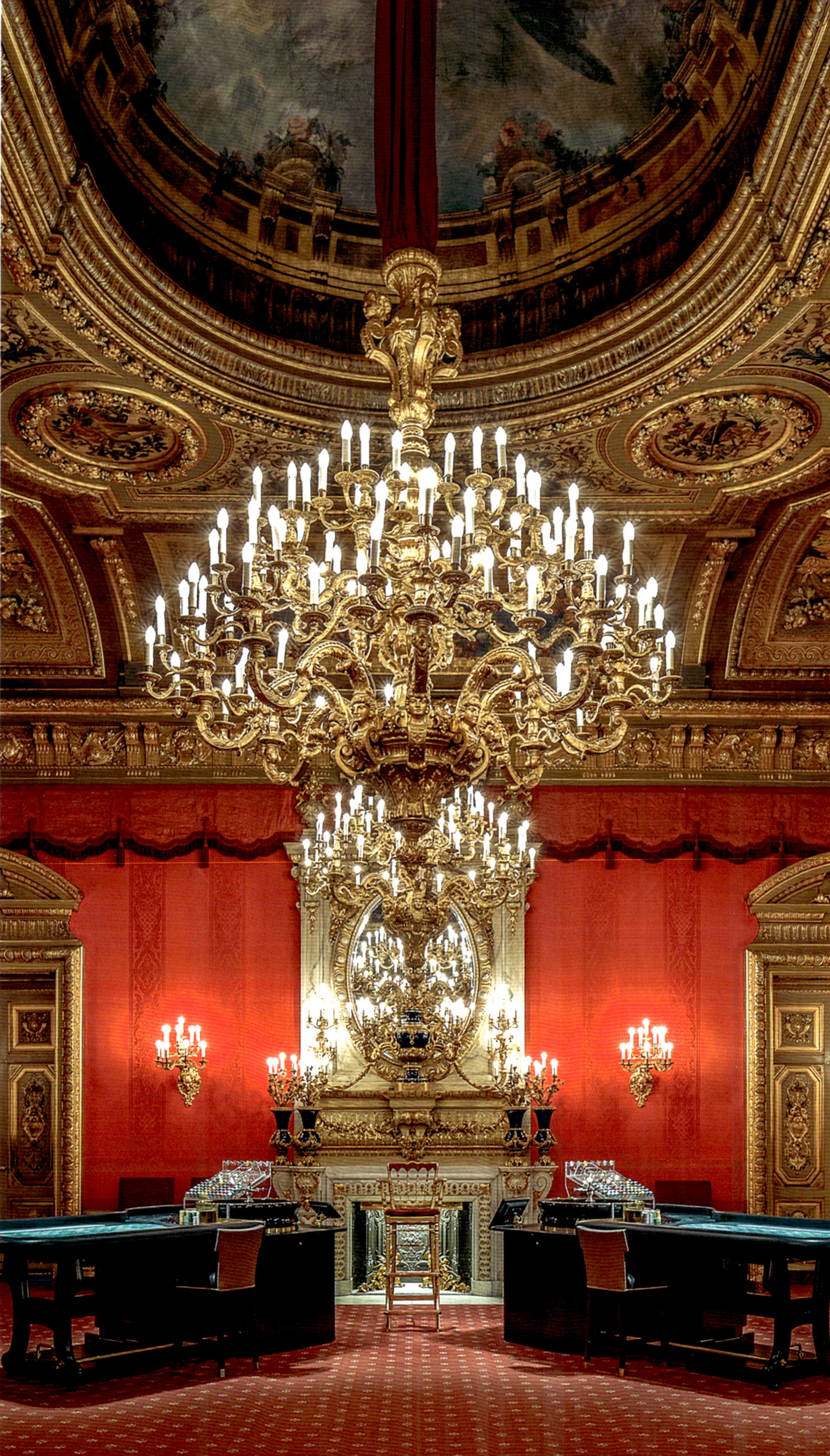

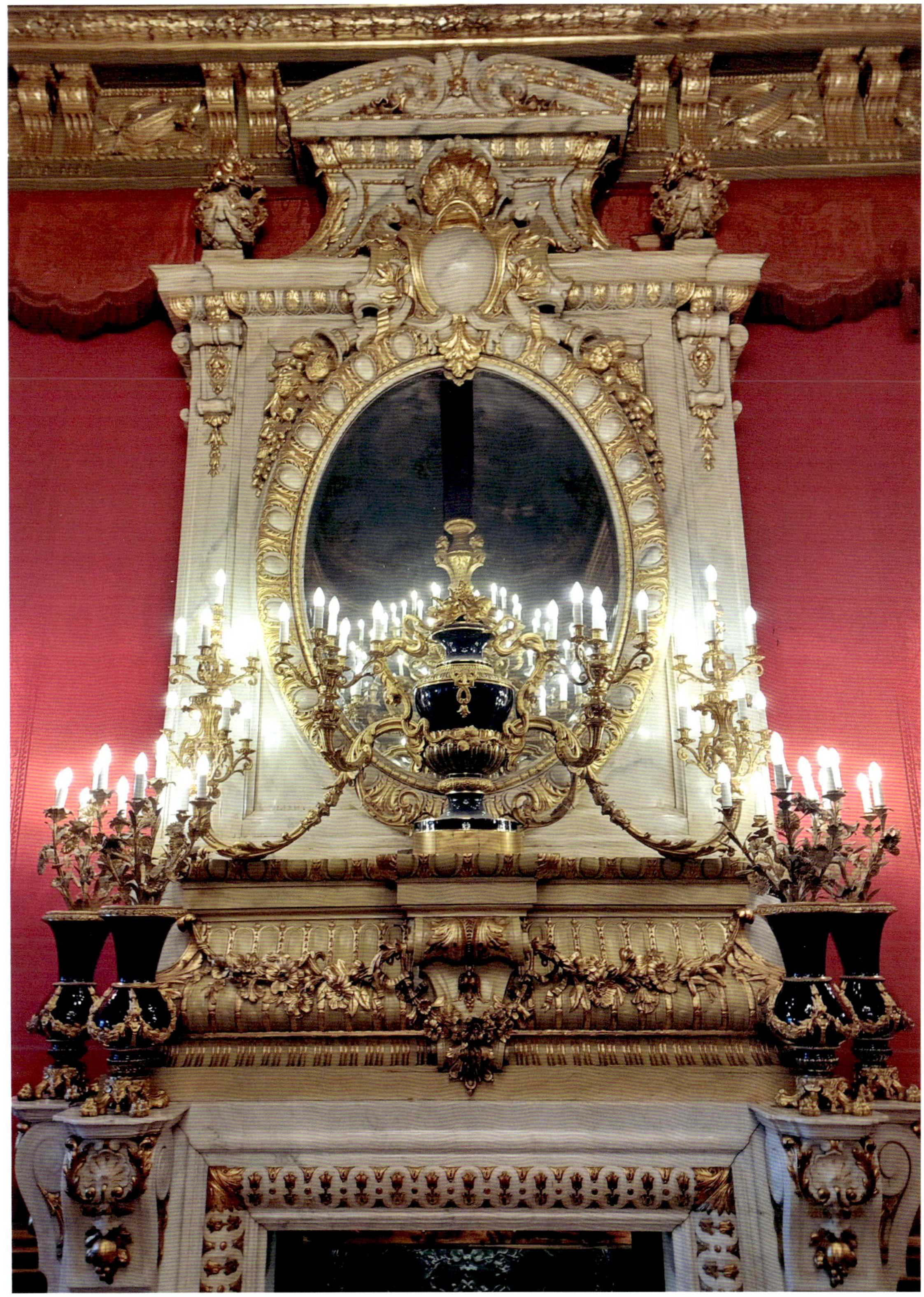

△ Abb. 64 Roter (Pracht-)Saal der Spielbank mit Detail des Kamins mit Turmeaux-Spiegel und Girandolen von 1854, 2024 (privat)

◁ Abb. 63 Roter (Pracht-)Saal der Spielbank mit Kamin mit Trumeaux-Spiegel, Girandolen, Wand- und Kronleuchter von 1854/55, 2024 (Spielbank Baden-Baden/Thorben Beeg)

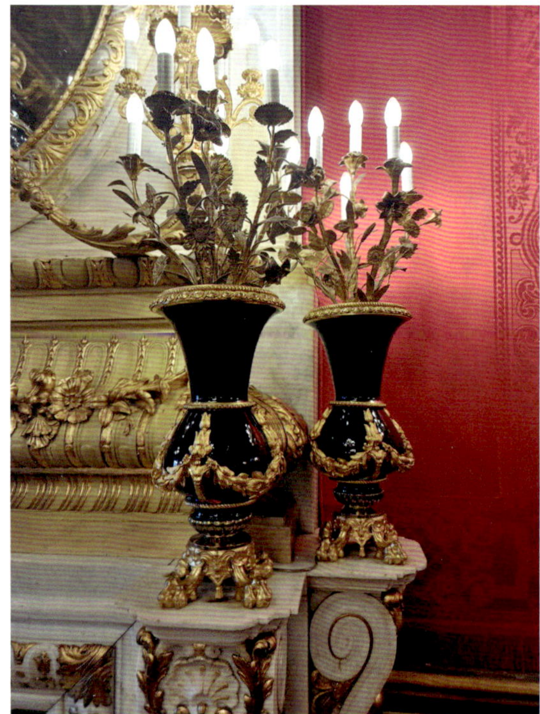

Abb. 65 Roter (Pracht-)Saal der Spielbank mit Detail der (elektrifizierten) Girandolen am Kamin in Form einer Blumenvase von blauen Glas mit vergoldeten Metall-Applikationen von1854, 2024 (privat)

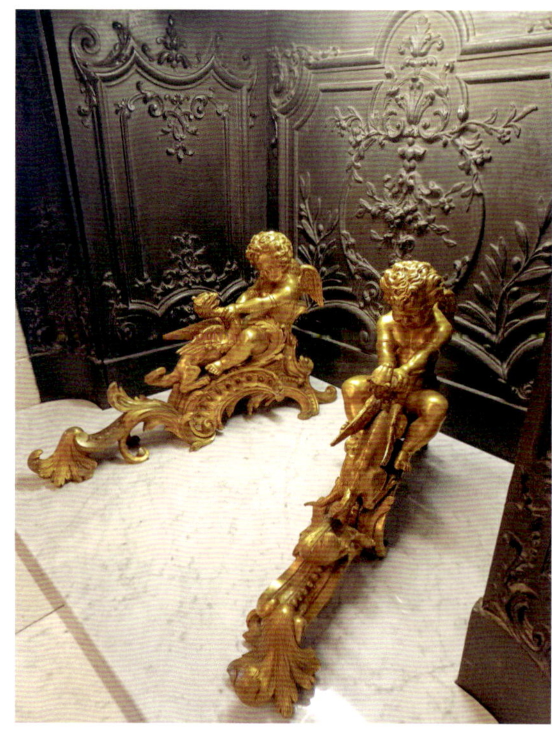

Abb. 66 Roter (Pracht-)Saal der Spielbank mit Detail der Kaminböcke im Kamin von 1854, 2024 (privat). Interessant ist das Motiv, das einen Putto darstellt, der einen Greifen bändigt. Ursprünglich gehören die Kaminböcke zum Kamin im Salon Pompadour. Das Motiv des von einem Putto gebändigten Greif findet sich auch an der inneren Kaminverkleidung des ursprünglich zugehörigen Kamins im Salon Pompadour.

tungsobjekte sowie das gesamte Inventar des Kurhauses fielen nach Ende der Spielpacht 1872 dem staatlichen Badfond zu und wurden vom neu gegründeten städtischen Kurkomitèe verwaltet[98].

Die Gesamtkosten für diese Umgestaltung des Konversationshauses 1854/55 beliefen sich auf 364.606 Gulden und 50 Kreuzer (ca. 6,2 Mio. €), wobei die Kosten für die Einrichtungsobjekte (Möbel, Leuchter, Spiegel, Porzellane, Uhren, Gemälde, Textilien u. a.) 286.493 Gulden 40 Kreuzer (ca. 4,9 Mio. €) und die Baukosten in den Räu-

98 Ein Gesamtinventar der mobilen Ausstattung des Kurhauses, die 1872 nach Ende der Spielpacht übernommen wurde, hat sich heute nicht mehr auffinden lassen. Es existierte jedoch neben dem erwähnten Inventar von 1863 noch ein Inventar von 1915, jedoch waren zu diesem Zeitpunkt bereits nicht mehr alle Objekte vorhanden: so fehlte z. B. die *»in vier Teile zerlegbare holzgeschnitzte Rundbank im Stil Louis XIV., die ihren Platz unter dem Durchgangsbogen vom Wintergarten in den Saal Louis XIV. gehabt haben soll«* – hierbei handelt es sich wohl um die in Abb. 36 erkennbare Rundbank. Diese wurde jedoch schon 1911 versteigert. Ferner wurden schon 1915 *»zwei echt vergoldete längliche Pflanzbehälter (Jardinieren), wohl aus dem alten Blumensaal stammend«*, ebenso wie *»die aus den 50er Jahren* (Anm. 1850er Jahre) *stammenden, in ihrer Art bezeichneten Bodenteppiche aus den Sälen, welche dem Neubau weichen mussten«*, d. h. wohl aus dem Blumensaal, italienischen Saal und Saal Medici, vgl. Vermerk des großherzoglichen badischen Innenministeriums vom 30. April 1915 sowie Abschrift (des großherzoglichen badischen Innenministeriums?) an das Kurkomitèe vom 24. Mai 1915, GLA 424a Zugang 1996-67. Ebenso heute nicht mehr vorhanden sind die *»4 Buffets aus Ebenholz«* mit vergoldeten Verzierungen und diverse Tabourets (Hocker) und Sofas aus dem roten Prachtsaal, die 1913 noch neu vergoldet wurden und auf Abb. 36 noch erkennbar sind, vgl. Schreiben des Kurkomitèes vom 23. Februar 1913, GLA 424a Zugang 1996-67 Nr. 40. Zudem wurden im Zuge des 1. Weltkriegs 1915 *»entbehrliche Gegenstände aus Kupfer rund Messing an die Sammelstelle der Heeresverwaltung«* abgegeben, d. h. dann wohl für militärische Zwecke eingeschmolzen. Dies war von dem zuständigen Architekten Stürzenacker während des Umbaus des Konversationshaus befürwortet worden, da *»diese (Messing)Garnituren nicht verwendet werden«*, vgl. Schreiben August Stürzenackers als technischer Referent des Ministeriums des Inneren vom 6. September 1915 und Schreiben der Bauleitung des Konversationshaus-Umbaus an das großherzogliche badische Ministerium des Inneren, vom 14. September 1915 und Schreiben, GLA 424a Zugang 1996-67 Nr. 40.

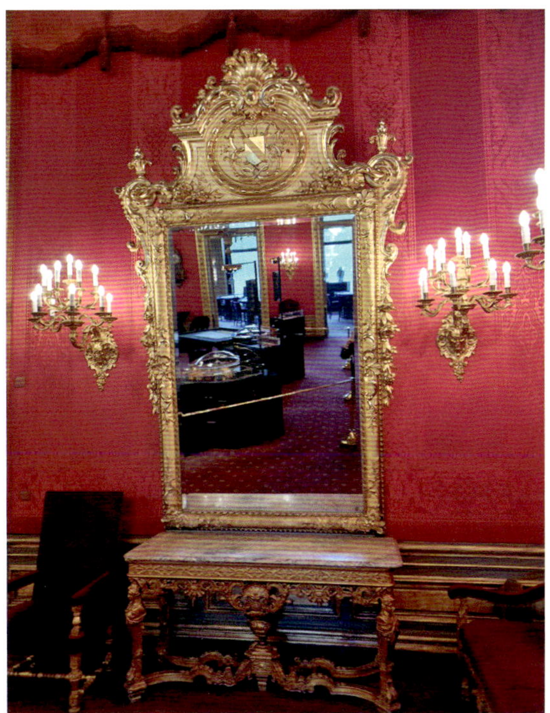

Abb. 67 Roter (Pracht-)Saal der Spielbank mit einem der beiden Trumeaux-Spiegel und zugehörigen Konsoltisch und Armlehnstuhl von 1854, 2024 (privat). In der Spiegelbekrönung findet sich das badische Wappen als Reminiszenz an das Badische Großherzogtum.

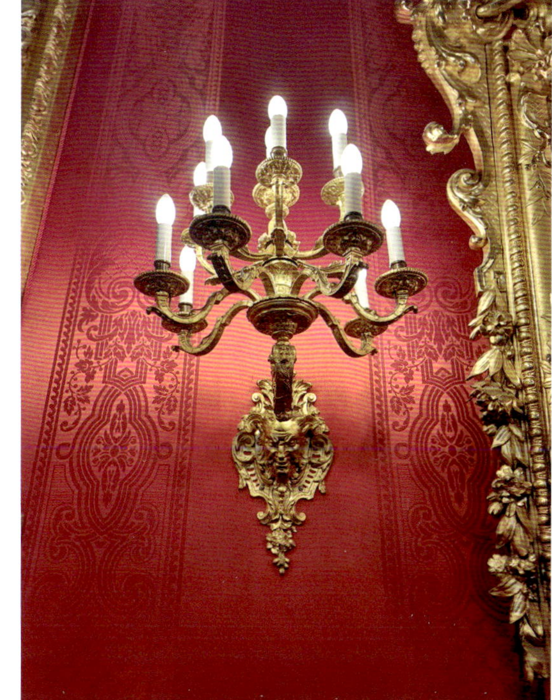

Abb. 68 Roter (Pracht-)Saal der Spielbank. Detail einer der mehrarmigen Wandleuchter mit Faun- bzw. Satyrkopf von 1854, 2024 (privat)
Die Darstellung eines Fauns oder Satyrs – als Naturgeister zum Gefolge des Bacchus, Gott des Weins und des Vergnügens, gehörend – sollte wohl den Charakter des Raums als »Vergnügungsstätte« unterstreichen.

men mit 78.113 Gulden 10 Kreuzer (ca. 1,3 Mio. €) betrugen[99]. Die Baukosten bezogen sich u. a. auf Arbeiten an Wasser- und Wärmeleitungen und Parkettböden, sowie Glaser-, Schlosser- und Schreinerarbeiten in den Räumen. Die Einrichtungskosten deckten neben der mobilen Ausstattung auch die wandfeste Gestaltung mit Wand- bzw. Deckengemälden und textiler Wandbespannung sowie Vorhänge ab.

Die Umbauarbeiten konnten relativ zügig umgesetzt werden, da neben den mobilen Einrichtungsobjekten auch die Einzelteile für die wandfeste Gestaltung schon vorgefertigt aus Frankreich bzw. von Paris nach Baden-Baden transportiert wurden. So wurden die Decken- und Wandgemälde wie auch die Wandbespannung und Stuckaturen in Einzelteilen fertig geliefert und vor Ort »nur« noch zurechtgeschnitten und montiert: So ist zum Bespiel die Malerei des Deckengemäldes im grünen Ballsaal auf sehr feiner Leinwand aufgetragen und auf den Untergrund bzw. die Decke geklebt und besteht aus mehreren Leinwand-Bahnen und -Stücken[100]. Die Entwürfe und künstlerischen Arbeiten führten daher

99 Zusammenstellung der Gesamtkosten vom 26. Oktober 1858 durch Edouard Bénazet, Stadtarchiv Baden-Baden C25/1070. Nach Fertigstellung der Umbauten 1854/55 wollte Bénazet die Erstattung von einzelnen Arbeiten gegenüber dem städtischen Badanstaltenfond geltend machen, da diese als Reparatur- und Instandsetzungsarbeiten am Gebäude vom Verpächter bzw. dem Badanstaltenfond zu tragen wären, wofür im Detail die Arbeiten zu den Baukosten in Höhe von 78.113 Gulden von ihm aufgeschlüsselt wurden. Letztendlich einigte man sich, dass Bénazet die Summe von 35.907 Gulden 16 Kreuzer für die Anschaffung der mobilen Einrichtung auf die vom Pächter bzw. ihm jährlich zu entrichtenden 25.000 Gulden für Verschönerungen im Konservationshaus anrechnen zu dürfen, vgl. Vorschlag des großherzoglichen badischen Innenministeriums vom 29. Juli 1859 und Schreiben Edouard Bénazets an die Badanstaltencommission vom 4. Oktober 1859, Stadtarchiv Baden-Baden, C25/1070. Sämtliche Details finden sich in den zahlreichen Unterlagen im genannten Bestand im Stadtarchiv Baden-Baden.

100 Eine restauratorische Untersuchung im März 1989 im roten Pracht-Saal gab Aufschluss über die einstige Technik bei der wandfesten Gestaltung und des Deckengemäldes: demnach waren die goldfarbenen Dekorationsornamente am Gesims zwischen Wänden und Decke, sowie an den Tür- und Fensterrahmungen aus Gipsmörtel und Pappmachè direkt bemalt worden oder zunächst mit einer dünnen Metallauflage versehen und dann bemalt worden, wohl um einen besonders

die genannten französischen Künstler um Séchan und Ciceri aus, während die reinen Bau- und Handwerksarbeiten in den Räumen von französischen und badischen sowie württembergischen Firmen bzw. Handwerkern übernommen wurden[101].

Diese neuen, hoch repräsentativen Säle wurden neben Konzerte und Glücksspiel auch für Theateraufführungen genutzt, die allerdings schon aufgrund des begrenzten Raumangebots nur einer sehr ausgewählten Gesellschaft auf Einladung zugänglich waren: *»(...) Gestern Abend fand die erste Vorstellung des Salontheaters in den neuen Sälen des Konservationshauses statt. (...) Zwar war die Zahl der Anwesenden der Räumlichkeit wegen beschränkter, aber die Gesellschaft war desto gewählter, und Baden hat vielleicht nie einen glänzenderen Zirkel beisammen gesehen, indem sämmtliche hier anwesende fürstliche Persönlichkeiten die Einladung angenommen hatten und erschienen waren. (...)«*[102]. Nachdem das Konversationshaus erstmalig auch im Winter 1855 geöffnet blieb, wurde dies auch in der folgenden Wintersaison 1856 wiederholt und zusätzlich noch ein Orchester engagiert, um die *»(...) Winterabende zu verkürzen (...)«*[103].

Mit der erneuten Umgestaltung des Konversationshauses konnte somit auch weiterhin die gewünschte »ausgewähltere Gesellschaft« angelockt werden. Zu dieser regelmäßig dort verkehrenden höchsten Besucherschicht gehörten Vertreter der regierenden Häuser wie die badische großherzogliche Familie, die Könige von Bayern, Sachsen, Hannover und Württemberg, der französische Kaiser Napoleon III., sowie weitere Mitglieder des europäischen Hochadels und (Geld-)Adels und berühmte Künstler. Im dem seit 1807 nahezu täglich erscheinenden »Badwochenblatt« bzw. dem späteren, ab 1824 erscheinenden »Badeblatt« wurden – neben sämtlichen Neuigkeiten der Bäderstadt, Veranstaltungshinweisen und einem Anzeigenteil – in der dortigen »amtlichen Fremdenliste« die Ankunft und die Anwesenheit sämtlicher gemeldeter Übernachtungsgäste samt ihren Unterkünften aufgelistet[104]. Insbesondere ab Mitte des 19. Jahrhunderts, d. h. nach der Übernahme durch den Pächter Bénazet, werden Gästen aus ganz Europa und Nordamerika aufgeführt[105]. Nach der Eröffnung der neuen Säle 1855 wurde nochmals ein Zuwachs an exklusiven Gästen beobachtet, so in der Saison 1855: *»(...) von fürstlichen Personen aus regierenden Häusern waren*

effektvollen Goldton zu erhalten. Anschließend wurden die aus wiederkehrenden Mustern bestehenden Ornamente auf einen dünnen Träger aus Papier oder Textil befestigt, der dann ja nach Bedarf zurechtgeschnitten und direkt auf den Mörtel-Untergrund an Wänden oder Decke geklebt oder genagelt wurden. Das Deckengemälde ist auf einen textilen Untergrund gemalt, der in mehreren zurecht geschnittenen Stücken bzw. Bahnen ebenfalls direkt auf den Mörteluntergrund an der Decke geklebt oder genagelt wurde. In den übrigen Räumen dürfte nach der gleichen Technik verfahren worden sein. Im großen Ballsaal werden Wandgemälde und wandfeste Spiegel von plastischen gefassten Rahmen aus Stuck und Holz umrahmt. Skulpturen in den Ecknischen sowie an den Sockeln als Leuchterträgen wurden ebenfalls aus Stuck gefertigt. Somit konnten sowohl die Wand- und Deckengemälde als auch die Dekorations-Ornamente bereits vorbereitet von Paris nach Baden-Baden transportiert und mussten vor Ort dann nur noch montiert werden. Angesichts des knappen Zeitraums in den Wintermonaten war diese eine relativ zeit- und kostensparenden Methode. Vgl. Bericht zur Voruntersuchung des Landesdenkmalamts in verschiedenen Räumen des Casinos im Kurhaus Baden-Baden, vom 30. Mai 1989, LAD Karlsruhe.
Zu dem gleichen Ergebnis kommt die restauratorische Untersuchung des roten Pracht-Saals und des großen grünen Ballsaals 2005 und 2006: Auch hierbei wurde belegt, dass die Wand- und Deckengemälde sowie stuckierten Verzierungen in einzelnen verschiedenen großen Stücken, bei der Malerei teilweise sogar beschnitten (!), auf den Untergrund geklebt und/oder genagelt wurden, und die Ränder jeweils übermalt/retuschiert wurden. Vgl. die diversen Unterlagen/Dokumentationen der Restaurierungen in den historischen Räumen der Spielbank Baden-Baden 2005 und 2006 bei VBA Pforzheim.

101 In einer Aufstellung von Edouard Bénazet über die Kosten der beauftragen Handwerker bei den Umbauten im Konversationshaus in den Jahren 1854 und 1855 werden insgesamt 18 Personen und eine Firma aufgelistet (Zimmermeister, Schlosser, Glaser, Schreiner, Dreher, Schmiede u. a.) worunter vier französische Handwerker sind, eine nachweislich württembergische Firma (»Parquet-Böden-Fabrik in Langenargen«) und zwölf deutsche (badische?) Handwerker, Stadtarchiv Baden-Baden C25/1070.

102 Karlsruher Zeitung vom 19. August 1855.

103 Karlsruher Zeitung vom 26. Oktober 1855.

104 Nahezu sämtliche Ausgaben des »Badeblatt« ab 1807 bis 1940 befinden sich im Stadtarchiv Baden-Baden und sind digitalisiert online verfügbar: https://www.baden-baden.de/stadtportrait/kultur/stadtarchiv/digitales-stadtarchiv/zeitungen/

105 So finden sich im täglichen »Badeblatt« allein im Juli und August 1854 als hochadeligste Gäste aufgeführt: der Herzog Peter von Oldenburg, Kaiserliche Hoheit von Russland (Sohn von Königin Catharina von Württemberg) samt Familie, die Königliche Hoheit Prinz Wilhelm I. von Preußen samt Familie, die großherzogliche Familie von Mecklenburg-Strelitz, die Großherzogin Stephanie von Baden, der Großherzog Prinz Emil von Hessen-Darmstadt und ebenso offensichtlich inkognito reisende hochadelige Gäste wie ein »Graf von Schaumburg Cassel«, ein »Graf von Hohenstein Berlin«, ein »Graf von Teck Stuttgart« (wahrscheinlich König Wilhelm I. von Württemberg, der häufig unter diesem Synonym reiste), ein »Graf und Gräfin von Essex« (wohl Mitglieder des britischen Königshauses). Sämtliche Ausgaben des »Badeblatt« von 1807 bis 1940 unter: https://www.baden-baden.de/stadtportrait/kultur/stadtarchiv/digitales-stadtarchiv/zeitungen/ Diese bieten mit ihrer Vielzahl von Anzeigen, Veranstaltungshinweisen und Nachrichten einen sehr detailreichen Blick auf das kulturelle und wirtschaftliche Leben der Bäderstadt.

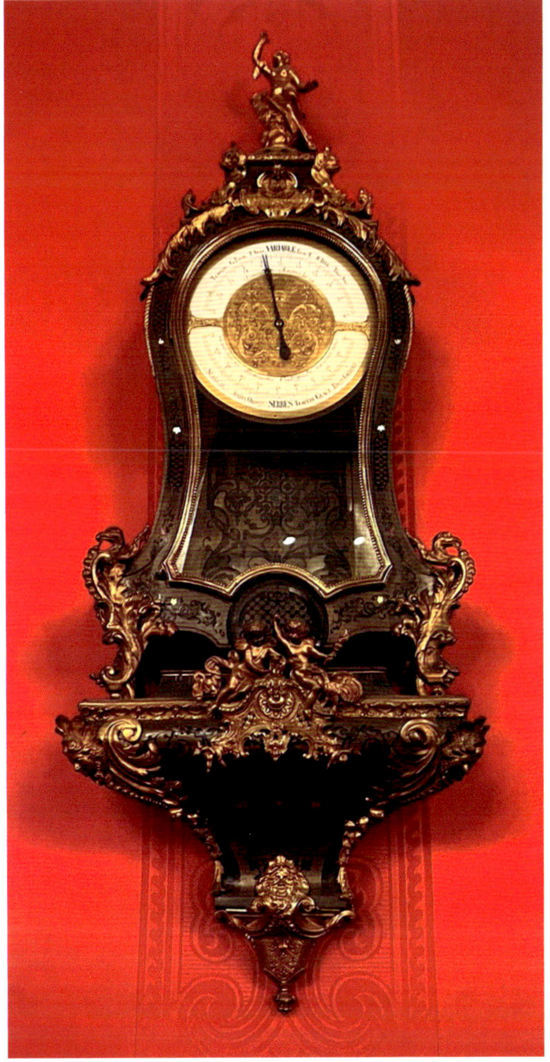

Abb. 69 Roter (Pracht-)Saal mit Detail des Barometers von 1854 als Pendant zur passenden Uhr, 2024 (privat)

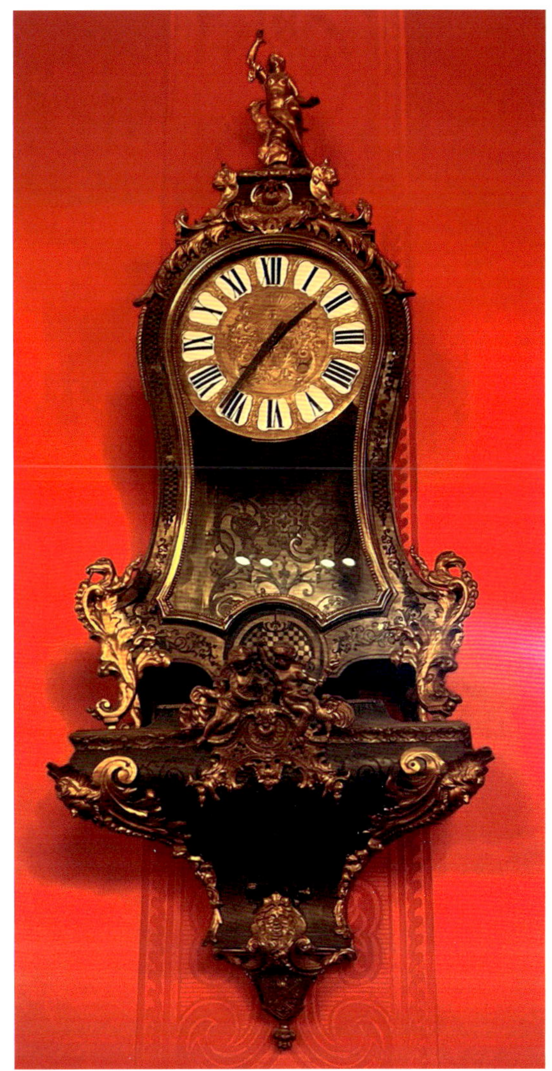

Abb. 70 Roter (Pracht-)Saal mit Detail der Uhr von 1854 als Pendant zum passenden Barometer, 2024 (privat)

hier anwesend, und zwar die Meisten längere Zeit, Andere zwei- und mehrmal: Se. Königl. Hoheit der Regent (Anm. der Großherzog von Baden)*, Ihre Kais. Hoheit die Großherzogin Stephanie, Ihre Königl. Hoheit die Großherzogin Sophie, nebst Prinzessinnen-Töchtern, sowie Ihre Gorßh. Hoheit die Prinzessin Marie mit ihrem Gemahl, dem Herzog von Hamilton, und ihren Kindern; Se. Majestät der König und Ihre Königl. Hoheit die Prinzessin Marie von Württemberg; Ihre Majestät die Königin von Holland; Se. Königliche Hoheit der Herzog von Sachsen-Weimar, Se. Königl. Hoheit der Herzog, Ihre Hoheiten die Herzogin Pauline und die Prinzessin Sophie von Nassau; Se. Hoheit der Herzog von Sachsen-Altenburg, Ihre Königl. Hoheiten der Prinz und die Prinzessin von Preußen mit der Prinzessin Luise Königl. Hoheit; Ihre Königlichen Hoheiten der Fürst und die Fürstin von Waldeck; Ihre Kaiserl. Hoheiten der Prinz und die Prinzessin Peter von Oldenburg mit der ganzen Familie; Se. Königl. Hoheit der Prinz Adelbert von Bayern; Se. Königl. Hoheit der Prinz Wilhelm von Württemberg; Se. Königl. Hoheit der Prinz Emil von Hessen-Darmstadt; Se. Durchl. der Prinz Heinrich XIII. von Reuß; außerdem noch der Erbprinz von Holstein-Glücksburg, der Prinz von Schleswig-Holstein-Roer, der Fürst und die Fürstin von Fürstenberg, und seine Königl. Hoheit der Prinz Wasa. Auch eine große Anzahl diplomatischer Notabilitäten fand sich ein. So sahen wir im Laufe des Sommers fast die ganze Wien Konferenz hier: Fürst Gortschakoff, Baron Titoff, Baron v. Meyendorff, Lord Westmoreland. Ferner verweilten die Familien des Grafen Buol und des Hrn. v. Bourqueney hier. Außerdem waren noch zu bemerken die Herren v.*

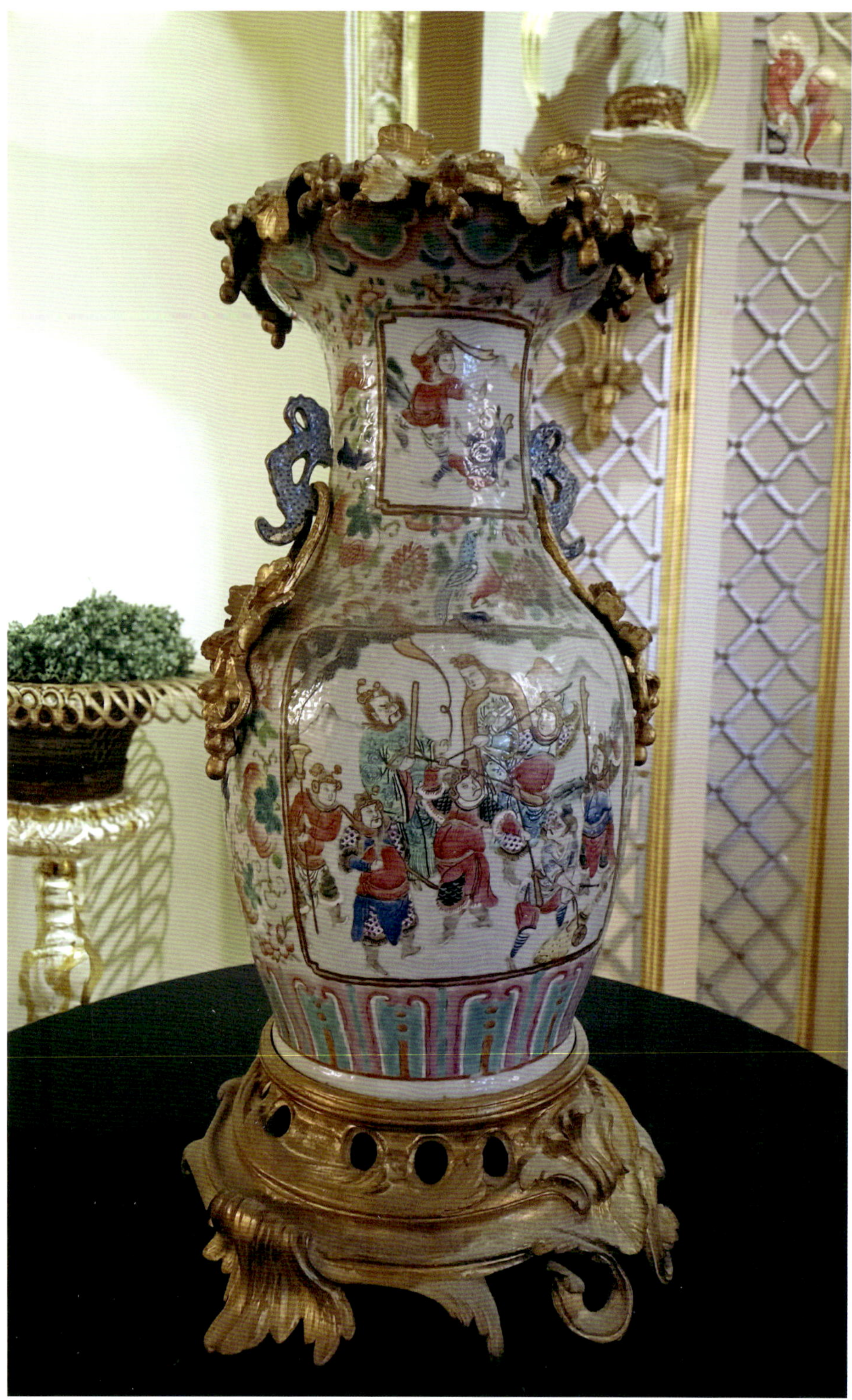

Abb. 72 Eine von insgesamt zwanzig Porzellanvasen mit Metallapplikationen aus dem Wintergarten von 1854, 2024 (privat)
Die Gestaltung mit asiatischen Motiven steht in der Tradition der sog. japanischen Imari-Vasen, welche besonders im 18./19. Jhd. in Europa beliebt waren und teilweise direkt für den europäischen Markt produziert wurden.

▷ Abb. 73 Salon Pompadour der Spielbank mit Kamin und zugehörigen Kaminservice (zwei Leuchter und Kaminuhr) und Trumeaux-Spiegel von 1854, 2024 (Spielbank Baden-Baden/Thorben Beeg)

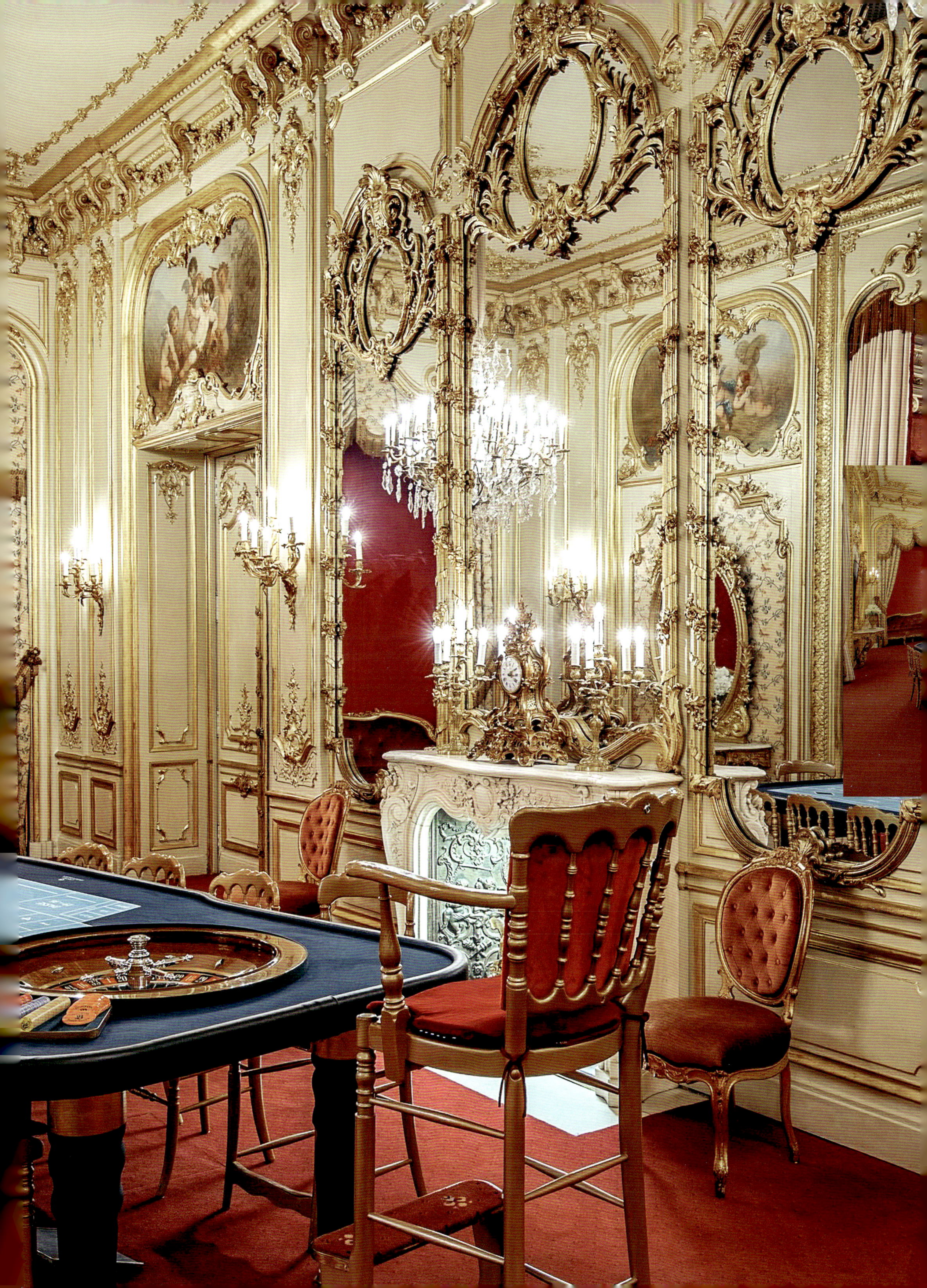

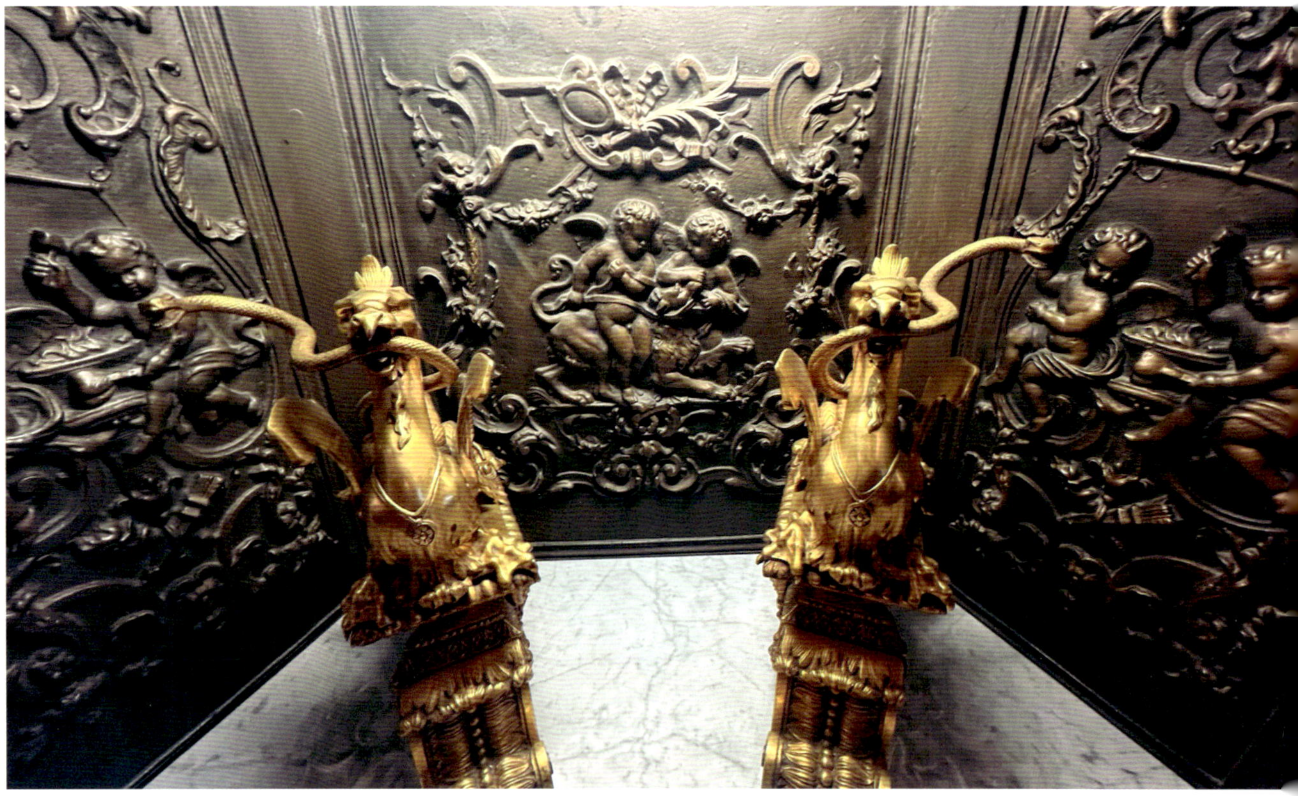

Abb. 76/77 Salon Pompadour der Spielbank mit Details der Kaminböcke des dortigen Kamins von 1854 im Salon, 2024 (privat)

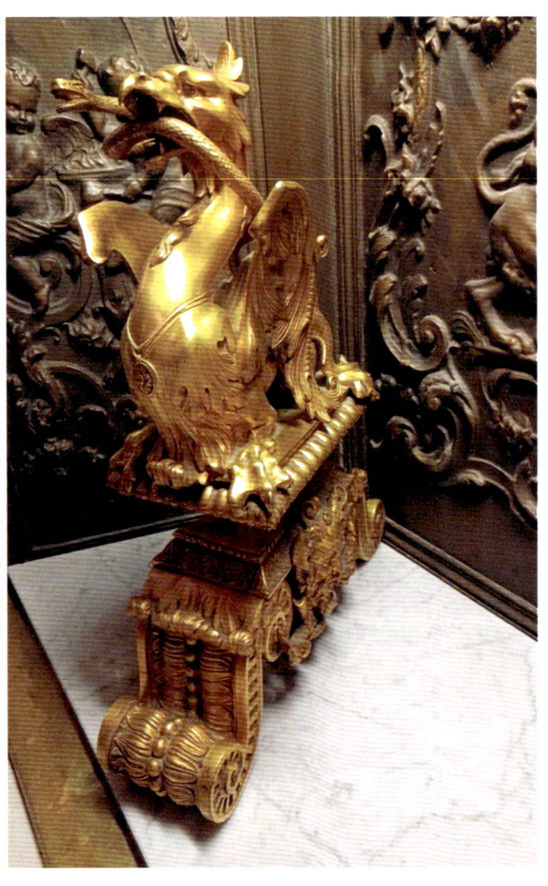

Bismark und v. Prokesch, Lord Bloomfield, Graf Hatzfeldt, Baron Budberg, die Staatsminister v. Falkenstein, v. Langenau, v. Dalwigk, der Ex-Präsident Filmore u. a. In Bezug auf Nationalitäten sandten Deutschland und Frankreich die Mehrzahl der Gäste. England stellte etwa ein Sechstel der ganzen Frequenz mit gegen 9.000 Personen, darunter von der höchsten Aristokratie Lord Hamilton, Ashbrook, Lostus, Beguevelle, Clark, Malet, Bedford, Walpole, Knox Fortescue, Bentinck, Hastings, Beaufort, Cunningham, Cavendish Hastings, Drummond, Essex, Elliot, Erstine, Peel, Elphinstone etc. Die obwaltende politische Lage Europa's hatte für diesen Sommer wenig berechtigt auf zahlreiche Besuche aus Rußland zu rechnen; und dennoch haben wir in keiner Saison so viele vornehme russische Familien hier verweilen sehen. Wir führen eine Anzahl Namen an: Pankration, Dolgorucki, Galizin, Wiäsemski, Butera, Trubetzkoi, Paskewitsch, Czernitscheff, Labanoff, Gagarin, Scherbatoff, Martchenko, Yussupow, Pankratneff, Mansuroff, Morasly, Stolipin, Kalergis, Iwanoff, Bartenieff, Baryschnikoff, Dokutschaieff, Barkoff, Denisson, Daschkoff, Lazareff, Loris Melckoff, Kisseleff etc., woran sich in gleich beträchtlicher Anzahl die Familien des russischen Adels aus

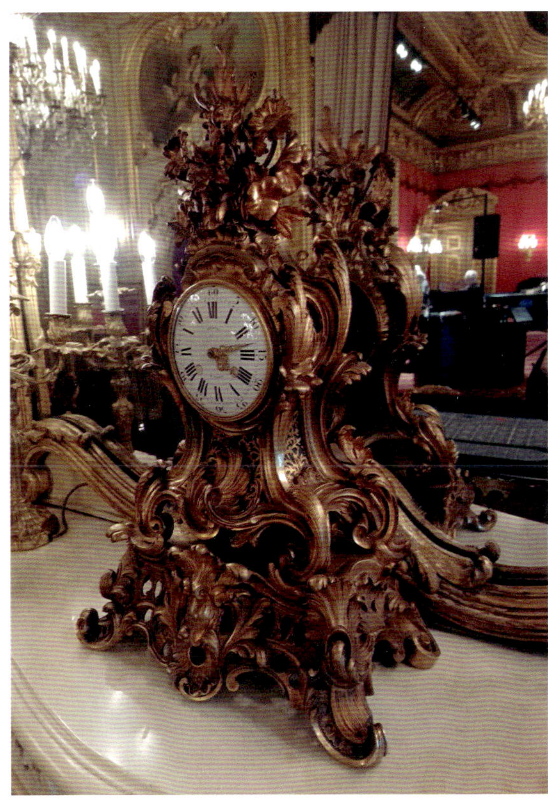

Abb. 74 Salon Pompadour der Spielbank mit Detail der Kaminuhr von 1854, 2024 (privat)

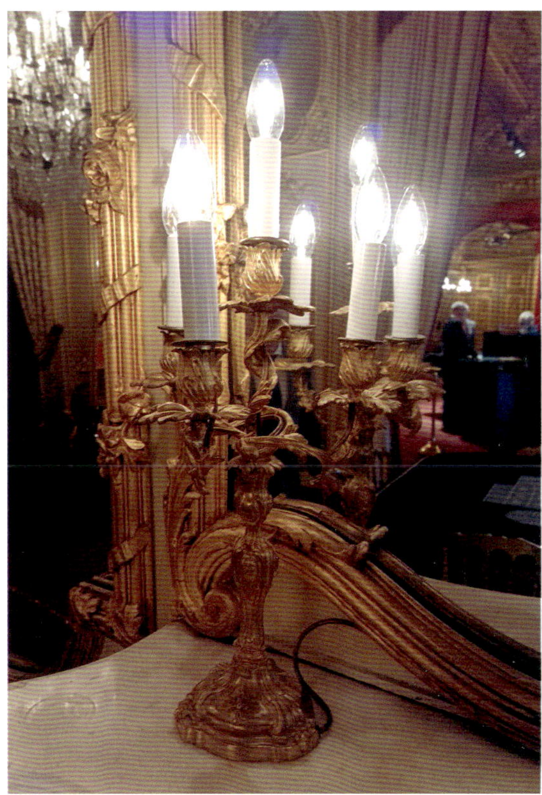

Abb. 75 Salon Pompadour der Spielbank mit Detail der (elektrifizierten) Kaminleuchter von 1854, 2024 (privat)

den Ostsee-Provinzen reihen, welche im vorigen Sommer hier längere oder kürzere Zeit verweilten. Auch Polen und Italien hatten ein beträchtliches Kontingent zu der diesjährigen Saison abgeliefert. Die prachtvollen neuen Säle des Konversationshauses (…) (dienten) einem Zirkel zum Vereinigungspunkte (…), wie ihn gewählter, glänzender keine Hauptstadt Europas aufzuweisen hat (…)«[106].

Einen Überblick über das gesellschaftliche Geschehen bot auch das von Charles Lallemand von 1858 bis 1867 – jeweils mit zwanzig Ausgaben während der Saison – erschienene Magazin »Illustration de Bade«[107], welches über sämtliche Veranstaltungen, Gäste bzw. Gästezahlen, einzelne Kuranwendungen, Geschichten und Mythen der Stadt und des Schwarzwalds und diverse Kleinanzeigen berichtete, ebenso wie über die Abfahrtzeiten der Bahnverbindung zwischen Baden-Baden und Paris[108].

Zeugnisse für das gesellschaftliche Treiben sind ebenso frühe Fotos von Gästen vor dem Konversationshaus oder den Kolonaden, die beispielhaft für die gehobenen Besucherschichten sind: so eine Gesellschaft vor dem Konversationshaus um 1860/70, wobei neben den besonders elegant gekleideten Gästen in der ersten Reihe, auch die Vielzahl von Kindern auffällig ist (Abb. 83)[109]. Ebenso aufschlussreich für den gesellschaftlichen Status des Konversationshauses bzw. der Stadt ist ein Foto um 1857, das beispielhaft den gesellschaftlichen Querschnitt der illustren Gästeschar im Konversationshaus bzw.

106 Karlsruher Zeitung vom 3. November 1855.

107 Das vom Verleger Charles Lallemand (1826–1904) in Straßburg auf Französisch herausgegebene »Illustration de Bade« wurde in Baden-Baden, Straßburg und Paris publiziert und ist vollständig digital verfügbar unter: https://gallica.bnf.fr/ark:/12148/cb327884623/date
Das Titelblatt bzw. den Titel zierte immer ein Holzschnitt des Konversationshauses.

108 Während der Saison Mai–Oktober 1858 gab es täglich vier Verbindungen zwischen Baden-Baden und Paris über Kehl und Straßburg (sowie zusätzlich zwei Verbindungen zwischen Baden-Baden und Kehl); die Fahrt dauerte rund 12 Stunden, wobei es eine Tages- und drei Nachtverbindungen gab, vgl. Illustration de Bade, vom 1. Juli 1858.

109 Auch auf früheren Darstellungen des Konversationshauses bzw. des Spiels lassen sich Kinder finden (Abb. 21/28), da zumindest tagsüber die gesamten Familien Zugang zum Konversationshaus und zum Spiel hatten.

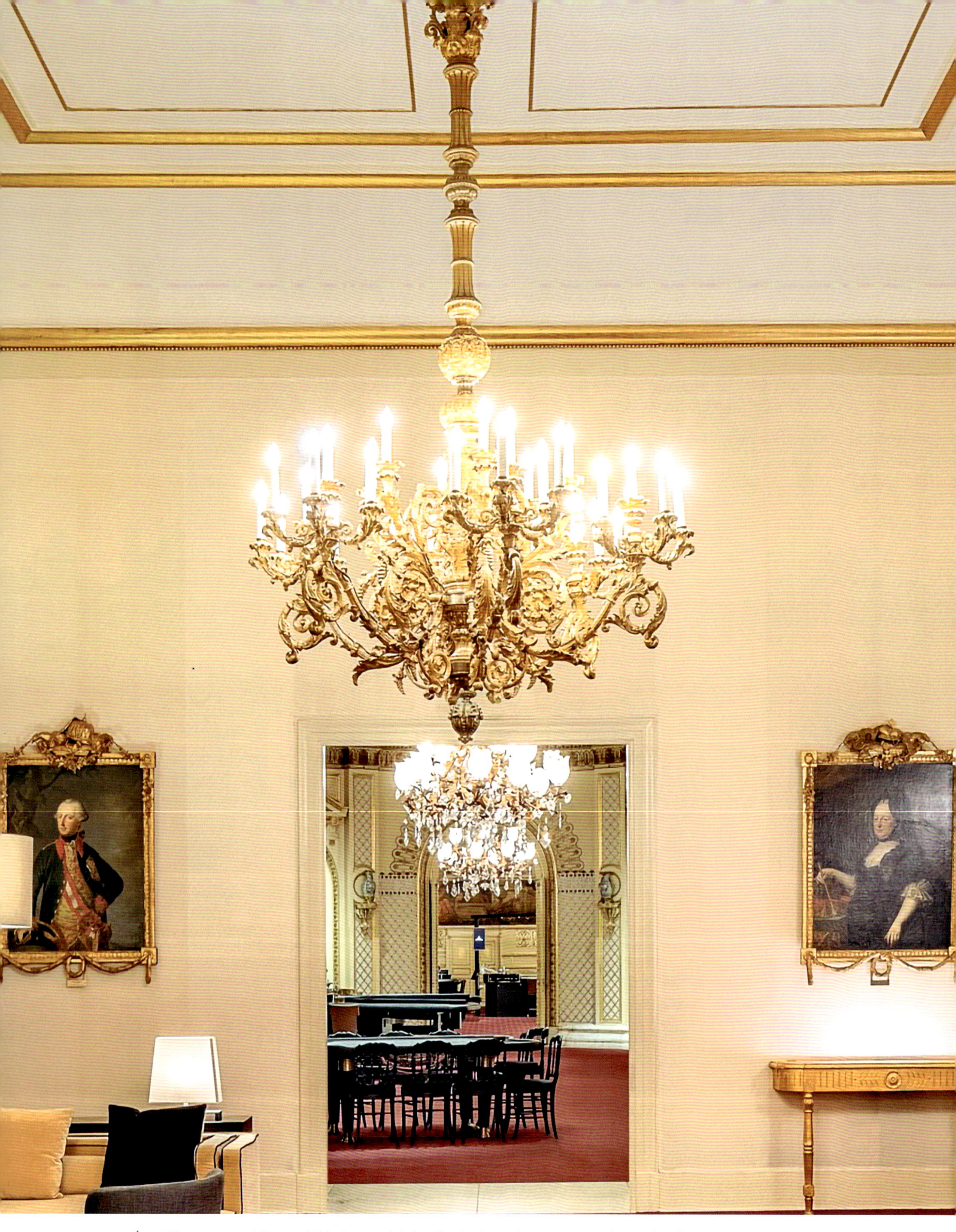

Abb. 78 Vorsaal/österreichischer Saal (mit Blick in den Wintergarten) mit Kronleuchter, wohl von 1854, 2024 (Spielbank Baden-Baden/Thorben Beeg)

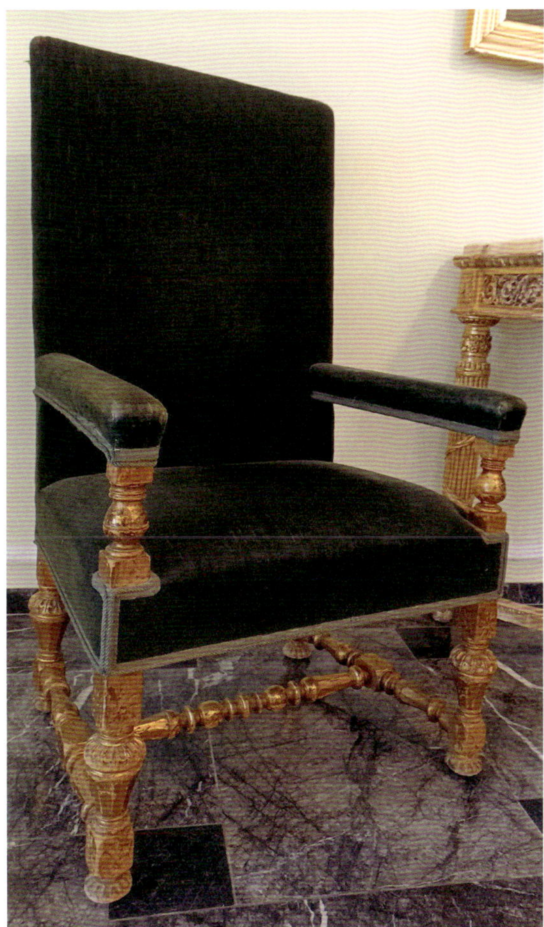

Abb. 79 Armlehnstuhl, Holz gefasst/vergoldet, Bezug nicht original, von 1854/55: der Armlehnstuhl ist identisch mit den historischen Sitzmöbeln im roten (Pracht-)Saal und im grünen Saal
Gang vor den Gesellschaftszimmern im Kurhaus Baden-Baden, 2024 (privat)

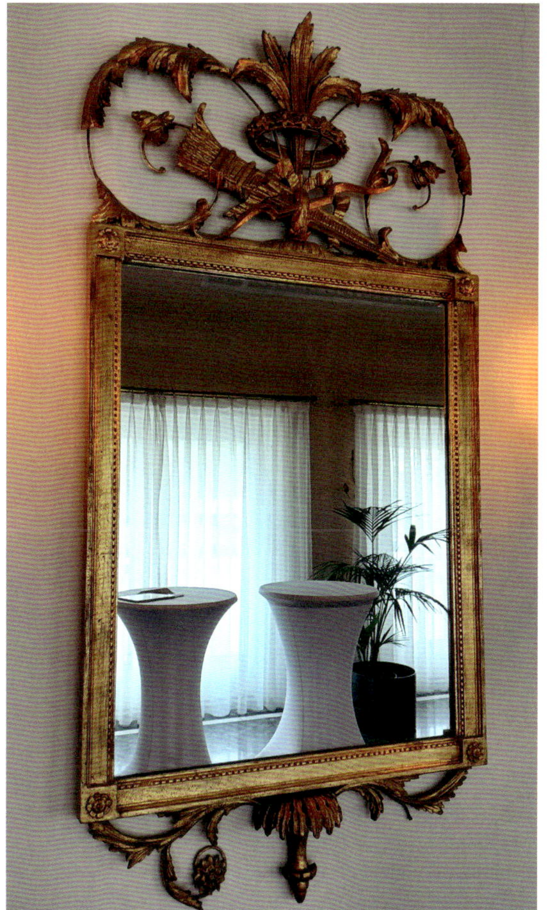

Abb. 80 Spiegel, Holz gefasst/vergoldet, Spiegelglas neu, wohl 1. Drittel des 19. Jhd. Der Spiegel könnte zur einstigen Ausstattung aus den 1820ern oder 1830ern Jahren gehört haben.
Gang vor den Gesellschaftszimmern im Kurhaus Baden-Baden, 2024 (privat)

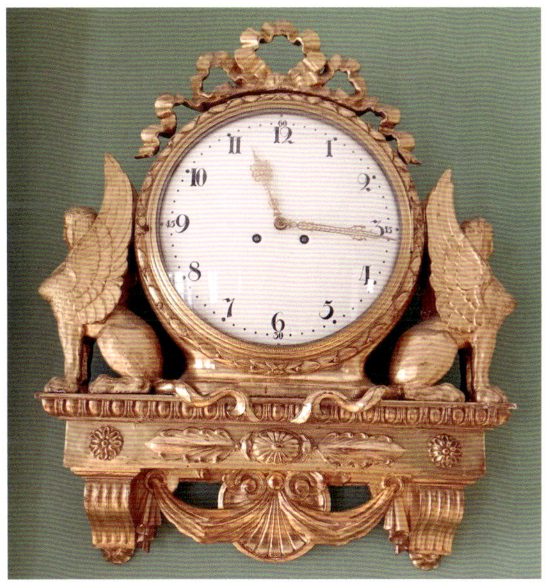

Abb. 81 Wanduhr, Holz gefasst/vergoldet, Ziffernblatt emailliert, Glas neu, 1. Hälfte 19. Jhd. Die Uhr könnte zur einstigen Ausstattung aus den 1820ern oder 1830ern Jahren gehört haben.
Gesellschaftszimmern im Kurhaus Baden-Baden, 2024 (privat)

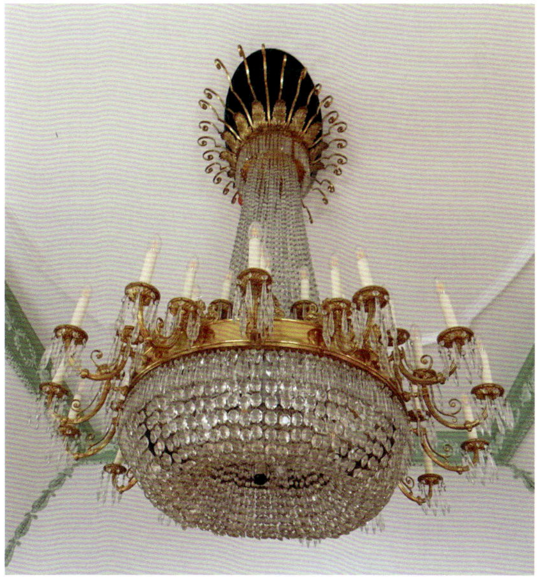

Abb. 82 Kronleuchter mit Glasbehang, 2. Hälfte 19. Jhd. Der Leuchter gehörte schon zur Ausstattung des Zimmers unter Stürzenacker 1917, stammt aber wahrscheinlich aus der Ausstattungsphase des Konversationshauses unter die Pächter Bénazet
Gesellschaftszimmern im Kurhaus Baden-Baden, 2024 (privat)

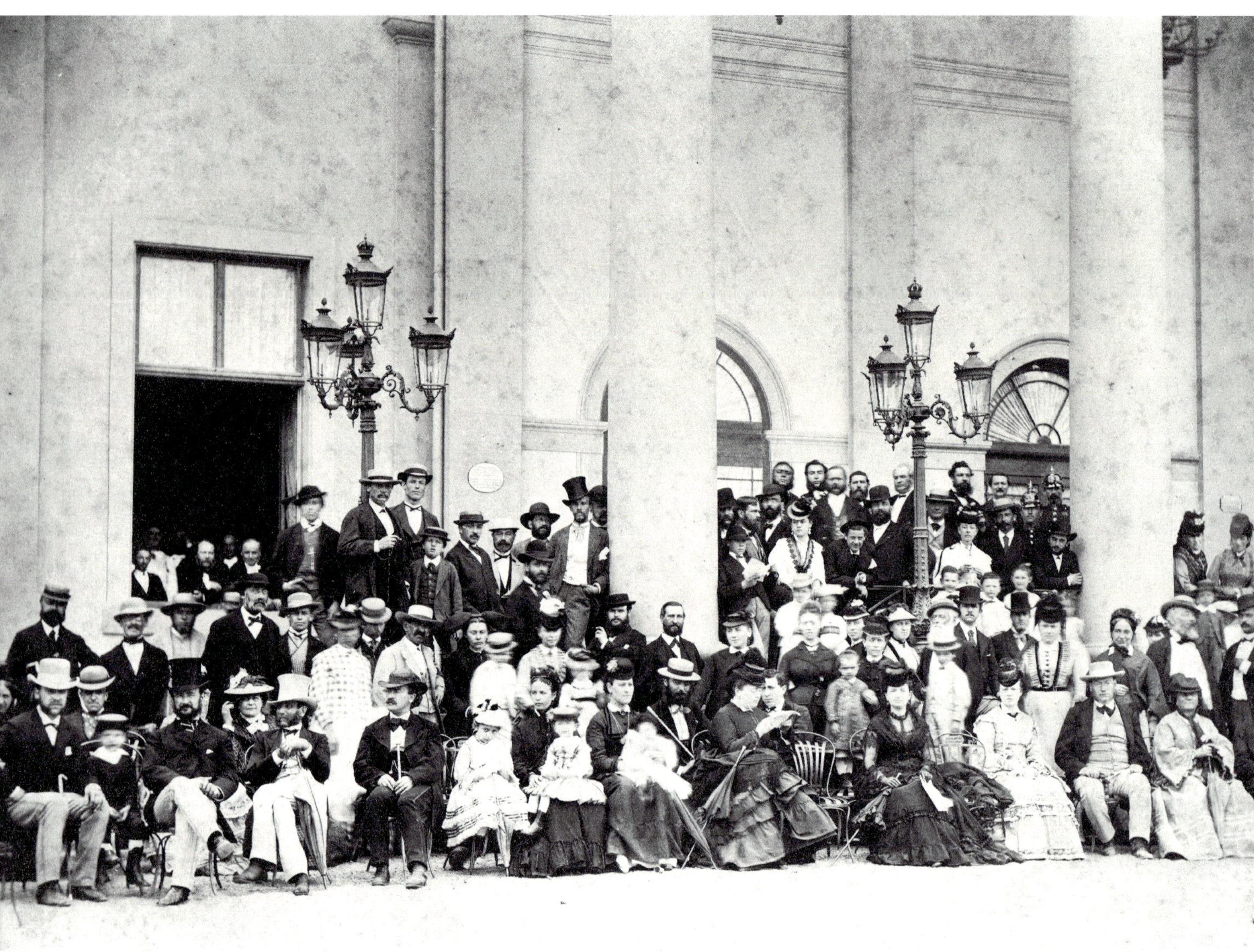

Abb. 83 Gäste vor dem Konversationshaus bzw. vor dem großen Saal (heutiger Weinbrenner-Saal), um 1860/70 (Stadtmuseum/-archiv Baden-Baden)

der Stadt präsentiert: Es zeigt eine kleine Gesellschaft in den Kolonaden vor der »Boutique« der Zigarrenmanufaktur von Heinrich Reinboldt[110] (Abb. 84). Bei den Dargestellten handelt es sich um eine Zusammenkunft von deutschen, russischen und polnischen Adeligen: neben dem Besitzer Heinrich Rheinboldt u. a. um Fürstin Sofja Alexejewna Lopuchina (1841–1901), Fürst Michail Obolenski (1821–1886) und seine Gattin Fürstin Maria Obolenski geb. Prinzessin Stourdza (?–1895), Fürstin Menchikow, wohl Richard Leo 2. Graf von Könneritz (1828–1910), sowie Aleksan-

110 Heinrich Rheinbolt hatte sich seit 1834 in Baden-Baden zunächst einen Tabakladen in den Kolonaden eingerichtet, nachdem auch das Rauchen in der Öffentlichkeit zunehmend in Mode kam. Später eröffnete er in der Stadt eine eigene kleine Zigarren- und Zigarettenfabrik, nachdem um die Jahrhundertmitte durch französische und russische Gäste die Mode des Zigarettenrauchens nach Baden-Baden kam. Seine handgefertigten Produkte wurden u. a. in der abgebildeten Boutique in den Kolonaden verkauft. Sein Mitarbeiter und späterer Schwiegersohn August Batschari (1854–1923) hatte ab 1880 die Zigarettenproduktion übernommen und zu einem weltweiten Unternehmen mit Sitz in Baden-Baden ausgebaut (August Batschari Cigarettes/ABC-Zigaretten); während die Nachkommen von Heinrich Rheinboldt die Zigarrenproduktion (Rheingoldmanufaktur) weiterführten. Batschari stieg bis zum Beginn des 20. Jahrhunderts zu einem der bedeutendsten Zigarettenherstellern in Europa auf und unterstützte zum Beispiel den Bau der Baden-Badener Kunsthalle 1909 und stiftete eine Aussichtshütte beim Korbmannsfelsen (Batschari-Hütte):
https://www.leo-bw.de/web/guest/detail//Detail/details/PERSON/kgl_biographien/1012764346/Batschari+August+Karl
https://www.blb-karlsruhe.de/blblog/2021-10-12-zigarettenbilder-aus-baden-baden

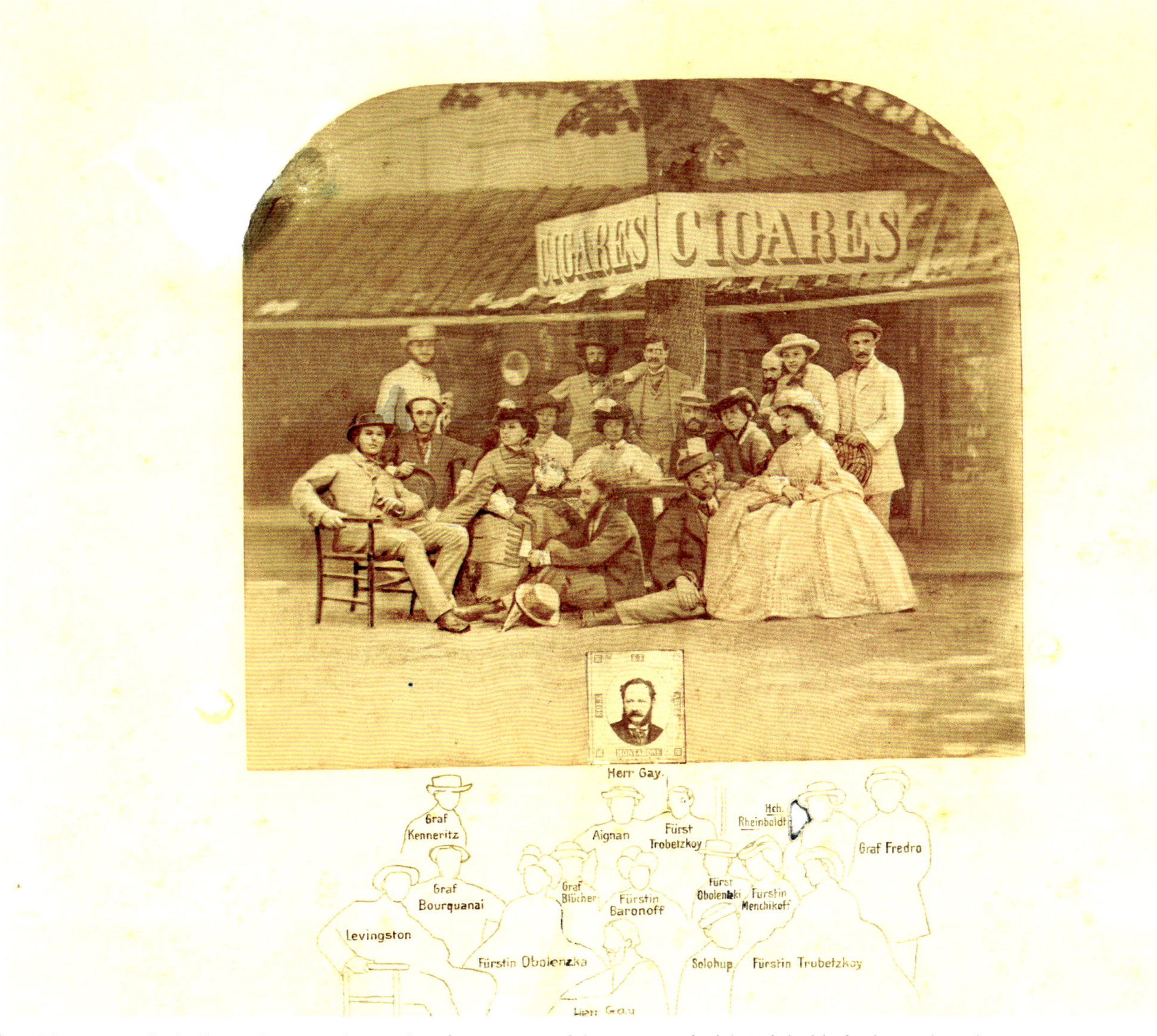

Abb. 84 Gesellschaft vor der »Boutique« der Zigarrenmanufaktur von Heinrich Reinboldt in den Kolonaden vor dem Konversationshaus, um 1857/67 (Stadtmuseum/-archiv Baden-Baden)

der Graf Fredro (1793–1876). Neben Gästen des Adels bzw. Geldadels wurden ebenso zahlreiche Künstler angezogen, die im Konversationshaus auftraten und/oder dort für private Vergnügungen weilten, so auch zum Beispiel die Opernsängerin, Komponistin, Pianistin und Gesangspädagogin Pauline Viardot-Garcia (1821–1910). Diese kam erstmals 1859 in die Stadt und nahm zwischen 1866 und 1871 ihren dauerhaften Wohnsitz in Baden-Baden. Neben regelmäßigen Auftritten im Konversationshaus, gründete sie auch ein eigenes kleines Theater (Theatre Viardot) und ihre Villa diente als Salon für regelmäßige Zusammenkünfte von Persönlichkeiten aus Kunst, Gesellschaft und Politik, so u. a. für Kaiser Wilhelm I. und Kaiserin Augusta von Preußen[111], Clara Schumann, Richard Wagner oder Anton Rubinstein (Abb. 85–87)[112].

111 Die spätere Königin Augusta von Preußen (1811–1890) kam seit 1850 zunächst als Prinzessin später als Königin bzw. Kaiserin regelmäßig zum Sommeraufenthalt nach Baden-Baden; ihre Tochter Luise verlobte sich 1856 mit den badischen Großherzog Friedrich in Baden-Baden, vgl. Jubiläumsausgabe anlässlich des 75-jährigen Bestehens des Badeblatt vom 4. Juni 1889, GLA 424a Zugang 1996-67 Nr. 40.

112 Pauline Viardot-Garcia kam erstmals für ein Konzert des französischen Komponisten Hector Berlioz nach Baden-Baden; trotz ihres offiziellen Rückzugs von der Bühne 1863 trat sie weiterhin regelmäßig u. a. im Konversationshaus auf und ihr Salon und Theater wurden zu einem der künstlerischen und gesellschaftlichen Mittelpunkte der Stadt, vgl. https://www.baden-baden.de/stadtbibliothek/musik/musikalische-archive/pauline-viardot-garcia/https://www.pauline-viardot.de/Komponistin.htm.

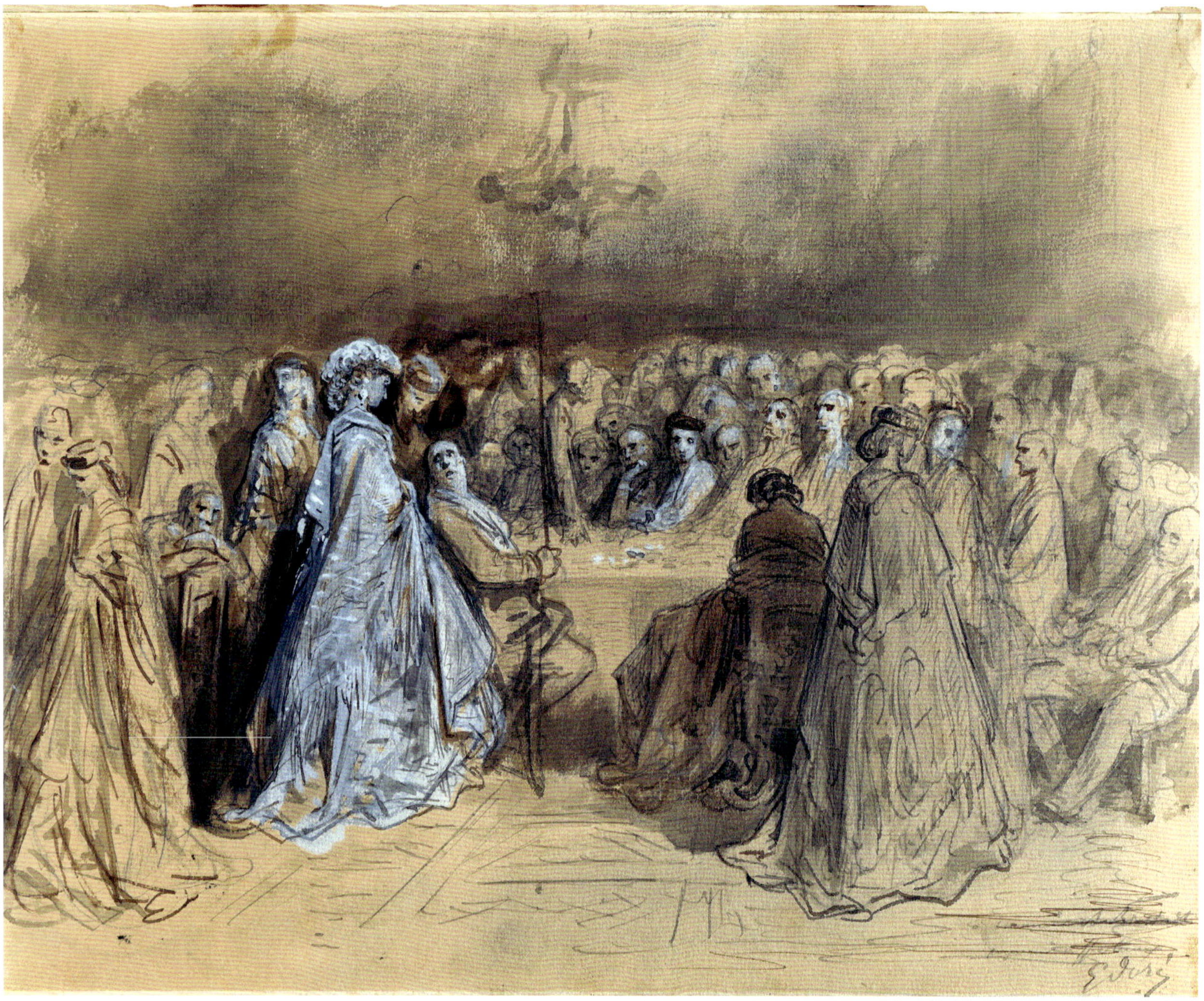

Abb. 85 Skizze »Pauline Viardot Gambling at Baden-Baden«, von Gustav Dorè, 1862 (Metropolitan Museum of Art, New York City).

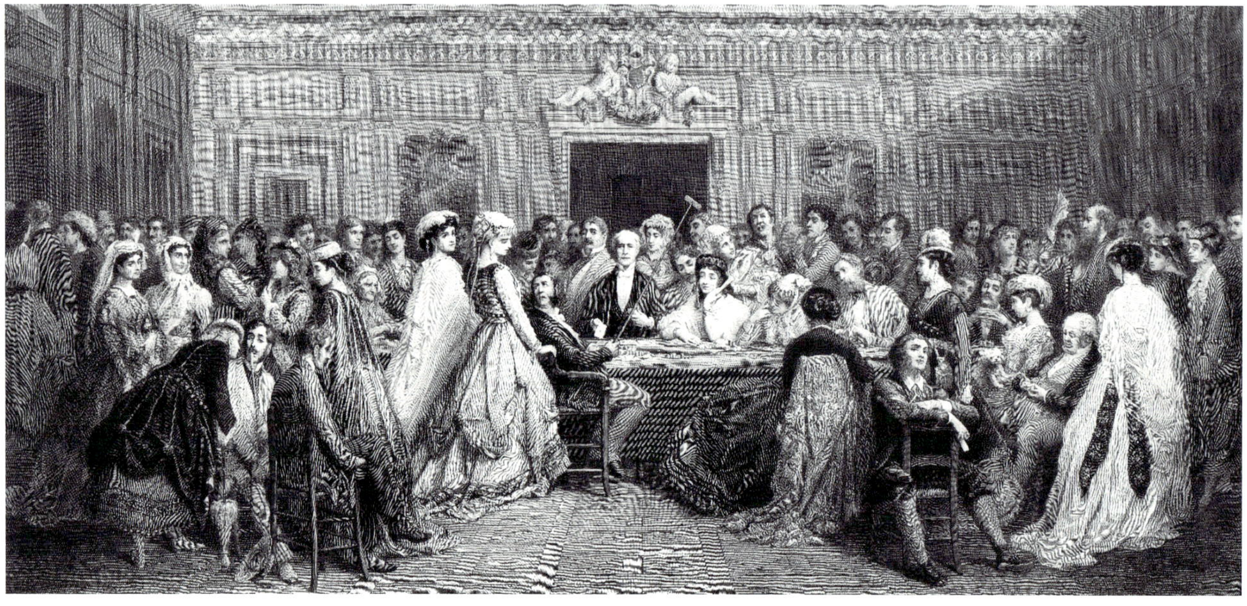

Abb. 86 »Le Tapis Vert – the Gaming Table of Baden-Baden«, von Gustave Dorè, 1867, Gravur von R. Ridgway 1883 (Library of Congress – Prints and Photographs Division Washington, D.C./Franklin Hunter Potter)

Baden-Baden.

MAISON DE CONVERSATION.

Jeudi 20 Septembre 1866.

GRAND CONCERT

avec Orchestre

dans les Nouveaux Salons.

EXÉCUTANTS.

Chant . . . . **Mme Pauline Viardot-Garcia.**
Violon . . . . **M. H. Vieuxtemps.**
Violoncelle . . . **M. Servais.**

PROGRAMME.

1⁰ Ouverture à grand Orchestre de la Belle Mélusine *Mendelssohn.*
2⁰ Larghetto . . . . *Mozart.*
M. **Servais.**
3⁰ Air de *La Clemenza di Tito*, avec Clarinette obligée . . . . *Mozart.*
Mme **P. Viardot** et M. **Wuille.**
4⁰ *Old England* sur des thèmes anglais du 16me et 17me siècle . . . . *H. Vieuxtemps.*
M. **H. Vieuxtemps.**
5⁰ Air d'*Orphée* . . . . *Gluck.*
Mme **P. Viardot.**
6⁰ Grande Fantaisie inédite . . . . *Servais.*
M. **Servais.**
7⁰ Rondo final de l'*Italiana in Algeri* . . . . *Rossini.*
Mme **P. Viardot.**
8⁰ a) Romance . . . . *H. Vieuxtemps.*
8⁰ b) Tarentelle . . . . *H. Vieuxtemps.*
M. **H. Vieuxtemps.**

L'Orchestre sera dirigé par M. **M. Kœnnemann.**

On commencera à 8 heures.

Baden. — Typ. Scotzniovsky.

Abb. 87 Programmzettel für ein großes Konzert mit Pauline Viardot-Garcia und Orchester in den neuen Sälen des Konversationshauses am 20. September 1866 (Stadtmuseum/-archiv Baden-Baden)

Das Konversationshaus diente aber nicht nur als Kulisse für Vergnügungen wie Konzerte, Bälle und Glücksspiel, sondern bildete oftmals den Rahmen für inoffizielle politische Zusammenkünfte: »(...) *Aus Baden, 6. October (1855): Die Saison neigt sich dem Ende zu, nachdem sie in den letzten Wochen des verflossenen Monats noch sehr brillant gewesen war. Norddeutsche, Franzosen und Amerikaner leisteten einigen Ersatz für die fehlenden Engländer und Russen, und es soll die Einnahme am Spieltisch keine unbedeutende gewesen sein. Das Glück, daß unseren Spielpächter begünstigt, verschafft ihm natürlich auch Freunde aus den höchsten Ständen, die sich glücklich schätzen, seine Soireen, Theatervorstellungen, Concerte u.s.w. besuchen zu dürfen. Sein Salon ist die ganze Zeit eine réunion diplomatique gewesen, und man hätte leicht auf den Gedanken gerathen* können, *daß man bei Herrn Bénazet über die Punkte verhandelte, über die man in Wien sich vergebens zu verständigen bemühte (...)*«[113]. Diese »politische« Dimension der Stadt zeigte sich unter anderem beim Aufenthalt von verschiedenen Staatsoberhäuptern, Diplomaten und Regierungsmitgliedern der verschiedenen europäischen Dynastien, die meistens als Privatpersonen mehr oder weniger inkognito in der Stadt weilten[114]. So war es auch bei den »Fürstentagen« (Fürstenkongress) Mitte Juni 1860, bei welchem es sich offiziell um ein privates Treffen des preußischen Thronfolgers und spätere Kaiser Wilhelm I. mit König Wilhelm I. von Württemberg und König Maximilian II. von Bayern sowie dem Großherzog Friedrich I. von Baden handelte, und zu welchem »kurzfristig« noch der französische Kaiser Napoleon III. – samt 40-köpfigem Gefolge – vom preußischen Thronfolger eingeladen wurde (Abb. 88)[115].

Durch die regelmäßige Anwesenheit einer derart bunten Mischung hochkarätiger Gäste aus (Geld-)Adel, Kunst und Politik etablierte sich Baden-Badens Ruf »*Königin der Bäder*«, dessen gesellschaftlicher Mittelpunkt weiterhin das Konversationshaus bildete: »*(...) die tiefste Stille und bescheidenste Zurückgezogenheit waltete hier dicht neben dem verschwenderischesten Luxus der großen Welt und dem blendenden Glanze der Goldhaufen auf den renommiertesten Spieltischen des Kontinents. Auch die Virtuosen vereinigen sich aus den Centralpunkten Europas hier zur Saison, um der Haute volée und der Haute finance die Konzertsäle von Paris, London und Petersburg in den Räumen des Konversationshauses zu ersetzen. So gehen hier Lebensgenuß, Natur- und Kunstgenuß Hand in Hand, um den verwöhnten Gaumen des blasiertesten Roué neuen Geschmack am Leben, neuen Reiz zum Genuß zu bieten. Durch all dies ist Baden-Baden zur Königin der Bäder des 19. Jhd. erhoben worden und es erklärt sich, daß hier ein jährlicher Zusammenschluß von 30–40,000 Fremden stattfindet (...), die allerwenigsten Badegäste sind Kranke, Heilsuchende oder in beschränkten Verhältnissen Lebende. Im Gegenteil gehört die Mehrzahl der hohen und höchsten Gesellschaft oder dem reichen Handelsstande und wohlhabenden Bürgerstande an, die Alle nur Genuß und Zerstreuung suchen, den Luxus und Komfort des Lebens zu schätzen wissen und ihre hohen Ansprüche hier wie in keinem anderen Badeort befriedigt finden. (...) Wir nähern uns dem neuen Konversationshause (...) garniert mit reichen Kaufbuden, in welchen die Industrieerzeugnisse Tirols und des Schwarzwaldes, neben den neuesten und kostbarsten Pariser Moderartikeln feilgeboten werden. Dem Konversationshause zur Linken befindet*

113 Abendblatt der Presse Wien vom 12. Oktober 1855. Die Anspielungen auf eine »Rèunion diplomatique« im Kurhaus bzw. Salon Bénazets angesichts der zahlreichen adeligen bzw. politischen Gäste bezogen sich auf die zur damaligen Zeit stattfindenden Friedensverhandlungen um den Krimkrieg. Seit Juli 1854 fanden hierzu Verhandlungen statt, um den seit 1853 herrschenden Konflikt zwischen Russland und dem osmanischen Reich und seinen Verbündeten, Frankreich und Großbritannien (und später noch Preußen und Habsburg) zu beenden. Der Konflikt um die Vorherrschaft im Osmanischen Reich und u. a. um den Bosporus-Zugang und die Krim wurden durch den »Pariser Frieden« 1856 beendet, dem langwierige offizielle Verhandlungen u. a. in Wien vorausgegangen waren – und inoffizielle Verhandlungen wohl auch in Baden-Baden.

114 Weilten die jeweiligen Regenten, deren Familienmitglieder oder auch deren offizielle politischen Würdenträger inkognito in der Stadt, bedeutete es, dass die Stadt keine offiziellen Ehrenbezeugungen während deren Aufenthaltes vornehmen musste. Dennoch war meistens der Öffentlichkeit schon bekannt, welche Persönlichkeit »unerkannt« in der Stadt weilte.

115 Neben den genannten Regenten waren auch noch König Georg V. von Hannover, König Johann von Sachsen, Großherzog Ludwig III. von Hessen, Großherzog Carl Alexander von Sachsen-Weimar, Großherzog Adolph I. von Nassau, Herzog Ernst II. von Sachsen-Coburg und Gotha, Fürst Karl Anton von Hohenzollern-Sigmaringen und Fürst Karl Egon III. zu Fürstenberg. Es handelte sich jedoch offiziell um rein private Aufenthalte, und die Stadtverwaltung hatte die Vorgabe keine offiziellen Begrüßungen oder sonstige Ehr-Erbietungen vorzunehmen, sogar die Beflaggung mit den verschiedenen Staatsfahnen der Regenten war verboten. Die Hotel- und Gastronomie-Angestellten wurden zudem von der Stadtverwaltung instruiert jegliche politische Diskussion während der betreffenden Tage zwischen den Gästen zu unterbinden, vgl. Wiener Morgenpost vom 19. Juni 1850; Illustrierte Zeitung vom 30. Juni 1860 (Titelseite), Illustrierte Zeitung vom 28. Juli 1860; Illustrierte Zeitung vom 14. Juli 1860; Illustrierte Zeitung vom 7. Juli 1860, Titelseite; Grazer Tagespost vom 20. Juni 1860; Temesvarer Zeitung vom 16. Juni 1860.

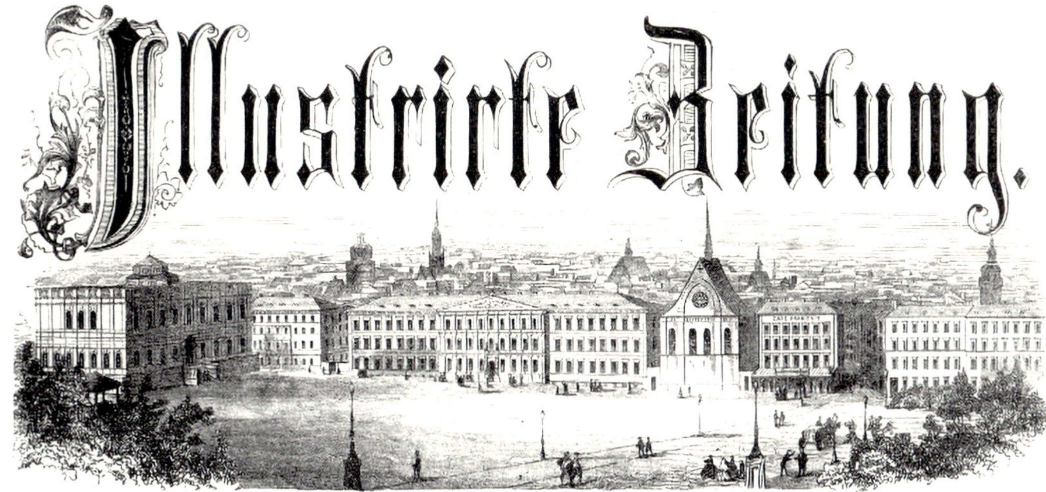

Illustrirte Zeitung.

No. 887.] Erscheint jeden Sonnabend. Leipzig, 30. Juni 1860. Preis einer Nummer 5 Ngr. [XXXIV. Band.

Bilderverzeichniss.

Tagesgeschichte: Ankunft des Kaisers Napoleon in Baden-Baden am 15. Juni. — Empfang der japanesischen Gesandtschaft durch den Präsidenten der Verein. Staaten im Weißen Hause zu Washington am 17. Mai.

Länder- und Völkerkunde: Die Pompejussäule in Alexandrien. — Am Mahmudie-Kanal in Alexandrien. — Kairo von Nordosten gesehen.

Marinewesen: Das erste österreichische Linienschiff „Kaiser". — Miniatur-Dampfboot.

Kunst: Preisvertheilung in der Akademie der schönen Künste zu Rio de Janeiro, am 15. März.

Theater: Der Zunftmeister von Nürnberg, Schauspiel von O. von Redwitz: 4. Akt, letzte Scene.

Allgemeines: Anwendung des Tourniquet in den Folterkammern zu Palermo.

Der österreichische Reichsrath.

Der am 31. Mai unter dem Präsidium des Erzherzogs Rainer eröffnete erweiterte Reichsrath verlangt unter den gegenwärtigen Verhältnissen eine eingehendere Besprechung. Das Institut ist durch ein kaiserliches Patent vom 13. April 1851 in's Leben gerufen worden. Als die Aufhebung der Märzverfassung beschlossen worden war, stellte sich das Bedürfniß heraus, eine dem Ministerium nebengeordnete Behörde zu haben, welche neue Gesetzentwürfe unabhängig prüfe und den praktischen Bedürfnissen der ganzen Monarchie, sowie einzelner Thronländer Ausdruck verleihe. Eine solche Behörde sollte der Reichsrath sein. Das erwähnte Aprilpatent schrieb vor, daß der Reichsrath in allen Fragen der Gesetzgebung gehört werden solle, um dadurch „der Gesetzgebung gediegene Reife und Einheit der leitenden Grundsätze zu geben". Das Resultat der Berathungen des Reichsraths solle das Ministerium übrigens nicht binden und dem Reichsrathe keine Initiative, wohl aber das Recht beigelegt werden, Lücken, Mängel oder Bedürfnisse der bestehenden Gesetzgebung zur Sprache zu bringen. Das Ministerium erhielt die Weisung, immer, wenn der Reichsrath gehört werden müsse, demselben seine Beschlüsse mit ausführlicher Motivirung und die bezüglichen Protokolle mitzutheilen. Für einzelne Fälle sollten Männer aus allen Ständen und Theilen der Monarchie beigezogen werden und die Stellung von Sachverständigen und Vertrauensmännern einnehmen. Ihre Berathungen sollten getrennt sein und blos die Protokolle dem Reichsrathe eingesendet werden. Endlich verfügte das Patent noch, daß ein Reichsrath kein anderes Amt bekleiden dürfe und daß er nicht abgesetzt werden könne, ohne daß zuvor die ganze Körperschaft gehört werde.

Die ersten Reichsräthe, acht an der Zahl, waren Baron Krieg, v. Purkhardt, Szögyeny, Salvotti, Graf Zichy, Ritter von Baumgartner, Freiherr v. Buol und Fürst v. Salm Reifferscheidt. Eine Ausdehnung des Reichsraths durch Berufung von Vertrauensmännern kam in den nächsten Jahren nicht vor. War seine Thätigkeit eine angestrengte, so drang davon doch nichts in die Oeffentlichkeit. In der letzten Zeit vor dem Kriege wurden dem Reichsrathe sogar Verzögerungen längst erwarteter Maßregeln Schuld gegeben. Man wollte nämlich wissen, daß die Gesetze über Gemeindewesen und Anderes, welche mehrmals angekündigt worden waren, zwischen dem Ministerium und dem Reichsrathe hin und her gewandert seien und schließlich bei den letzteren liegen geblieben. So viel stand in der öffentlichen Meinung fest, daß die Reformen, die ein bekanntes kaiserliches Wort nach dem Frieden von Villafranca verhieß, den Reichsrath nicht unberührt lassen könnten. Nicht wenige Vater-

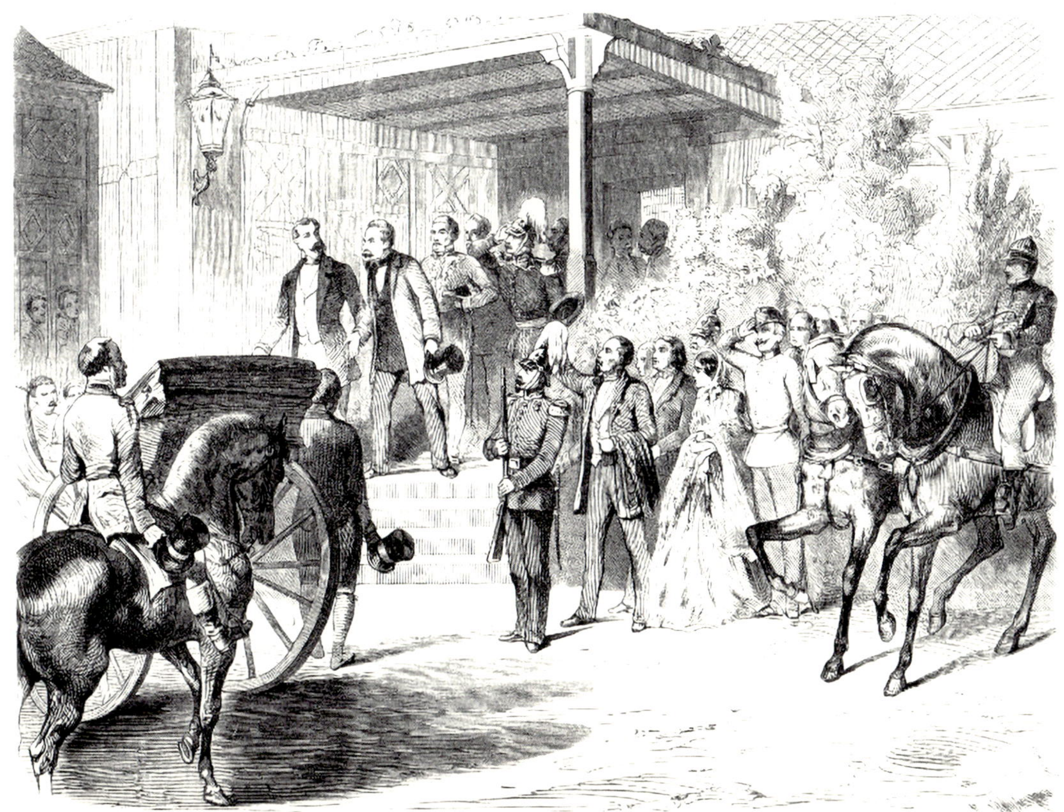

Die Fürstentage in Baden-Baden: Ankunft des Kaisers Napoleon III. in Baden-Baden am 15 Juni. Nach einer Zeichnung von L. Braun

Abb. 88 Titelblatt der »Illustrierten Zeitung« vom 30. Juni 1860, mit einer Illustration zu »Die Fürstentage in Baden-Baden« und der Ankunft des Kaisers Napoleon III. von Frankreich in Baden-Baden am 15. Juni 1860 *sich ein im echten Pariser Stil eingerichtetes Cafè restaurant, welches den höchsten Ansprüchen eines Gourmandes entspricht; zur Rechten die schöne und überaus reichaltige Buch- und Kunstsammlung von Marx mit einer Leihbibliothek und zwei Lesekabinetten (...). Das Konversationshaus enthält vier Salons, ferner einen mittelgroßen und einen sehr großen Saal, die im Renaissance- und Rococcostil mit großer Pracht von Bénazet eigerichtet wurden. Zwei davon sind Spielsäle, in denen Roulette und Trente-et-quarante von Mittags 12 Uhr bis Nachts 12 Uhr ihren Tribut einfordern von allen Denen, welche ihr Geld auf noble Weise und mit möglichsten Anstande los sein wollen, was ihnen auch meist in kürzester Zeit gelingt! Am Roulette darf nicht unter einem Gulden, am Trente-et-quarante nicht unter einem Fünffrankenthaler gesetzt werden. (...)«*[116].

Auch das Niveau der künstlerischen Unterhaltung im Konversationshaus trug dazu bei, die anspruchsvollen Gäste angemessen zu unterhalten, wobei jedoch stets darauf geachtet wurde, dass die Gäste weiterhin ausreichend dem Glücksspiel frönten: *»(...) wenn man in den Sommermonaten irgendeine europäische Künstlergröße zu sehen, zu hören oder zu sprechen wünscht, und man weiß nicht genau, in welchem Wendekreise der Stern des Nordens oder Südens sie sich gerade aufhält – so kann man gar nicht fehl gehen, wenn man sich zu Anfang August nach Baden-Baden begiebt. Dort ist die gewünschte Künstlergröße entweder bereits angekommen, oder wird jedenfalls erwartet, sei es nun zur Kur, zur Erholung, zum Spiel, zum Concert, oder wenigstens nur auf der Durchreise sich dem Volk zu zeigen. In dieser, wie in so vieler anderer Hinsicht, ist Baden-Baden wirklich einzig in seiner Art, und verdient mit Recht den stolzen Namen der ›Krone aller BäderB. (...) bedenken Sie, daß dieses kleine deutsche Paradies in den Monaten Juli bis September Alles concentriert, was nicht nur in Deutschland, sondern in Europa Glanz, Schönheit, Reichthum, Ruhm und Ehrgeiz besitzt; daß hier in jeder Saison sich ein wahrer deutscher Fürstenkongreß bildet; daß hier der Pariser Diplomat und Banquier, der englische Lord, der deutsche Standesherr, der kosmopolitische Künstler (...) (anwesend sind), um sich im Spiel zu ›erholen‹, oder Sommermoden zu präsentieren oder Eroberungen zu machen, um zu verführen oder verführt zu werden, um Geld zu verdienen oder Geld todtzuschlagen (...). (...) Arban*[117] *ist die Syrene von Baden-Baden, wenn er Sonntags vor einigen tausend Menschen im großen Conversationssaal sich hören läßt (...) dann ist das eine wahre Ernte für die Spielbank. Denn wenn der ›Professeur a piston‹ den letzten Ton ausgesäuselt oder ausgeschmettert hat – was soll das Publikum in der Pause machen, bis er wieder bläst? Man geht zum Roulette, und sieht eine Weile bescheiden zu. Aber das Rad wirbelt so dämonisch, die Kugel rollt so leicht und graziös, das Gold blitzt so zauberisch – daß der arme Badegast, noch halb betäubt vom Trompetengeschmetter, geblendet vom Lichtglanz, verblüfft durch die Gleichgültigkeit, mit der die »Vornehmen« Hunderte verspielen, der Versuchung nicht länger widerstehen kann. Er greift in die Börse, sucht seine sauer ersparten Gulden zusammen – und spielt so lange bis Monsieur Arban das Trompetensignal gibt, daß Roulette und Croupiers wieder zehn Minuten Pause haben. Unterdeß hat der arme Sonntagsspieler seine Gulden ja längst verspielt! Dafür ist er aber auch in ›nobler Gesellschaft‹ gewesen und hat die Syrene von Baden-Baden umsonst gehört! (...)«*[118].

In der Organisation und Bezahlung seiner Künstler zeigte sich Bénazet großzügig, da er mit diesen Veranstaltungen, wie oben erwähnt, zusätzliche Gäste ins Konversationshaus und somit an die Spieltische zog: *»(...) Jede Woche findet ein Concert statt, zu dem ausgezeichnete Künstler von Paris, Berlin, Wien usw. geladen werden um sich hören zu lassen, wofür Bénazet jedem ein Honorar bezahlt, das von 600 bis auf 2000 Fr. für den Abend steigt. Dabei werden von dem Spielpächter diese Concerte und Theatervorstellungen nicht etwa der hohen Eintrittspreise wegen veranstaltet, sondern Hunderte von Einladungskarten mit einem gedruckten Schreiben an bemerkenswerthe Gäste vertheilt. Jeden Mittwoch, Sonnabend und Sonntag ist in dem prächtigen Kiosk von Mittasg 3 bis 5 Uhr und Abends*

116 »Baden-Baden und die diesjährige Saison«, in: Illustrierte Zeitung vom 13. September 1856.

117 Gemeint ist der französische Komponist und Kornettist Jean-Baptiste Arban (1825–1889), der mit seinem Kornett-Spiel (»cornet a piston«) und seinen zugehörigen Kompositionen samt theoretischen Abhandlungen berühmt wurde und zum Professor an der Pariser Militär-Musikschule ernannt wurde.

118 Neue Zeitschrift für Musik, vom 15. September 1854. Demnach stellte der Spielpächter Bénazet den großen Saal (Weinbrenner-Saal) samt Beleuchtung den Künstlern kostenfrei zur Verfügung. Der jeweilige Künstler verpflichtete sich die Eintrittskarten zu einem bestimmten Preis anzubieten, wobei Bénazet eine größere Anzahl an Karten selber abkaufte, um diese an Gäste und seinen Croupiers zu verschenken. Damit stellte Bénazet sicher, dass der Künstler nicht vor einem halbleeren Saal auftreten musste und konnte zudem gezielt ausgewählte Gäste ins Konversationshaus und zum Spiel locken.

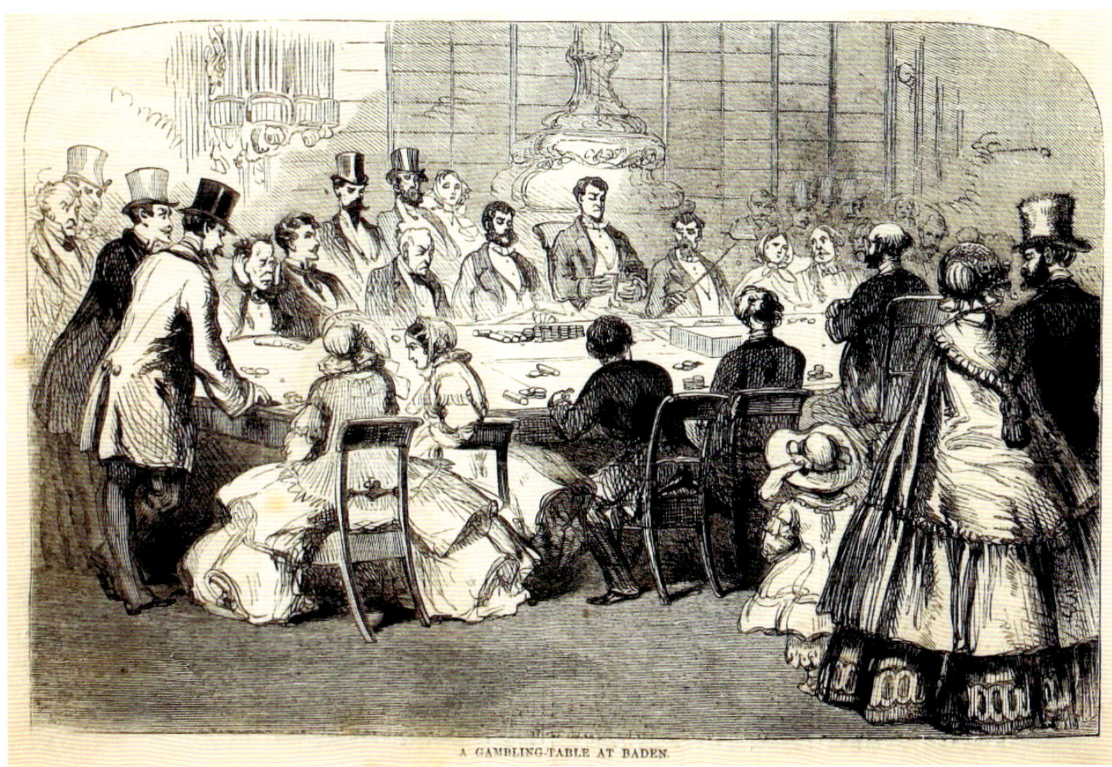

Abb. 89 Darstellung »Am Spieltisch in Baden« (»A Gambling-Table at Baden«), 1858 (aus: Harper`s Weekly: A Week at Baden, vom 18.09.1858)

von 7 bis 9 Uhr Musik von den Musikcorps der preußischen, österreichischen und badischen Besatzungen von Rastatt (zu hören). Jeder Musiker (und es sind deren bei dem östereichischen Musikcorps wenigstens 60 Personen) bekommt von Bénazet 5 Fr., Essen und Trinken und die Hin- und Rückfahrt. Bei den jede Woche stattfindenden Reunionen (Anm. Bälle) werden auf Kosten des Spielpächters alle Arten Erfrischungen (Limonaden, Gefrorenes, Orgeat, Mandelmilch, Confect usw.) den Teilnehmenden geboten; von Dienern, die in die Livrée (...) gekleidet sind, (serviert) (...)«[119].

Diese kurzen Schilderungen bringen das »Erfolgsgeheimnis« des Konversationshauses auf einen Punkt: die Bénazets schufen mit dem kulturellen Angebot und der modernen und luxuriösen Ausstattung im Konversationshaus einen Rahmen, der sowohl die höchsten Ansprüche eines anspruchsvollen Publikums genügten als auch eine Vielzahl von »gewöhnlichen« (Tages-)Touristen anzog. Beide »Gesellschaftsklassen« waren wichtig für die Existenz des Konversationshaus, dessen einzige relevante Einnahmequelle nach wie vor das Glücksspiel bildete. So wurde eben stets darauf geachtet, dass die Besucher trotz des großen kulturellen und gastronomischen Angebots immer ausreichend Gelegenheit hatten, am Glücksspiel teilzunehmen. Zudem sollte die Präsenz der erwähnten verschwenderischen »Vornehmen« im besten Fall die Gäste zusätzlich zum Spiel animieren – sofern die Gäste nicht schon von vornherein wegen des Spiels in die Stadt gekommen waren (Abb. 89).

Diese Kalkulation schien aufzugehen, denn trotz der hohen Pacht und der zugehörigen Kosten soll das Konversationshaus den Pächtern enorme Gewinne beschert haben: *»(...) wir haben nicht selten Fremde kennen gelernt, die während eines mehrwöchentlichen Aufenthalts daselbst nichts Anderes sahen, als ihren Gasthof und das Spielhaus. Man schätzt den Gewinn, den Hr. Bénazet aus der so künstlich gesteigerten Spielwuth der neueren Zeit zu ziehen weiß, auf 1–1, ½ Millionen Franken jährlich* (Anm. ca. 11 Mio. €). *Rechnet man hierzu die großen Ausgaben, die ihm das Etablissement verursacht, und worunter die an den Staat oder vielmehr an die*

119 Bayerisches Volksblatt, vom 13. August 1860, S. 887. Zu den zahlreichen im Konversationshaus auftretenden Künstlern und dem vielfältigen Kulturangebot in Baden-Baden vgl. Zimmermann, 2024, S. 231–308.

Badekasse zu zahlende Pachtsumme die unbedeutendere ist, so kann man sich hieraus eine Vorstellung von dem enormen Ertrage der Spielbank, aber auch ihrem verderblichen Einfluss auf das Privatleben machen (...)«[120]. In diesem Zusammenhang soll von Edouard Benzat das Zitat stammen: *»(...) Wenn man Ihnen eine Spielbank-Concession in der Wüste anbietet, nehmen Sie dieselbe immerhin an, und wäre kein Raum darin und kein Tropfen Wasser zu haben, die Spieler werden sich dennoch einfinden (...)«*[121]. Ebenso soll der erste Pächter Antoine Chabert zu dem Schriftsteller und Journalisten Wilhelm Theodor von Chezy (1806–1865) geäußert haben: *»(...) Glauben Sie mir, vor aller Spitzbuberei kommt das Roulette, und erst lange nachher das Stehlen (...)«*[122].

Selbst vor Mitgliedern des Gefolges des französischen Kaisers Louis Napoleon III., die 1852 in der Stadt weilten, machte die »Spiel-Wuth« keinen Halt. So soll der französische Kriegsminister Armand-Jacques-Achille Leroy de Saint-Arnaud (1796–1854) über 60.000 Fr. und der Dichter Joseph Mèry 2.000 Fr. im Konversationshaus verloren haben, wobei Letzterer sich dann von Bénazet sogar 500 Fr. für die Rückreise nach Frankreich leihen musste: *»(...) Kaum war das offizielle Convoie, welches uns den Republik-Präsidenten (Napoleon III.) und sein kaiserliches Geleit hierher brachten, angekommen, als auch der ganze präsidentische Hofstaat sich mit der Gier afrikanischer Heuschrecken über die Gefilde des Trente et Quarante herstürzte. Minister, Generale, Ingenieurs, Journalisten u.s.w. umlagerten mit Gewitterseile den grünen Teppich und ließen sich in ein tolles Spiel mit Fortunas Launen ein, bei welchem Hr. Bénazet, der Großmüthige, gnädigst schmunzelte, sich herzlich freuend über die Höflichkeit seiner Landsleute. Mit der jovialsten Miene verlor Hr. v. Saint-Arnaud Schlag auf Schlag, während Bineau bei jedem fehlschlagenden Coup Gesichter schnitt. Mit echt stoischer Ruhe gewann General Waldner, und mit eben solchem Phlegma verlor Oberist Fleury (...) für deren Rechnung er 60.000 Franken verspielte (...)«*[123].

Angesichts dieser finanziellen Erfolge war die Intention des Pächters nachvollziehbar, mit einem immer anspruchsvolleren und abwechslungsreichen Unterhaltungsprogramm auch außerhalb der Mauern des Konservationshauses möglichst zahlreiche und wohlhabende Gäste anzuziehen. Vor diesem Hintergrund ist auch die Errichtung der Pferderennbahn im nahegelegen Iffezheim 1858 zu verstehen, damit Bénazet seinen Gästen zusätzlich auch Wetten auf Pferderennen anbieten konnte[124]. Zeitgleich verpflichtete sich Bénazet zur Erbauung und Einrichtung eines neuen Theaters zwischen Konversationshaus und Kolonnaden, welches einen noch größeren Rahmen für Konzerte und Veranstaltungen bieten sollte und letztendlich das einstige Theater von Weinbrenner im Konversationshaus zu ersetzen hatte[125]. Die Baukosten hierfür durfte Bénazet mit den jährlich an den Badanstaltenfond zu entrichtenden 80.000 Gulden für »Verschönerungen« in der Stadt verrechnen[126].

Diese »Erfolgsgeschichte« des Konversationshauses/Kurhauses und die damit verbundene wirtschaftliche und gesellschaftliche Entwicklung der gesamten Stadt sorgte jedoch auch für hohe Lebenshaltungskosten, die vor allem die einheimische Bevölkerung traf. Ebenso wurde auch ein Publikum von zweifelhaftem Ruf angezogen (Glückritter, Kriminelle, Prostituierte etc.), die ihr Glück in der Stadt suchten. So wurden zunehmend kritischen Stimmen zum Spiel laut, insbesondere angesichts von Unglücksfällen bzw. Selbstmorden im Zusammenhang mit der viel zitierten »Spiel-Wuth«: *»(...) Gestern Abend erschoss sich ein sechzigjähriger Greis, ein Franzose, hinter dem Conversationshaus. Er hatte an der Spielbank 10- oder 11,000 Frances verloren. Er soll die Absicht gehabt haben, nach Paris zurückzukehren, auf dem Bahnhof aber ermittelt haben, daß es ihm hierzu an der nöthi-*

120 Vgl. Transilvania (Beiblatt zum Siebenbürger Boten) vom 16. April 1844. Der Gewinn, den Bénazet als Pächter der Spielbank verbuchen konnte, zeigt sich auch in den umfangreichen Flächen an Grundbesitz allein in Baden-Baden besaß, vgl. Plan mit Grundbesitzungen in Baden-Baden, Grundbuchzentralarchiv Kornwestheim ACH 5 A 002.327.061 von 1858.

121 Der Erzähler – Literarische Beilage zu den »Augsburger neuste Nachrichten«, Augsburg 1869.

122 Badische Abend-Zeitung vom 13. August 1949.

123 Westricher Zeitung, vom 8. August 1852. Kemptner Zeitung, vom 29. Juli 1852.

124 Edouard Bénazet ließ über seinen Neffen Emil Dupressoir das Gelände am Rande der Stadt Iffezheim pachten und dort mehrere Tribünen und Gebäude errichten, wobei mit Mitteln aus den Spielbankeinnahmen großzügigen Preisgelder ausgesetzt wurden, vgl. Zimmermann, 2024, S. 315–327. https://www.badengalopp.de/galopp/geschichte/.

125 Das nach einem Entwurf des französischen Architekten Charles Couteau errichtete Theater wurde am 7. August 1862 eröffnet und mit der Oper »Das Nachtlager von Grenada« von Conradin Kreutzer eingeweiht, einen Tag später wurde die eigens für die Eröffnung komponierte Oper »Béatrice et Bénédict« von Hector Berlioz aufgeführt. Zum Theater vgl. Heike Kronenwett (Hrsg.): Baden im Applaus. 150 Jahre Theater in Baden-Baden. Rendezvous, Baden-Baden 2012. https://www.theater-baden-baden.de/das-haus/geschichte.

126 Schreiben des großherzoglichen badischen Innenministeriums vom 3. November 1860 an die Badanstaltencommission, Stadtarchiv Baden-Baden C25/1070.

Aus Baden=Baden.

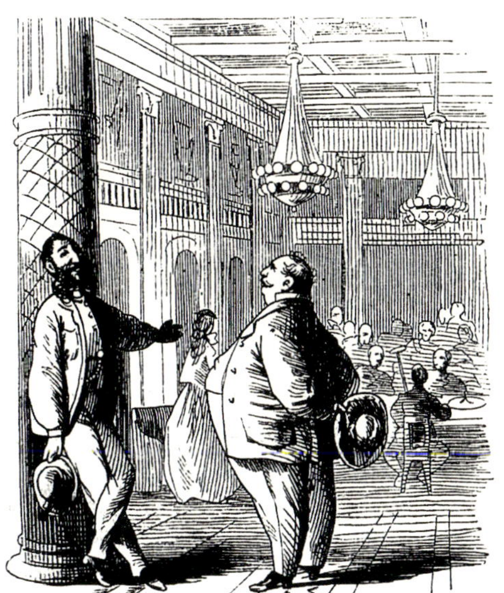

„Wie, — Sie reisen schon ab?" — „Ja, ich gehe in's Wildbad." — „Herr, Sie machen einen dummen Streich. Sehen Sie, hier werden Sie ausgezogen — in Wildbad müssen Sie sich selbst ausziehen."

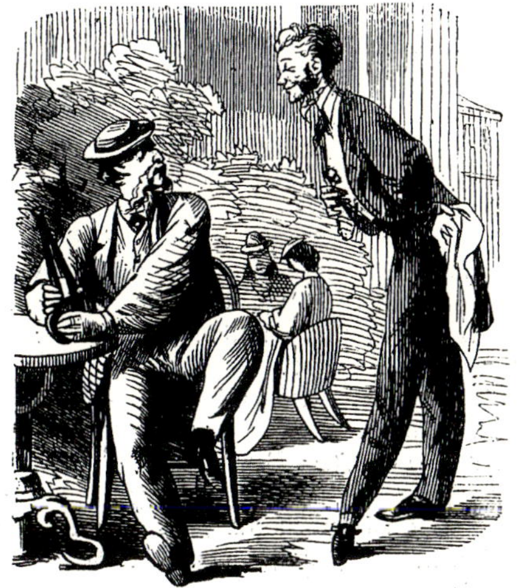

„Sie haben eine Flasche Markgräfler, macht 1 fl. 12 kr." — „Eine Flasche? Das ist ja höchstens eine halbe. — „Ich habe Ihnen eine Flasche gebracht, Sie sagen, daß Sie eine halbe Flasche haben, macht 36 kr., macht 1 fl. 48 kr. ohne Service." — „Das ist aber infam, bei uns in Mecklenburg —" — „So, Sie sind aus Mecklenburg? Ja dann wissen Sie freilich nicht, was Gewerbefreiheit heißt."

Abb. 90 Zwei Darstellungen von Satiren auf das Glücksspiel im Konversationshaus und den hohen Kosten in den Restaurants in Baden-Baden (aus: »Fliegende Blätter«, 1867, Ausgabe Nr. 47)

gen Barschaft fehlte. Die Kugel hatte ihm völlig den Kopf zerschmettert, und es war schwer den Leichnam zu identifizieren. Solche Opfer der Spielsucht sind zu beklagen, und doch sind dies nicht gewiß nicht die schlimmsten Folgen dieses Lasters, welches im Stillen das Wohl einer großer Anzahl adeliger und bürgerlicher Familien untergräbt, deren unglückliches Ende nicht immer in die Badesaison fällt. Dafür gibt es aber Jagd, Privattheater, Musik und Tanz und über der auf allen Gesichtern glänzenden Freude vergißt man leicht den Ruin einzelner Familien (...)« (Abb. 90–94)[127].

Besonders negativ wurde auch die große Anzahl von weiblichen Gästen an den Spieltischen gesehen: *»(...) Die Dame* (sind) *wieder hier (...) es ist eine Eigenthümlichkeit sämmtlicher junger und alter Spielerinnen, mit herabgelassenen Schleier am Spieltisch zu sitzen (...). ›Madame‹ – und ›Madame‹ ist eine jede dieser weiblichen Habituees – (...) ist immer, ob alt oder jung, ob schön oder häßlich, der Gegenstand der Galanterien des Croupiers, der mit einem Anflug von Zuvorkommenheit ihr gegenüber auftritt (...), ›Madame‹ ist der Mittelpunkt des Spiels! Natürlich! Wer schleudert denn mehr mit dem Gold als ›ces dames‹ aus Paris? (...) Die Gemüthlichkeit hat längst aufgehört, wo das Reich des Herrn Bénazet beginnt. (...) Für mein Gefühl hat es nie etwas Widerwärtigeres gegeben, als diese spielenden ›Damen‹. Die fliegende Hitze auf ihrem Gesichte, das unstät Lauernde ihres Blickes, der sich an die Hände des kartenlegenden Tailleurs hängt (...), die Unruhe in dem ganzen Wesen, das Anfassen fremder Goldhaufen, und dann die Erbitterung über das eigene Malheur – paßt das zu dem Bilde des Weiblichen? (...) Der Genius des Weibes ist da längst zur Fratze herabgesunken, zur Fratze, die sich in Sammt und Seide kleidet, und das Gesicht bemalt. Die Betheiligung der Frauen am Spiele ist eine der häßlichsten Seiten der ganzen Spielhöllen-Angelegenheit. Leider stehen auch Angehörige des anständigen, unzweideutigen Theils des schönen Geschlechts vor der Magie und Anziehungskraft des Roulette- oder Trente-et-Quanrante-Tisches viel zu schwach da, um ihm widerstehen zu können. Welcher Besucher unserer deutschen Spielbanken kennt nicht die alte Gräfin K......ff?*[128] *Die Frau, einem der größten*

127 Abendblatt der Presse Wien vom 12. Oktober 1855.

128 Bei der genannten Dame handelt es sich wohl um die polnisch-russische Gräfin Sophie (Zofia) Kisseleff (Kisseljow), geb. Potocka (Potocki) (1801–1875), die Tochter des adeligen, sehr wohlhabenden polnischen Magnaten Stanislav Potocki und die durch Heirat mit dem mächtigen russischen Grafen und General Pavel Kisseleff mit dem russischen Hochadel verwandt war.

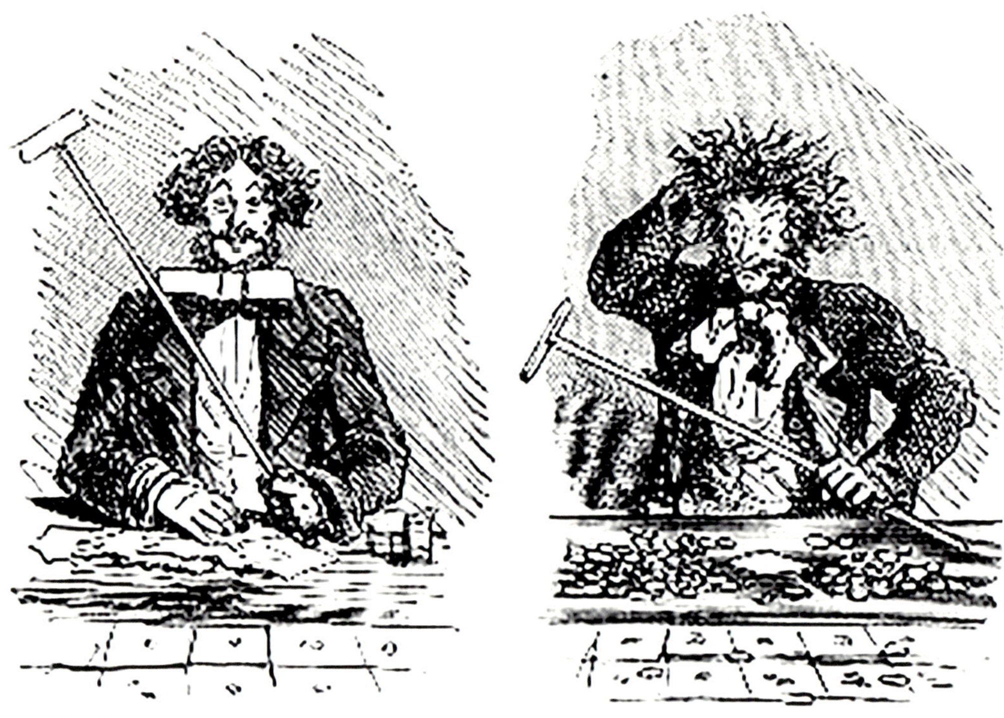

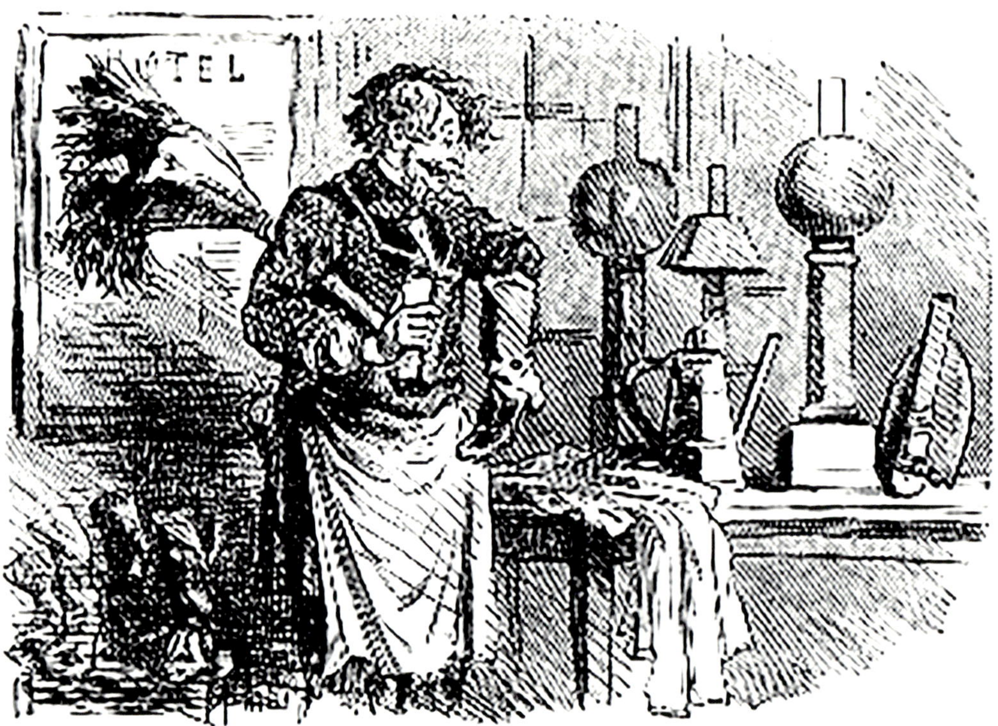

Abb. 91 Darstellung einer Satire auf das Glücksspiel in Baden-Baden (»Mr. Robinson takes a seat at the roulette table. Mr. Robinson in the course of an hour. Mr. Robinson having lost the whole of his money à la roulette, works out his hotel bill«), von 1857 (aus: »Punch – The Season at Baden«, vom 17. September 1857)

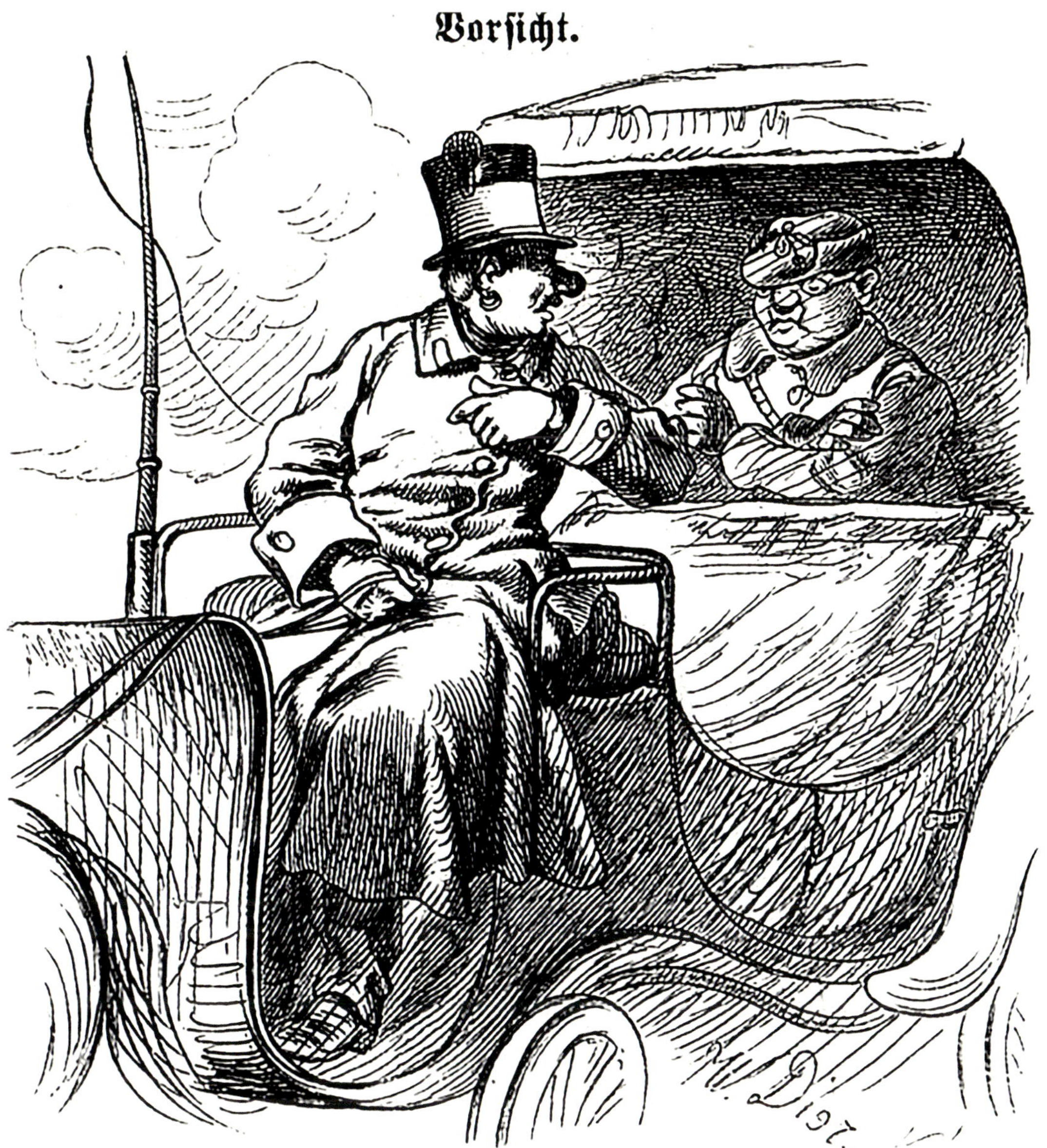

Der Herr Apotheker fährt mit einer wohlgefüllten Geldkasse Baden-Baden zu. — „Ich heiße Peter," sagt sein Kutscher zu ihm. — „Schon gut!" war die Antwort. — „Ich heiße Peter," wiederholte nach einer Weile der Kutscher. — „Ich hab' schon gehört!" — „Ich heiße Peter," fängt der Kutscher zum Drittenmal an. — „Aber, mein Gott, warum sagt Ihr mir das so oft?" — „Daß Sie sich meinen Namen merken und nicht sagen können, der Teufel habe Sie nach Baden-Baden geführt!"

Abb. 92 Darstellung einer Satire auf den zweifelhaften Ruf Baden-Badens während der Glücksspiel-Zeit, 1867 (aus: »Fliegende Blätter«,1867, Ausgabe Nr. 46)

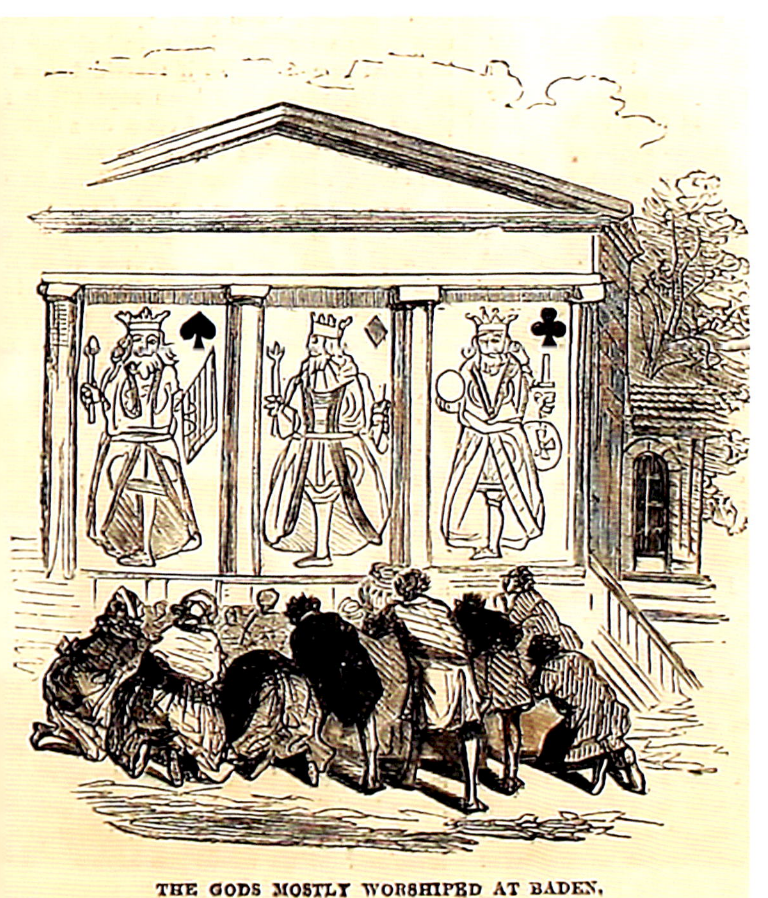

Abb. 93 Darstellung einer Satire auf das Glücksspiel im Konversationshaus (»The Gods mostly worshiped at Baden«), 1858 (aus: »Harper`s Weekly: A Week at Baden«, vom 18.09.1858)

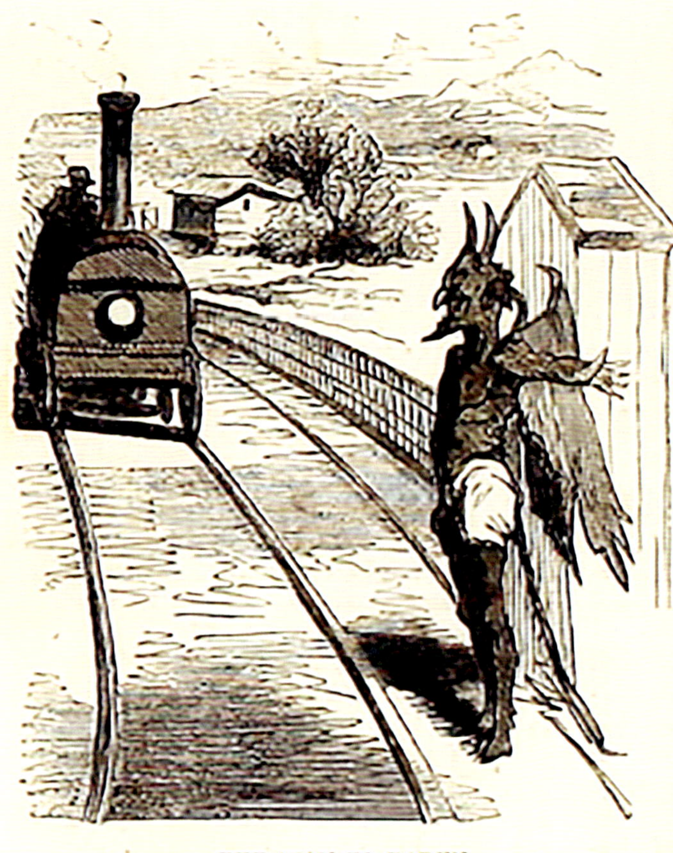

Abb. 94 Darstellung einer Satire auf das Glücksspiel in Baden-Baden (»The Way to Baden)«, 1858 (aus: »Harper`s Weekly: A Week at Baden«, vom 18.09.1858)

Geschlechter des Czarenreichs angehörig, krank und vom Alter gebeugt, verbringt ihre letzten Lebensjahre und ihr großes Vermögen an den verschiedenen grünen Tischen des Vaterlandes (...)«[129].

Auch das Umfeld in einem derartigen Spielsaal wurde von Kritikern beschrieben: *»(...) Die vier, in der Mitte an den länglichen Spieltischen, auf erhöhten Stühlen sich gegenüber sitzenden Personen, mit einem langen Rechen in der Hand, sind die Croupiers. Sie sind unentbehrliche Werkzeuge an jeder Spielbank, ja so zu sagen ein wesentlicher Theil derselben. Ihr Hauptgeschäft besteht darin, die herausgekommene Farbe und Nummer mit lauter Stimme auszurufen, den Gewinn der Bank einzurechen, den Verlust auszuzahlen, was sie mit einer bewunderungswürdigen stets gleichen Haltung bewerkstelligen, um ja keine Zeit zwischen zwei Spielen verloren gehen zu lassen. (...) Scharf blickend wie Falken schweifen ihre Augen im Kreise der Spielenden herum. Sie sehen es einem Jeden schon an der Nase an, was er für die Bank werth sein mag (...): Jene Herren, die unbeweglich wie Statuen (...) von gelblich bleicher Gesichtsfarbe, eingefallenen Wangen, tiefliegenden Augen, stieren Blick sind Spieler von Pro-*

129 Der Sammler. Beilage zur Augsburger Abendzeitung vom 15. Oktober 1864. Im Artikel wird zudem besonders negativ bemerkt, wie die »Damen« sich Geld beschafften, um weiterspielen zu können: *»(...) In dem Augenblicke, da sie die Grausamkeit des Croupiers, der ihnen das Gold einzieht, erfahren haben, erinnern sich »ces dames« (...); sie erinnern sich des für sie so glücklichen Umstandes, daß es ja noch Männer gibt, junge und alte, reiche Russen, verschwenderische Engländer u.s.w. Diese Männer haben Gold, sehr viel Gold, und dieses Gold ist es dessen Bekanntschaft sie so rasch als möglich zu machen sich bemühen. Wozu hätten sie hübsche Augen und das verführerischeste Französisch in ihrer Gewalt? Wozu hätten sie ein Paar so reizende, kleine Füßchen, denen wenige reiche alte Russen etwas abzuschlagen vermöchten? Und so kehrt »Madame«, wenn sie jung ist, rasche genug an den grünen Tisch zurück, und wirft ihr Gold in den weiten Rachen der Bank des Herrn Bénazet hinein (...)«.*

fession (...). Regungslos ruhen Sie auf ihren Stühlen, ihren Augen unverwandt auf den Gang des Spiels gerichtet, nur ihre magere knöcherne Hand bewegen sie von Zeit zu Zeit, um entweder Geld zu zählen, zu setzen oder einzuziehen; wie gräßliche Wachsfiguren sitzen sie nebeneinander, und man sieht es ihnen so recht an, daß mit Ausnahme der Spielsucht alle übrigen menschlichen Gefühle sich in ihrem Inneren schon versteinert haben (...)«[130]. Legendär auch die Schilderungen des Dichters Fjodor Dostojewski, der seine Spielsucht u. a. auch 1867 in Baden-Baden auslebte und in seinem Roman »Der Spieler« verarbeitete: *»(...) Bisweilen blitzte es übrigens in meinem Kopfe auf, wie eine Spur von Überlegung. Dann klammerte ich mich an gewisse Zahlen und Chancen, doch sah ich bald wieder von ihnen ab und setzte blindlings, wie bisher. Auch meine Gewinne vermochte ich nicht immer zu kontrolliren, die Croupiers mußten mir öfters zu Hilfe kommen. Von meinen Schläfen rann der Schweiß und meine Hände zitterten (...)«*[131]. Vereinzelt gab es aber auch Meldungen von großen Gewinnen, ebenso wie mehr oder minder kleinen Straftaten: *»(...) Am 16. des Abends wurde die Bank des Herren Bénazet in Baden-Baden von einem Russen im Trente-et-quarante gesprengt, nachdem er an demselben Tage wie auch in der ganzen vorhergehenden Woche sehr glückliche Geschäfte gemacht hatte. Der Gewinn soll sich auf 36,000 Frances belaufen. Um dieselbe Stunde wurde in die Bude (*Anm. eine der Verkaufsbuden auf der Promenade vor dem Konversationshaus*) der Gebrüder Mellerio, Juweliere, eingebrochen und ein Diebstahl an Gegenständen im Werthe von 8,000 Frances entwendet (...)«*[132].

Verantwortlich für die um sich greifende »Spiel-Wuth« und alle damit einhergehenden Unglücksfälle wurden die Pächter bzw. die Bénazets gemacht: *»(...) Im Hintergrunde meiner Gedanken erhob sich aber auch die Welt des Herrn Bénazet, des bekannten Pächters der Baden-Badener Spielbank, des Beherrschers aller Spielteufelchen (...) es fiel nun etwas wie ein schwarzer Schleier über das erste paradiesische Bild (...) und hinter diesem Schleier sah ich nichts als grüne Tische und erhitzte Gesichter, Haufen schwerfälligen Silbers und glitzernde, kleine Berge von Gold, weggerafftes und hingeworfenes Geld, die kalten, wie zur Ironie geneigten Mienen der Croupiers, und die wie in einem Flammenmeer von Spannung schwimmenden Blicke der glückversuchenden Spieler; mir klang im Ohr das »rien ne va plus« und das ›le jeu est fait‹ und das Scharren der Geldsichel, mit der jeden Augenblick der Bank neues Geld zugeführt wird. (...) bewegte Menschen sehen wir genug da an den Opfertischen, an denen dem Herrn Bénazet große und kleine Münzen dargebracht werden, Eingulden- und Zweigulden – und Thalerstücke, einfache und Double-Frederics, Louis und Bankbillete (...)«* (Abb. 95)[133]. Von den Kritikern des Glücksspiels war Jean-Jaques Bénazet von Anfang an als Person von zweifelhaftem Ruf angesehen worden, die mit allen Mitteln das Glücksspiel (be-)schützte: *»(...) Er versprach (...) diesen Badeort in ein wahres Elysium umzuschaffen, worin den Curgästen alle Genüsse des Lebens reichlich gespendet werden sollen, das heißt, so lange sie in ihrer Börse noch Geld zum Verspielen haben; denn im Gegensatze versteht Herr Bénazet keinen Spaß, und versteht mit Hilfe der Ortspolizei, mit der er auf sehr gutem, vielleicht nur zu gutem Fuße steht, alle unbequem gewordenen Gäste aus einem irdischen Paradiese zu verstoßen, sobald sie von der Spielbank völlig ausgeplündert worden sind. (...) Er hält offene Tafel, Reit- und Kutsch-Pferde, Jagdhunde, Jäger, Kammerdiener, Bediente, Leibkutscher und ebenfalls, das versteht sich von selbst, Maitressen (...)«*[134].

Bénazet warf man nicht nur die Verführung der Gäste zum Spiel vor, sondern auch Bestechlichkeit, um u. a. mögliche mit Spielverlusten in Zusammenhang stehende Unfälle und Selbstmorde zu vertuschen: *»(...) er ist ein russischer Officier, der nach Baden kam, um sich allda von einem rheumatischen Uebel (...) zu heilen. Von den sechstausend Gulden, die er mitbrachte, ließ ihm die Bank nach Verlauf von acht Tagen keinen Heller mehr. Der Wirth gab ihm gegen Ersatz seiner Effecten so viel Geld, als gerade hinreichte, damit bis nach Frankfurt*

130 Dr. v. Blaha: Chabert, Bénazet und die Gebrüder Blanc, oder die Geheimnisse des Roulettespiels und der deutschen Spielbanken. 2. Aufl. Grimma, Leipzig [circa 1850], S. 58/59.

131 Fjodor Dostojewski: Der Spieler. Roman aus dem Badeleben, Berlin 1888, S. 157. Zitiert nach Zimmermann, 2024, S. 50. Dostojewski und seine Gattin wohnten in Baden-Baden vom 5. Juli bis 8. Juli 1867 im Gasthof Ritter; ab dem 9. Juli bis zum 22. September 1867 wird er mit Gattin dann in einem Quartier bei »L. Walschburger« in der Gernsbacherstrasse 25 aufgeführt, vgl. Fremdenliste im Badeblatt vom Juli bis September 1867 https://www.baden-baden.de/stadtportrait/kultur/stadtarchiv/digitales-stadtarchiv/zeitungen/.

132 Humorist und Wiener Punch vom 23. Juli 1853.

133 Der Sammler. Beilage zum Augsburger Abendblatt vom 13. Oktober 1864.

134 Dr. v. Blaha: Chabert, Bénazet und die Gebrüder Blanc, oder die Geheimnisse des Roulettespiels und der deutschen Spielbanken. 2. Aufl. Grimma, Leipzig [circa 1850], S. 56/57.

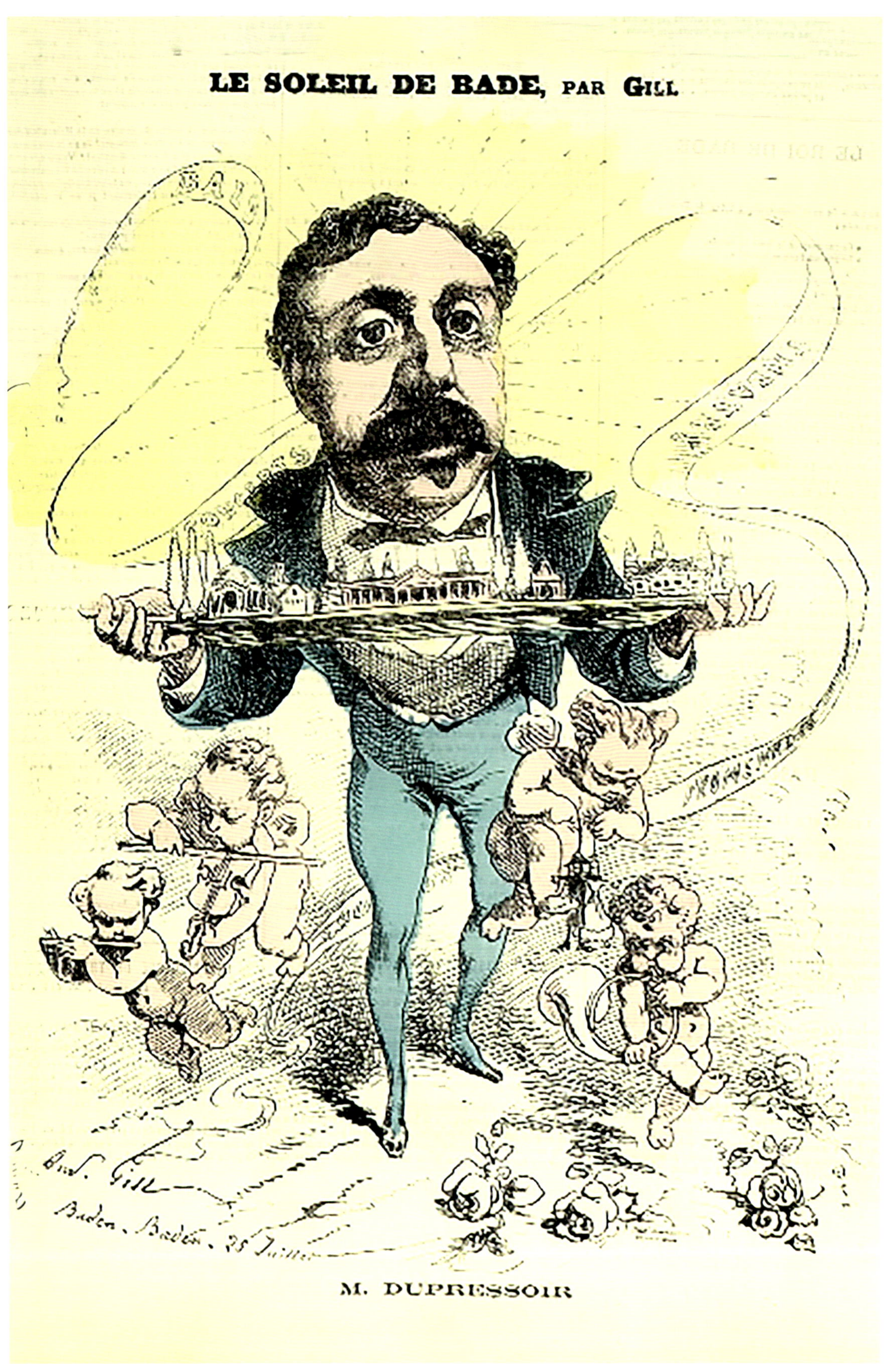

Abb. 95 Satire auf den Pächter Emile Dupressoir als Sonne von Baden-Baden (»Le Soleil de Bade«), dem das Konversationshaus auf dem Silbertablett serviert wird und dem gehuldigt bzw. Rosen gestreut werden, 1869 (aus: »L` Eclipse«, vom 8. August 1869)

zu kommen, wo er von seinem Gesandten die erforderliche Summer erhielt, um sowohl seine Sachen in Baden wieder einzulösen, als auch standesmäßig wieder nach Russland zurück reisen zu können. Kaum aber war er in Baden wieder angekommen (...) dachte er nur daran, mit dem Gelde in dessen Besitz er sich befand, seine sechstausend Gulden von der Bank zurück zu gewinnen. Allein noch an demselben Abend, an welchem er aus dem Frankfurter Postwagen stieg, nahm sein Reisegeld dieselbe Straße wie seine mitgebrachten sechstausend Gulden, nämlich die Straße nach der Kasse des Spielpächters. Still erließ er den Saal, ging schnurstracks nach dem nahegelegenen Mühlbach und warf sich ins Wasser. Glücklicherweise sahen ihn einige jener Nymphen, die nächtlicherweile Herrn Bénazets Paradies stark bevölkern, und riefen nach Hilfe; die wachsame Polizei eilte herbei, zog ihn heraus, lud ihn noch ganz durchnäßt auf einen Wagen und brachte ihn noch in derselben Nacht aus der Stadt und den nächsten Morgen über die Landesgrenze. Die, dem Herrn Bénazet ergebenen Zeitungsschreiber, verbreiteten dann das Gerücht, derselbe sei in trunkenem Zustande zufällig in den Mühlbach beim Nachhausegehen gefallen, und aus Scham gleich den anderen Morgen in aller Früh abgereist. Man versichert, daß der Spielpächter sich bei dieser Gelegenheit sehr großmüthig gezeigt, indem er die Polizeidiener, die den Russen aus dem Wasser gezogen, ja sogar die Freudenmädchen, die nach Hilfe schrieen, reich beschenkt und nächstdem auch noch die Transportkosten den Behörden vergütet haben soll (...)«[135].

Ebenso wurde wohl auch ein Selbstmord zu vertuschen versucht: *»(...) ein junger, talentvoller Maler (...) kam in der Absicht, das an Naturschönheiten so reiche Ostthal (...) zu skizzieren. Zuvor wollte er sich jedoch das Badeleben im Orte Baden selbst ansehen. Unseliger Gedanke, den er da gefaßt! Denn er fing an, an der Bank zu spielen. Zuerst spielte er bloß um sich zu zerstreuen, aus Zeitvertreib, dann aus Leidenschaft und endlich aus Verzweiflung. Seine geringen Ersparnisse, wie seine ebenfalls nicht bedeutende väterliche Erbschaft, hatte die Bank bereits schon an sich gerissen, aber er spielte mit geborgten Gelde immer noch fort, von der trügerischen Hoffnung beseelt, er werde das eingesetzte Kapital sammt Interessen in einer glücklichen Stunde wieder zurückgewinnen. Zuletzt wollte ihn niemand mehr borgen, da verleitete ihn die Spielwuth dazu falsche Wechsel auszustellen, fest darauf bauend, er werde wenigstens so viel gewinnen, um dieselben vor der Verfallzeit wieder einlösen zu können, aber wenn er auch an einem Tage unbedeutend gewann, verspielte er an einem anderen doppelt, vierfach, oft zehnmal mehr, bis ihm nichts mehr zu verspielen* übrig blieb. *Darauf schrieb er an seine liebende Braut, die ihn mit Sehnsucht zurück erwartete, und an seine besorgte Mutter, die in ihm die Stütze ihrer alten Tage sah, ein ewiges Lebewohl, ging in das nächste Wäldchen, das kaum 500 Schritt vom Spielsaale entfernt liegt, und schoß sich eine Kugel durch den Kopf. Das war freilich ein fataler Streich, den er dem Spielpächter, wie der Letzterem so gewogenen Polizei, gespielt (hatte). Einen Kadaver konnte man, ohne Aufsehen zu erregen, weder schnell per Schub über die Grenze bringen, noch im Orte selbst beerdigen. Allerdings eine delikate Sache! Doch man wußte sich zu helfen und stopfte des Selbstmörders leeres Portefeuille voll Banknoten, um vorgeben zu können, nicht Verlust an der Bank, sondern unglückliche Liebe habe ihn zu dieser desparaten That gebracht. Es ist wohl unnöthig zu bemerken, daß diese Banknoten vor der Beerdigung dem wirklichen Eigenthümer wieder zugestellt wurden (...)«*[136].

Der Ruf nach einem baldigen Glücksspielverbot wurde somit immer wieder laut. Gleichzeitig befürchtet man aber auch nach wie vor, dass mit einem Wegfall des Glücksspiels und dem zugehörigen Publikum die Wirtschaft der Stadt schlagartig zusammenbrechen würde. Bereits im Januar 1844 wurde in einem *»Commissionsbericht (...) des Frhrn. von Andlaw, das öffentliche Spiel in Baden betreffend« an die hohe Kammer bzw. 1. Kammer der Ständeversammlung des Großherzogtums«* ein Antrag »*zur Aufhebung der Spielpacht*« eingebracht und darin auch versucht, das wirtschaftlicher Argument des Glücksspiels zu entkräften[137]: *»(...) Eine allgemeine Aufhebung der Spiele wird aber weder der Stadt; noch dem Lande im mindesten die Vortheile schmälern, welche sich an den zahlreichen Besuch des Kurorts bisher knüpften, weil die Kraft seiner Heilquellen, seine herrliche Lage, die Fülle der*

135 Dr. v. Blaha: Chabert, Bénazet und die Gebrüder Blanc, oder die Geheimnisse des Roulettespiels und der deutschen Spielbanken. 2. Aufl. Grimma, Leipzig [circa 1850], S. 59 ff.

136 Dr. v. Blaha: Chabert, Bénazet und die Gebrüder Blanc, oder die Geheimnisse des Roulettespiels und der deutschen Spielbanken. 2. Aufl. Grimma, Leipzig (circa 1850), S. 60 ff.

137 Vgl. »Commissionsbericht über die Motion des Frhrn. von Andlaw, das öffentliche Spiel betreffend, erstattet von Staatsrath Nebenius« vom 19. April 1844, GLA Nebenius N Nr. 121. Initiator des Antrags auf Aufhebung der Spielpacht in Baden-Baden war der badische Konservative und Vertreter der katholischen Bewegung Freiherr Heinrich Bernhard von Andlaw-Birseck, der ab 1835 in der 1. Kammer der badischen Ständeversammlung saß.

Naturschönheiten, die über seine Umgebung ausgegossen sind, eine größere Mannigfaltigkeit reizender Ansichten, als sie irgendein Badeort darbietet, der Reichthum an öffentlichen Anlagen, (...) wie an Anstalten zur Bequemlichkeit und Unterhaltung der Gäste, sodann das Bestreben der Einwohner, in Einrichtungen der Wohnungen und der Bewirthung die verschiedenartigsten Ansprüche zu befriedigen (...) – mit einem Worte, weil die Vorzüge des Kurorts nicht aufhören werden, ihm gleich zahlreiche Gäste zuzuführen. Er wird (...) auch die hohe Bedeutung, die er bisher schon als ein europäischer Versammlungsort für gesellige Kreise der höheren Gesellschaft in der Culturgeschiche der Zeit behauptete, in einer noch schöneren Weise bewahren. (...) Unter diesem Gesichtspunkte eines höheren Culturinteresses wird Baden durch die Aufhebung der Spielbank (...) nur gewinnen, (...) das Badeleben sich angenehmer gestalten, und leicht noch zahlreichere Gäste anlocken (...). Immer bleibt aber die Frequenz von mannigfaltigen Zufällen abhängig, und bedarf es einer steten Sorgfalt der Verwaltung zur Verhütung uns Beseitigung aller Übelstände, welche auf den Fremdenbesuch nachtheilig einwirken könnten. (...) Vor allem ist es aber die Abwehr aller Störungen des Friedens der Badegesellschaft (...)«[138].

1861 ließ das großherzogliche badische Innenministerium offiziell bei der Gemeinde Baden anfragen unter welche Maßregeln und Bestimmungen das Spiel in Baden beendet werden könnte[139]. Nach einer detailreichen Aufstellung aller Vorteile und Einnahmen der Stadt durch die Spielpacht, der jährlichen Extraabgabe des Pächters für die Verschönerungen in der Stadt und die allgemeinen Einnahmen der gut betuchten zahlreichen (spielwütigen) Gäste, baten der Bürgermeister und die Stadt das Innenministerium 1862 das Spiel im Konversationshaus bestehen zu lassen, da *»(...) eine Aufhebung des Spiels den oekonomischen Ruin der Gemeinde und vieler Bürger zur Folge haben müsse (...)«*[140]! Die belegten Einnahmen durch das Spiel, die somit auch der Stadt zugutekamen, lassen die Verzweiflung der Stadt angesichts einer möglichen Aufhebung der Spielpacht durchaus nachvollziehbar erscheinen.

So betrugen die Einnahmen Bénazets im Jahr 1862 laut der Bücher genau 1.425.181 Gulden 53 Kreuzer (ca. 24,2 Mio. €) und die Ausgaben für den Unterhalt von Konservationshaus und Theatern bei 958.116 Gulden 44 Kreuzer (ca. 16,3 Mio. €), hinzu kamen die Ausgaben für den Unterhalt der Rennbahn Iffezheim mit 47.437 Gulden 17 Kreuzer (ca. 806.000 €)[141]. Der Stadt bzw. Gemeinde flossen seit 1853 die jährlichen Einnahmen aus dem Pachtzins in Höhe von 127.400 Gulden (ca. 2,16 Mio. €) und zusätzliche Abgabe für Verschönerungen in der Stadt in Höhe von 25.000 Gulden (ca. 425.000 €) zu. So setzte man trotz aller Kritik weiterhin auf das für alle Beteiligten äußerst lukrative Glücksspiel und verlängerte 1863 den Vertrag mit dem bestehenden Pächter Edouard Bénazet bis zum Ende der Saison 1867. Man machte jedoch zur Auflage, dass *»(...) außer der bisher bedungenen Zahlung eines Pachtzins von 127.400 fl (Gulden) und außer der Verwendung von jährlich 25.000 fl zu Neubauten, Verbesserungen und Verschönerungen vom Jahre 1864 an jährlich 186.666 fl 40 kr zu Bauten und Einrichtungen in Baden, welche zur Förderung der Heilzwecke oder zur Verschönerung oder Erhöhung der Annehmlichkeiten dienen (...)«* hinzu kämen.[142] Im Gegenzug hatte sich Bénazet jedoch vertraglich versichern lassen, dass er bei einem Gewinn von unter 400.000 Francs nur 100.000 Francs Pachtzins zahlen musste[143].

Wenige Monate vor Ende des bestehenden Spielpachtvertrags erklärte sich das großherzogliche badische Innenministerium im Juni 1867 bereit, die Pacht nochmals um drei Jahre bis zum Saisonende 1870 zu verlängern, wenn *»(...) durch den Vertrag mit dem Spielpächter und durch bindende Zusicherung Seitens der Gemeinde Baden Gewähr dafür geboten werden wird, daß bis zum Ablauf jener Periode neben der erforderlichen Ansammlung*

138 Die Bücher mit Einnahmen und Ausgaben musste Bénazet regelmäßig auf Verlangen des großherzoglichen Innenministeriums vorlegen, vgl. »Commissionsbericht über die Motion des Frhrn. von Andlaw, das öffentliche Spiel betreffend, erstattet von Staatsrath Nebenius« vom 19. April 1844, GLA Nebenius N Nr. 121

139 Schreiben des großherzoglichen badischen Ministeriums des Inneren an die Badanstaltencommission und Gemeinde Baden vom 21. Dezember 1861, Stadtarchiv Baden-Baden C25/1070.

140 Bericht des großherzoglichen badischen Ministeriums des Inneren vom 26. März 1862, Stadtarchiv Baden-Baden C25/1070.

141 Schreiben des Präsidenten des großherzoglichen badischen Ministeriums des Inneren an den Stadtdirektor Freiherr von Göler vom 5. November 1862, mit den ergänzten Angaben zu Einnahmen und Ausgaben vom 11. November 1862, Stadtarchiv Baden-Baden C25/1070.

142 Dr. v. Blaha: Chabert, Bénazet und die Gebrüder Blanc, oder die Geheimnisse des Roulettespiels und der deutschen Spielbanken. 2. Aufl. Grimma, Leipzig (circa 1850), S. 43.

143 Schreiben des großherzoglichen badischen Innenministeriums an den Stadtdirektor von Baden Freiherr von Göler vom 22. Januar 1863, Stadtarchiv Baden-Baden C25/1070.

eines ausreichenden Reservefonds, diejenigen Anstalten und Einrichtungen zur Ausführung gebracht werden, welche die Ausgestaltung der Verhältnisse des Curortes nach Aufhebung des Spieles in einer die dortigen Interessen nachhaltig sicherstellenden Weise zu verbringen geeignet sind. Es kann keinem Zweifel unterliegen, daß jene Umgestaltung auf Herstellung einer zu jeder Jahreszeit den Bedürfnissen der an Luxus gewöhnten Fremden entsprechenden anziehenden Aufenthalts gerichtet werden müsse. (...)«[144]. Bei den von der Gemeinde auszuführenden »*Anstalten und Einrichtungen*« handelte es sich u. a. um die Erweiterung der Straßenführung, um zusätzliche Bauplätze für »*einzelstehende Villen*« zu erhalten, die »*Herstellung einer vollständigen Canalisation*«, u. a. »*mit einer Einrichtung zur geruchlosen Beseitigung des menschlichen Unrathes (Senkgruben oder transportable Kästen)*«, die Einrichtung und Unterhaltung einer Schule für höhere Töchter sowie die Umgestaltung des städtischen Holzplatzes zu Baugrund für städtische und staatliche Gebäude.

Der Pächter sollte für die Verlängerung der Spielpacht u. a. folgenden Vorhaben übernehmen: die Herstellung nach staatlichem Plan einer größeren Springbrunnenanlage um das Konversationshaus (»...*die möglichst reichliche Zuleitung von hochspringendem Wasser*«), die Herstellung eines Gewächshauses mit Gärtnerwohnung sowie die Einrichtung einer Beheizung in allen Räumen des Konversationshauses (»*vollständige Feuerungseinrichtung*«)[145]. Zudem musste sich der Spielpächter verpflichten die vollständige Ausstattung des Konversationshauses und des Theaters, die »*Musikalien des Curorchesters*« (wohl Instrumente und Notenhefte etc.) und die »*Orangerien*« (wohl die Sammlung von Orangenbäumchen vor dem Konversationshaus und anderen exotischen Pflanzen in den Gewächshäusern) sowie sämtliche Gebäude samt Ausstattung der Rennbahn Iffezheim nach Beendigung der Pacht kostenfrei dem Badfond bzw. der Stadt zu überlassen. Außerdem sollte sich der Pächter zur Zustimmung der Einführung der Kurtaxe ab 1868 verpflichten, ebenso wie die ganzjährige Öffnung des Konversationshauses ab Herbst 1867. Zudem sollte der Pachtzins für die letzten drei Jahre auf 300.000 Gulden (ca. 5,1 Mio. €) jährlich erhöht werden[146]. Unter diesen Bedingungen und Vorgaben sollte die Stadt den Vertrag mit Bénazet verlängern dürfen; allerdings unter dem Vorbehalt einer vorzeitigen Auflösung, wenn der preußische Kaiser bereits ab 1870 sämtliche Spielbanken auf deutschem Gebiet verbieten lassen würde[147].

Der Vertrag über die dreijährige Pachtverlängerung des Spiels und des Konversationshauses bis zum 31. Oktober 1870 wurde somit am 9. August 1867 mit Edouard Bénazet abgeschlossen[148]. Neben der Beibehaltung der Vertragsbedingungen von 1853 und 1867 wurden u. a. als zusätzliche Punkte die Erhöhung der Pachtzins auf 300.000 Gulden (ca. 5,1 Mio. €) – zahlbar zur Hälfte im Voraus zu Beginn des Pachtjahres und die andere Hälfte mit Ende der Saison Ende Oktober –, zusätzlich 200.000 Gulden (ca. 3,4 Mio. €) extra für »Verbesserungen im Curorte« (u. a. auch für die in der »Vorverhandlung« vom Juni 1867 genannten Punkte), 400.000 Gulden für den Betrieb des Theaters (ca. 6,8 Mio. €) und die Zustimmung zu einer möglichen neuen Kurtaxe. Zudem wurde die mögliche vorzeitige Aufhebung des Vertrags bzw. Spiels mitaufgenommen. Außerdem gab es den Passus, dass bei einer nicht vom Pächter verursachten mehr als einwöchigen Unterbrechung des Spiels, dieser nur den halben jährlichen Pachtzins in Höhe von 150.000 Gulden zahlen musste, und das auch nur, wenn die Einnahmen des Spiels bis dahin die Ausgaben des Pächters und der Gemeinde in Höhe von insgesamt 1,5 Millionen Franken (ca. 11,25 Mio. €) deckten – jede weitere mögliche Entschädigung des Pächters war damit aber auch abgegolten.

Die Einrichtung von Konservationshaus, Theater und der Rennbahn waren nach Ende der Pacht dem Badanstaltenfond kostenfrei zu überlassen, zudem musste das Konservationshaus – mit Ausnahme des großen Saals (Weinbrenner Saal) und der neuen Säle – den Winter über geheizt und gelüftet für die Gäste zur Verfügung

144 Schreiben des großherzoglichen badischen Ministeriums des Inneren an die Badanstaltencommission und Bezirksamt Baden vom 8. Juni 1867, Stadtarchiv Baden-Baden A26/15-83.

145 Ebenda.

146 Ebenda.

147 Ebenda. Hintergrund dürfte der schwelende Konflikt Preußens mit Frankreich gewesen sein, der 1870/71 zum Deutsch-Französischen Krieg – u. a. unter Mitwirkung von Baden und Württemberg – führte, und die damit einhergehende Ablehnung sämtlicher französischer Einflüsse.

148 Vertrag vom 20. August 1867 zwischen Edouard Bénazet bzw. dessen Generalsekretärs und Vertreters Theophil Weih und dem Stadtdirektor von Goeler, Stadtarchiv Baden-Baden A26/15-83. Alle folgenden Angaben zum Vertragsinhalt ebenda.

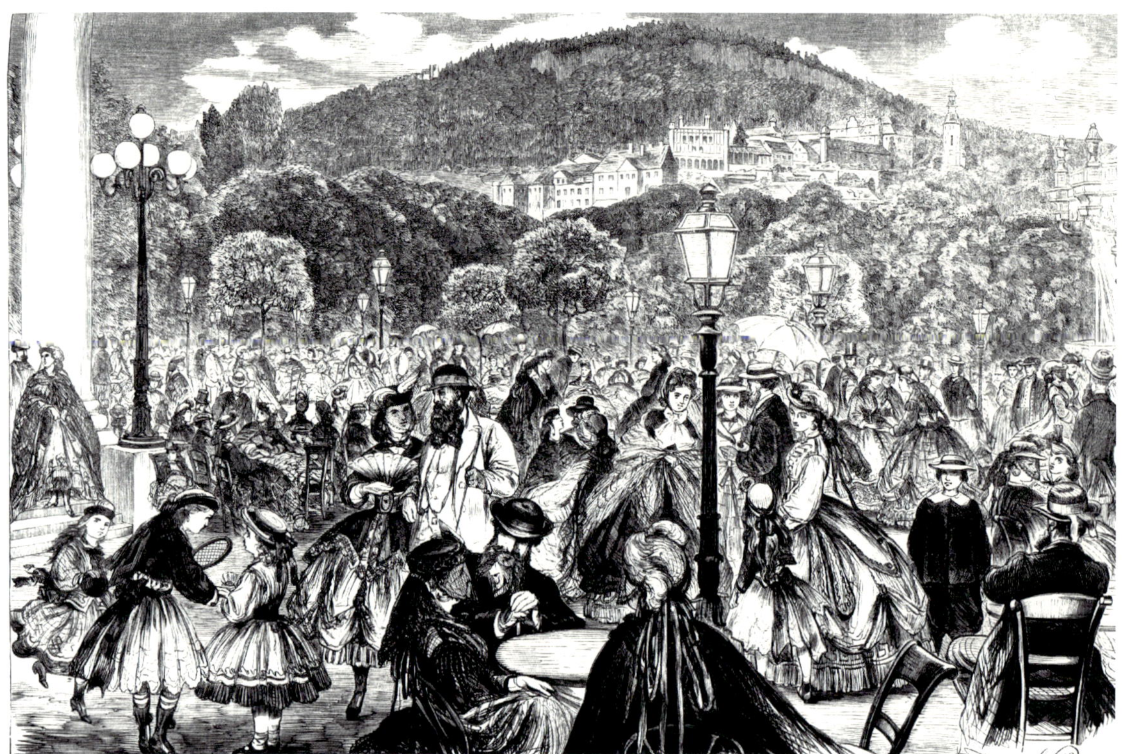

Abb. 95a Besucher auf der Promenade vor dem Konversationshaus, 1864 (»Die Promenade in Baden-Baden«, aus: Illustrierte Zeitung vom 20. Oktober 1864)

stehen und viermal wöchentlich ein Unterhaltungsprogramm und das Hazard-Spiel angeboten werden, und außerdem die Umgebung des Konversationshauses genügend beleuchtet werden. Bénazets Wunsch nach einem »vierten Spieltisch« war hingegen zunächst abgelehnt worden, da man das Spiel nicht »erweitern« wollte[149]. Aber mit Verweis auf die *»Aufrechterhaltung der Ordnung«* wegen des *»starken Fremdenbesuchs«* in den Spielsälen wurde Bénazet wenig später doch noch die Erlaubnis für Aufstellung eines vierten Spieltischs erteilt, jedoch nur zwischen dem 1. August und 15. September und nur *»zwischen 7 und 12 Uhr Abends«*[150]. Trotz des nahenden Endes schien so die Existenz des Hazard-Spiels in Baden-Baden nochmals gesichert worden zu sein – und die »Spiel-Wuth« sollte einen letzten Triumph feiern.

149 Schreiben des großherzoglichen badischen Ministeriums des Inneren an die Badanstaltencommission und Bezirksamt Baden vom 6. August 1867, Stadtarchiv Baden-Baden A26/15-83.

150 Schreiben des großherzoglichen badischen Ministeriums des Inneren an die Badanstaltencommission und Bezirksamt Baden vom 21. August 1867 und vom 24. Juli 1868, Stadtarchiv Baden-Baden A26/15-83.

1868–1872:

JAQUES EMILE DUPRESSOIR

»...die Erben Bénazet's, den kunstsinnigen und intelligenten Mr. Dupressoir an der Spitze, (der) nicht nur im Geiste des Verewigten vorzugehen, sondern weiland Bénazet sogar noch überbieten zu wollen...«

Nach dem überraschenden Tod von Edouard Bénazet am 2. Dezember 1867 übernahm dessen Neffe Jaques Emile Dupressoir (1822–1882), der bereits zuvor für Bénazet in Baden-Baden tätig war, die Leitung des Konversationshauses[151]. Die Ernennung Dupressoirs als »*Geschäftsführer der Spielpachtwahrnehmung*« erfolgte durch die Witwe Edouards Bénazets, die als offizielle »Pachtnachfolgerin« (!) fungierte – aber als Frau wohl kein derartiges Unternehmen leiten durfte –, und wurde am 4. Januar 1868 vom badischen Großherzog offiziell bestätigt[152]. So konnte der Betrieb des Konversationshauses nahtlos weiterlaufen, ohne dass eine erneute Pachtvergabe samt Ausschreibung nötig war. Zu den letzten Umgestaltungen im Konversationshaus unter Dupressoir gehörten 1868 der Umbau der »*Marx'-sche(n) Hofbuchhandlung*« und des Rauchsalons bzw. der »*Rauchgalerie*«[153], wofür Dupressoir insgesamt wohl die Kosten von über 250.000 Gulden (ca. 4,25 Mio. €) übernahm. Im Gegenzug wollte die großherzogliche Regierung den Bau neuer Buden an der Promenade übernehmen – »*in sehr gefälligen Styl, in Holz und Eisen, ausgeführt*«[154].

Zugleich steigerte Dupressoir nochmals das Niveau der Unterhaltung, indem er eine noch größere Anzahl von Veranstaltungen und weiterhin die berühmtesten Künstler in die Stadt lockte. So holte er zum Beispiel für vier Wochen im August/September 1870 Josef Strauß (1827–1870), den jüngeren Bruder von Johann Strauss, mit seinem Orchester für zwölf Konzerte in das Konversationshaus, wofür dieser 24.000 Franken (ca. 1,8 Mio €) und jedes einzelne Orchestermitglied 1.000 Franken (ca. 75.000 €) erhielt[155]! Ein Jahr später konnte dann noch der ältere Bruder, »Walzer-König« Johann Strauss (1825–1899), für ein Engagement in Baden-Baden gewonnen werden, der ab Juli 1871 in der Stadt gastierte: *»(...) mit dem Monat Juli ist auch ein weit berühmter Meister nach unserem Baden übersiedelt, um hier die nächsten Monate zu verweilen. Johann Strauß, der Hofball-Direktor Wiens, der berühmteste Tanzkomponist unserer Zeit, ist hier angekommen, um nicht weniger als 12 Konzerte zu dirigieren, in welchen seine beliebtesten und neusten Werke zur Aufführung kommen werden. Die Orchesterproben haben schon begonnen; seltene und genußreiche Abende stehen uns in nächster durch diesen, in seiner Art einzigen Künstler bevor (...)«*[156]. Der Erfolg von Johann Strauss Auftritte war erwartungsgemäß groß: *»(...) das ›Bade-Blatt‹ teilt mit, daß die Administration, veranlaßt durch die großen Erfolge, deren sich die Konzerte von Johann Strauß bei uns zu erfreuen haben, den Meister bestimmte, seinen Aufenthalt in Baden zu verlängern und noch eine weitere Reihe von Konzerten zu geben. Die Tage, an denen Joh. Strauß noch bei uns*

151 Edouard Bénazet war an den Folgen eines Schlaganfalls während seines mehrwöchigen Aufenthaltes in Nizza verstorben: *»(...) Obgleich der Verstorbene schon seit mehreren Jahren leidend war, kam doch die Nachricht seines Todes ganz unerwartet (...)*, vgl. Karlsruher Zeitung vom 6. Dezember 1867.

152 Schreiben des großherzoglichen badischen Ministeriums des Inneren an die Badanstaltencommission und Bezirksamt Baden vom 7. Januar 1868, Stadtarchiv Baden-Baden A26/15-83. Der genaue Name der Witwe von Edouard Bénazets taucht jedoch nicht auf.

153 Generallandesarchiv Karlsruhe, GLA 195, Nr. 130. Zusammenfassung des Badischen Innenministeriums bzgl. der »Besitzverhältnisse der Badanstaltsgebäude in Baden« (-Baden), vom 31.12.1919, GLA 236 Nr. 28612.

154 Würzburger Stadt- und Landbote vom 3. September 1867.

155 Karlsruher Zeitung vom 31. Mai 1870.

156 Karlsruher Zeitung vom 6. Juli 1871. Zudem dirigierte Johann Strauss am 31. Juli 1871 das Ball-Orchester bei einem großen Ball im Konversationshaus, vgl. Karlsruher Zeitung vom 26. Juli 1871.

öffentlich auftreten wird, sind nunmehr festgesetzt, (...) bei dem Monstre-Konzert, wird die treffliche Lagenbach'sche Kapelle von 40 Mann (...) mit unserem Kurorchester vereinigt wirken. Hinzu kommen noch Militärmusiker von der Rastatter Kapelle, so daß ein Instrumentalkörper von über 100 Mann von Johann Strauß dirigiert werden wird (...)«[157].

Auch bei Johann Strauss' zweitem Aufenthalt von Ende Juli bis zum Oktober 1872 war der Andrang und die Begeisterung für die Konzerte wiederum groß: *»(...) An den Abenden, wo Johann Strauß im Kiosk (*Anm. der Musikkiosk vor dem Konversationshaus*) dirigiert, sind andere Festlichkeiten ohnehin nicht möglich, weil unser Publikum dann auf der Promenade vollständig versammelt ist. Aus diesem Grunde hat auch die Administration die Strauß-Konzerte vom Mittwoch auf den Dienstag Abend verlegt, um den Besuch der Aufführungen des Großh. Hoftheaters von Karlsruhe nicht zu sehr zu hindern – um nicht zu sagen, unmöglich zu machen (...)«*[158].

Sogar der deutsche Kaiser Wilhelm I. wünschte während seines Aufenthalts in der Stadt den Walzer-König zu hören, wofür für seine Kaiserliche Majestät ein Privatkonzert im Konversationshaus in den »neuen Sälen« gegeben wurde: *»(...) Der Deutsche Kaiser hat den Wunsch zu erkennen gegeben, Johann Strauß zu hören. Dem entsprechend wird das Strauß-Konzert am 2. Okt. in den neuen Sälen ein privates und spezielle Einladungen dazu erlassen. Dasselbe Konzert wird hierauf Samstag, 5. Oktober, im großen Saale wiederholt; mit freiem Eintritt für Jedermann (...)«*[159]. Über dieses Privatkonzert für den deutschen Kaiser wurde berichtet: *»(...) Die musikalische Soiré, welche am 2. Okt. in den neuen Sälen stattfand, gehört zu den glänzendsten, welche diese Säle jemals gesehen haben. An diesem Abend dirigierte Johann Strauß das Privatkonzert, welches auf speziellen Wunsch Ihrer Majestät des Deutsche Kaisers und der Deutsche Kaiserin gegeben wurde. Außer den Majestäten, welche mit hohem Gefolge erschienen, und das Konzert von Anfang bis zum Ende mit Ihrer Gegenwart beehrten, waren Ihre Großh. Hoheit die Herzogin von Hamilton, die Prinzessin von Fürstenberg, die hier weilenden Mitglieder des diplomatischen Korps und hohen Adels, viele Fremde von Auszeichnung und eine größere Anzahl von Personen aus der hiesigen Gesellschaft. Um der Ueberfüllung des Saales auf alle Fälle vorzubeugen, hatte man nur eine beschränkte Anzahl von Einladungskarten versenden können; dennoch mögen gegen 400 Zuhörer versammelt gewesen sein. (...) Die Ausführung sämmtlicher Nummern durch unser Kurorchester war unter Strauß' genialer Direktion vollendet, die Wirkung zündend. (...) Ihre Kaiserl. Majestäten gaben auch ihren Beifall während des gesamten Konzertabends kund (...)«*[160]. Den Orchestermitgliedern des Konversationshauses spendierte Dupressoir im Zuge der diversen Strauß-Konzerte eine zusätzliche Gratifikation: *»(...) daß Hr. Dupressoir, welcher auf sein Kurorchester mit Recht stolz sein darf, diesen Künstlern auch ein sichtbares Zeichen seiner Zufriedenheit zu geben wünschte, und ihnen, was bisher noch nie geschehen, vor kurzem nicht nur ein Benefiz-Konzert bewilligte, dessen Leitung, wie bekannt, Meister Johann Strauß selbst übernahm – wodurch die Anziehungskraft desselben noch wesentlich erhöht werden musste –, sondern außerdem noch eine Gratifikation von 5000 Franken zur Vertheilung an alle Mitglieder übersandte. Hierauf übereichte am 21. d. M. das gesamte Orchester dem verehrten Chef der Administration eine schön gearbeitete Bronze-Statue – die Muse der Tonkunst darstellend. In einem von Hrn. Dupressoir den Künstlern gegebenen Festdiner sprach derselbe seinen Dank für das Geschenk aus (...)«*[161].

Dupressoirs kulturelle Bemühungen wurden auch in der Presse angemessen gerühmt, indem er sogar Bénazet zu übertreffen schien: *»(...) als Bénazet vor anderthalb Jahren starb, fürchtete man, daß seine Nachfolger (...) das Budget für Kunst verringern würden, doch war diese Befürchtung völlig unbegründet. Im Gegenteil scheinen die Erben Béna-*

157 Karlsruher Zeitung vom 12. August 1871. Die Zusatzkonzerte von Johann Strauß fanden am 10., 12., 14., 17., 19. und 21. August statt, zudem dirigierte Johann Strauß am 24. August noch einen großen Bal paré im Konversationshaus. 1872 kehrte Johann Strauß Ende Juli nach seiner Amerika-Tournee nochmals nach Baden-Baden zurück, wo er im August wieder mehrere Konzerte gab: *»(...) vorigen Dienstag ist Johann Strauß, von seiner amerikanischen Reise zurückkehrend, in Baden eingetroffen und wird nun wieder wie im vorigen Jahr dem Publikum seine elektrisierenden heiteren Weisen vorführen. Sein erstes Auftreten ist auf den heutigen (3.d.) Samstag angekündigt. Das Programm enthält drei seiner brillantesten Nummern: den Walzer »Künstlerleben«, den »egyptischen Marsch« und die »Tritsch-Tratsch-Polka« (...)«*, vgl. Karlsruher Zeitung vom 4. August 1872.

158 Karlsruher Zeitung vom 14. August 1872.

159 Karlsruher Zeitung vom 2. Oktober 1872.

160 Karlsruher Zeitung vom 6. Oktober 1872. Johann Strauß gab sein letztes Konzert in dieser Saison am 10. Oktober, wobei *»(...) der große Saal des Konversationshauses so angefüllt (sein wird), wie noch nie (...)«*, vgl. Karlsruher Zeitung vom 12. Oktober 1872.

161 Karlsruher Zeitung vom 27. September 1872.

zet's den kunstsinnigen und intelligenten Mr. Dupressoir an der Spitze, nicht nur im Geiste des Verewigten vorzugehen, sondern weiland Bénazet sogar noch überbieten zu wollen (...)«[162]. Der September 1869 gab einen beispielhaften Eindruck von der Fülle der angebotenen Veranstaltungen im Konversationshaus: *»(...) Fest zur Feier des Geburtstagsfestes des Großherzogs; Vorstellungen der französischen und italienischen Oper; Concerte mit berühmten Solisten und Chören; Matinées classiques; Bals parés; Wettrennen, große Jagden etc., werden Schlag auf Schlag aufeinander folgen – der ganze Monat wird eine fortlaufen Reihe von Festen bilden (...)«*[163]. Diese Vielzahl der glanzvollen Feste und Vergnügungen fand somit einen letzten großen Höhepunkt und passte zu der größten Besucherfrequenz, die Baden-Baden bis dahin erreichte: so weilten 1869 insgesamt 62.036 Übernachtungsgäste in der Stadt, davon 16.000 französische Gäste: »*Baden war die Vorstadt von Paris geworden*«[164].

Dieser Rausch wurde 1870 jedoch abrupt mit dem Ausbruch des Deutsch-Französischen Kriegs unterbrochen, wodurch die Besucherzahlen – besonders der französischen Gäste – einbrachen. Kurz nach Kriegsausbruch am 19. Juli 1870 war das Spiel mitsamt dem Unterhaltungsangebot daher eingestellt worden, was den Besucherzustrom in der Stadt damit vollständig zum Erliegen brachte und große wirtschaftliche Konsequenzen nach sich zog[165]. Der Gemeinderat wandte sich aufgrund der wirtschaftlichen Verluste daher bereits Ende August an die Badanstaltencommission und forderte, dass *»(...) es zur Annehmlichkeit der hier wohnenden Fremden dienen und für auswärts sich Aufhaltende Veranlassung geben würde, sich in unserer Bäderstadt nach und nach wieder einzufinden, zumal der Kriegsschauplatz sich weiter in das Innere von Frankreich verlegt hat, wenn die Nachmittags-Musik in bisheriger Weise zwischen 3 bis 4 Uhr in den Kiosk ihren Anfang wieder aufnehmen würde. Bei ungemütlicher Witterung wäre es zu wünschen, daß sowohl die Nachmittags-Musik, als bei unfreundlicher Witterung des Abends die Musik im großen Saale des Conversationshauses stattfinden würde. Auch würde es von der Einwohnerschaft mit Dank begrüßt werden, wenn das Spiel wieder eröffnet werden würde, um so mehr als uns mitgetheilt wurde, daß solches in Hamburg und anderen Städten, wo solches besteht, durch die Kriegs Ereignisse unterbrochen, wieder begonnen habe (...)«*; man bitte daher, dass *»(...) die Musik auf der Promenade sowohl als die Eröffnung des Spiels in hiesiger Stadt nach den obrigen Anträgen stattfindet, da hierdurch den Einwohnern Badens, so wir hoffen, noch Gelegenheit geboten wird, eine bescheidene Saison, wenn auch nur auf kurzer Zeit zu erhalten (...)*«[166]. Der Pächter Dupressoir kam dem Wunsch der Stadt jedoch nur insofern entgegen, dass er das Konservationshaus mitsamt dem Lesesaal (»*Lesebetrieb*«) und der Nachmittagsmusik wiedereröffnete. Das Spiel blieb jedoch weiterhin eingestellt: *»(...) es ist dem Herrn Dupressoir thatsächlich unmöglich die Spielbank unter den (...) Zeitverhältnissen wieder zu eröffnen, da sein Personal zum Betrieb der Bank gegenwärtig vollständig zerstreut ist und derselbe die zum Betrieb der Unternehmung nothwendige Herrschaft unter den gegenwärtigen Umständen unmöglich aus Paris nehmen kann (...)*«[167]. Der Gemeinderat blieb jedoch hartnäckig und versuchte beim Innenministerium eine Wiedereröffnung des Spiels zu erreichen, da die Spielbanken in Hamburg und Wiesbaden bereits wieder zugänglich waren und der Spielbetrieb *»(...) den konkurrierenden Badorten gegenüber für den hie-*

162 Zu den Höhepunkten der Saison 1868 gehörten die Oper »Lohengrin« von Richard Wagner unter der Leitung des Berliner Komponisten und Kapellmeister Karl Eckert (1820–1879), mit dem Münchner Tenor und Hofkammersänger Franz Nachbauer (1830–1902) – der zu den berühmtesten Wagner-Interpreten seiner Zeit gehörte – und der jungen, gefeierten Sopranistin Mathilde Mallinger (1848–1920) an seiner Seite : »(...) ein Paar, das selbst frivole (...) Franzmänner (Franzosen) zur Begeisterung und zu Thränen hinreißen mußte (...)«. In der Saison 1869 wurden dann u. a. französische »Bouffes parisian« Opern (opera buffa – komische Oper) unter der Leitung des Komponisten Jaques Offenbach persönlich gegeben, außerdem die damals extra für Baden-Baden neu überarbeitete Oper »Mignon« von Ambroise Thomas mit der seinerzeit gefeierten schwedischen Opernsängerin Christine Nilsson (1843–1921); ferner Konzerte der Wiener Opernsängerin Pauline Lucca (1841–1908) und des Berliner Sängers Franz Betz (1835–1900); vgl. Münchner Wochenzeitschrift Germania vom 7. August 1869.

163 Münchner Wochenzeitschrift Germania vom 7. August 186. Zu den diversen Unterhaltungsmöglichkeiten wie den Jagden und Rennen vgl. Zimmermann, 2024, S. 308–327.

164 Jubiläumsausgabe anlässlich des 75-jährigen Bestehens des Badeblatt vom 4. Juni 1889, GLA 424a 1996-67.

165 Schreiben des großherzoglichen badischen Ministeriums des Inneren an Stadtdirektor Freiherr von Göler vom 18. Juli 1870, Stadtarchiv Baden-Baden C25/1070, darin die Erlaubnis des Innenministeriums an den Stadtdirektor angesichts der drohenden Kriegsgefahr in Einvernahme mit dem Pächter Dupressoir »das Spiel und alles was damit zusammenhängt« einzustellen.

166 Schreiben des Gemeinderats der Stadt Baden an die Badanstaltencommission vom 26. August 1870, Stadtarchiv Baden-Baden C25/1070.

167 Schreiben des Generalsekretärs und Vertreters von Dupressoir, Theophile Weih, an die Badanstaltencommission vom 30. August 1870, Stadtarchiv Baden-Baden C25/1070.

sigen Ort von sehr großer Wichtigkeit ist (...)«; das »Personalproblem« des Pächters könne mit der *»(...) zur Zeit in hiesiger Stadt genügenden Anzahl feiner Bankangestellter (...)«* behoben werden, so dass man *»(...) wenigstens 2 Tische in Betrieb setzen (...)«* könnte[168]. Das Innenministerium wies den Antrag des Gemeinderats bzw. der Badanstaltencommission jedoch zurück[169]. Erst nach Kriegsende am 10. Mai 1871 nahm das Spiel wieder den Betrieb auf und die Einnahmen des Pächters erreichten wieder das Niveau des Vorkriegsjahres mit 1.524.903 Gulden 8 Kreuzer (ca. 26 Mio. €), wobei der September mit allein 509.966 Gulden 28 Kreuzer (ca. 8,6 Mio. €) der umsatzstärkste Monat war[170].

Die Nervosität des Gemeinderats bzw. der Stadt angesichts der kurzen Schließung der Spielbank während des Kriegs sowie die schnelle wirtschaftliche Erholung der Einnahmen nach Wiedereröffnung zeigt jedoch erneut die kaum zu unterschätzende und scheinbar nicht zu ersetzende Wirtschaftskraft des Glücksspiels in Baden-Baden. Die Befürchtungen vor dem erwähnten »oekonomischen Ruin« angesichts des drohenden Glücksspielverbots war somit völlig nachvollziehbar.

Angesichts des großen finanziellen Erfolges war der Pachtvertrag mit Dupressoir 1869 nochmals und letztmalig bis zum 31. Oktober 1872 verlängert worden – eine Verlängerung darüber hinaus war nicht mehr möglich, da die *»(...) Gesetzgebung des norddeutschen Bundes beziehungsweise des Königreichs Preußen (...) die Aufhebung der Spielbanken auf gesamtdeutschen Gebiet zum Ende des Jahres 1872 (...)«* verfügen würde[171].

Diese letztmalige Spielpachtverlängerung war vonseiten des Innenministeriums an hohen Bedingungen für die Gemeinde/Stadt und dem Pächter gleichermaßen geknüpft: demnach hatte die Gemeinde u. a. für den *»Bau einer Badanstalt mit Piscinen (*Anm. Schwimmbecken*) und Einzelbädern«* entsprechend definierten Baugrund in der Innenstadt an die Badanstaltencommission abzutreten und für die Einrichtung der vollständigen Erschließung der Wege und der Infrastruktur sowie der kompletten Wasserzufuhr und Kanalisation zum neuen Bad zu sorgen. Zudem sollte sie für die Jahren 1871 und 1872 den städtischen jährlichen Zuschuss für das Theater von 4.000 Gulden auf 8.000 Gulden erhöhen, und außerdem die *»Verkehrshemmungen in Höhe des Bahnhofs«*, die bei *»größerem Andrang« auftraten und nicht den »Verhältnissen eines Kurortes von solcher Bedeutung wie* Baden« angemessen waren, beseitigen. Der Pächter Dupressoir wurde verpflichtet für die Jahre 1871 und 1872 eine jährliche Pacht von 500.000 Gulden (ca. 8,5 Mio. €) (anstatt wie bisher 300.000 Gulden) und zudem für die beiden Jahre 200.000 Gulden (ca. 3,4 Mio. €) an den Badfond zur Verschönerungen in der Stadt zu entrichten (besonders für die Errichtung von Kaltwasserleitungen und Gewächshäuser); zudem Lüftungs- und Heizungseinrichtungen in allen Räumen des Konversationshauses installieren, sowie sämtliche Stühle und Bänke vor dem Konversationshaus nach Ende der Pacht der Badanstaltencommission kostenfrei überlassen und außerdem den jährlichen Zuschuss für das Theater ebenfalls von 4.000 auf 8.000 Gulden erhöhen[172].

Diese vom großherzoglichen Innenministerium vorgegebenen strengen Bedingungen für eine letztmalige Pachtverlängerung wurden damit begründet, dass man *»(...) nach Vollendung des Spiels mittels der inzwischen angesammelten Mittel und der aus diesen Mitteln geschaffenen Einrichtungen, eine im Voraus kaum zu bemessenden wirtschaftliche Krise nicht allein zu bestehen, sondern lebensfähig auf erneuerter Grundlage hervorzugehen (...)«* müsse, denn *»(...) jede überhaupt zulässige Erneuerung der Spielpacht nur dann gerechtfertigt werden kann, wenn sie die Grundlage bildet, auf welcher die Stadt selbst, der Spielpächter und der Staat zusammenwirken, um für die wirtschaftliche Zukunft Badens einen neuen Anhalt zu gewinnen. In dieser Beziehung wird auch die Errichtung von Piscinen (*Anm. Schwimmbecken*), als ein besonderes, weil nur an wenigen Orten zu erstellendes Anziehungsmittel für den zukünftigen Kurort Baden erachtet (...)«*[173]. Die erhöhte Spielpacht wurde

168 Schreiben des Gemeinderats der Stadt Baden-Baden an die Badanstaltencommission vom 2. September 1870, Stadtarchiv Baden-Baden C25/1070.

169 Schreiben des großherzoglichen badischen Ministeriums des Inneren an die Bandanstaltencommission vom 10. September 1870, Stadtarchiv Baden-Baden C25/1070.

170 Einnahmen des Spiels im Jahr 1871 von Mai bis September und Abrechnung des Spielpachtzinses für das Pachtjahr 1870/71, Stadtarchiv Baden-Baden C25/1070.

171 Schreiben des großherzoglichen badischen Ministeriums des Inneren an die Badanstaltencommission vom 12. Oktober 1869, Stadtarchiv Baden-Baden C25/1070.

172 Schreiben des großherzoglichen badischen Innenministeriums an die Badanstaltencommission vom 12. Oktober 1869, Stadtarchiv Baden-Baden C25/1070.

173 Schreiben des großherzoglichen badischen Innenministeriums an die Badanstaltencommission vom 25. Oktober 1869, Stadtarchiv Baden-Baden C25/1070.

ebenfalls eingefordert, allerdings wurde Dupressoir ebenso zugestanden in der Hochsaison einen vierten Spieltisch aufzustellen und an einem Spieltisch den Mindesteinsatz (!) auf 20 Gold-Franken (ca. 1.500 €) zu erhöhen. Zudem wurde ihm u. a. »*zur Verminderung seines Risikos*« zugestanden, dass »*wenn in einem Jahr in Folge von außerordentlichen Ereignissen (zu welchem jedoch Zufälligkeiten des Spiels nicht gehören) die Bruttoeinnahmen des Hazardspiels nicht mindestens 1.890.000 Gulden* (Anm. ca. 32,1 Mio. €) *betragen*« er nur die Summe von 150.000 Gulden an den Badfond zu bezahlen hatte. Zudem durfte er an Tagen, an welche die Karlsruher Hofbühne nicht im Theater auftrat, das Theater für die Aufführung von italienischen und französischen Opern nutzen. Es war ihm als französischem Pächter vor dem Hintergrund des deutsch-französischen Krieges jedoch verboten, deutsche Opern aufführen zu lassen oder deutsche Buchvorstellungen im Konservationshaus zu veranstalten[174]. Nach heftigen Verhandlungen, insbesondere mit der Stadt bzw. dem Gemeinderat,[175] wurde der Pachtvertrag mit Dupressoir letztmalig bis zum 31. Oktober 1872 verlängert – und ebnete den Weg für eine allerletzte (Spiel-)Saison im Konversationshaus[176].

174 Ebenda.

175 Schreiben des großherzoglichen badischen Innenministeriums an die Badanstaltencommission vom 18. November 1869 und vom 10. Dezember 1869, Stadtarchiv Baden-Baden C25/1070. Die Stadt bzw. der Gemeinderat stand den umfangreichen Zugeständnissen bezüglich der Schaffung der Rahmenbedingungen für die Errichtung der neuen Badeanstalt sehr kritisch gegenüber und konnte sich erst nach längerem intensiven Austausch mit dem Innenministerium in seiner Sitzung am 29. November 1869 zu den erstellten Bedingungen durchringen (nachdem bereits Dupressoir den neuen Pachtbedingungen schon zugestimmt hatte), Schreiben des Gemeinderats an die Badanstaltencommission vom 30. November 1869, Stadtarchiv Baden-Baden C25/1070.

176 Schreiben des großherzoglichen badischen Ministeriums des Inneren an die Badanstaltencommission vom 4. Dezember 1869, Stadtarchiv Baden-Baden C25/1070.

1872 UND DIE FOLGENDEN JAHRE:

DAS ENDE DES GLÜCKSSPIELS IM KONVERSATIONSHAUS

»...Dupressoir besonders darf die zuletzt gemachten Geschäften zu seinen glänzendsten zählen ...«

Vor dem letzten Tanz um die Spieltische waren die letzten Tage der glanzvollen Saison 1872 mit über 58.000 Besuchern aber nochmals voll ausgekostet worden (Abb. 96): *»(...) Baden-Baden. 1. Nov. (...) Dupressoir besonders darf die zuletzt gemachten Geschäften zu seinen glänzendsten zählen. In den letzten Tagen waren die drei Spieltische massenhaft umlagert, aber durchschnittlich nicht von größeren Spielern; leider sehr viele hiesige Einwohner selbst und gewöhnliche Leute der Umgegend, Kutscher, Hausknechte, Dienstmägde wollten die letzte Gelegenheit, ihr Glück zu machen, noch nutzen. Hauptsächlich gestaltete sich der gestrige Abend zu einem wahren Menschenmarkte. Vor dem Conversationshause strömten von 8 Uhr an eine Masse Leute hin und her, wie man es bei den Strauß'schen Concerten zu sehen gewohnt war. Die Säle vollends waren so überfüllt, daß man fast keinen Platz zum Stehen hatte und es vielen Spiellustigen rein unmöglich wurde, ihr Thälerchen zu opfern. Sie postierten sich schließlich noch auf Stühle und Tische und das zahlreiche Polizeipersonal hatte Mühe, auch nur einiger Maßen Ordnung zu halten. (...) Als kurz vor 12 Uhr die drei letzten Spiele öffentlich bekannt gemacht wurden, entleerte sich die Restauration, über Tische und Bänke hinüber ging es nach den Spielsälen; man ließ das Geld, wohin es auf dem Spieltisch auch fuhr, liegen und Mancher erhielt, wie leicht anzunehmen, mehr, Mancher weniger als ihm gehörte. Am Schlusse füllten sich dann die Wirthshäuser, wo bis früh am Tage gezecht wurde (...)«*[177]. Die letzte Zahl im letzten Roulettespiel am 31. Oktober 1872 um kurz vor Mitternacht soll die Nummer Neun gewesen sein[178].

Die Einnahmen des Pächters erreichten von Mai bis Oktober 1872 eine neue Rekordhöhe mit insgesamt 2.063.793 Gulden 38 Kreuzer (ca. 35 Mio. €), wobei allein die September-Einnahmen bei 711.171 Gulden 1 Kreuzer (ca. 12,2 Mio. €) lagen[179]. Die Bitte des Gemeinderats bzw. der Stadt die Spielpacht nochmals um wenige Wochen bis zum 31.12.1872 zu verlängern – das Glücksspielverbot trat ja erst zum 1. Januar 1873 in Kraft –, ist angesichts dieser Summen nachvollziehbar, wurde jedoch vom Innenministerium mit Verweis auf die bereits in den staatlichen Budgetvorlagen für 1870/71 und für 1872/73 berücksichtigte Schließung der Spielbank zum 1. November 1872 abgewiesen[180].

Über die Atmosphäre der letzten Woche und Tage des Glücksspiels wurde in diversen Zeitungen in Europa und Nordamerika berichtet, so auch in der Harper's Weekly am 7. Dezember 1872 (der führenden illustrierten Zeitung der Vereinigten Staaten von 1857–1916), die sich auf einen Bericht der »London Times« bezog: *»(...) A brilliant light was reflected upon the tables, while all around was comparatively obscure. (...) he observed that every thing was screened but the table and the money, and just hands of the gamblers. What a study of hands! The prodigal hand flinging away its venture; the miserly hand brooding over its gold; thin, white, bejewelled hands; coarse, loutish hands; nervous hands probing empty pockets! Except the jingling of the money, and the short utterances of the croupiers, there was a dead silence, and the scene was a little ghastly. One might half close the eyes and fancy that the rakes of the players were the forked tails of demons, which they*

177 Sonntagsbeigabe der Fränkischen Zeitung (Ansbacher Morgenblatt) vom 10. November 1872.

178 Der Führer vom 12. Juni 1938.

179 Übersicht der Einnahmen von Mai bis Oktober 1872 vom 31. Oktober 1872, Stadtarchiv Baden-Baden C25/1070.

180 Schreiben des großherzoglichen badischen Innenministeriums an die Badanstaltencommission vom 21. Oktober 1872, Stadtarchiv Baden-Baden C25/1070.

181 Harper's Weekly vom 7. Dezember 1872

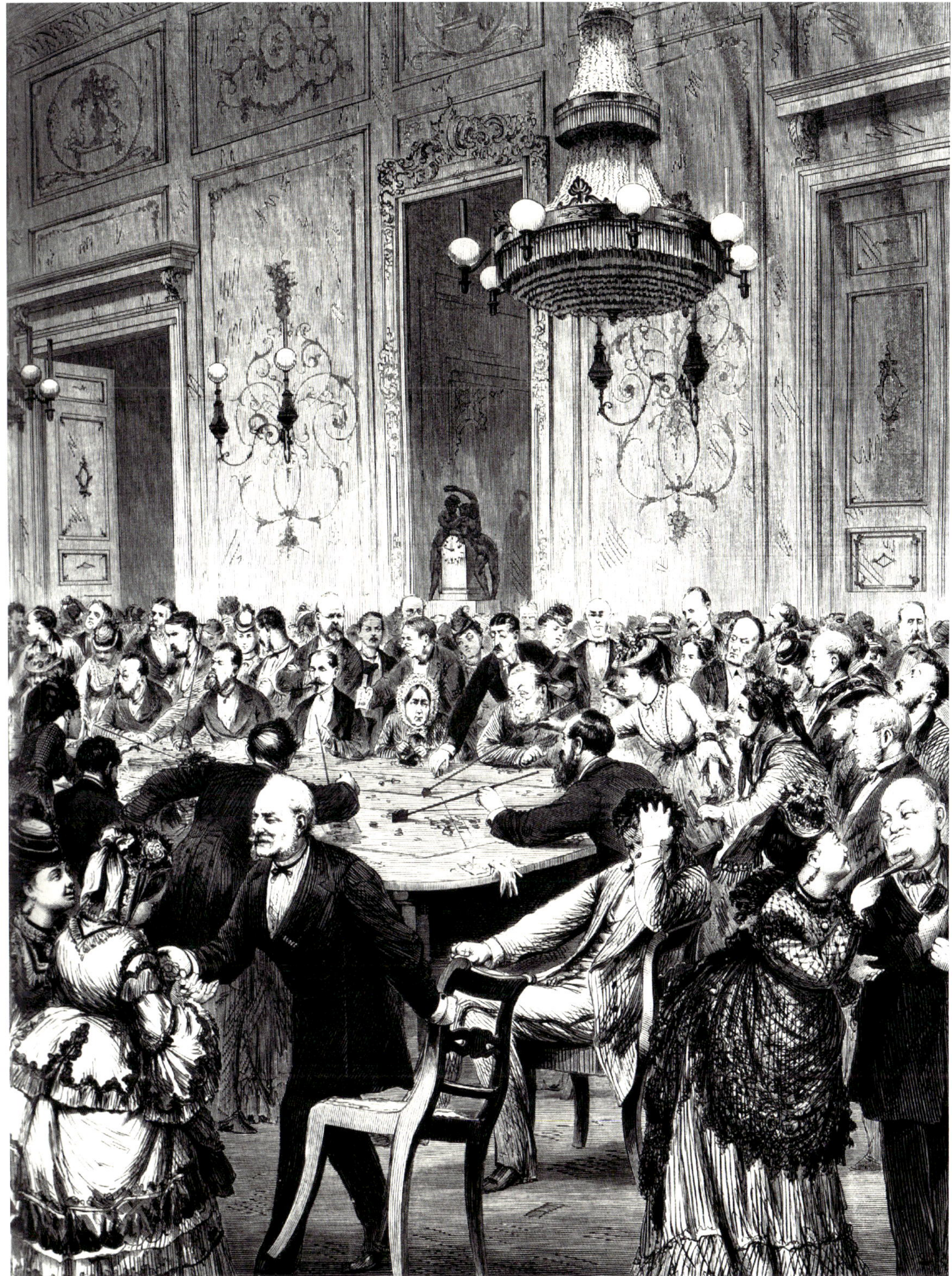

Abb. 96 Ein dicht umlagerter Spieltisch am Ende der Glückspiel-Ära, hier im Kurhaus Wiesbaden – im Konversationshaus in Baden-Baden dürfte sich ein ähnliches Bild geboten haben, 1871 (aus: Illustrierte Zeitung vom 2. September 1871)

kept using for placing their stakes and claiming their winnings. (...)« (Abb. 97)[181]. Auch die Befürchtungen vor einer »Wirtschaftskrise« in der Stadt nach Ende des Spiels wurde thematisiert: »*(...) It ist feared that the great stream of visitors will enormously diminished, and, necessarily, the large sums of money expended by them will fall of. The direct rent paid for the privilege has been for the last two years 600,000 flo-*

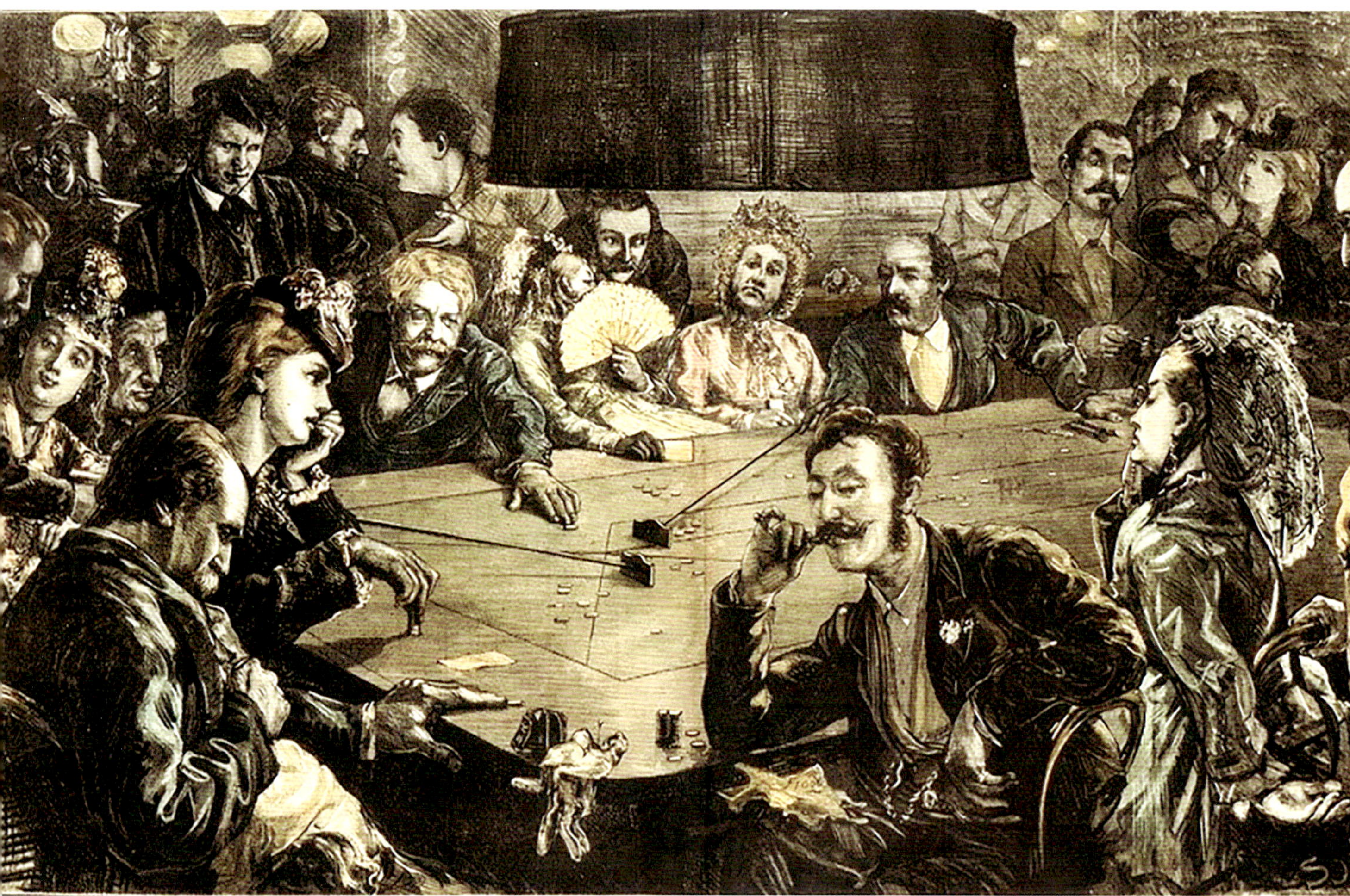

Abb. 97 Darstellung des letzten Spiels im Konversationshaus in Baden-Baden am 31.Oktober 1872 (»The Last Night of Rouge-et-Noir at Baden-Baden«), von Sidney Hall, 1872(aus: »Harper`s Weekly«, vom 7. Dezember 1872)

rins (about 250,000 $), but this is insignificant in comparison with the money that was indirectly brought to Baden and expended. The list of visitors up to the end of October was between 58,000 and 59,000. This includes only those who spent at least one night in the town, and takes no account of the vast numbers who come for the day, having residences in neighboring places, or passers through. It is understood that the profit of the tables this year somewhat exceeds 2.5000,000 frances (about 500,000 $). The beauty of the situation of Baden has been often extolled, and is widely known, but its best friends may well fear that its prosperity will scarcely be maintained. (...)«[182].

Durpessoir verließ nach Ablauf der Pacht die Stadt und das Konservationshaus, gab jedoch vorher seinen Mitarbeitern noch ein offizielles Abschiedsessen am 10. November 1872: *»(...) Diesen Vormittag gibt Dupressoir den Croupiers noch ein Abschiedsfest in der Restauration Weber. Er begibt sich, wie man hört, auf einige Zeit nach Paris (...)*[183]*. Die Croupiers widmen sich zum Theil ihren seither schon nebenbei geführten Geschäften, zum Theil siedeln sie nach Monaco über; auch einige Musiker sind schon bereits dahin abgereist. Traurige Gesichter machen die Witwen von Croupiers und Musikern, die seither Pensionen erhielten und nun auf´s Trockene gesetzt sind. (...)«*[184].

182 Harper's Weekly, vom 7. Dezember 1872, S. 953.

183 Dupressoir kehrt mach seinem Aufenthalt in Paris jedoch wieder nach Baden-Baden zurück, da er »*mit einer hiesigen Dame vermählt (war)*«, und wurde nach seinem Tod 1884 auf den Städtischen Hauptfriedhof beigesetzt, vgl. Bade- und Reise-Journal vom 27. August 1884. Bei der erwähnten »hiesigen Dame« handelt es sich wohl um Maria Dupressoir geb. Hotz, die das Hotel »Zum Badischen Hof« betrieb, vgl. GLA 236 Nr. 7311.

184 Sonntagsbeigabe der Fränkischen Zeitung (Ansbacher Morgenblatt) vom 10. November 1872. Dupressoir hatte offensichtlich seinen Mitarbeitern – sowie deren Familien bzw. Witwen – nach deren altersbedingen Ausscheiden eine freiwillige Pension zugestanden, die nach Ablauf der Spielpacht und dem Weggang Dupressoirs ausfiel.

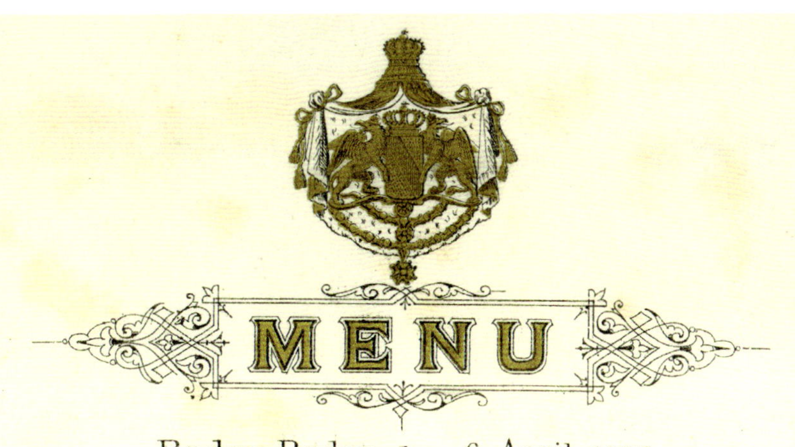

Baden-Baden, den 6. April 1886

Hors d'oeuvres.
Potage purée de Gibier.
Saumon du Rhin flanqué de Truites,
sauce aux Ecrevisses.
Roastbeef à la Richelieu.
Homards à l'Américaine.
Terrine de Foie gras en belle-vue.
Poulardes roties au cresson.
Salade et Compôte.
Bombe glacée — Pièces montées.
Dessert & Fruits.

Markgräfler	2.	Medoc	3.
„ Edelwein	2.50	St. Julien	4.
Affenthaler	2.	Château Larose	6.
„ Beerwein	2.50	Cos d'Estournel	9.
Zeltinger	2.50	Blume der Mosel	6.
Brauneberger	3.50	Rheingold	7.50
Forster Riesling	3.50	Heidsick	10.
Hochheimer	4.	Ruinart	10.
Liebfrauenmilch	5.	Moët	10.
Markobrunner	8.	Pommery, Greno	11.

R. SAUR, CONVERSATIONSHAUS BADEN-BADEN

Stanislaus Kah, lith. Druck. Baden.

Abb. 98 Menükarte des Restaurants im Konversationshaus vom 6. April 1886 (Stadtmuseum/-archiv Baden-Baden)

BADEN-BADEN.

Im Großen Saale des Conversationshauses

Samstag, den 12. Februar 1876

Zum Besten der Unterstützungs-Kasse des Städt. Orchesters

Grosses Concert

veranstaltet vom Kur-Comité

unter gütiger Mitwirkung von

Herrn **JOHANNES BRAHMS** und Herrn Kapellmeister **ERNST FRANK**

Fräulein **OTTIKER**, Grossherzogliche Hofopernsängerin von Mannheim

Frau **JOHANNA LANGE**, Grossherzogliche Hofschauspielerin

Fräulein **LUISE WALTER**, Grossherzogliche Hofopernsängerin von Karlsruhe

Herrn **WILHELM GRŒSSER**, Grossherzoglicher Hofschauspieler

Herren **BENEDICT KÜRNER** und **JOSEF STAUDIGL**, Grossherzogliche Hofopernsänger von Karlsruhe

sowie des

Kirchen-Chors, Sängerbundes Hohenbaden und vieler kunstgeübter Dilettanten

unter Direction von Herrn Kapellmeister M. Koennemann.

PROGRAMM.

ERSTER THEIL.

1. **Präludium** aus der VI. Sonate für Violine . . . *J. S. Bach.*
   Harmonisirt und orchestrirt von C. Stör.
   Al unisono vorgetragen von den Herren G. Krasselt, Ph. Bletzer, Ph. Klupp, Ed. Heinz, A. Hübner, J. Meyer, W. Championnont, R. Bienert, V. Staudacher und H. Bletzer.
2. **Arie** aus **„Acis und Galathea"**. . . . . *Händel.*
   Herr Staudigl.
3. **Variationen** für Orchester über ein Thema von **Haydn** *J. Brahms.*
   Unter Leitung des Componisten.
4. **Concert-Arie** für Sopran . . . . *F. Mendelssohn-Bartholdy.*
   Fräulein Ottiker.
5. **„Das Gebet der Mutter"**, Dichtung von . . . . *F. Halm.*
   Frau Johanna Lange.
6. **„Liebeslieder"**, Walzer für **Quartett-Gesang** und **Pianoforte zu vier Händen** (op. 52) . . . . . *J. Brahms.*
   Fräulein Ottiker, Fräulein Walter, Herr Kürner, Herr Staudigl.
   Pianoforte: Herren Johannes Brahms und Kapellmeister Frank.

Abb. 99 Ankündigung eines Konzerts u.a. mit Johannes Brahms im Konversationshaus vom 12. Februar 1876 (Stadtmuseum/-archiv Baden-Baden)

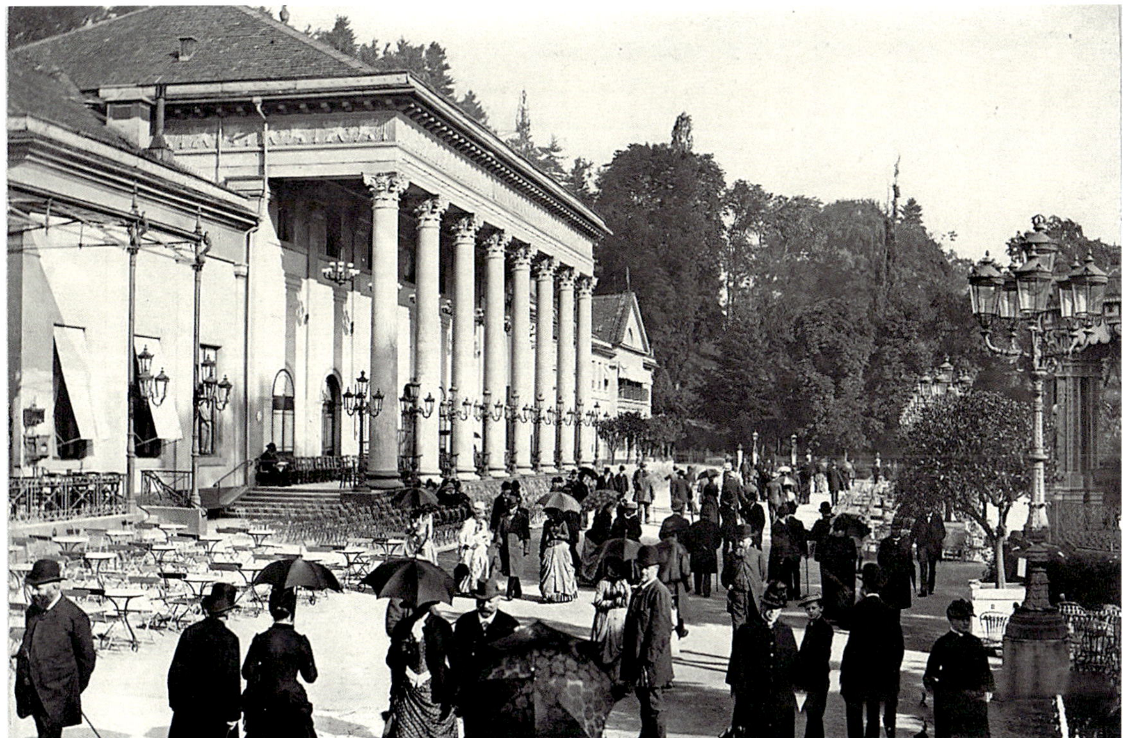

Abb. 100 Das Konversationshaus nach Ende des Glücksspiels, 1890 (National Museum of Art, Architecture and Design, Oslo)

Die Verwaltung sowie der Übergang des Konversationshauses in die städtische Zuständigkeit waren schon im Vorfeld vom Innenministerium geregelt worden. Demnach fielen das »*Konversationshaus und dessen Grund und Boden*« in das Eigentum des staatlichen Badfonds, während ein neu gegründetes »*Cur-Comitée*« der Stadt Baden-Baden als Nutzer und Verwalter des Konversationshaus fungierte[185]: »(...) *unseres berühmten Badeortes tritt jetzt eine neue städtische Verwaltung, welche alles das weiter zu führen und fortzuentwickeln hat, was in so reichem Maße hier gegründet worden, sich so glänzend entfaltet und bewährt hat* (...)«[186].

Das gesamte Inventar des Konversationshauses, des Theaters und der Gebäude der Rennbahn Iffezheim fielen ebenfalls der Stadt bzw. dem »Cur-Comitée« zu; für die Organisation der unverzüglichen Übernahme der Gegenstände unmittelbar nach Ende der Spielpacht wurde der Stadtdirektor von Göler und Beamte der großherzoglichen Generaladministration des Innenministeriums bestimmt[187]. Das Konversationshaus samt Außenanlagen wurde dann von einem vom »Cur-Comitée« bestimmten Geschäftsführer geleitet[188].

Zudem erhielt die Stadt jährlich 77.150 Mark »*zu Curzwecken*« vom Innenministerium, wobei diese Gelder aus dem »Badfond« mit den einstigen Einnahmen aus der Kurhaus-Pacht stammten. Die Stadt verpflichtete sich hingegen, ebenfalls aus ihren eigenen Einnahmen (aus Kurtaxen u. ä.) 120.000 Mark jährlich zur Verfügung zu stellen.

Um die Gäste auch nach Ende des Glücksspiels weiterhin in die Stadt bzw. in das Konversationshaus zu ziehen, versuchte man, das ganzjährige Unterhaltungsangebot sowie das gastronomische Angebot nahtlos aufrecht zu erhalten: »(...) *die große Sorgfalt des Curcomitée für die Unter-*

185 Generallandesarchiv Karlsruhe, GLA 195, Nr. 130. Zusammenfassung des Badischen Innenministeriums bzgl. der »Besitzverhältnisse der Badanstaltsgebäude in Baden« (-Baden), vom 31.12.1919, GLA 236 Nr. 28612.

186 Sonntagsbeigabe der Fränkischen Zeitung (Ansbacher Morgenblatt) vom 10. November 1872.

187 Schreiben des großherzoglichen badischen Ministeriums des Inneren an die Badanstaltencommission vom 21. Oktober 1872, Stadtarchiv Baden-Baden C25/1070.

188 Das »Cur-Comitée« bestand aus dem Oberbürgermeister der Stadt und einem Geschäftsführer, der aus dem Stadtrat stammte, vgl. Sport und Salon, Nr. 23, vom 6. Juni 1880, S. 367. Generallandesarchiv Karlsruhe, GLA 195, Nr. 130. Zusammenfassung des Badischen Innenministeriums bzgl. der »Besitzverhältnisse der Badanstaltsgebäude in Baden« (-Baden), vom 31.12.1919, GLA 236 Nr. 28612

haltung der Sommer- und Wintergäste (während früher Baden-Baden gar keine Wintersaison hatte und vom 1. November bis zum 1. Mai die Spielsäle und damit auch das Conversationshaus schloß) wird von Jedermann auf das Dankbarste anerkannt; (...) es war keine geringe Aufgabe nach Aufhörung des Spiels Alles im frühen Glanz zu erhalten. (...) Das Curorchester (...) zählt 48 Mitglieder und giebt im Sommer täglich 3 Concerte im Freien (...) im Winter täglich ein Abendconcert und Sonntags auch ein Nachmittagsconcert. Im Sommer findet wöchentlich mindestens ein Militairmusikconcert statt. (...) Das Großhrzogl. Hoftheater von Carlsruhe giebt im Winter eine, im Sommer zwei Vorstellungen hier; während der Theaterferien (Juni, Juli) veranstaltet das Curcomité Gastspiele fremder Truppen (Operetten, französische Comödien, italienische Oper) (...), im Sommer finden noch statt: die berühmten Wettrennen in Iffezheim (...), Jagden, Fischereien, Taubenschießen, zahlreiche Illuminationen des Curgartens (Italienische Nacht), Feuerwerk im großen Styl, wöchentliche Réunionsbälle (auch im Carneval, dessen Schluß stets ein großer Maskenball bildet), Kinderfeste, Vorstellungen und Produktionen von Taschenspielern usw. (...)« (Abb. 98/99/100)[189]. Auf Dauer konnte die Stadt allein mit diesen Maßnahmen aber nicht die bisherigen Besucherzahlen auch nur annähernd erhalten.

Die einzige Möglichkeit, um dauerhaft eine möglichst große und wohlhabende Klientel anzuziehen und nicht in die Bedeutungslosigkeit zwischen den zahlreichen europäischen Kurorten zu versinken, bestand darin, sich wieder auf die Wurzeln Baden-Badens als Bäderstadt zu besinnen. Hierfür war neben der Anpassung des Konversationshauses an die neuen Ansprüche der Gäste auch der Neubau eines modernen Bades notwendig, für welches das Innenministerium im Zuge der Pachtverlängerung 1869 und darin dargestellten Bedingungen bereits die Grundlage geschaffen hatte. Dieses neue Bad – das »Friedrichsbad« – sollte zum modernsten Thermalbad Europas werden und zur neuen Grundlage für die Wirtschaftskraft der Stadt werden.

189 Sport und Salon, Nr. 23, vom 6. Juni 1880, S. 367.

EXKURS

DAS FRIEDRICHSBAD IN BADEN-BADEN

»...eine Musteranstalt, wie sie in keinem anderen Badeorte und selbst in keiner Großstadt Europas in gleicher Eleganz und Vollkommenheit gefunden wird...«

Das Friedrichsbad sollte den Attraktivitätsverlust kompensieren, welchen Baden-Baden durch das Verbot des Glücksspiels ab 1873 zu erleiden drohte (Abb. 101). In den 1860er Jahren waren nur 6 % der rund 60.000 Touristen auch »richtige« Kurgäste – der überwiegende Teil der Besucher kam wegen des Glücksspiels und des großen Unterhaltungsangebots. Zudem gab es auch nur 13 private Badehäuser mit insgesamt 390 (Einzel-)Bäder, die aber für nur maximal 700 Besuchern ausreichten. Auch ein in den 1850er Jahren errichtetes staatliches Dampfbad war nicht ausreichend für die wachsende Gästezahl. Mit dem Bau eines modernen Bades sollte Baden-Baden gegenüber anderen Bad- und Kurstädten konkurrenzfähig bleiben: *»(...) Das Hazardspiel hatte unseren Kurort in ein falsches Gleise geschoben und die Bedeutung und die Bedeutung der Quellen etwas in den Hintergrund gedrängt. Seine Frequenz seit Aufhebung des Spiels beweist zur Genüge, daß der Ruf seiner heilsamen Thermen wieder in sein Recht eintritt. Diese neue Musteranstalt wird ein Wesentliches dazu beitragen (...)«*[190].

Das bereits seit 1869 geplante und bis 1877 errichtete Friedrichsbad erfüllte diese Erwartungen: *»(...) Mit der Eröffnung des Friedrichsbades in Baden erhält unsere Bäderstadt eine Musteranstalt, wie sie in keinem anderen Badeorte und selbst in keiner Großstadt Europas in gleicher Eleganz und Vollkommenheit gefunden wird. Am südlichen Abhange des Schlossberges erhebt sich terrassenförmig in drei Stockwerken und lehnt sich direkt an das Gebiet an, aus welchem die heißen Quellen entspringen. Ein Prachtbau von Außen und Innen sind nicht blos die Anforderungen des Komfort, sondern auch hauptsächlich die Fortschritte der neusten Balneotherapie darin zur Ausführung und Anwendung gekommen, um die Heilkräfte unserer reichen und altberühmten Therme zur Ausbeutung zu bringen.(...)«*[191].

Der Erfolg des neuen Friedrichsbads war beträchtlich: brachen die Gästezahlen nach Verbot des Glücksspiels von 62.000 auf 41.000 im Jahr 1874 ein, so stiegen sie nach Fertigstellung des Bades bis 1899 auf über 73.000 Gäste – mehr Gäste als jemals zuvor[192]! Das Friedrichsbad war somit zur touristischen und wirtschaftlichen Rettung der einstigen Glücksspiel-Hochburg geworden.

Unter der Planung und Ausführung des Bezirksbaudirektors Karl Dernfeld (1831–1879) wurde das neue Bad in der Altstadt am Florentinerberg

190 GLA 339 Nr. 48: Badeblatt für die Großherzogliche Stadt Baden vom 14. und 15. Dezember 1877. 50-jähriges Jubiläum des Friedrichsbades, in: Badeblatt (...) der Stadt Baden-Baden, Nr. 291, vom 15. Dezember 1927. 25jähriges Jubiläum des Großherzoglichen Friedrichsbad, in: Badeblatt für die Großherzogliche Stadt Baden vom 16. Dezember 1902.

191 Das Friedrichsbad in Baden-Baden. Sonderabdruck aus den Aerztlichen Mittheilungen aus Baden, Nr. 23 und 24, 1877.

192 Vgl. Manuskript zum Artikel bzgl. des »50jährigen Jubiläums des Friedrichsbades in Baden-Baden (undatiert, 1927), GLA 339 Nr. 48.

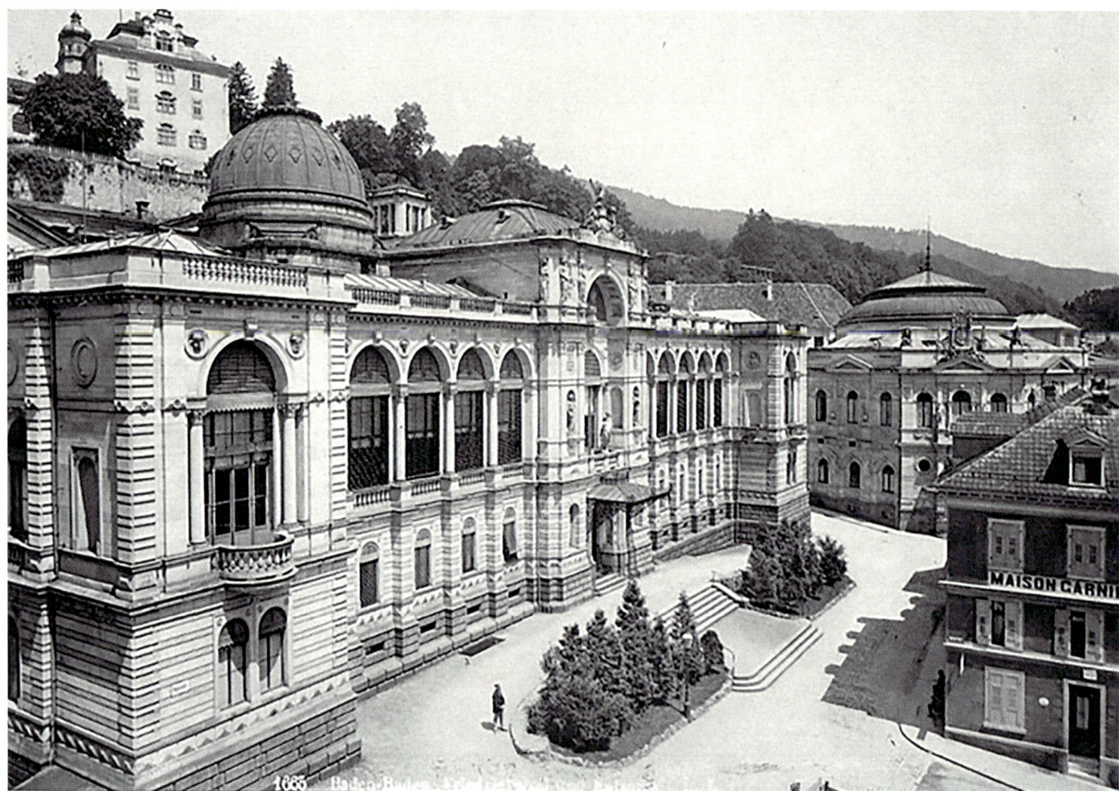

Abb. 101 Das Friedrichsbad in Baden-Baden, 1890 (National Museum of Art, Architecture and Design, Oslo)

direkt an der Quelle errichtet[193]. Hierfür wurde ein direkt neben der Stiftskirche liegender kompletter Häuserblock abgerissen. Dernfeld, der bereits an der Planung des Marmorbads in Badenweiler beteiligt war, entwarf das Friedrichsbad u. a. nach dem Vorbild des Graf-Eberhard-Bades in Bad Wildbad von 1839/40 und des Raitzenbades in Budapest von 1860–1872; zudem waren Dernfeld die antiken Thermen in Italien von diversen Studienreisen bekannt. Die Gesamtbaukosten betrugen seinerzeit über 2 Millionen Mark. Die Fertigstellung des Bads verzögerte sich mehrfach u. a. wegen des schwierigen Baugrunds direkt am Hang (mit einem Höhenunterschied von 13 m), der Lage in der dicht besiedelten Altstadt sowie weiterer Funde antiker Badruinen während der Arbeiten im Bauuntergrund. Unter dem Einfluss der antiken Vorbilder der Caracalla- und Diokletiansttherme in Rom schuf Derfeld einen terrassenförmigen »Bade-Palast« gewaltigen Ausmaßes von 65 x 50 Meter im Stil der Neorenaissance. Der Bau diente gleichzeitig zur Stabilisierung des Hangs und wurde in drei parallelen Gebäudeteilen gestaffelt in den Hang gesetzt. Die Fassade des gesamten Gebäudes wurde in rotem und grau-gelbem Sandstein geschaffen. Die Hauptfassade des Friedrichsbades am Römerplatz besteht aus einem schlicht gestalteten Untergeschoss und ein reich verziertes Obergeschoss. So befinden sich in den Bogenzwickeln des Obergeschosses Porträtmedaillons, die u. a. antike und zeitgemäße Persönlichkeiten darstellen, die für die Entwicklung des Bäderwesens und für die Geschichte der Stadt von Bedeutung waren[194].

193 Zur Baugeschichte des Friedrichsbads vgl. GLA 233 Nr. 15245; GLA 339 Nr. 46; GLA 565 Nr. 197. Karlfriedrich Ohr: Das Friedrichsbad in Baden-Baden, in: Denkmalpflege in BW, Bd. 25 Nr. 1 (1996). Das Friedrichsbad in Baden-Baden. Beschreibung des Baues und Anleitung zum Gebrauche der Bäder und der Trinkkur, nebst Badeordnung, Baden-Baden 2002 (Nachdr. d. Ausg. 1878). Ulrich Coenen: Baden in Baden-Baden. von den römischen Anlagen zur modernen Caracallatherme, in: Die Ortenau – Mitteilungen des Historischen Vereins für Mittelbaden, Nr. 81, Offenburg i. B., 2001, S. 189–228.

194 *»(…) Den oberen Abschluß des Mittelbaues bildet ein Halbrund, in welchem vor dem rothen, reich vergoldeten Hintergrunde die Kolossalbüste des Großherzogs Friedrich thront; rechts und links von ihr sind in den Medaillons die Portraitköpfe solcher Männer angebracht, welche wissenschaftlich oder geschichtlich für die Stadt Baden und ihre Thermen verdienstvoll gewirkt haben: Markgraf Christoph I., Karl Friedrich, Dagobert II., Abt Ratfried von Weißenburg, Kanzler Vehus, Reuchlin, Agricola, Hippokrates, Paracelsus, Bunsen und Frech, und die Brustbilder von Hadrianus und Marcus Aurelius, unter welchen die römischen Einwanderungen stattfanden (…)«*. Das Friedrichsbad in Baden-Baden. Sonderabdruck aus den Aerztlichen Mittheilungen aus Baden, Nr. 23 und 24, 1877, S. 8.

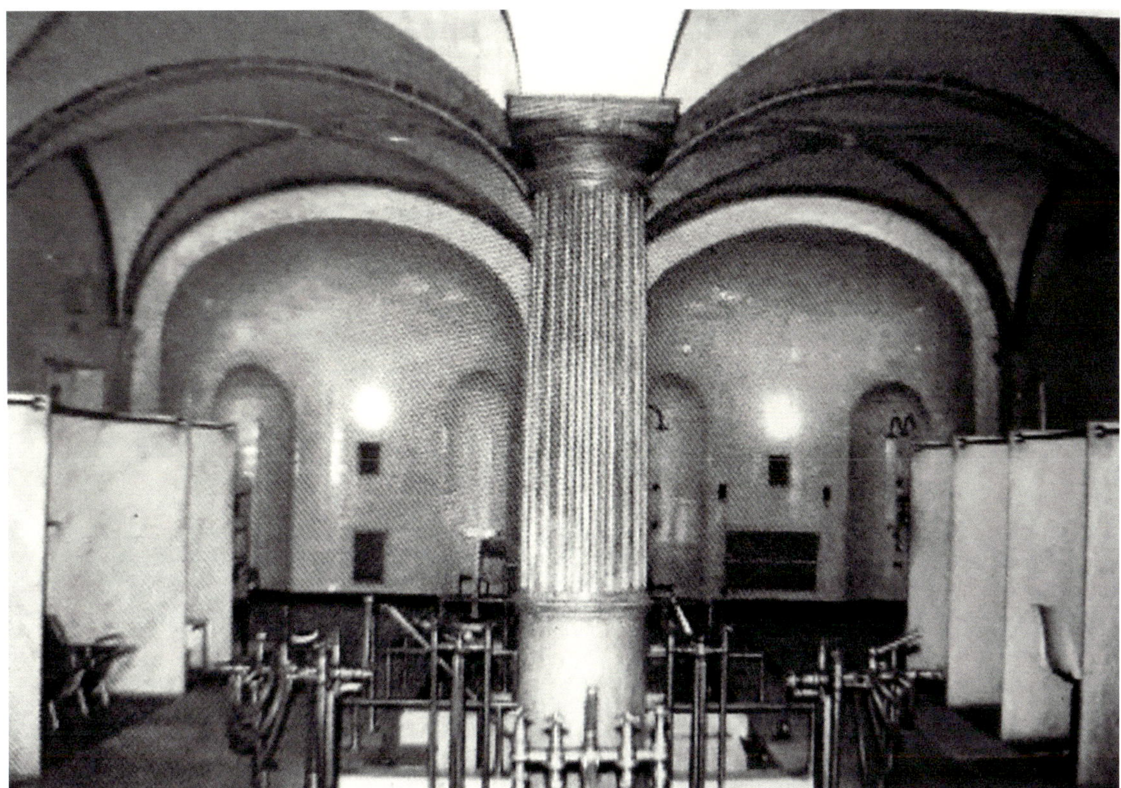

Abb. 102 Das Friedrichsbad, Apsidensaal im EG, um 1920 (aus: Badeblatt der Stadt Baden-Baden, 15.12.1927)

In diesem Gebäude befanden sich u. a. diverse Kaltwasser- und Wellenbäder, Inhalations-Räume sowie Einzelbäder mit marmornen Wannenbädern und Ruheräume. Im Obergeschoss befand sich eine über die gesamte Breite gehende Wandelhalle mit Gastronomie zum Promenieren und Entspannen (Abb. 102–106). Von dort aus erfolgte der Zugang zu dem mittleren Gebäude mit (Gemeinschafts-)Schwimm- und Dampfbädern und einzelnen »*Douchbädern*«. Der mittlere Baukörper ist ein Kuppelbau mit kreisrunden Gemeinschaftsbecken, das den architektonischen und inhaltlichen Mittelpunkt der Anlage bildet. Nach dem Vorbild des Caldariums der Caracallathermen trägt der durch acht Blendbögen auf korinthischen Säulen gegliederte Raum eine 17,5 Meter hohe Kuppel unter der sich das größte Schwimmbecken aus Marmor mit 8 Metern Durchmesser befand. Dahinter befand sich ein weiteres ovales Becken mit 8 Meter Länge unter einer 10 Meter hohen Kuppel, sowie weitere Dampfbäder. In den Seiten des Gebäudes befanden sich je 18 bzw. 12 Umkleideräume, Schwitzbäder und weitere kleine, unterschiedlich temperierte Bassins – jeweils links für Damen und rechts für Herren. Im obersten, dritten Gebäude befanden sich mit separatem, oberem Zugang die Einzel(dampf-)bäder: die luxuriös ausgestatteten »*Fürstenbäder*« und die schlichter eingerichteten »*Bäder 2. Klasse*« (z. B. für erkrankte Personen, die nicht die Gemeinschaftsbäder nutzen durften). Jede Kabine bestand aus Salon mit Bad und Bett, Dusche, je einer kalten und einer warmen Badewanne und einem Dampfbad[195].

Die gesamte Anlage und sämtliche Gebäude inklusive der Becken, 63 Duschen, 18 Wasserklosets und der Fußböden wurden durch ein aufwendiges und hochmodernes Leitungssystem gänzlich durch die Quellen und dem zugehörigen Dampf versorgt, wobei u. a. eine Dampfmaschine mit Pumpsystem die höher gelegenen Gebäudeteile mit Wasser und Energie versorgte. Die Innenräume waren u. a. mit farbigen Wand- und Deckenmalereien sowie Mosaiken aufwendig verziert. Besonders aufwendig gestaltet wurde die große Kuppel, welche von Karyatiden getragen und mit Male-

195 Das Friedrichsbad in Baden-Baden. Sonderabdruck aus den Aerztlichen Mittheilungen aus Baden, Nr. 23 und 24, 1877.

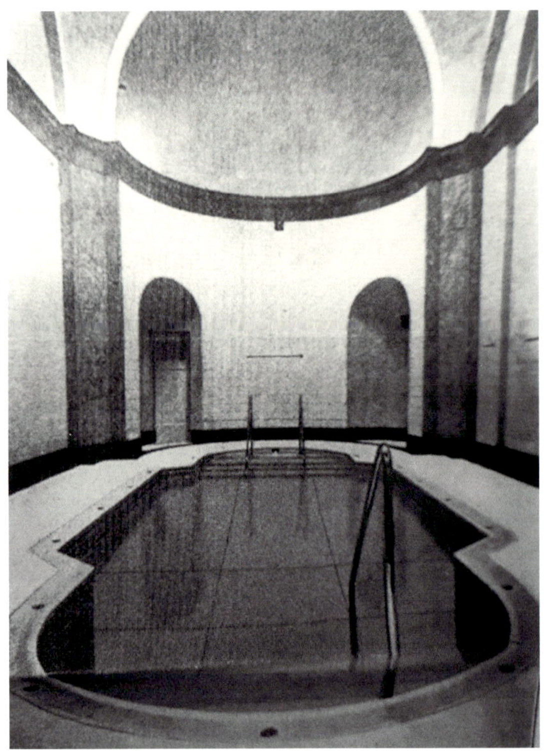

Abb. 103 Das Friedrichsbad, warmes Vollbad, 1. OG, 1927 (aus: aus Badeblatt der Stadt Baden-Baden, 15.12.1927)

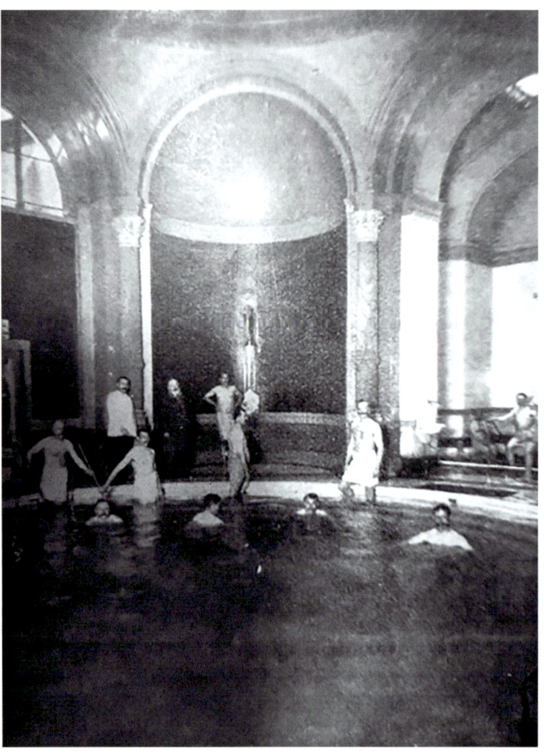

Abb. 105 Das Friedrichsbad, Kuppelbad im Mitteltrakt im 1. OG, 1927 (aus: aus Badeblatt der Stadt Baden-Baden, 15.12.1927)

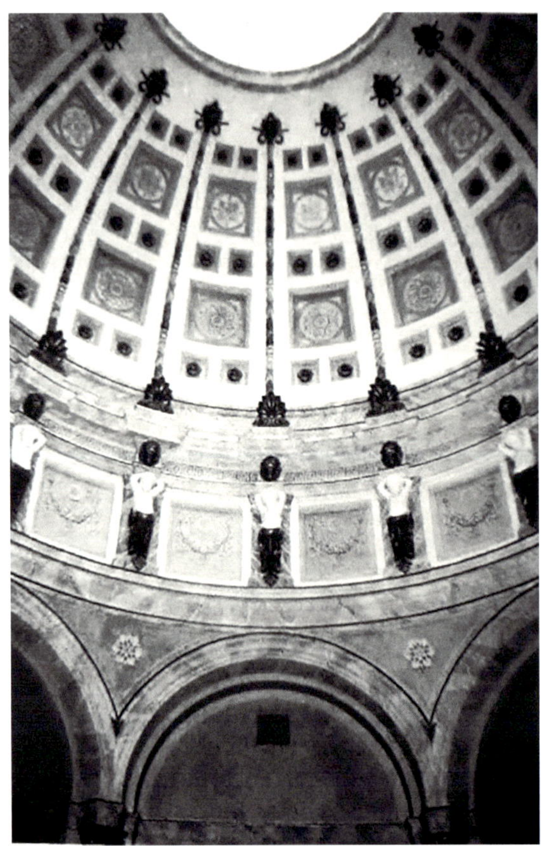

Abb. 104 Das Friedrichsbad, Kuppelbad im Mitteltrakt 1. OG, um 1920 (aus: Badeblatt der Stadt Baden-Baden, 15.12.1927)

reien verziert war; die obige ovale Öffnung zur Belichtung des Bades war mit blauem Glas bedeckt, um das gesamt Bad in blaues Licht zu tauchen. Der gesamte Anspruch an die Innenausstattung war sehr hoch: »*(...) Ganz besonders zu erwähnen ist bei den architektonischen Schönheiten des Gebäudes die Abwechslung in der Form der Gewölbe, wie sie in den einzelnen Baderäumen vorkommen. Sie sind nicht allein Zeugen des vollendetsten guten Geschmacks des Baumeisters, ebenso wie die Dekorationen und die Abwechslung der Farben, welche die Wände, Gewölbe und Kuppeln bedecken, sondern sie bekunden auch das Verständnis für das Bedürfniß des Badenden, dem diese Schönheiten zu angenehmer Zerstreuung dienen (...)*«[196].

Das Friedrichsbad galt bei seiner Einweihung angesichts seiner »*Eleganz und Vollkommenheit*« als europaweit führende Musterbadeanstalt mit zehn verschiedenen Arten von Bädern: »*1. Gewöhnliche Wannenbäder, 2. Größere Sitzbäder aus Thermalwasser mit beständiger Durchströmung (Wildbäder), 3. elektrisches Bad, 4. Inhalationen mit zerstäubten Thermalwasser, 5. Bäder mit kalten Wasser und kalten Duschen, 6. Dampfbäder, 7. große*

196 Das Friedrichsbad in Baden-Baden. Sonderabdruck aus den Aerztlichen Mittheilungen aus Baden, Nr. 23 und 24, 1877.

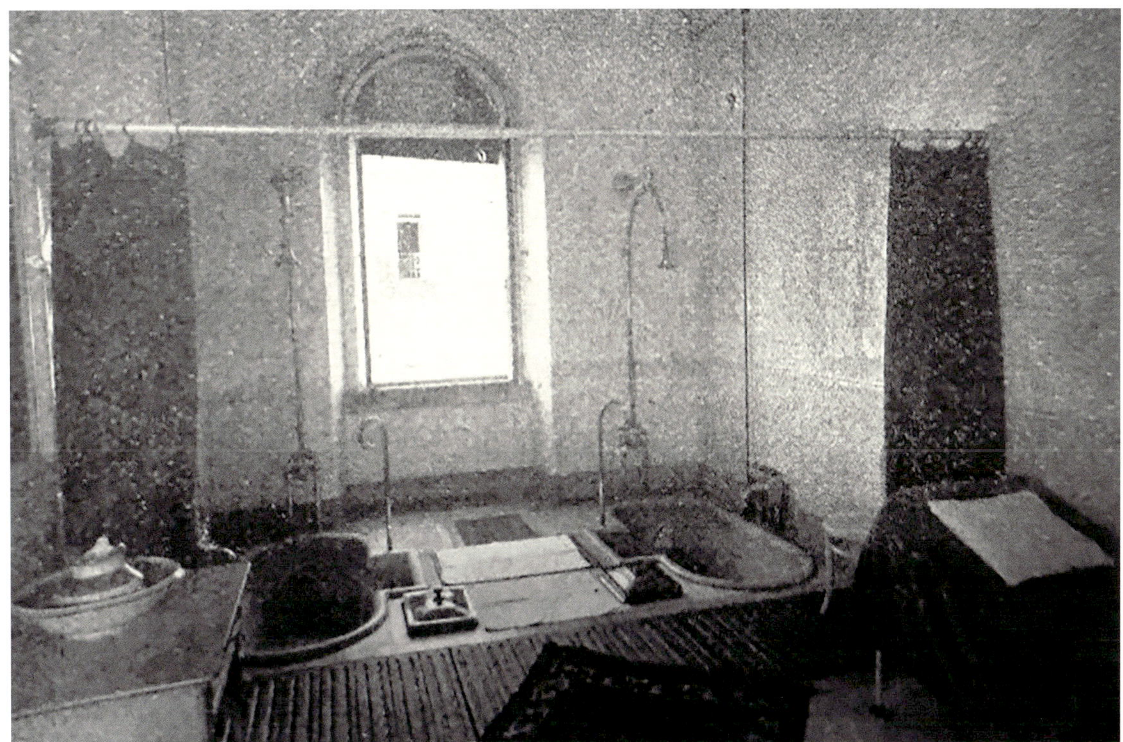

Abb. 106 Das Friedrichsbad, doppelte Bad-Kabine, 1927 (aus: aus Badeblatt der Stadt Baden-Baden, vom 15.12.1927)

Luftbäder, 8. Schwitzbäder in verschiedenen Temperaturen, 9. Einzeldampfbäder, 10. Kastendampfbäder«[197]. In den folgenden Jahren kamen dann noch weitere Angebote an Heilgymnastik, Kohlensäurebäder und Fangobehandlungen dazu. Aufgrund der hohen Besucherzahlen wurde in der Nachbarschaft 1893 das sogenannte Augusta-Bad eröffnet, welches ein reines Damenbad war, so dass das Friedrichsbad ab 1903 als reines Herrenbad genutzt wurde (zuvor teilten sich Damen und Herren strikt nach Räumlichkeiten getrennt das Friedrichsbad, wobei der Ostflügel den Damen vorbehalten war).

Nach 1945 bzw. nach Ende der Besatzungszeit, wobei der Ostflügel von den Alliierten bis 1950/51 besetzt wurde, war eine umfassende Sanierung des Friedrichsbads notwendig geworden. Hierbei mussten die Schäden aus der Besatzungszeit beseitigt werden, als auch die Ansprüche an ein verändertes Bewusstsein der Nachkriegszeit berücksichtigt werden. Der einstige rein therapeutische Zweck der Bad-Nutzung reichte in den frühen 1950er Jahren nicht mehr aus, um noch genügend Besucher in das Friedrichsbad zu locken: Denn *»(...) das Baden ist kein Rezept nur für Kranke, es ist ein Teil der entfesselten Lebensfreude, die man hier gerade sucht! Also: das zeitweilige Familienbad mit der auf weite Sicht geplanten Schwimmbad-Form sind unentbehrlich! (...) Der Gast, d. h. der Mensch von heute, braucht kräftige Anreize (...) um überhaupt ›hinzuhören‹! Heilbäder sind für die gebildete Masse etwas Spiessig-Langweiliges (...) es sei denn man demonstriert in ihnen (...) das Besondere, Einmalige, Sensationelle! (...) Die Leute staunen wieder (...), wenn man ihnen sagt, wie heiss, wie tief, wie grossartig die Quellen leben und wirken (...)! Der Alltagsmensch heute braucht Re-Generation, Verjüngung, Kräfte-Erneuerung, Steigerung der Leistungsfähigkeit! Damit hat sich das Bad Gastein durchgesetzt und in der Richtung wirkt auch Badenweiler, in seinen Einrichtungen wie auch in der Werbung (...)«*[198].

Im Zuge dieser Sanierungsmaßnahmen wurden ab 1952 im Ostflügel u. a. die historischen

197 Das Friedrichsbad in Baden-Baden. Sonderabdruck aus den Aerztlichen Mittheilungen aus Baden, Nr. 23 und 24, 1877. Die einzelnen Einrichtungen werden darin auch mit allen Details beschrieben.

198 Brief von Georg Basner an einen Hr. Jahn der Bäder- und Kurverwaltung vom 22. Februar 1952, GLA 424a Zugang 1996-7 Nr. 4

Kacheln in den Bädern entfernt, die Verglasung der Oberlichter erneuert und der Marmorboden überarbeitet und soweit als möglich in der historischen Substanz erhalten. Beschädigt und/oder veraltet waren im Ostflügel zudem u. a. die Duschanlage, der Marmorbelag im kalten Vollbad, sämtliche Türen, teilweise der Kachelbelag der Wände, die Oberlichter, die Lichtleitungen, sämtliche Umkleide- und Ruhekabinen; zudem sollte der große Gymnastiksaal umgestaltet werden. Außerdem wurde die einzelne Raumnutzung überarbeitet, wobei zum Beispiel der Bereich des einstigen großen Herren-Dampfbads im 1. OG zu Umkleidekabinen und einem Gymnastikraum umgebaut und der davorliegende Raum als Aufenthaltsraum mit direktem Zugang zum Treppenhaus umgestaltet wurde. Beim Einbau des Gymnastiksaals wurde u. a. der historische Boden entfernt und durch einen federnden Korkboden ersetzt. Im kleinen Gymnastikraum des 3. OG wurden Höhensonnen und Solluxlampen (Vorläufer des »Solariums«) eingebaut. Im EG wurden Räume für die Fußpflege eingerichtet. Im Zuge dieser Sanierung der 1950er Jahre wurden die Innenräume größtenteils dem damaligen Zeit-Geschmack angepasst und u. a. die historischen farbigen Wandmalereien großflächig weiß übertüncht. Da diese Wandmalereien aber auch eine stark architektonisch gliedernde Funktion hatten, wurden die Gestaltung der Räume durch die Entfernung dieser Malereien massiv gestört. In einer weiteren Renovierungsphase 1979/81 wurden nur sehr vereinzelte Motive dieser Malereien wieder freigelegt, jedoch ohne die zugehörige rahmende Ornamentik, wodurch der historische Raumeindruck nicht annähernd wiedererlangt werden konnte. Im Vestibül im EG wurden einzelne Ornamente (Blumenranken) aus Kostengründen neu gemalt als die historische Bemalung frei zu legen. Somit ist die Innenausstattung aus der Entstehungszeit heute nur noch teilweise erhalten. Hierzu gehören wohl die große Kuppelhalle mit Malereien, farbigen Marmor und Keramik und Stuckaturen. Zudem sind die marmornen Einzelbadewannen in den einstigen »Fürstenbädern« erhalten, ebenso die farbigen Kacheln in den Einzelbädern, die Granit- und Marmorsäulen und Wandpfeiler und die Gurtbögen aus Keramik in den Inhalationsräumen im unteren Hauptgebäude. Die eisernen Treppengeländer hingegen wurden gegen zeitgemäße schlichte Stabgeländer ausgetauscht. Die historischen Oberlichtfenster wurden 1979/81 ebenfalls gegen neu gestaltete Fenster ausgetauscht, welche die historischen Motive aber nicht mehr aufnahmen. Ist die Außenfassade bis heute weitgehend erhalten, so wurde der historische Vorplatz und der Zugang völlig umgestaltet: durch den Vorbau einer Terrasse aus Beton mit darunterliegender Garage wurde die historische Zugangs-Situation mit Rampe und Treppe zum Haupteingang entfernt und durch eine seitliche versetzte Beton-Treppe ersetzt. Über dem Hauptportal fehlt heute eine der Nischenskulpturen (Nymphe) und das eiserne Vordach, das ursprüngliche Eingangsportal wurde durch eine zeittypische Metall-Glasvariante ersetzt.

Durch den Bau des Friedrichsbades und des Augustabades schaffte es die Stadt sich nach dem Ende der Glücksspiel-Ära wieder als Bäder- und Kurstadt zu etablieren und die Wirtschaftskraft der Stadt durch den ungebrochenen Besucherzustrom weiter zu erhalten. Die Vielzahl der alten und neuen »Bade-Gäste« sicherte somit auch den Fortbestand und die Nutzung des Konversations- bzw. des Kurhauses.

JAHRHUNDERTWENDE:
ERNEUTE UMGESTALTUNG

»...auch wegen starker Abnützung sind die Einrichtungsgegenstände in den Sälen des Conversationshauses zu großem Theile der Erneuerung dringend bedürftig...«

Mit dem Verbot des Glücksspiels änderte sich auch das Publikum in Baden-Baden: es standen jetzt wieder die Bäder und Kuranwendungen im Vordergrund, wobei u. a. der Neubau des Friedrichsbads dieser gesundheitsbewussten Klientel entgegenkam. In seiner Jubiläumsausgabe vom 4. Juni 1889 berichtet das »Badeblatt« über die Fortschritte in der Entwicklung der Stadt nach Ende der Glücksspielära: *»(...) wer zur Hoch-Saison auf der Lichtenthaler Allee oder auf der Promenade vor dem Conversationshaus flaniert, der trifft dort eine nicht minder glänzende und vornehme Gesellschaft als zur sogenannten »goldenen Zeit«, nur ist ihr Charakter ein anderer als damals. Die festlichen und künstlerischen Veranstaltungen sind demnach nicht nur nicht zurückgegangen, sondern stets bereichert und verschönert worden. (...) In diesem Jahre sollen in das Vergnügungs-Programm auch Waldfeste und Picknicks aufgenommen werden. (...) es werden neue Heil- und Curanstalten gebaut, alte erweitert und verbessert; so geht das neue Landesbad, ein architektonisch schönes, imposantes Gebäude, seiner Vollendung entgegen, der Neubau des Frauenbades steht bevor (...). Eine außerordentliche Wohltat und Annehmlichkeit für Fremde bildet das Netz von prächtigen, gut erhaltenen Wegen, welche die Waldungen durchziehen. Baden-Baden wird mit Recht der »Garten Deutschlands« genannt, es dürfte aber wohl auch der schönste und grösste Park Deutschlands genannt werden. (...) Zwei grossartige, in sanitärem Interesse ausgeführte bzw. projektierte Unternehmungen sind die Wasserleitung und die Kanalisation. Die erstere ist ausgeführt und die Stadtgemeinde hat erst vor Kurzem zwei weitere Wasserleitungen, die Lichtenthaler- und die Fremersberg-Wasserleitung, aus Privatbesitz übernommen und hat nun die Verfügung über eine sehr bedeutende Wassermenge. Die Kanalisation ist noch Projekt, das aber wohl in Bälde greifbar Gestalt gewinnen wird. (...) Es werden den Besuchern der Promenade vor dem Conversationshaus und des letzteren selbst zunächst die Leistungen eines gut besetzten, aus tüchtigen Kräften bestehenden und wohlgeschulten Orchesters geboten, das im Sommer dreimal, im Winter zweimal täglich concertirt. Im Sommer finden der Abwechslung wegen einmal wöchentlich Militär-Concerte statt, es werden bewährte Solisten zugezogen, dann kommen die Doppel-Concerte, die Wiesenbeleuchtung, die grossen Festlichkeiten an den Geburtstagen Ihrer Majestät der Kaiserin Augusta, Ihrer Königl. Hoheiten der Grossherzogs und des Erbgrossherzogs von Baden, und alle die kleinen Veranstaltungen (...). Geräumige, luftige, mit allem Comfort ausgestattete Lesezimmer, in denen fast alle bedeutenden Zeitungen in mehreren Sprachen aufliegen (...). So vereinigte sich hier Alles, um den Fremden den Aufenthalt auf dem paradiesischen Fleck Erde (...) so angenehm wie möglich zu gestalten (...)«*[199].

Das Konversationshaus samt Inventar war nun dem Kurkomitee unterstellt und die Räume mit Beschluss vom 12. Juli 1873 nach deren Vorgaben genutzt worden[200]. Zur Instandhaltung wurde das Kurkomitee mit Erlass vom 19. Juli 1895 mit entsprechenden finanziellen Mitteln ausgestattet[201]. Das Haus blieb zunächst unverändert, wobei jetzt aber andere Ansprüche an die einzelnen Räumlichkeiten gestellt wurden:

199 Jubiläumsausgabe anlässlich des 75-jährigen Bestehens des Badeblatt vom 4. Juni 1889, GLA 424a Zugang 1996-67 Nr. 40.

200 Generallandesarchiv Karlsruhe, GLA 195, Nr. 130. Zusammenfassung des Badischen Innenministeriums bzgl. der »Besitzverhältnisse der Badanstaltsgebäude in Baden« (-Baden), vom 31.12.1919, GLA 236 Nr. 28612.

201 Generallandesarchiv Karlsruhe, GLA 195, Nr. 130. Zusammenfassung des Badischen Innenministeriums bzgl. der »Besitzverhältnisse der Badanstaltsgebäude in Baden« (-Baden), vom 31.12.1919, GLA 236 Nr. 28612.

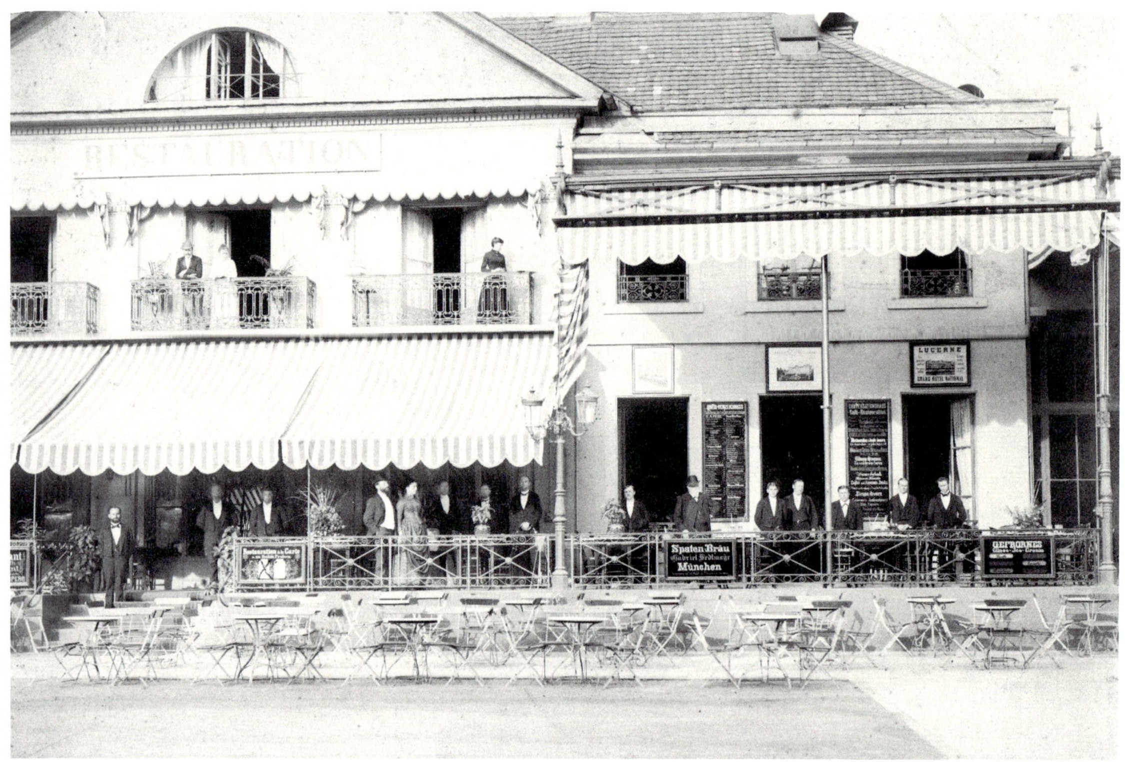

Abb. 107 Das Restaurant im alten Gastronomieflügel im Konversationshaus, um 1900 (Stadtmuseum/-archiv Baden-Baden)

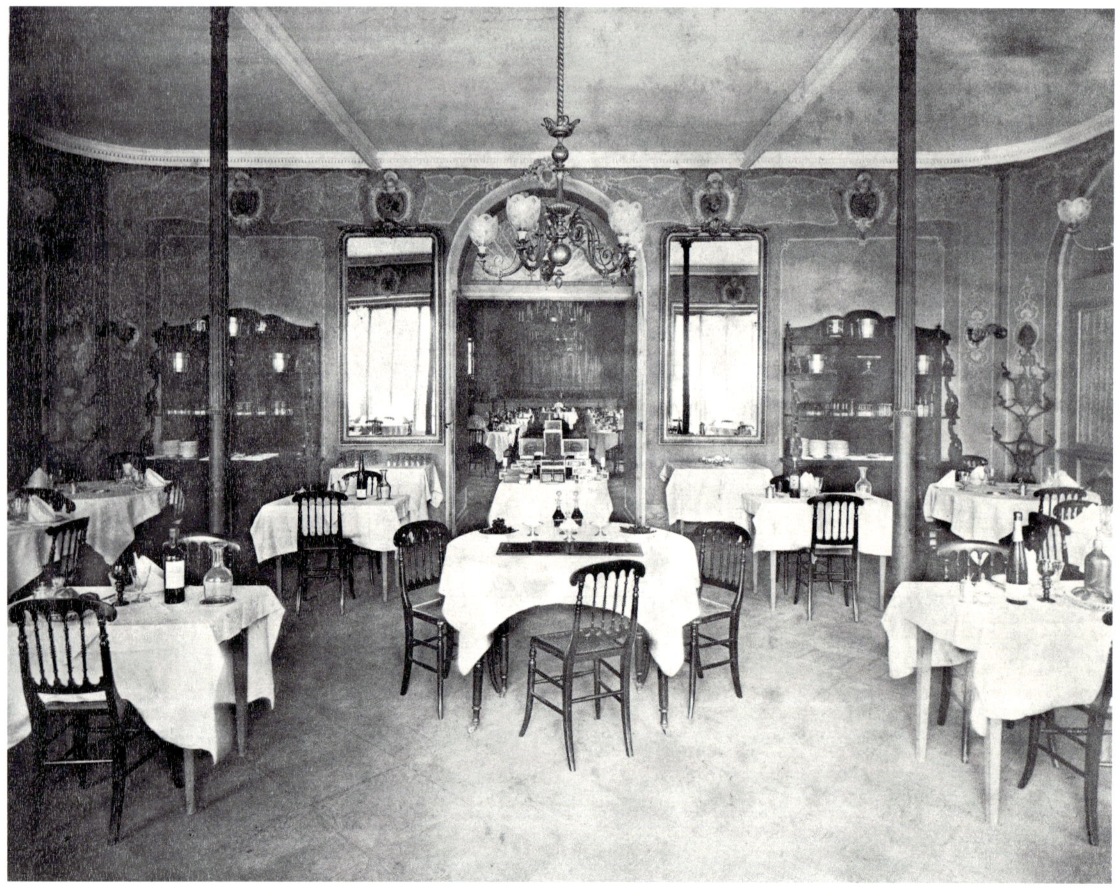

Abb. 108 Der Innenraum des Restaurants mit Blick in den großen Speisesaal im alten Gastronomieflügel im Konversationshaus, um 1900 (Stadtmuseum/-archiv Baden-Baden)

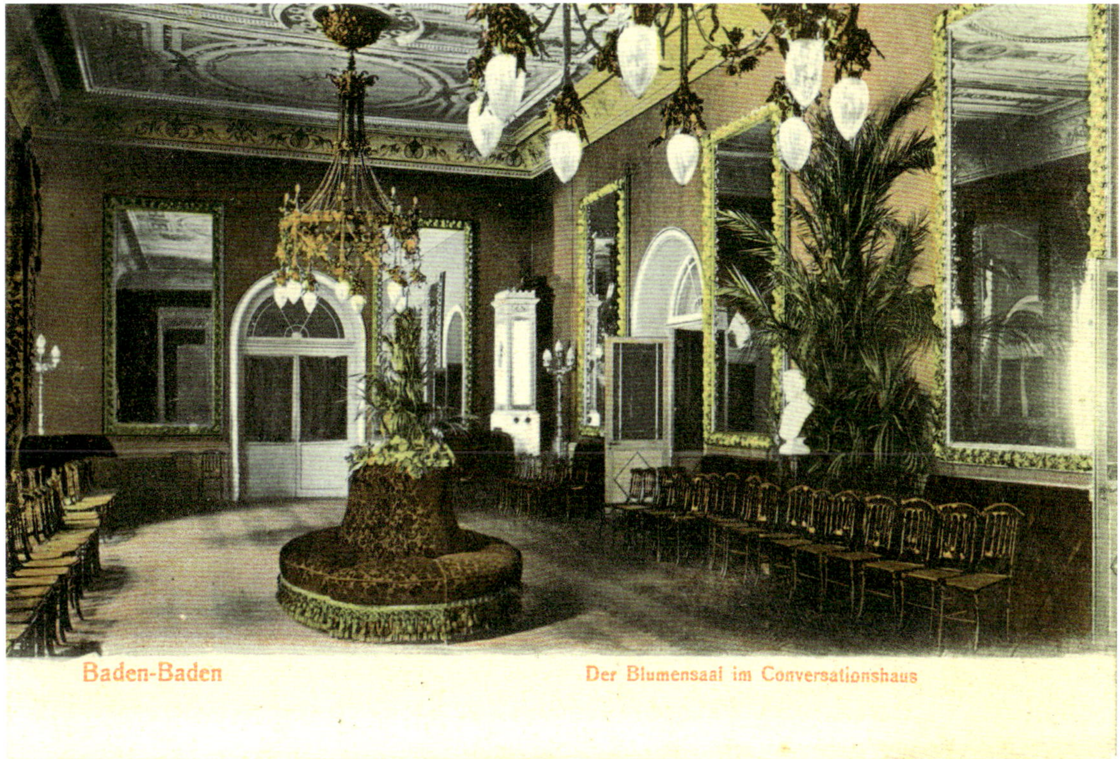

Abb. 109 Der Blumensaal im Konversationshaus in der Gestaltung um 1900/07 (Stadtmuseum/-archiv Baden-Baden)

anstelle von großen Ball- und Spielsälen waren jetzt wieder kleinere Aufenthaltsräume wie Lesezimmer und Bibliotheken, die sich gut belüften und heizen ließen, gewünscht. Zudem gab es mehrere bauliche Schäden am Haus, da die vergangenen Umbauten wohl sehr schnell, aber weniger solide, überwiegend mit Holz und immer in den nassen Wintermonaten ausgeführt wurden, was im Laufe der Jahre u. a. zu diversen Feuchtigkeitsschäden und stellenweise auch zum Hausschwamm in Decken und Böden geführt hatte[202]. Insbesondere der Gastronomiebereich war in seiner technischen und hygienischen Ausstattung nicht mehr ausreichend für einen zeitgemäßen Restaurantbetrieb (Abb. 107/108).

Auch vor dem Hintergrund der Konkurrenz mit anderen internationalen Kurorten wurden daher schon ab den frühen 1890er Jahren erste Überlegungen zu Umbauten oder einem kompletten Neubau des Konservationshauses laut. Zunächst wurden aber – auch aufgrund der finanziellen Lage – nur vorhandene Schäden ausgebessert und die nötigsten Modernisierungen vorgenommen. In der Wintersaison 1896/97 erfolgten verschiedene Instandsetzungsmaßnahmen: So erhielten der große Saal und die einstigen Spielsäle, die nach 1872 als Gesellschaftsräume genutzt wurden, u. a. eine Teilzentralheizung[203] und im »Musikzimmer« bzw. »Lesezimmer« wurde der Parkettboden erneuert[204]. Der »Blumen-Saal«, der sich hinter bzw. westlich des großen Saals befand, wurde wohl ebenfalls im Zuge dieser Instandsetzung umgestaltet. So finden sich gegenüber der ursprünglichen Ausstattung (Abb. 25) Veränderungen gegenüber einer Aufnahme von 1907, wonach u. a. die Wandmalereien durch hohe Spiegel in breiten Goldrahmen ersetzt, die üppigen, rahmenden Wandapplikationen in Form von Blumengirlanden entfernt und die Kronleuchter durch moderne Metallleuchter mit stilisierten Blumenranken und tropfenförmigen Glasglocken ersetzt sind (Abb. 109).

202 Stürzenacker, 1918, S. 44. So soll die *»(...) oberste Baubehörde, zu einem Gutachten aufgefordert, (...) den Standpunkt (vertreten haben), daß bei guter und sorgfältiger Pflege das Konversationshaus noch 10 bis 12 Jahre gehalten werden könne. (...)«.*

203 Stürzenacker, 1918, S. 45.

204 Vgl. Schriftwechsel zwischen der Großherzoglichen Badischen Bezirks-Bauinspektion Baden und dem »Curcomitée der Stadt Baden« vom 19. November und 7. Dezember 1896, Stadtarchiv Baden-Baden C20/9-1.

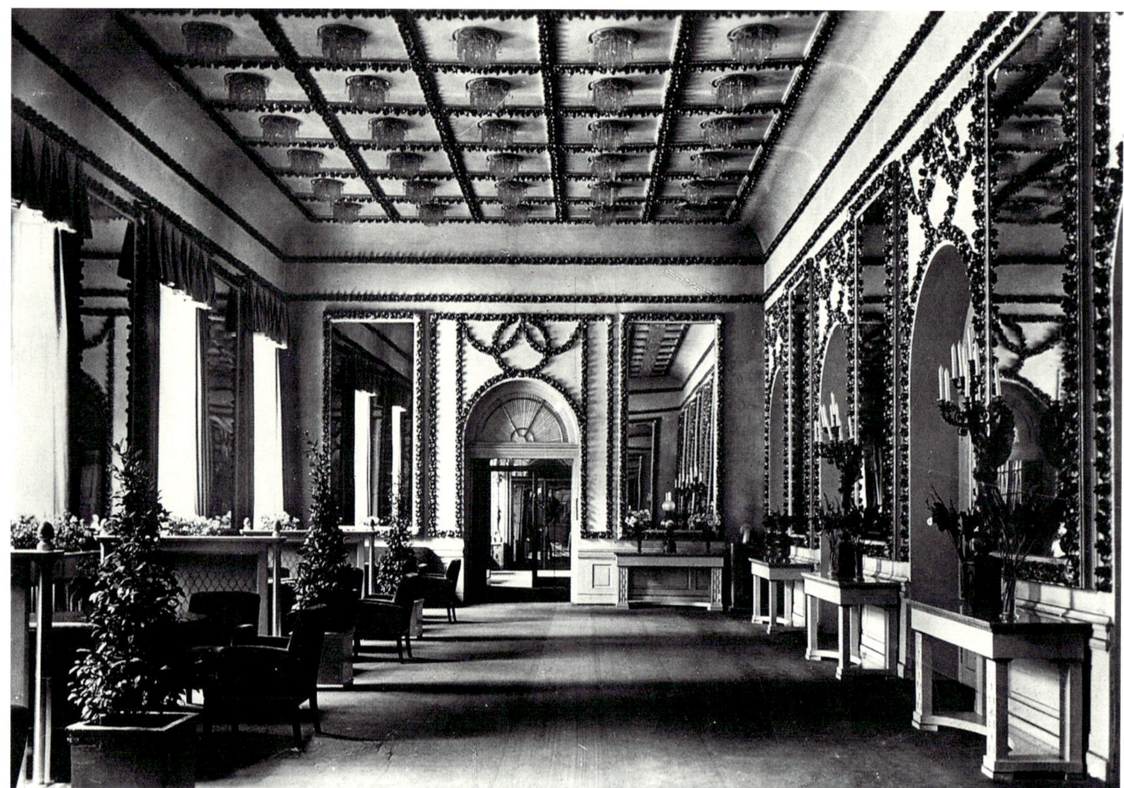

Abb. 109a Der Blumensaal im Konversationshaus in der Gestaltung nach 1908 nach den Entwürfen von Max Laeuger, um 1910 (Stadtmuseum/-archiv Baden-Baden)

Größere Arbeiten wurde 1896/97 ebenfalls im großen Saal vorgenommen (Abb. 110): u. a. wurden die Fenster saniert und mit einem zentralen Öffnungs- bzw. Schließmechanismus versehen, die alten Spiegel, die Fenster- und Tür-Draperien bzw. Vorhänge sowie die Vergoldungen wurden erneuert. Außerdem wurden die vier vorhandenen »Thon-Öfen« durch moderne »Dauerbrenn-Öfen« ersetzt[205]. Der Karlsruher Kunstmaler Ernst Schurth (1848–1910) wurde zudem mit einer neuen Ausmalung im Saal beauftragt, wobei neben einer neuen Dekorationsmalerei an den Wänden auch vierzehn Portrait-Medaillons von Komponisten über den Spiegeln und Türen angebracht wurden (Abb. 111)[206].

Auch wurde eine neue Möblierung (Mahagoni-Sofa und -Stühle) angeschafft, die nach Entwürfen der Kunstgewerbeschule Karlsruhe gefertigt wurde. Diese war Teil einer größeren Erneuerung der Möblierung im Konversationshaus, wobei die Kosten hierfür in Höhe von 29.019 Mark aus dem Reservefonds der Kurtaxen-Überschüsse bezahlt wurde: *»(...) sowohl wegen der Restaurierung des großen Saals, als auch wegen starker Abnützung sind die Einrichtungsgegenstände in den Sälen des Conversationshauses zu großem Theile der Erneuerung dringend bedürftig. (...) Hiernach ist für den großen Saal, welcher durchgängig in lichten Farben durch die Großh. Badfondsverwaltung neu decoriert worden ist, nicht bloß die Beschaffung neuer passender Draperien, sondern auch die Ersetzung der alten Möbel durch neue erforderlich, deren Ausstattung mit den nunmehr gegebenen Tönen in Einklang gebracht werden muß. (...) Der Blumensaal wird voraussichtlich im Laufe dieses Jahres durch die Großh. Badfondsverwaltung neu hergerichtet werden, und es sind deshalb die für Neu-*

205 Vgl. Schriftwechsel zwischen der Großherzoglichen Badischen Bezirks-Bauinspektion Baden und dem »Curcomitée der Stadt Baden« vom 7. und 31. Dezember 1896 und 13., 17., 19., 20., 25., 26. und 31. Januar und 22. März 1897, Stadtarchiv Baden-Baden, C20/9-1. Für die Ausführung waren u. a. der Möbelfabrikant Georg Müller und der Schlosser Theodor Niemand beauftragt worden.

206 Bei den ausgewählten Komponisten handelte es sich um Händel – Gluck – Mozart – Beethoven – Haydn – Bach – Weber – Wagner – Liszt – Mendelsohn – Berlioz – Meyerbeer – Rossini – Verdi, vgl. Schriftwechsel zwischen der Großherzoglichen Badischen Bezirks-Bauinspektion Baden und dem »Curcomitée der Stadt Baden« vom 15. und 28. April 1897, Stadtarchiv Baden-Baden, C20/9-1.

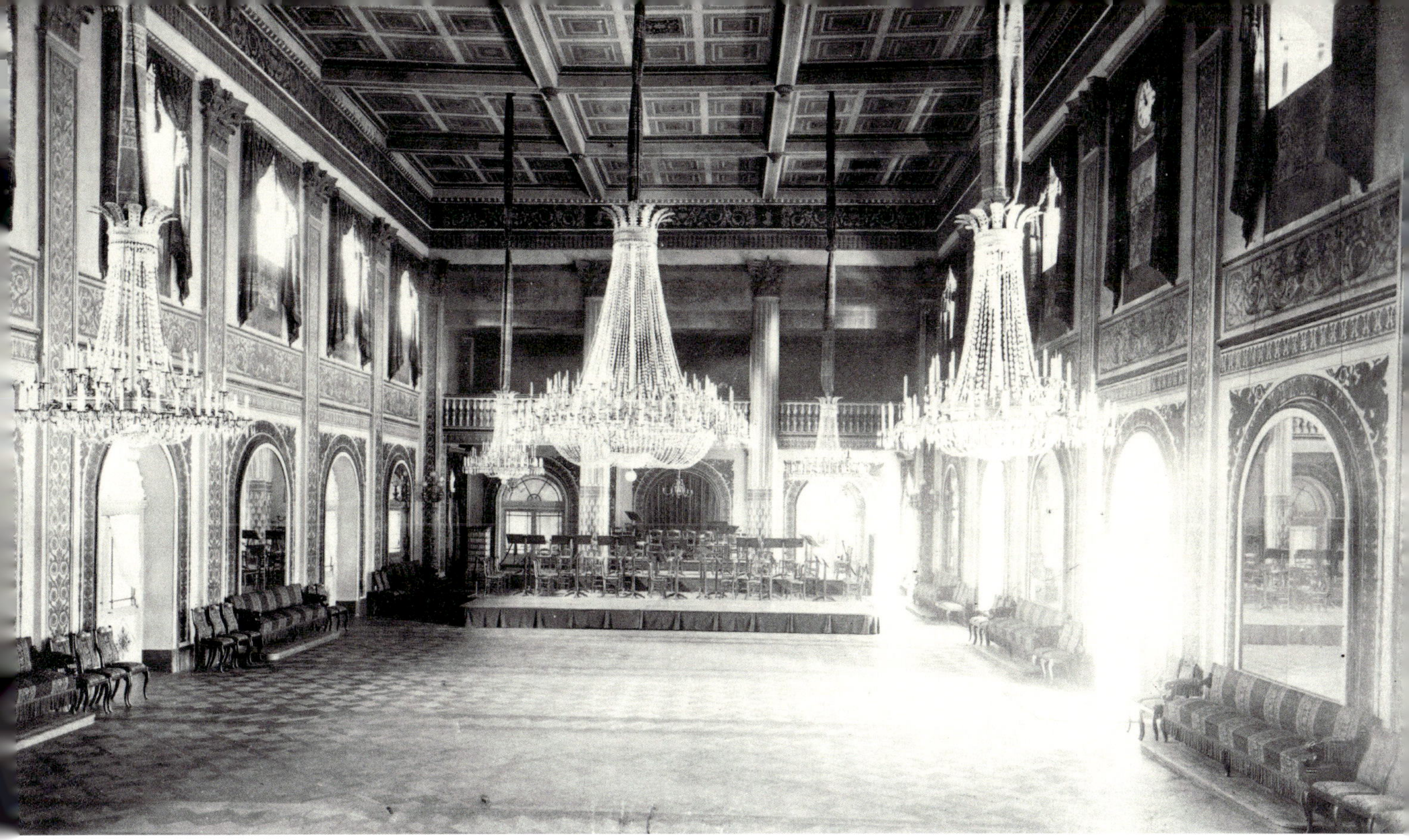

Abb. 110 Der große Saal (heutiger Weinbrenner-Saal) vor der Umgestaltung im Jahr 1896/97, um 1890 (Stadtmuseum/-archiv Baden-Baden)

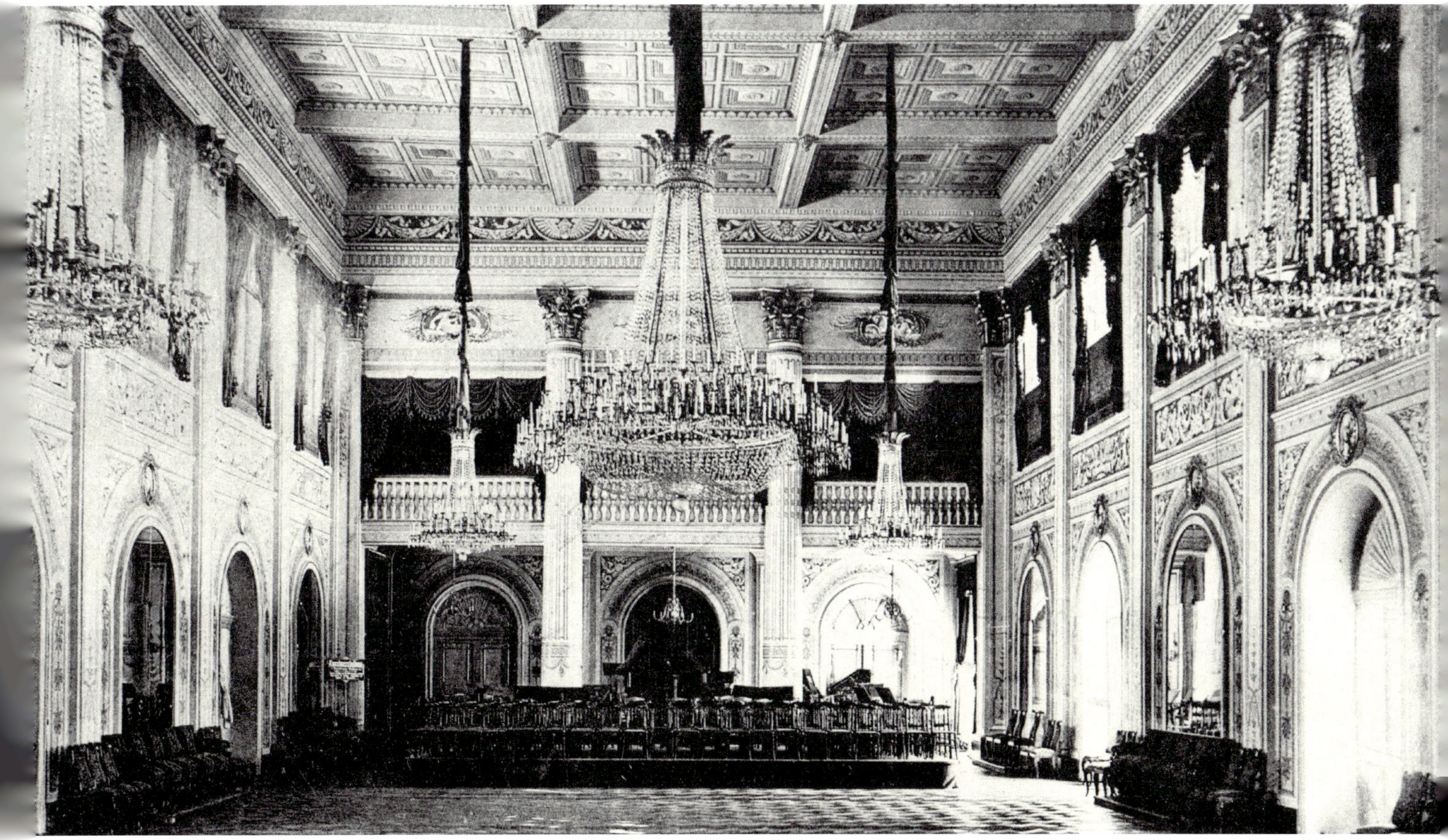

Abb. 111 Der große Saal (heutiger Weinbrenner-Saal) nach der Umgestaltung im Jahr 1896/97, über den Türen und Spiegeln sind u.a. die neuen Komponisten-Medaillons erkennbar, um 1900 (Stadtmusem/-archiv Baden-Baden)

beschaffung von Vorhängen und Möbeln erforderlichen Mittel bereit zu stellen. Die reichen Sessel und Stühle und das große Sopha im Saale Louis XV. sind so defekt, daß sie unbedingt neu überzogen und frisch vergoldet werden müssen. (...) Im Spiel- und Rauchsalon sind die farbigen Vorhänge vollständig brüchig. Dieselben müssen durch neue ersetzt werden und die in diesem Saale befindlichen bedürfen unbedingt der Neuüberziehung. Die Stühle in den Lesesälen sind verbraucht und des Aufpolsterns und neuer Lederüberzüge nicht mehr werth. Es sollen deshalb 24 neue Stühle für die Lesesäle angeschafft werden. Für große Concerte, Bälle u.s.w. fehlt es an einer entsprechenden Garderobe-Einrichtung. (...) Im großen Saale der Restauration ist eine Theaterbühne, welche nicht bloß für die Unterhaltungen der hiesigen Vereine, sondern auch für die Veranstaltungen der städtischen Verwaltung, insbesondere zur Aufstellung des Orchesters bei festlichen Diners und dergleichen benützt wird. Der Vorhang dieser Bühne ist derart abgenützt, daß er nicht bloß beim wirklichen Gebrauche für theatralische Vorstellungen, sondern auch als Abschluß der Bühne gegen den Saal unmöglich geworden ist. Die Neubeschaffung eines Vorhangs ist daher dringend geboten. (...)«[207]. Der Blumensaal wurde 1907/1908 nochmals nach Entwürfen des Architekten und Künstlers Max Laeuger (1864–1952) umgestaltet, der auch die Vorlagen für die Möblierung schuf (Abb. 109a)[208]. Diese aufgeführten Instandsetzungsarbeiten zeugen von einer regelmäßigen und vielfältigen Nutzung des Konversationshauses auch nach Ende der Glücksspiel-Ära. Zugleich zeigte sich aber auch, dass die vorhandenen Räumlichkeiten und ihre Ausstattung, insbesondere der Gastronomie, für die Besucherzahlen und Ansprüche inzwischen nicht mehr ausreichend waren.

Nach einer Denkschrift des Stadtrats in Baden-Baden vom 1. Februar 1903 bezüglich der Notwendigkeit zum Neubau der Gastronomie im Konversationshaus wurden bereits erste Überlegungen zu einem Umbau- oder Neubau des Gastronomieflügels oder des gesamten Konversationshauses laut, ehe im Auftrag des Innenministeriums ab 1905 erste Pläne für derartige Arbeiten erstellt wurden[209]. Hierbei gab es verschiedene Ideen für Umbauten sowie komplette An- und/oder Neubauten, was aufgrund der beengten topographischen Lage aber grundsätzlich schwierig war. Neben den Überlegungen, den Gastronomiebereich als Neubau zwischen der Trinkhalle und dem Konversationshaus und anstelle des alten Gastronomieflügels nur einen Saalbau zu errichten, stand auch die Idee eines kompletten Neubaus des Kurhauses an anderer Stelle im Raum[210].

Die Stadt beauftragte im Zuge dieser Überlegungen »*drei namenhafte Architekten Deutschlands mit der Aufstellung von Plänen*«[211], zu denen wohl auch der Plan des Architekten Anton Klein vom 16. November 1903 zu rechnen ist, der einen Entwurf »*zum Um- und Ausbau des alten Kurhaus-Restaurants zu einem Kunst-Ausstellungsgebäude*«, vorlegte, wonach der Gastronomieflügel vollständig zu einem Ausstellungsbereich mit verschiedenen Ausstellungssälen umgebaut worden wäre[212]. Hierbei wären an der Rückseite zusätzlich zwei große Säle und Wohnungen für die Angestellten angebaut worden (Abb. 112). Da aber wohl keiner dieser Pläne im Innenministerium auf Zustimmung stieß, übernahm das Ministerium ab 1908 selber die Planungen zum Konversationshaus[213]. Zunächst wurden aber nur die notwendigsten Instandsetzungsarbeiten in den bestehenden Räumlichkeiten für die Jahre 1908/1909 geplant und budgetiert, wobei der Schwetzinger Architekt und Ministerialrat Innenministeriums August Stürzenacker (1871–1951) für die Planung beauftragt wurde und für die notwendigen Arbeiten insgesamt 15.729 Mark ansetzte[214]. Zumindest war damit erst einmal der Fortbestand des Konversationshauses auch im neuen Jahrhundert gesichert.

207 Protokoll der Stadtverwaltung bzw. Gemeinderat der Stadt Baden-Baden vom 2. Juli 1897, GLA 424a Zugang 1996-67 Nr. 38.

208 Max Laeuger schuf u. a. Entwürfe für die Sofas, Sessel, Konsoltische, Raumteiler und Blumengefäße, vgl. Skizzen und Entwürfe im Stadtarchiv Baden-Baden A26/15-69.

209 Generallandesarchiv Karlsruhe, GLA 195, Nr. 130. Zusammenfassung des Badischen Innenministeriums bzgl. der »Besitzverhältnisse der Badanstaltsgebäude in Baden« (-Baden), vom 31.12.1919, GLA 236 Nr. 28612.

210 Stürzenacker, 1918, S. 47.

211 Stürzenacker, 1918, S. 47.

212 Der Plan von Anton Klein vom 16.11.1903 befindet sich heute im LAD Karlsruhe.

213 Stürzenacker, 1918, S. 47.

214 Eine detaillierte Aufstellung der einzelnen geplanten Baumaßnahmen und Kosten des Architekten August Stürzenacker vom 15. November 1908 findet sich im GLA unter 424a Zugang 1996-67 Nr. 39. Bei den einzelnen Arbeiten handelte es sich vor allem um Instandsetzungsmaßnahmen der einzelnen Räume/Säle, aber auch der Sanitäranlagen, den Einbau neuer Eingangstüren im großen grünen Ballsaal (»Landschaftssaal«), Verbindungstüren zwischen dem großen Konzertsaal und dem dahinterliegenden Blumensaal, Instandsetzung der Kronleuchter im roten Pracht-Saal, neue Terrassen vor dem bestehenden Restaurant im Gastronomieflügel und vor dem großen grünen Ballsaal (»Landschaftssaal«) und einem neuen Fassadenanstrich. Zu den Instandsetzungsarbeiten gehörten ebenso neue Vorhänge aus Seidenstoff samt Borten und Fransen für den Salon

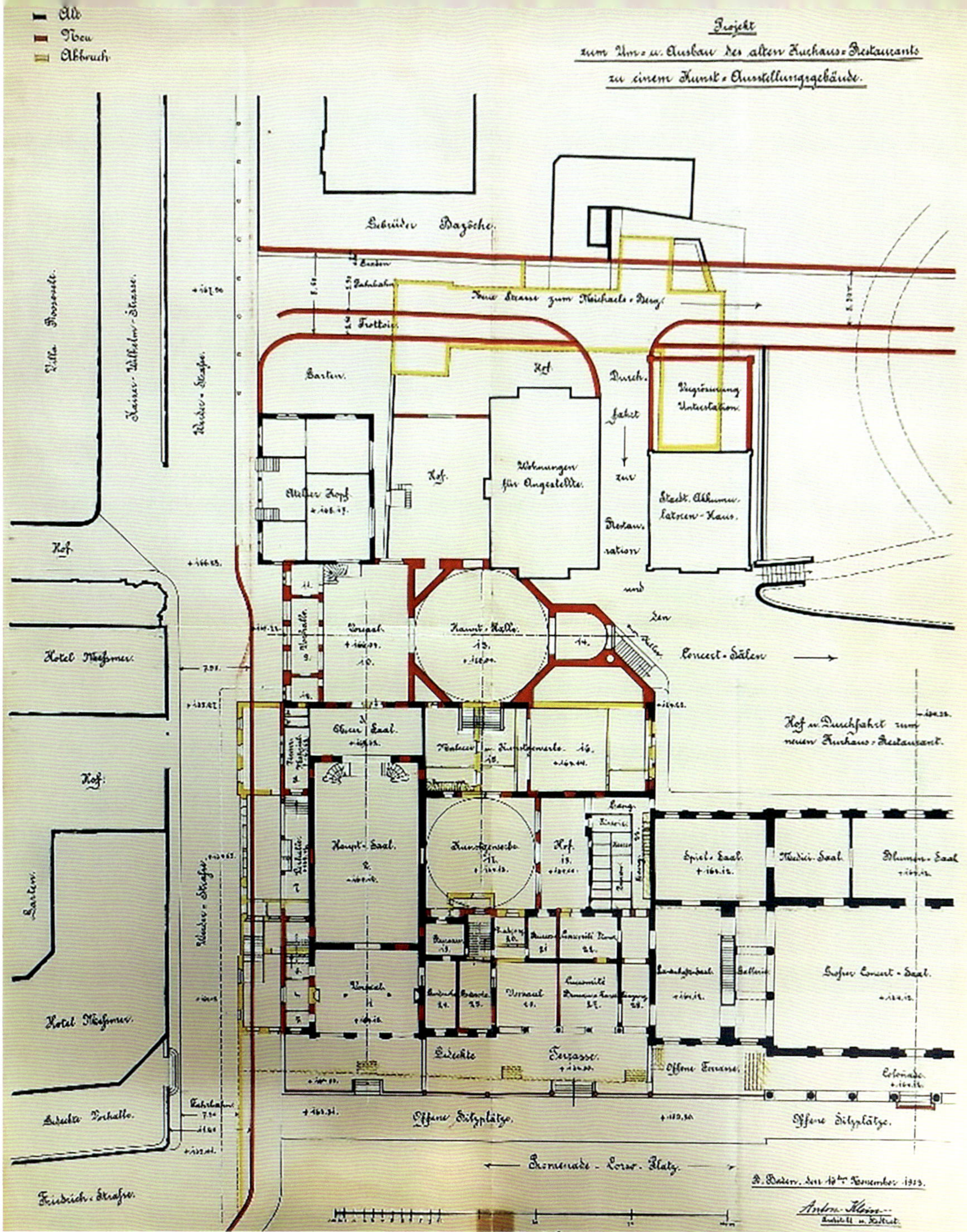

Abb. 112 Plan »zum Um- und Ausbau des alten Kurhaus-Restaurants zu einem Kunst-Ausstellungsgebäude«, des Architekten Anton Klein vom 16.11.1903 (Landesamt für Denkmalpflege Karlsruhe)

Pompadour in Höhe von rund 1000 Mark, geliefert und gefertigt vom Baden-Badener Dekorateur Schott, vgl. Kostenanschlag vom 18. März 1909, GLA 424a Zugang 1996-67 Nr. 39. Hinzu kamen u. a. aber auch die Erneuerung des Parkettbodens im großen Saal und im Lesezimmer, vgl. Schreiben des Kurkomitees vom 15. März 1909, GLA 424a Zugang 1996-67 Nr. 39. Ebenso wurden 1913 diverse Objekte neu vergoldet: im Blumensaal »*4 blaue Vasen, 2 große Leuchter a 10 Kerzen, 2 große Lampen*«, im »*Marmorsaal*« (?) eine »*Uhr*« und *ein* »*großer Armleuchter*«; und im roten Saal waren »*an den 4 Buffets aus Ebenholz sind die fehlenden Verzierungen zu ersetzen und die Buffets selbst sind neu zu polieren und zu vergolden. Des Weiteren sind die 4 blauen Vasen, 1 große Wanduhr und ein Barometer instandzusetzen*«. Im großen grünen Ballsaal sollten insgesamt »*31 vergoldete Banquettes, 12 vergoldete Fauteuils und 6 vergoldete Stühle*« ausgebessert werden. Im Salon Pompadour war die »*Decke auszubessern und zu weißeln*«, die Wandverzierungen waren ebenfalls auszubessern und »*nebst den Spiegeln und Consols*« neu zu vergolden. An den »*Holzbekleidungen*« sollte der Anstrich erneuert werden, die seidene Wandbespannung und die Vorhänge sollten ebenso erneuert, und die Supraporten (Gemälde über den Türen) gereinigt werden. Außerdem waren die übrigen dortigen Ausstattungsobjekte neu zu vergolden: »*1 Uhr aus Bronze, 2 Handleuchter aus Bronze, 2 Kaminvorsätze, 2 Kronleuchter aus Bronze, 6 Armleuchter aus Bronze, 1 Wandsofa, 4 vergoldete Fauteuils und 8 vergoldete Stühle*«. Sämtliche Arbeiten sollten im Salon Pompadour bis zum großen »*Maskenball im März 1914*«, die übrigen Arbeiten sollten gleich nach »*Ostern*« 1913 in Angriff genommen werden, damit diese bis zum Saisonbeginn des Jahres fertiggestellt sein würden, vgl. Schreiben des Kurkomitees vom 23. Februar 1913, GLA 424a Zugang 1996-67 Nr. 40.

1912 UND DIE FOLGENDEN JAHRE:
DIE NEU- UND UMBAUTEN

»... für die Innenräume galt darum nur der Grundsatz, Zweckmäßiges, Behagliches und Schönes zu schaffen...«

Aufgrund des veralteten Baubestands und der unzureichenden gastronomischen und hygienischen Bedingungen entschloss man sich letztendlich doch für einen Neubau des Gastronomieflügels, um auch weiterhin ein angemessenes gastronomisches Angebot gewähr leisten zu können. Zudem wünschte sich die Stadt auch zusätzlich einen neuen großen und kleinen Konzert- bzw. Veranstaltungssaal[215]. Der Neubau sollte sich zudem möglichst harmonisch in den bestehenden Weinbrenner-Bau und den rechten Flügel mit den historistischen Spielsälen einfügen (Abb. 113/114). Für den Neubau des Gastronimieflügels wurden vom Badischen Landtag 1911 insgesamt 1.570.000 Mark genehmigt und etwas später nochmals 101.000 Mark für *»besondere Ergänzungen«*[216].

Parallel zu den Baumaßnahmen wurde auch das Eigentums- und Baukosten-Verhältnis zwischen der Stadt und dem Staat Baden in Verträgen vom 12. September 1910 und vom 15. Mai 1911 geklärt: der Staat Baden baute das Konversationshaus nach den Wünschen der Stadt um, wofür die Stadt insgesamt 843.000 Mark zur Verfügung stellte. Ebenso würde die Stadt sich anteilig an unvorhersehbaren gestiegenen Baukosten beteiligen. Insgesamt lagen die Baukosten bei 2.514.000 Mark, wovon die Stadt 843.000 Mark und der Staat 1.671.000 Mark übernahmen. Eigentümer und Bauherr des Konversationshauses war der Staat[217]. Für den Entwurf und die Ausführung wurde wiederum der Architekt August Stürzenacker (1871–1951) beauftragt[218]. Dieser realisierte den gewünschten Umbau bzw. Neubau des Gastronomieflügels und einen neuen Festsaal (heutiger Bénazet-Saal), der rückseitig an das bestehende Konversationshaus angebaut wurde. Zudem sollte der Eingangsbereich des Mitteltrakts modernisiert werde, wobei Stürzenacker einen komplett neuen Empfangsbereich mit großer Freitreppe zum 1. Obergeschoss und den Zugang zum neuen Veranstaltungsaal mit Nebenräumen schuf (Abb. 115/116).

Die Bauarbeiten begannen 1912 mit dem Abbruch des alten Gastronomieflügels und waren zu Ostern 1916 abgeschlossen, so dass der Neubau der Gastronomie am 15. April 1916 feierlich eröffnet wurde[219]. Im Juni 1915 konnten dann auch die dortigen Wirtschafts- und Personalräume in Betrieb genommen werden[220]. Die veranschlagten Baukosten konnten trotz der schwierigen Bedingungen während des Ersten Weltkriegs eingehalten werden: *»(...) Ihm (Stürzenacker) ist es auch zu verdanken, was sehr großes Lob verdient, daß trotz*

215 Stürzenacker, 1918, S. 48. Zudem soll die Stadt wohl auch einen überdachten Verbindungsgang zwischen Konversationshaus und Trinkhalle gewünscht haben, der letztendlich aber nicht umgesetzt wurden.

216 Zusammenfassung des Badischen Innenministeriums bzgl. der »Besitzverhältnisse der Badanstaltsgebäude in Baden« (-Baden), vom 31.12.1919, GLA 236 Nr. 28612.

217 Zusammenfassung des Badischen Innenministeriums bzgl. der »Besitzverhältnisse der Badanstaltsgebäude in Baden« (-Baden), vom 31.12.1919, GLA 236 Nr. 28612.

218 Zum Neu- und Umbau des Konversationshauses vgl. Stürzenacker, 1918, S. 44 ff.

219 Zusammenfassung des Badischen Innenministeriums bzgl. der »Besitzverhältnisse der Badanstaltsgebäude in Baden« (-Baden), vom 31.12.1919, GLA 236 Nr. 28612. Über die Eröffnung am 15. April 1916 wird berichtet: *»(...) Zum ersten Mal flutete am Samstag abend eine festliche Menge durch die neuen Räume, die einen vornehmen und behaglichen Eindruck machen. Das Festkonzert sah den großen und kleinen Saal dicht gefüllt (...).«* Karlsruher Zeitung vom 18. April 1916.

220 Anton Klein: Kurhaus Bauten, in: In und um Baden-Baden, Nr. XIV., Separat-Abdruck aus den Nummern 119 und 121 des Badener Tagblatt von 1918, GLA 236 Nr. 28612. Demnach gehörten neben Stürzenacker auch noch der »Architekt Kühlemann«, für die technischen Anlagen, »Oberregierungsrat Schellenberg« für die Heiztechnik, »Professor Pfützer von der techn. Hochschule Karlsruhe« für die Bühnentechnik, »Maschineriedirektor Linnebach vom Kgl. Hofschauspielhaus in Dresden«, und für die Beschaffung und Montierung der Konzertorgel »Hofrat Wolfrum in Heidelberg« zu den verantwortlichen Mitarbeitern bei der Ausführung des Neubaus.

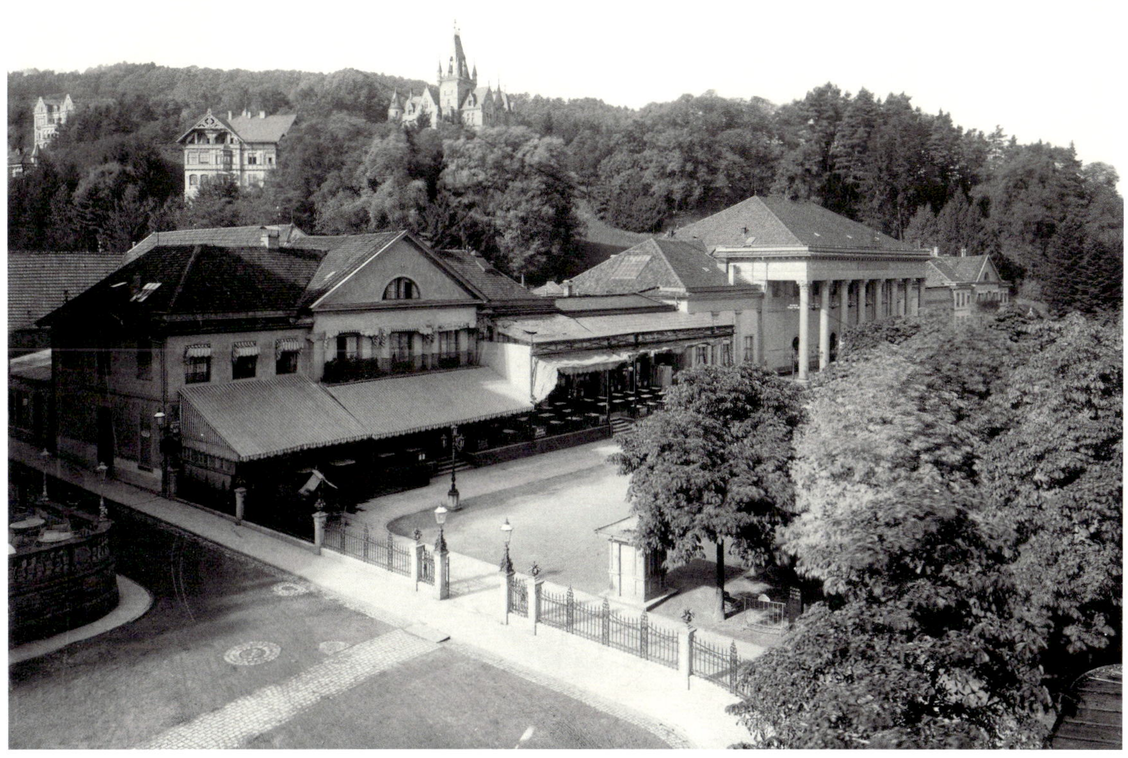

Abb. 113 Das Konversationshaus mit dem alte Promenadenhaus/Gastronomieflügel ganz links vor dem Umbau 1916, um 1900 (Stadtmuseum/-archiv Baden-Baden)

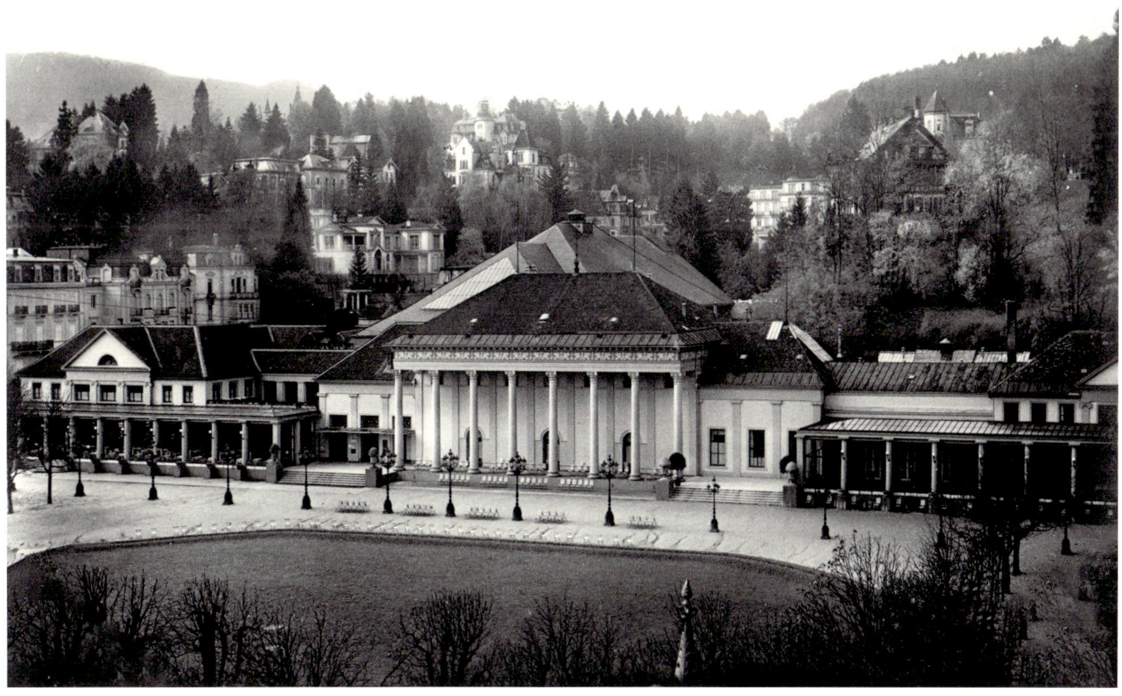

Abb. 114 Konversationshaus mit dem neuen Gastronomieflügel mit Terrasse (links) und dem neuen Wintergarten/Terrasse vor dem Flügel mit den neuen Spielsälen (rechts), nach 1917 (Stadtmuseum/-archiv Baden-Baden)

Konversationshaus-Neubau in Baden-Baden
Grundriss des Erdgeschosses.

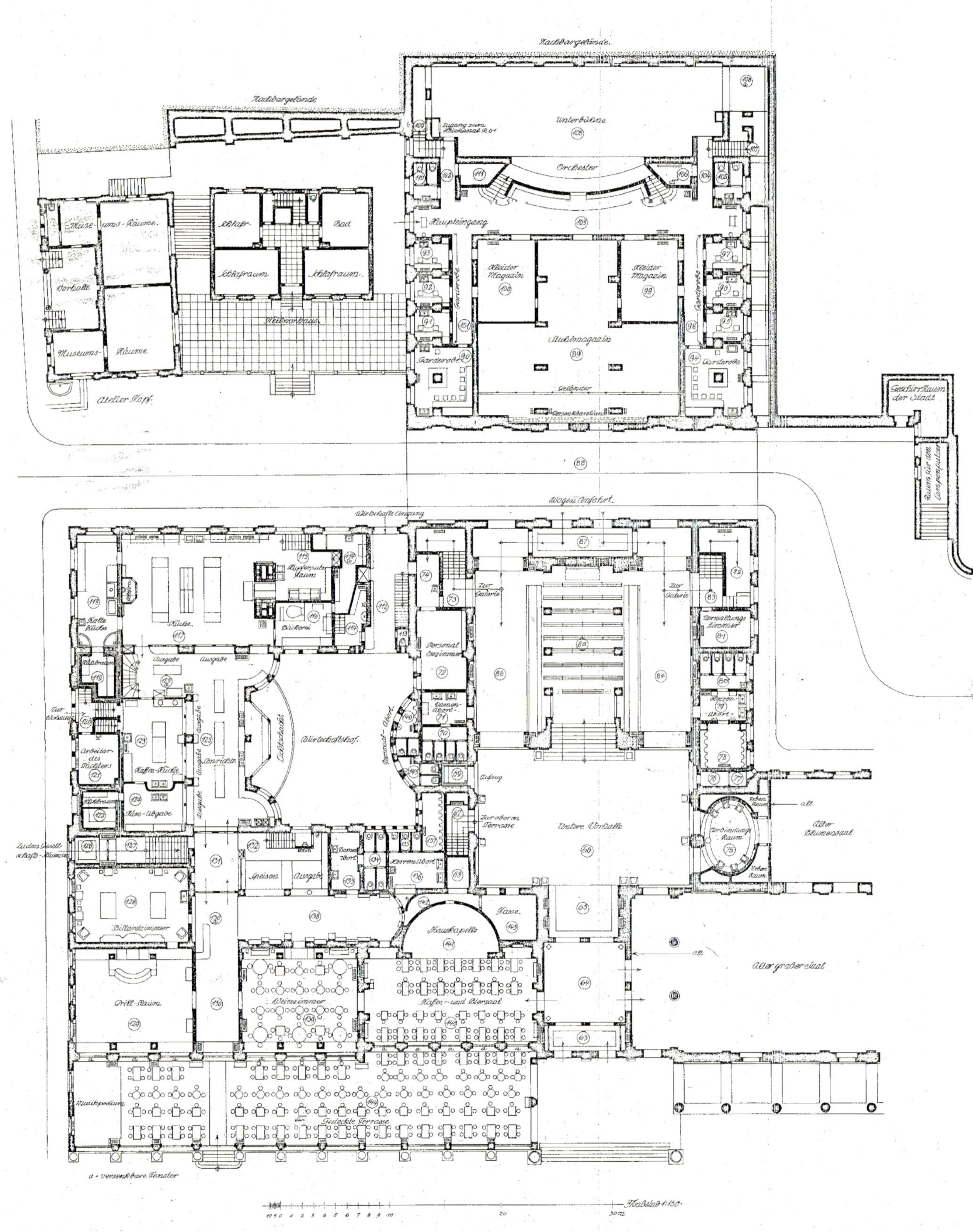

Bautechn. Referent i. Minist. d. Innern

Karlsruhe i. Juli 1918.

Abb. 115 Grundriss »Konversationshaus-Neubau in Baden-Baden Grundriss des Erdgeschosses«, 1918 (Archiv BKV)

Konversationshaus-Neubau in Baden-Baden
Grundriss des 1. Obergeschosses.

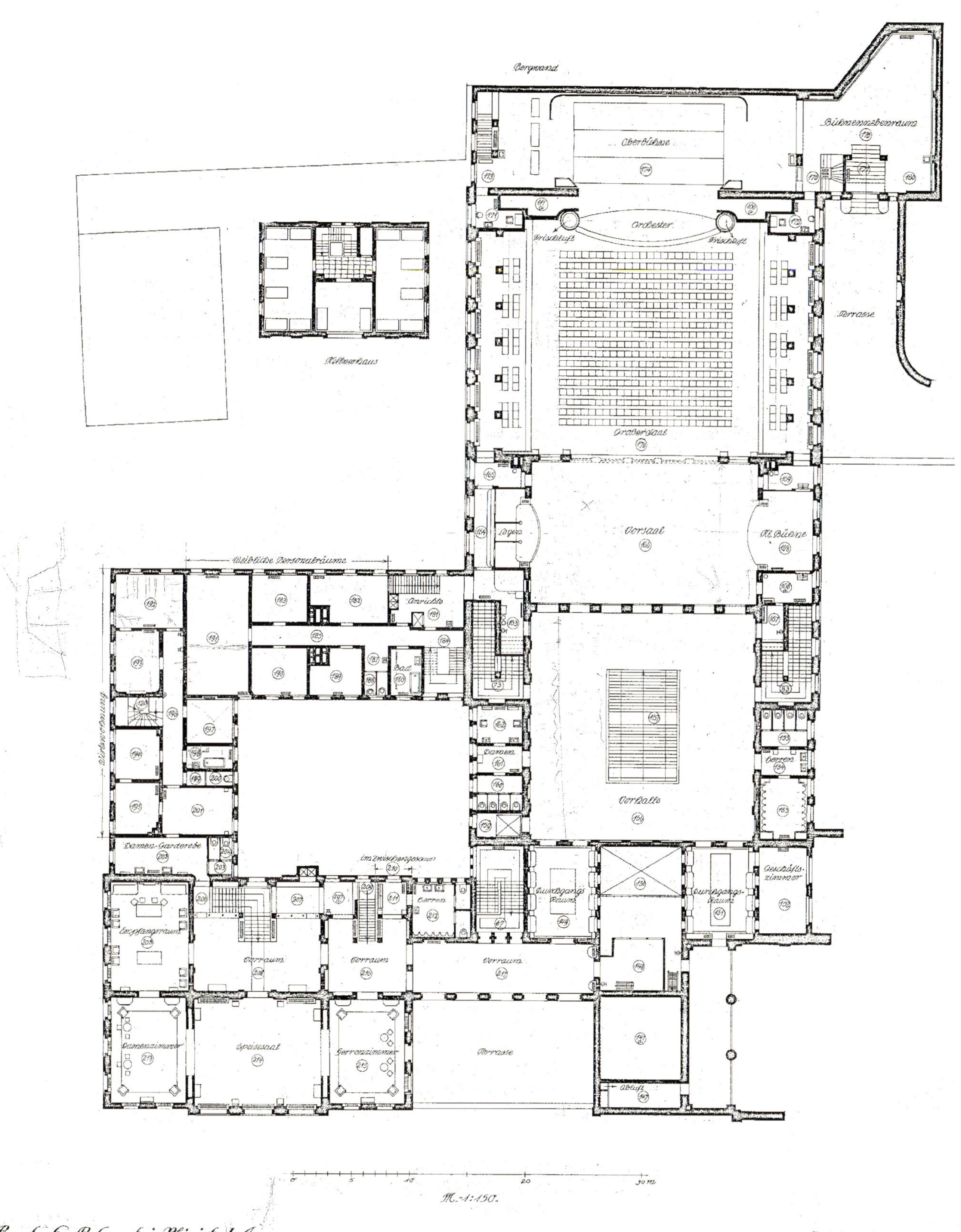

Bautechn. Referent i. Minist. d. Innern

Karlsruhe i. Juli 1918.

Abb. 116 Grundriss »Konversationshaus-Neubau in Baden-Baden Grundriss des 1. Obergeschoss«, 1918 (Archiv BKV)

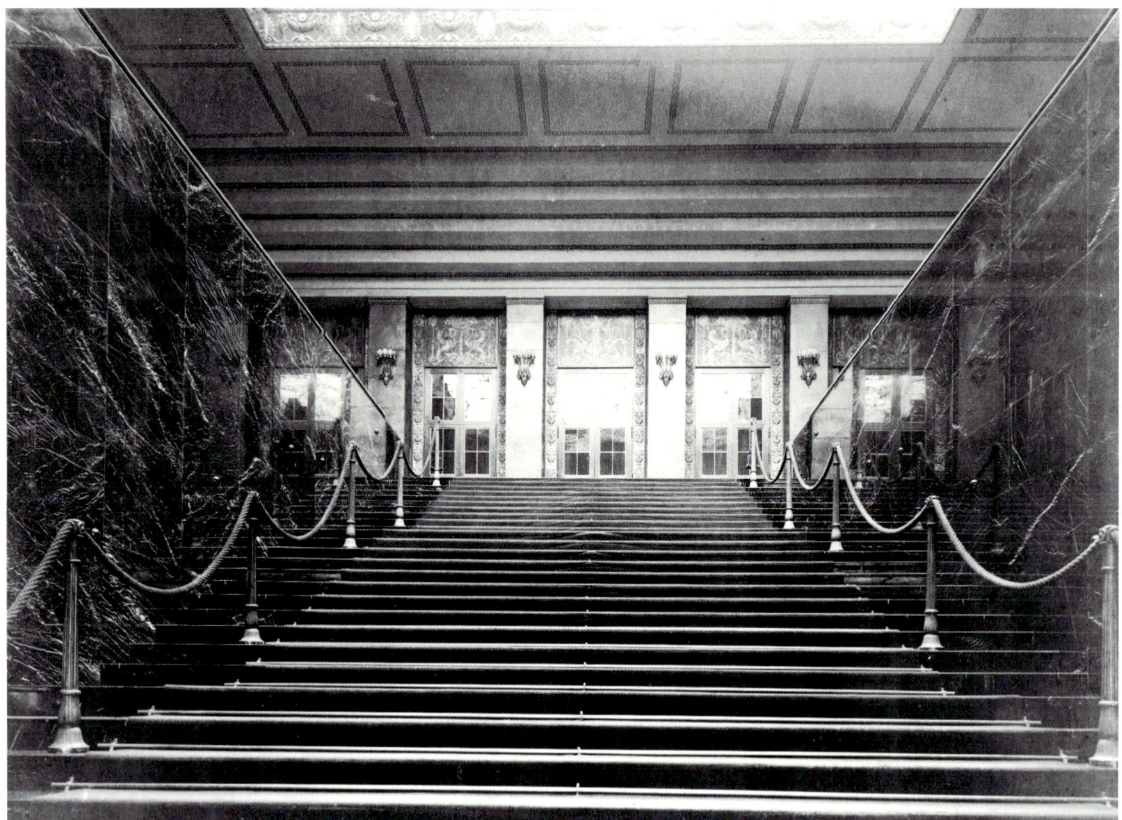

Abb. 117 Neue Treppe im Konversationshaus mit Aufgang zum 1. Obergeschoss, nach 1917 (Stadtmuseum/-archiv Baden-Baden)

der gestiegenen Preise und des großen Krieges der Voranschlag und bei bedeutenden Mehrleistungen gegenüber dem Bauprogramm, nicht überschritten wurden, ein wohl ganz seltener Fall (...)«[221]. Nach den Bauarbeiten bestand das Konversationshaus jetzt aus mehr als zwei Dutzend Räumlichkeiten[222].

Stürzenacker schuf im Zuge der Arbeiten auch einen vollständigen neuen Eingangsbereich mit einer kleinen Vorhalle, über die man direkt in den großen Saal (Weinbrenner-Saal) gelangte. Ebenso gestaltete er die untere große Vorhalle bzw. Foyer neu, indem er u. a. eine sechs Meter breiten Freitreppe schuf, die in das Obergeschoß mit den neuen Gesellschaftsräumen führte (Abb. 117–120). Vom unteren Foyer bzw. der großen Vorhalle gelangte man über die Freitreppe im 1. OG in den neuen Konzertsaal (Bénazet-Saal) und die Gesellschaftsräume. Im EG links gelangte man direkt in die Gastronomieräume und rechts über einen neuen »Ovalraum« in den alten Spielbank-Flügel, wofür der einstige »große italienische Saal« und der »Saal Medici« entfernt wurden. Dem Spielbank-Flügel wurde ein neuer Wintergarten vorgesetzt, der die gleiche Breite einnahm wie der Säulengang vor dem alten großen Saal (Weinbrenner-Saal) und die neue Terrasse vor dem

221 Anton Klein: Kurhaus Bauten, in: In und um Baden-Baden, Nr. XIV., Separat-Abdruck aus den Nummern 119 und 121 des Badener Tagblatt von 1918, GLA 236 Nr. 28612

222 Der Bestand aller Räume im Konversationshaus nach dem Umbau lässt sich anhand eines »Auszugs aus dem Feuerversicherungs-Buch der Gemeinde Baden-Baden« vom 4. September 1916 rekonstruieren. Demnach bestand das Konversationshaus zu diesem Zeitpunkt aus folgenden Räumlichkeiten: *»(...) a. Hauptbau mit großem Konzertsaal und Vorhalle b. an a. nordwestl. angebauter Saal (Renaissance) Winterlesezimmer c. Eingangssaalbau mit Gallerieanbau d. Säle (Spiel-, Medici-, Blumensaal) e. Saal mit Wintergarten (roter Saal Louis XIV.) f. Musiksaal (Louis XIII.) nebst Sälchen (Louis XV.) mit einem Teil des Wintermusikzimmers, Lesezimmer, Aborten und Bureau, teilw. steingewölbter Keller u. Dacheinbau g. Musikkiosk h. Saalbau mit Haupt- u. Nebentreppen, Durchfahrt etc. i. Wirtschaftsgebäude (Bierwirtschft.) mit gewölbt. Keller u. Altan k. angebaute gedeckte Terrasse l. gedeckte Terrasse m. Hauptwirtschaftsgebäude n. Anbau mit Wirtschaftsräumen und Verbindungsgängen o. Zwischenbau mit Hallen, Vorsälen, Treppen und Aborten p. Zwischenbau mit Aborten q. Küchenbau mit Wohnung r. Abortbau s. Wohnhaus (Kellnerhaus) t. Akkumulatorenkeller s. Bühnenanbau (Magazin) u. – v. frei stehender Musikkiosk w. Kleiderablage mit Aborten z. Anrichte im Hof (...)«*, vgl. Auszugs aus dem Feuerversicherungs-Buch der Gemeinde Baden-Baden« vom 4. September 1916, GLA 565 Nr. 81.

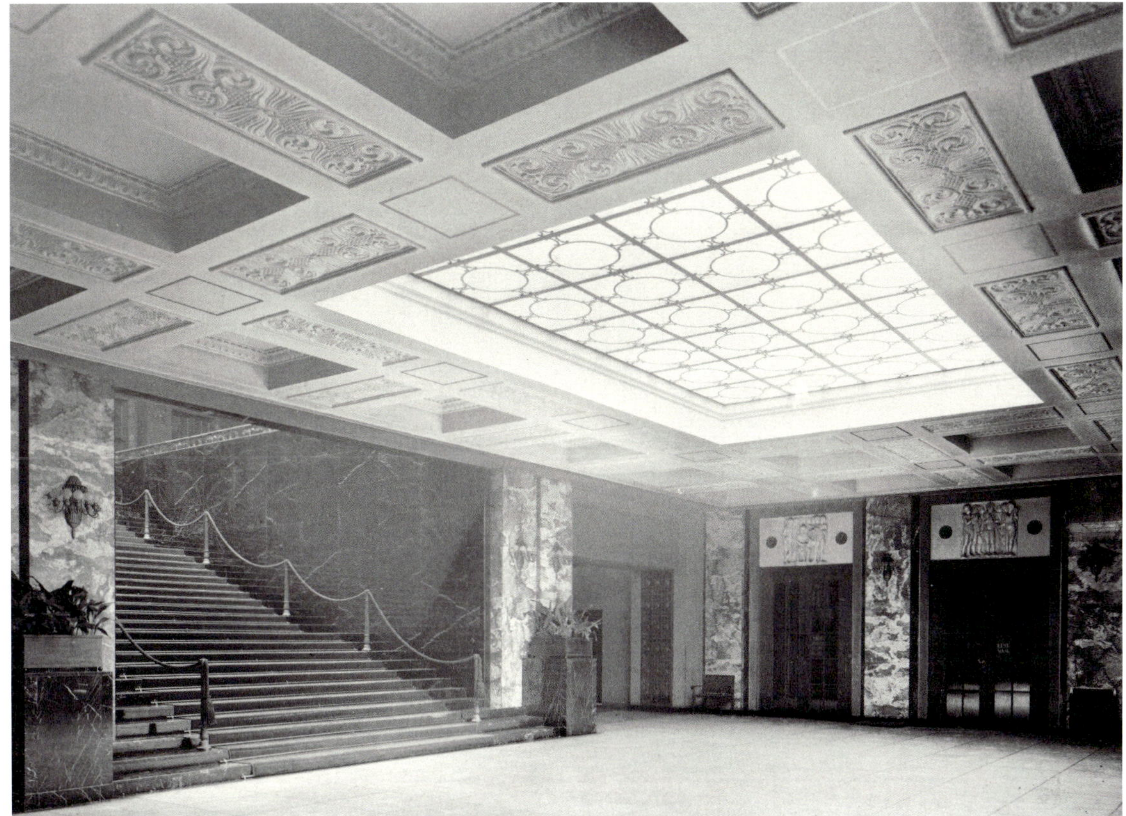

Abb. 118 Neuer Empfangsbereich im Erdgeschoss mit Treppe zum 1. Obergeschoss, nach 1917 (Stadtmuseum/-archiv Baden-Baden)

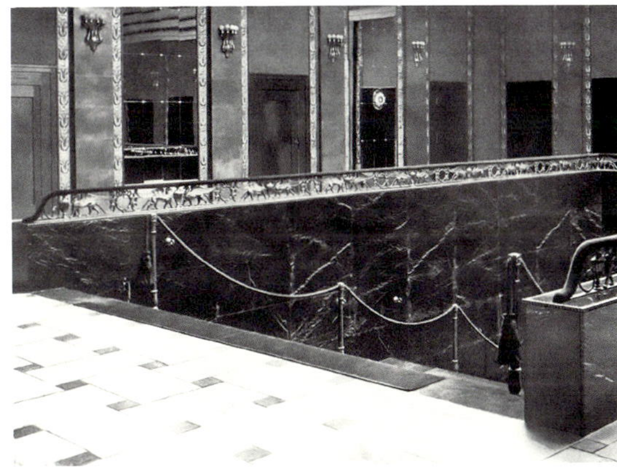

Abb. 119 Neues Treppenhaus im Konversationshaus im 1. Obergescho9ss (aus: Stürzenacker, 1918)

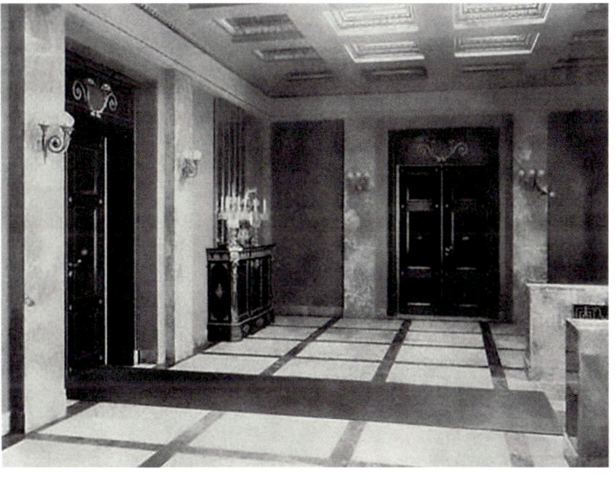

Abb. 120 Treppenhaus bzw. Vorraum zu den neuen Gesellschaftszimmern im Konversationshaus im 1. Obergeschoss (aus: Stürzenacker, 1918)

Gastronomieflügel (Abb. 121).

Die kleine Vorhalle wurde mit einer Malerei des (Dekorations-)Malers Herrmann Göhler (1874–1959) verziert: in feiner monochromer Goldmalerei auf dunkelbraunen Grund wurden im neoklassizistischen Stil in acht Szenen u.a. die Allegorien der schönen Künste und antiken Rossbändiger bzw. Triumphwägen dargestellt

223 Bei den einzelnen Szenen soll es sich um Allegorien der Künste mit »Musik und Gesang«, »Tanz« und »Dichtung und Schauspiel« sowie einer Darstellung von vermutlich Bacchus, dem Gott des Weins und der Feste, jeweils ergänzt von vier Darstellungen von Reiter mit Pferden und Wagen, handeln; die Darstellungen wurden Anfang der 2000er Jahre gereinigt und konserviert, vgl. Untersuchungsbericht vom Juli 2000 im Auftrag des Staatlichen Vermögens- und Hochbauamt Pforzheim, LAD Karlsruhe.

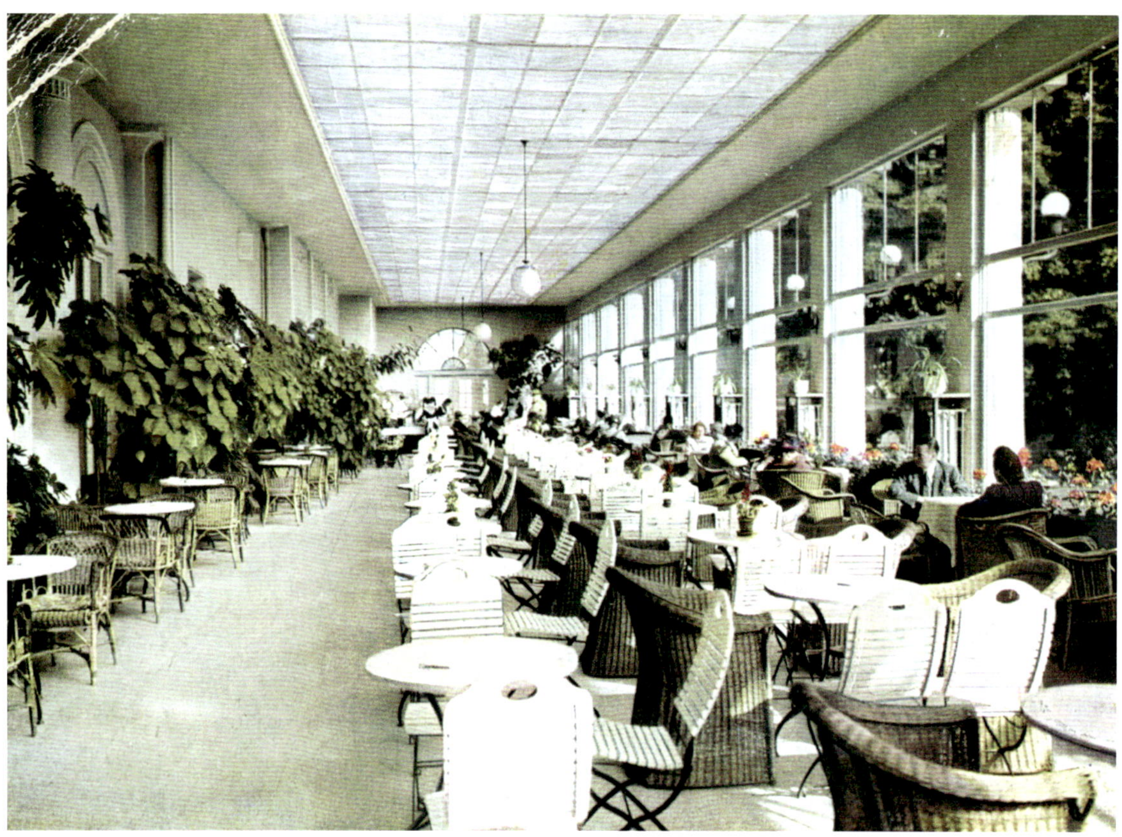

Abb. 121 Der neue Wintergarten vor dem Spielbank-Flügel, wohl Mitte der 1930er Jahre (Stadtmuseum/-archiv Baden-Baden)

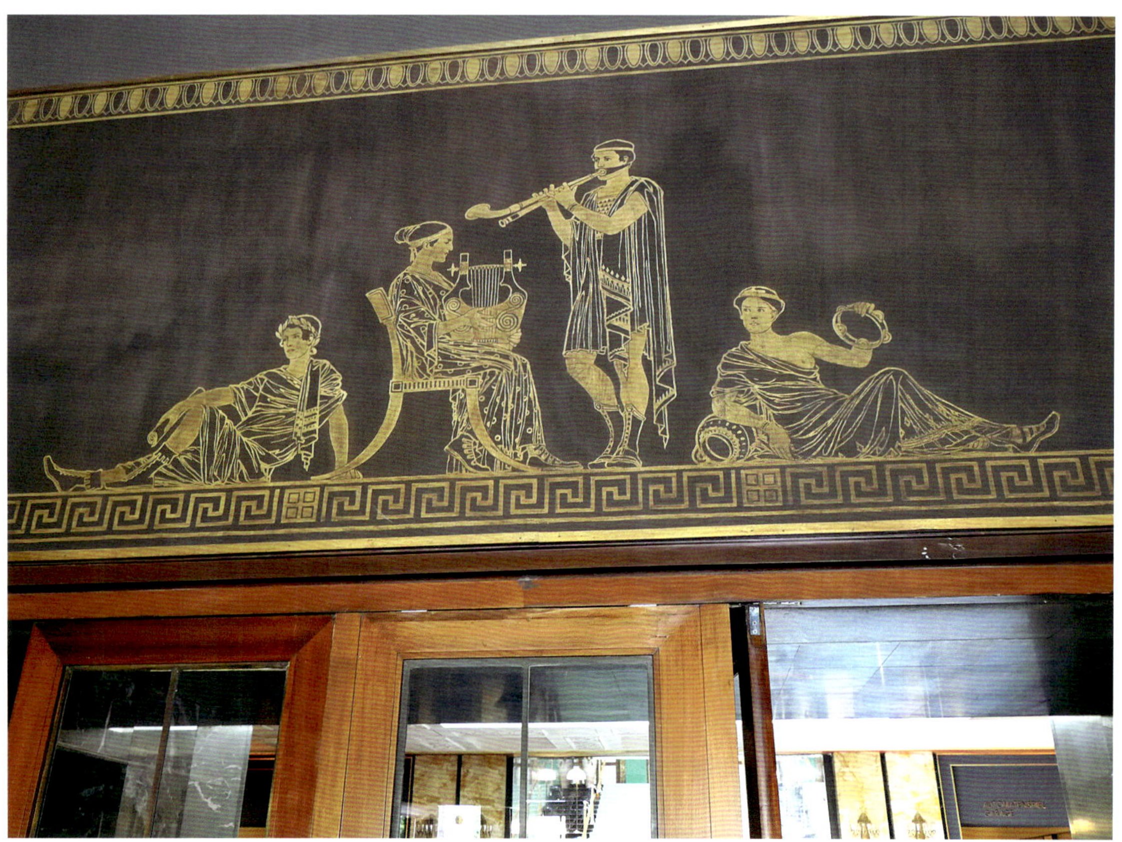

Abb. 122 Kleine Eingangshalle mit Wandgemälden mit Darstellungen der schönen Künste, 2024 (BKV)

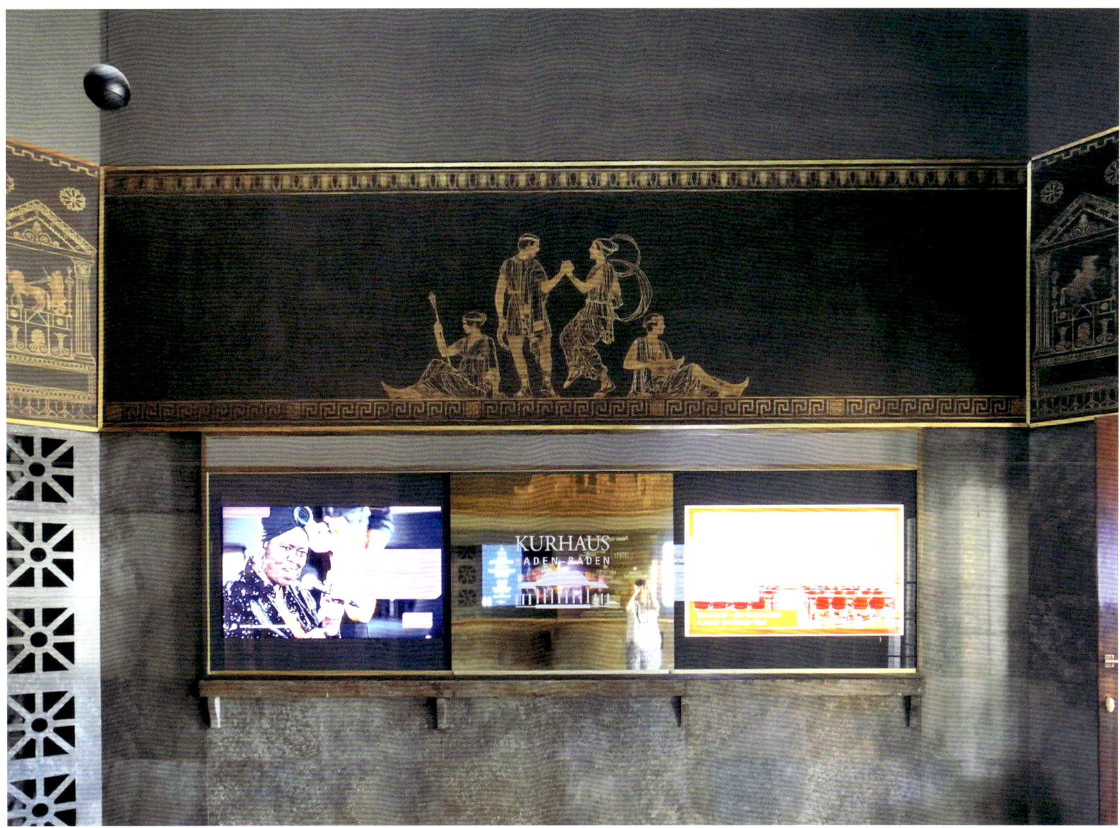

Abb. 123 Kleine Eingangshalle mit Wandgemälden mit Darstellungen der schönen Künste, 2024 (BKV)

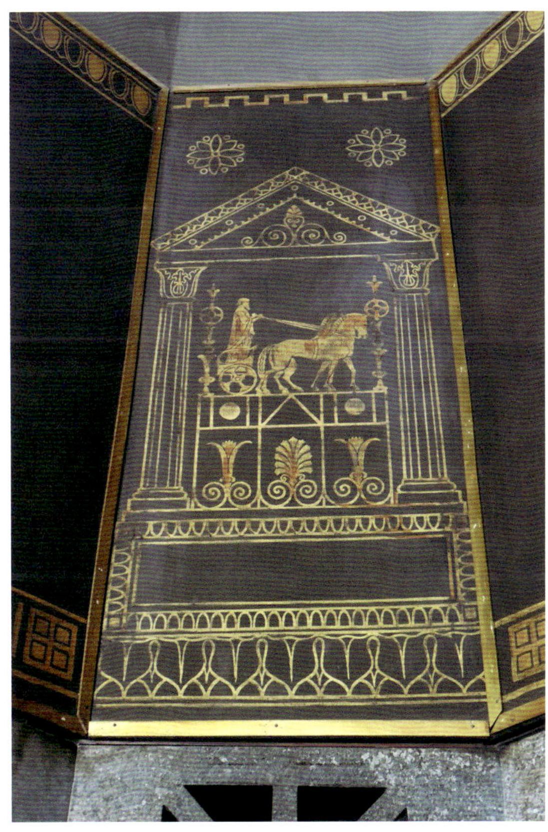

Abb. 124 Kleine Eingangshalle mit Wandgemälden mit Darstellungen von Triumphwägen, 2024 (BKV)

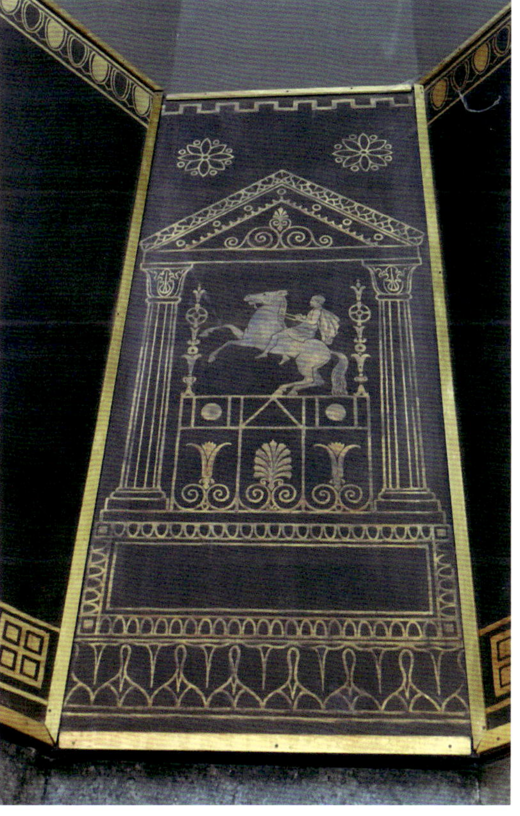

Abb. 125 Kleine Eingangshalle mit Wandgemälden mit Darstellungen von Rossbändigern, 2024 (BKV)

(Abb. 122–125)[223]. Die an die kleine Vorhalle bzw. das Foyer anschließende große untere Vorhalle war ganz in Schwarz und Grün gehalten: mit einer schwarzen Marmor-Verkleidung der Wände, Bronzeverzierungen sowie einem kräftig grünen Bodenbelag folgte Stürzenacker der seinerzeit modernen Formensprache des aufkommenden Jugend- bzw. Art-Deco-Stils. Mit der Motivwahl und der neoklassizistischen Gestaltung wie Löwen und Palmetten in den Bronzeverzierungen an den Türen und Geländern, der Kassettendecke des großen Saals (Weinbrenner-Saal) und im Foyer, sowie der erwähnten antikisierenden Malereien in der kleinen Vorhalle, nahm Stürzenacker zudem Bezug auf die einstige klassizistische Gestaltung Weinbrenners des Konservationshauses bei seiner Entstehung (Abb. 126–129).

In zeitgenössischen Berichten wurde der gelungene Umbau des Konversationshauses gefeiert: *»(...) Tatfrohe Wirklichkeit empfängt uns im Vestibül. Überraschende Farbeffekte. Ein ineinander fließendes Grün leuchtend im Samt der Teppiche; stumpf in der Flächenwirkung der Kachelpilaster, schillernd im Unterton der stuckverzierten Decke, dazu der schwarze, satte Marmor der Treppenwände und das stumpfe Weiß der Engelreliefs della Robbias über den Türen (...)«*[224]. 1915 wurden zudem das Konversationshaus und die zugehörigen Außenanlagen offiziell in »Kurhaus« und »Kurgarten« umbenannt. Die einzelnen Räume im Gastronomieflügel wurden als »Kaffeesaal«, »Weinsaal«, »Rostraum«, »Billardsaal« und »obere Gesellschaftsräume« betitelt. Die Räume des Mitteltrakts mit dem großen Festsaal (Bénazet-Saal) wurden als »Bühnensaal« mit »Vorhalle«, »obere Halle« und »untere Halle« bezeichnet. Die Räume des Spielbank-Flügels erhielten im vorderen Bereich die Bezeichnungen »Garten-Saal«, »Musik-Saal«, »Rokoko-Saal« und »Roter Saal«; und im hinteren Bereich die Bezeichnungen »Blumen-Saal«, »Spiel-Saal«, »Wintergarten« und »Ball-Saal«[225].

Im Erdgeschoss des Gastronomieflügels befanden sich an der Vorderseite die neu gestalteten Räume des Restaurants: rechts vom Eingang ein Weinzimmer und daran anschließend ein großer Kaffee- und Biersaal mit Platz für die hauseigene Kapelle und links vom Eingang ein Grillrost-Raum mit dahinterliegenden Billard-Zimmer (Abb. 115). Im rückwärtigen Bereich lagen die Küchen, Wirtschaftsräume und Toiletten; eine Wohnung für den Pächter gab es weiterhin im Obergeschoss. Dem Erdgeschoss des neuen Gastronomieflügels wurde an der Vorderseite auf der gesamten Länge eine gedeckte, beheizbare Terrasse mit »Musikpodium« vorgelegt. Die Fenster der Terrasse konnten vollständig geöffnet werden und die Fenster der zur Front gelegenen Gasträume konnten sogar vollständig versenkt werden, so dass die Gäste je nach Witterung scheinbar im Freien bzw. in der kühlen Jahreszeit auf einer verglasten und beheizten Terrasse sitzen konnten. Im Äußeren berücksichtigte die Architektur des Gastronomieflügels soweit wie möglich die Maße und Formen des einstigen Promenadenhaus, damit es sich möglichst harmonisch in das bestehende Gebäudeensemble einfügte, welches nicht verändert werden sollten. Zudem wurden die abgebrochenen Steine, Kapitelle, Säulenteile u. Ä. des alten Gastronomieflügels bzw. Promenadenhaus soweit wie möglich an gleicher Stelle wiederverwendet. Auch in der Innenausstattung wurden einzelnen Einrichtungsgegenstände des alten Gebäudeteils unabhängig von Stil und Design wiederverwendet.

An der Rückseite des Gastronomieflügels neben dem neuen Saalgebäude wurde zudem ein neues Gebäude für die Hauptküche mit den erwähnten darüber liegenden Wohnräumen für 52 Beschäftigte (»Kellnerhaus«) angelegt. Neben dem Kellnerhaus befand sich an der Werderstrasse seit 1874 auch das Atelier des Bildhauers Joseph von Kopf (1827–1903), welches 1892 an das Badische Großherzogtum übergegangen war und ab 1947 als Betsaal von der jüdischen Gemeinde benutzt wurde (Abb. 139)[226]. Neben den neuen Räumen für die Gastronomie und Gesellschaften wurde an der Rückseite ein neues Saalgebäude für die Konzertsäle angebaut: *»(...) Der die Konzertsäle enthaltenden Saalbauteil soll in seinen großen Abmessungen vom Kurhausplatz aus möglichst wenig sichtbar sein, um die Ruhe und wohltuende Erscheinung der dem Kurhausplatz zugewendeten Außenseite des Baues nicht zu stören; er soll auch, da an ganz entlegener Stelle stehend, äußerlich*

224 Bühler Tageblatt, vom 31. Juli 1916.
225 Vgl. Schreiben des Großherzoglichen Badischen Ministerium des Inneren an das Große Bezirksamt Baden, Badeanstaltskommission, vom 28.09.1915, GLA 565 Nr. 81.
226 Das Atelier war dem Bildhauer Joseph von Kopf 1874 vom badischen Großherzog Friedrich I. geschenkt worden. Dort modellierte der Künstler einst die wohlhabenden Gäste der Stadt in Büsten, Reliefs u. Ä.; 1892 schenkte Joseph von Kopf das Atelier dem Großherzog wieder zurück, mit der Auflage, dieses weiterhin als Museum bestehen zu lassen.

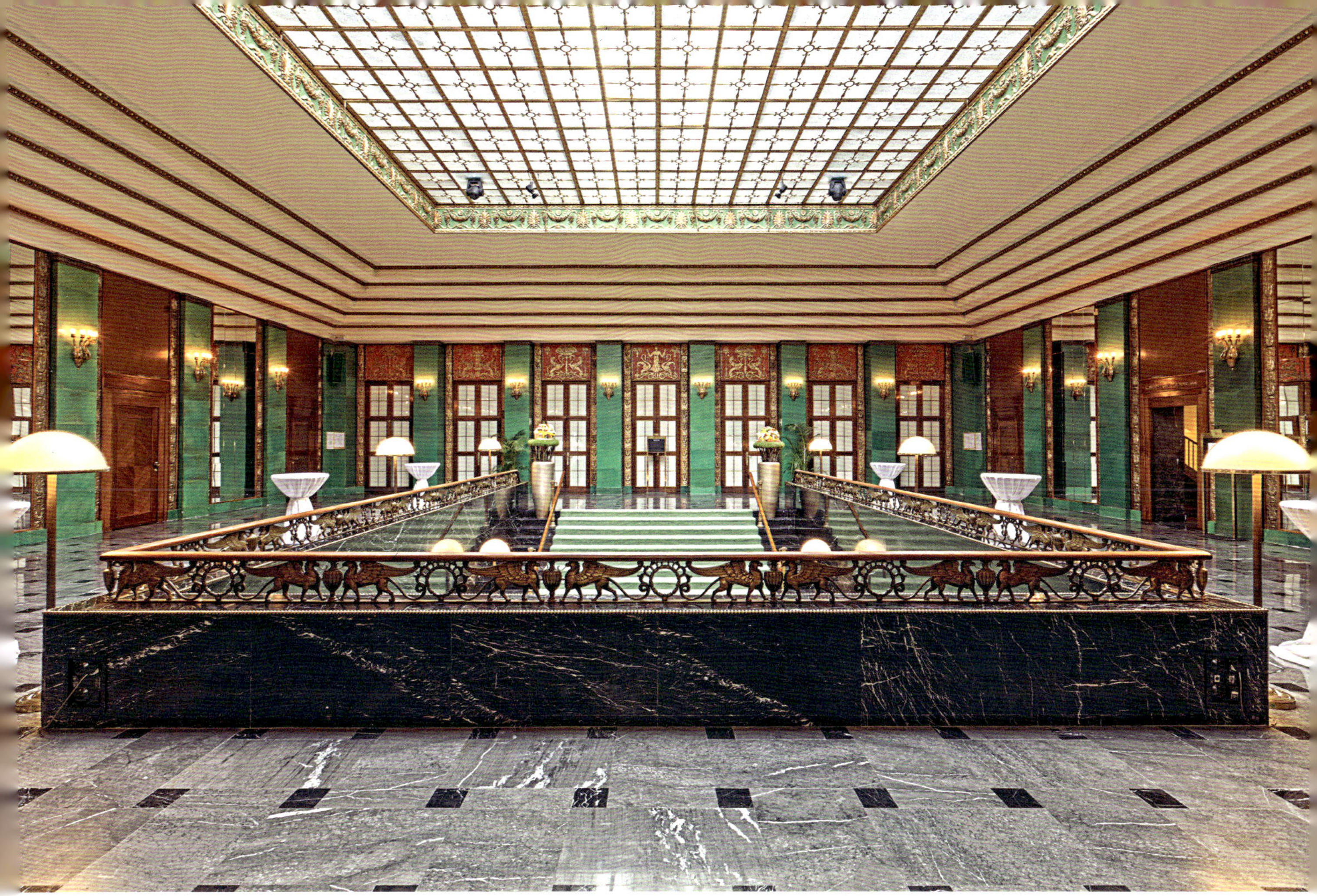

Abb. 126 Oberes Foyer im Konversationshaus/Kurhaus nach der Renovierung 1990/91, 2024 (BKV)

Abb. 127 Eingangsbereich im Konversationshaus/Kurhaus im Erdgeschoss nach der Renovierung 1990/91, 2024 (BKV)

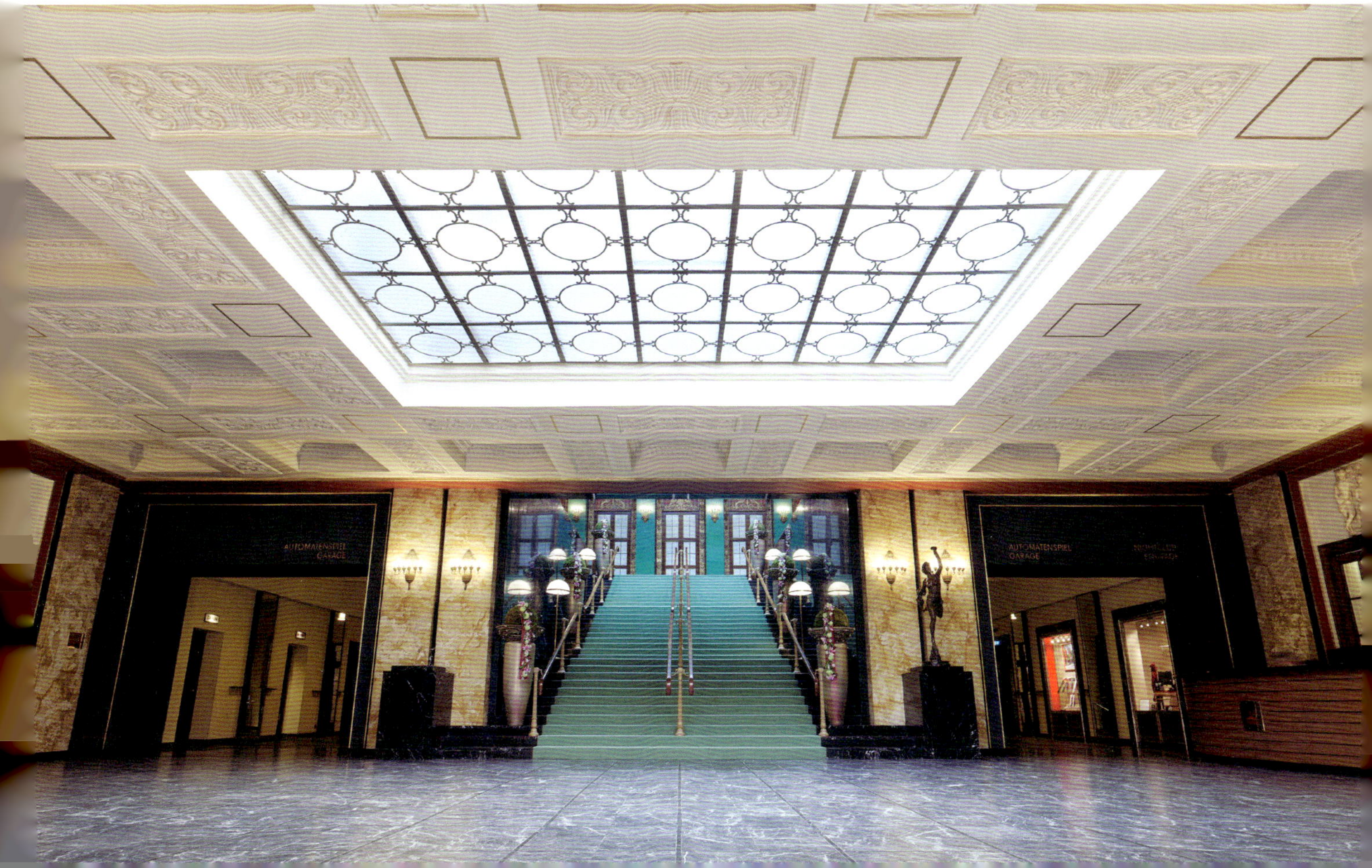

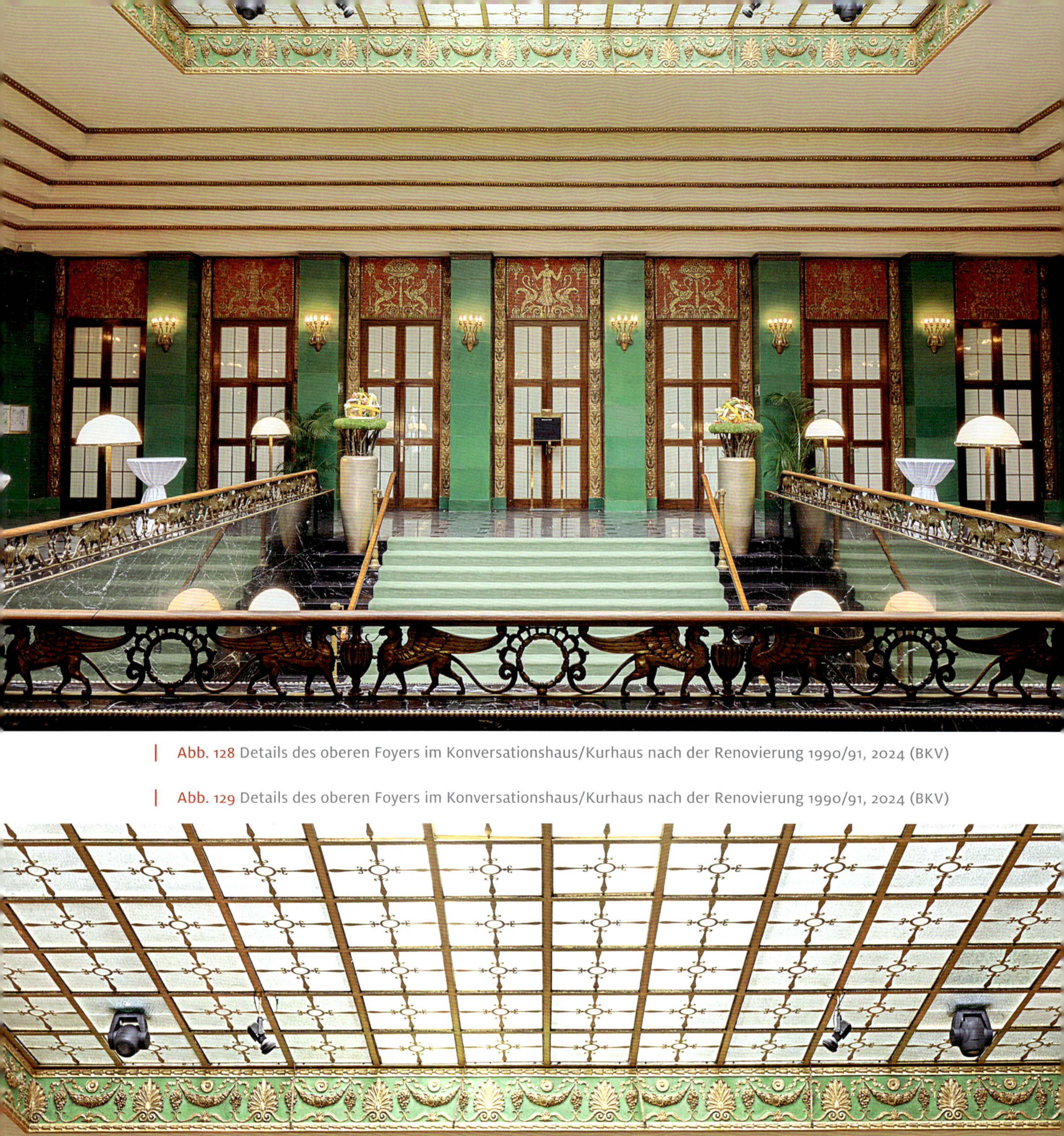

Abb. 128 Details des oberen Foyers im Konversationshaus/Kurhaus nach der Renovierung 1990/91, 2024 (BKV)

Abb. 129 Details des oberen Foyers im Konversationshaus/Kurhaus nach der Renovierung 1990/91, 2024 (BKV)

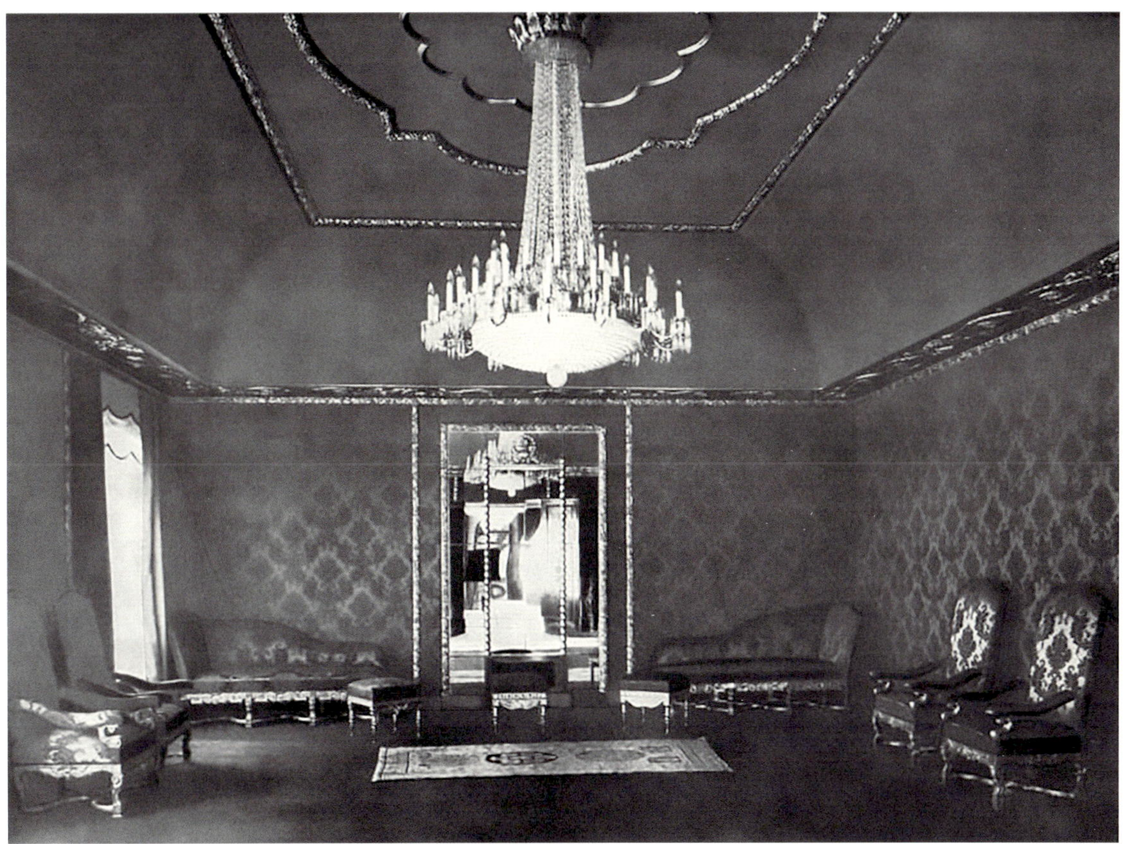

Abb. 130 Empfangssaal der neuen Gesellschaftsräume im 1. Obergeschoss des Gastronomieflügels, 1918 (aus: Stürzenacker, 1918)

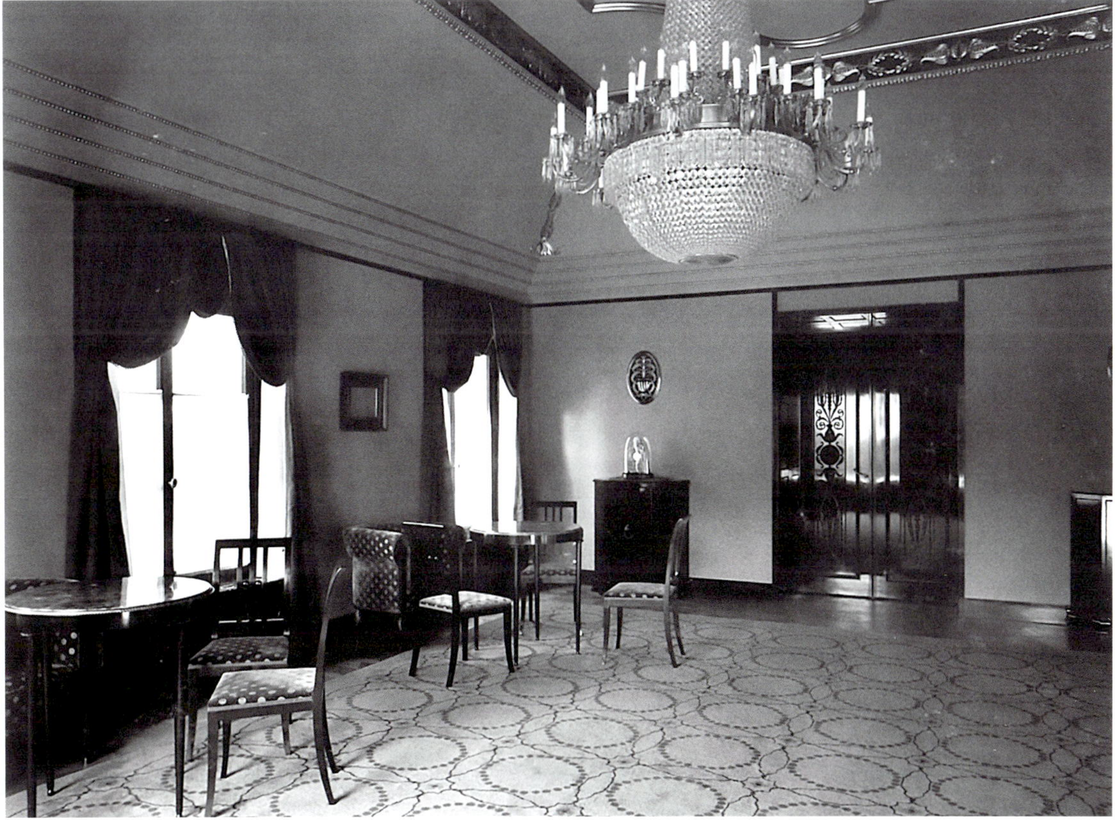

Abb. 131 Damenzimmer der neuen Gesellschaftsräume im 1. Obergeschoss des Gastronomieflügels, nach 1918 (Stadtmuseum/-archiv Baden-Baden)

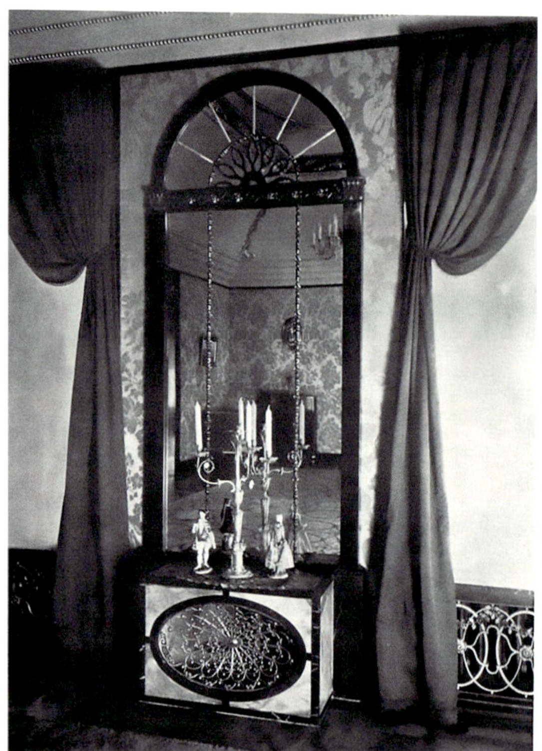

Abb. 132 Detail des Damenzimmers der neuen Gesellschaftsräume im 1. Obergeschoss des Gastronomieflügels, 1918 (aus: Stürzenacker, 1918)

weder durch Reichtum noch durch Pracht gekennzeichnet sein, er wiederholt darum im Wesentlichen die wenig aufwandvolle Architektur Weinbrenners in etwas ungezwungener Auffassung. (...)«[227].

Ebenfalls rückwärtig befanden sich im Obergeschoss die Wohnung des Pächters, direkt über der Küche die »weiblichen Personalräume«; darüber im Dachgeschoss der »Waschraum«, »Mangelraum« und »Nähraum« sowie die Nebenräume der Pächterwohnung (Abb. 116). Zur Vorderseite über die Gastronomieräume lagen die neuen Räume für geschlossene Gesellschaften bzw. die »Gesellschaftsräume«, bestehend aus Empfangssaal (Abb. 130), Damenzimmer (Abb. 131/132), Herrenzimmer (Abb. 133), Speisesaal (Abb. 134–136) und einer offenen Terrasse.

In der Gestaltung dieser Gesellschaftsräume stand im Fokus, dass es *»(...) nicht Stilräume wie im Altbau (...), in dem Sinne, das sie Altes genau wiederholen, aber auch nicht moderne Räume, die etwa durch eigenartige Formen oder Originalität, auch nicht an Reichtum von Form oder Farbe auffallen wollen (sind); sie sollen vielmehr nur durch echte Materialien, einfach aber gute Durchbildung bis zu den geringsten Kleinigkeiten, gegenseitige gute Farbenstimmung und geschlossene und ruhige Farbwirkung in den einzelnen Räumen zur Geltung kommen und zum Verweilen und zum Wiederkehren einladen (...). Mit Absicht ist hier voller in die Farben gegriffen worden, denn diese bestimmen den ersten Eindruck (...) weniger die Einzelform, die indessen darum nicht vernachlässig ist; wo die Menschen in festlichen und eleganten Kleidern erscheinen (...) da darf auch der äußere Rahmen der Umgebung farbenreich sein, der Wert der Kleidung und der Menschen wird dadurch nicht unterdrückt, sondern in Wirkung und Erscheinung verstärkt (...)«*[228].

Diese Auffassung des Architekten zeigte sich dann in der Farbgestaltung die einzelnen Räume: der Grillrost-Raum im Erdgeschoss in Weiß und Blau mit grauer Holzverkleidung (Abb. 137), das Weinzimmer in Hellrot (Abb. 138), der Empfangssaal im Obergeschoss in Orangetönen mit kräftigen Vergoldungen, die ebenfalls im Obergeschoss gelegen Gesellschaftszimmer in Weiß- und Goldtönen, ebenso wie die anschließenden Herren- und Damenzimmer in Mauve- und Altrosa und Goldtöne mit den jeweiligen historischen Ausstattungs- bzw. Einrichtungsobjekten: *»(...) An der Seitenfassade, die mit reizenden Badereliefs geschmückt sind, liegen die geschlossenen Gesellschaftsräume. Eine besondere Anfahrt, ein diskreter Aufgang, ein pikanter Vorplatz. Glänzende schwarze Türe, goldverziert, führen in eine Zimmerflucht von blendender Farbbewirkung. Ein Terrakottarausch in schweren Seidendamast im Empfangszimmer leitet in die gleißende Kristallkühle des Marmorsaals. Ein strahlenförmiger Lüster zerstäubt springbrunnenartig weisliches*

227 Stürzenacker, 1918, S. 49. Im neuen Festsaal war oberhalb der Bühne 1915/16 eine Orgel der Firma H. Voit und Söhne Durlach eingebaut gewesen: aus Platzgründen waren die Orgelpfeifen im Dachgeschoss über der Bühne eingebaut und der Spieltisch unten im Saal bzw. auf der Bühne. Der Spieltisch wurde wohl schon Ende der 1960er Jahre verkauft, und die Orgelpfeifen wurden während der Umbaumaßnahmen 1987–1991 entfernt bzw. galten diesen schon 1987 als verschollen. Vgl. Unterlagen zum Kurhaus Baden-Baden im LAD BW Karlsruhe u. a. Schreiben des Orgelsachverständigen Bernd Sulzmann an das LAD BW Karlsruhe vom 16.06.1980 und Schreiben des LAD BW Karlsruhe an das Staatl. Hochbauamt Baden-Baden vom 26.08.1987.

228 Stürzenacker, 1918, S. 50.

▷ Abb. 133 Detail des Herrenzimmers der neuen Gesellschaftsräume im 1. Obergeschoss des Gastronomieflügels mit Blick auf die Nordwand mit Tür zum Vorraum, nach 1918 (Stadtmuseum/-archiv Baden-Baden)

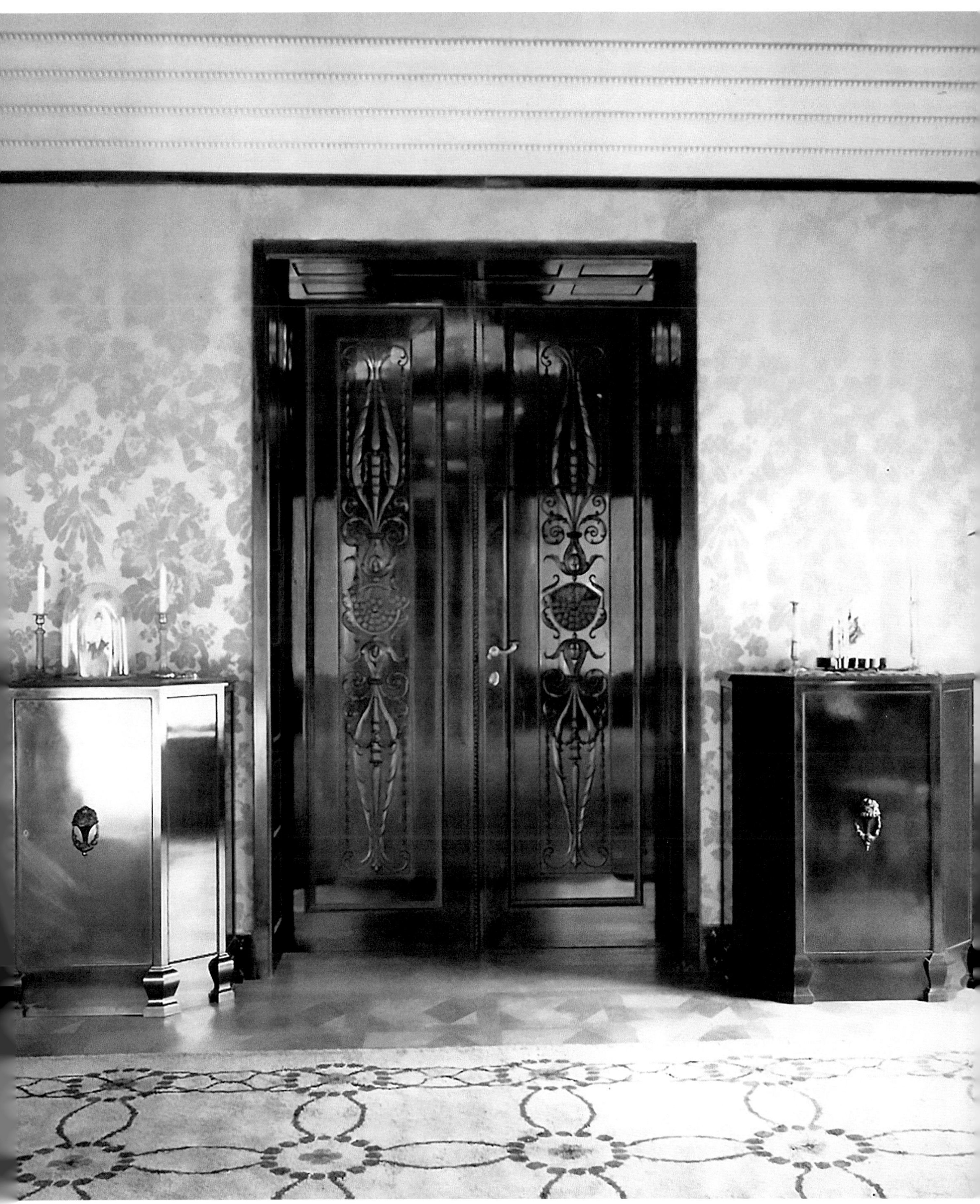

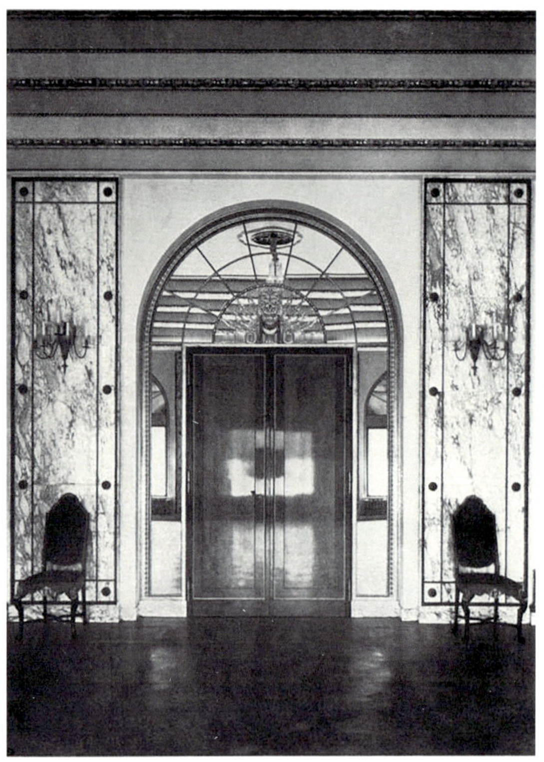

Abb. 134 Speisesaal der neuen Gesellschaftsräume im 1. Obergeschoss des Gastronomieflügels, 1918 (aus: Stürzenacker, 1918)

Licht, das viele Spiegel zurückwerfen. Über die reiche Decke züngeln goldene Lichter. Ein ästhetisches Zwillingsstubenpaar in Mauve und Altrosa überredet die Gäste zum Verweilen. Die Damen werden beim Anblick einer liebenswürdigen Mozartstatue in musikalische Träume versetzt, während duftige Frühlingslandschaften zärtliche Gefühle wachrufen. Links die Herren, die in der Pause von dem Tanz sich in die Füßchen einer graziösen Rokokodame verlieben, oder die kunstvolle Verkleidung von Heizkörpern oder Ventilatoren studieren. Ein gemütlicher Wandelgang mit wundernetten alten Stichen aus Badens Glanztagen scheint eigens für alte Damen erbaut. Von hier spaziert man auf eine Terrasse, bei deren Ausblick auf das lichtumflossene Baden die ganze Kultur hinter einem versinkt. Unten wimmelts von Abendgästen. Wie heimelig die Gesellschaftsräume, alle luftig nach der Terrasse geöffnet, die Farben vertiefen sich in dem flutenden Licht. Verschwimmend liegen sie nur über dem Bierzimmer, dessen Muscheldecke von alten Herrn gemütlich angeräuchert wird. Blitzblau und weiß in luftiger Umkleidung das Rostzimmer. Auf dem bauchigen Kaminherd warten Leckerbissen. Auch die drolligen Majolika-Putten sind mit Eßwaren

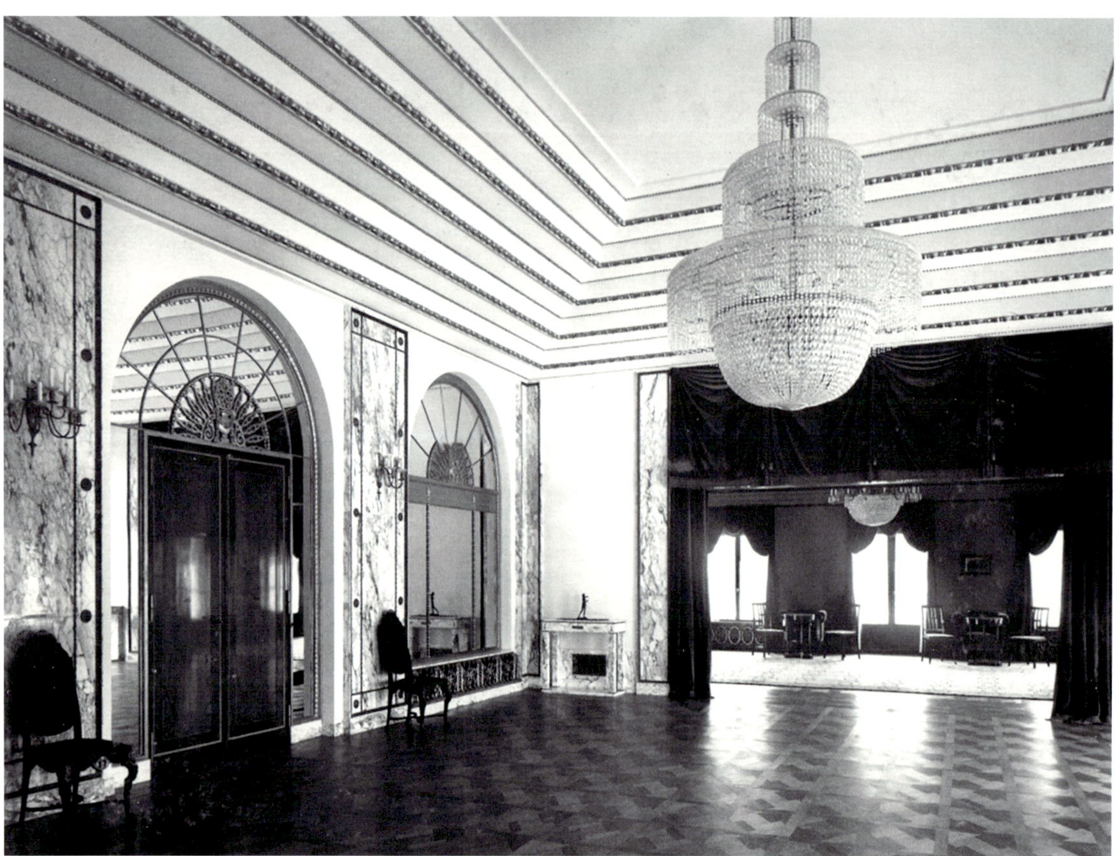

Abb. 135 Speisesaal der neuen Gesellschaftsräume im 1. Obergeschoss des Gastronomieflügels mit Blick in das angrenzende Herrenzimmer, nach 1918 (Stadtmuseum/-archiv Baden-Baden)

beladen. Hellrot, wie Affenthaler in den die Sonne blinkt, ist die Weinstube. Rote Kletterosen (...) auf den Tischen. Rote Marmorsäulen künden Festlichkeit und lauter warmherzige deutsche Professorenbilder hängen an den Wänden (...)«[229].

Während die neue Treppe und das Treppenhaus somit im Stil des zu dieser Zeit führenden Jugend- bzw. Art-Deco-Stils stehen, fanden sich in der Gestaltung der einzelnen Gesellschafts-Räume im Obergeschoss u. a. mit den stoffbespannten Wänden, Spiegel und Goldleisten noch immer Spuren des Historismus des 19. Jahrhunderts. Zudem wurden verschiedene Ausstattungsobjekte wiederverwendet, was zu einem gewissen »Stil-Mix« führte: *»(...) der Wertschätzung des historisch Gewordenen (...) auch bei der Ausbildung der Innenräume (ist) insoweit zur Geltung gekommen, als etwa vorhandene Einrichtungsgegenstände, auch solche, die schon früher aus dem Haus ausgeschieden waren, in den Neubauräumen wieder Verwendung fanden (...). Die Frage, welchem Stile solche Gegenstände angehören, trat jener gegenüber zurück, ob dieselbe überhaupt Schönheit oder Kunstwert besitzen (...)«*[230].

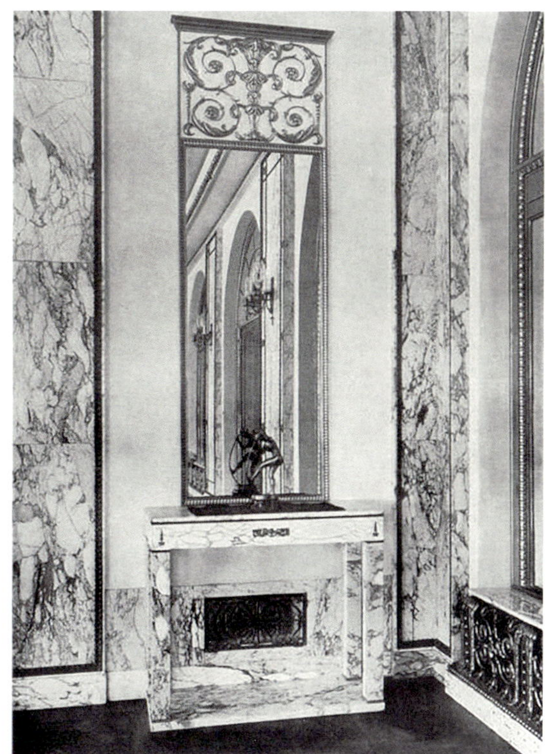

Abb. 136 Detail des Speisesaals der neuen Gesellschaftsräume im 1. Obergeschoss des Gastronomieflügels nach 1918 (aus: Stürzenacker,1918)
Der Spiegel stammt wohl aus der Ausstattungsphase des Konversationshauses aus der 1. Hälfte des 19. Jhd.

Anlässlich der Eröffnung wurde diese neuen Räumlichkeiten detailliert beschrieben: *»(...) Da, wo vor nahezu 150 Jahren der erste, dem geselligen Leben der Kurstadt Baden gewidmete größere Bau, das Promenadenhaus, erstellt wurde, ist in den letzten 3 ½ Jahren vom badischen Staat der Neubau des Kurhauses in unmittelbaren Anschluß an den Altbau erbaut worden; er fällt äußerlich kaum als Neubau auf, da er aus gewichtigen Gründen der Denkmalpflege und der Pietät die Umrißlinie und die Formen des alten, früher Konversationshaus genannten Baues, mit dem er äußerlich und innerlich eng zusammenhängt, wiederholt. (...) Im Inneren des Neubaues war eine so weitgehende Rücksichtnahme auf den Altbau weder erwünscht, noch durch die Verhältnisse begründet; für die Innenräume galt darum nur der Grundsatz, Zweckmäßiges, Behagliches und Schönes zu schaffen. Das Kurhaus enthält nunmehr in demjenigen Teil der vom Abbruch verschont blieb, die Gesellschaftsräume, aus welchen die Spielpächter Bénazet und Dupressoir in der Zeit von 1840–1863 mit den Spielgeldern Prachtsäle schufen, die an Üppigkeit in Form und Farbe ihresgleichen suchen; man wird heute hinter der denkbar einfachen Außenseite des Hauses im Inneren solchen Reichtum und Luxus nicht vermuten. Was in den Jahren mit einem großen Aufwand von Geld geschaffen wurde, ist erhalten geblieben und wird auch fernerhin, so lange als möglich erhalten bleiben. Der Neubau vereinigt in sich die Restaurationsräume, Kaffeesaal, Weinsaal, Rostraum, Billardzimmer, Wirtschaftsterrasse im Erd- und Obergeschoß, die ausgedehnte Küchenanlage und die Wirtswohnung nebst Schlafräume für etwa 52 Angestellte des Wirts; im ersten Obergeschoß gegen den Kurgarten liegen die geschlossenen Gesellschaftsräume, die unabhängig vom Kurhaus betreten werden können; der Empfangsraum in Tieforange, Herren- und Damenzimmer in Violette und der Speisesaal in Weiß und Gold; vom Kurhausplatz abgewendet und in den Umrißlinien von diesem kaum sichtbar, stark in den Berghang eingebaut, der Saalbau, der über die gelbe Marmorvorhalle und das in Grün und Schwarz gehaltene Marmortreppenhaus betreten wird. Hintereinander liegen hier großer und kleiner Konzertsaal; der große mit etwa 850 Sitzen, der kleine mit*

229 Bühler Tageblatt vom 31. Juli 1916.

230 Stürzenacker, 1918, S. 49.

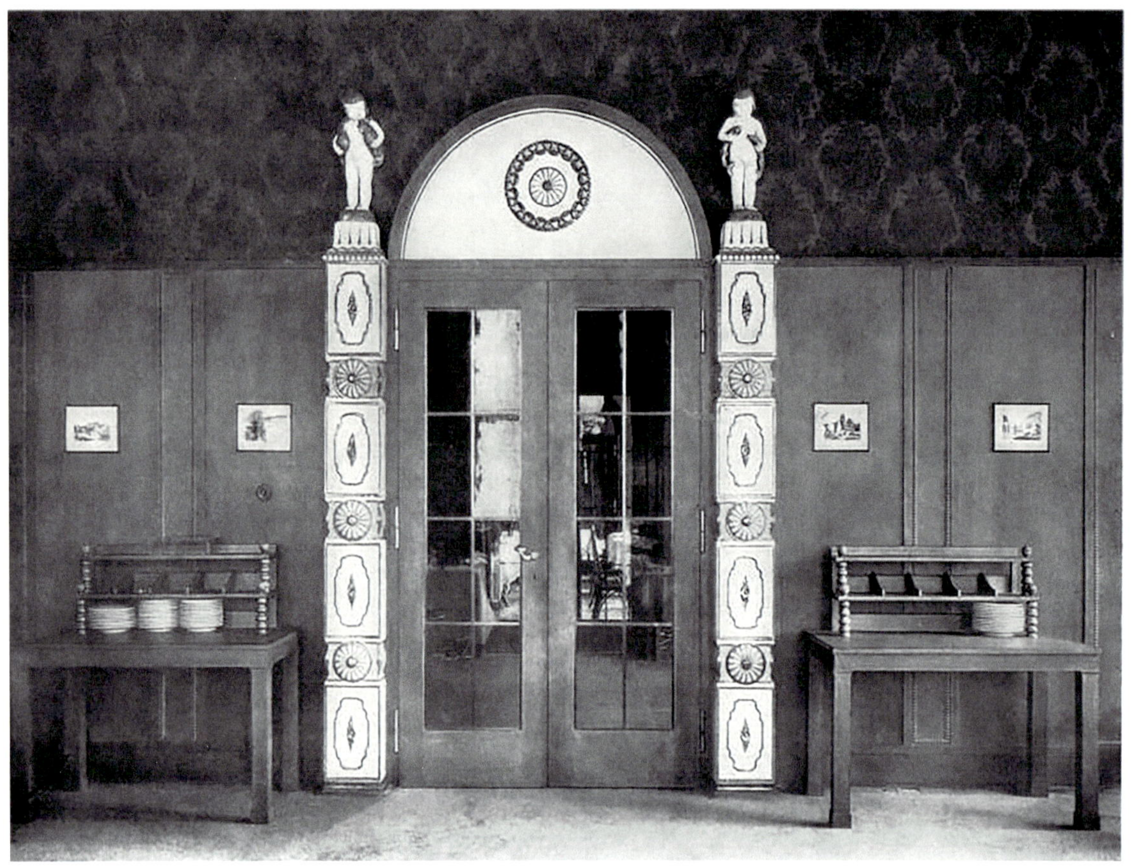

Abb. 137 Der neue Grillrost-Raum im Erdgeschoss des Gastronomieflügels, 1918 (aus: Stürzenacker, 1918)

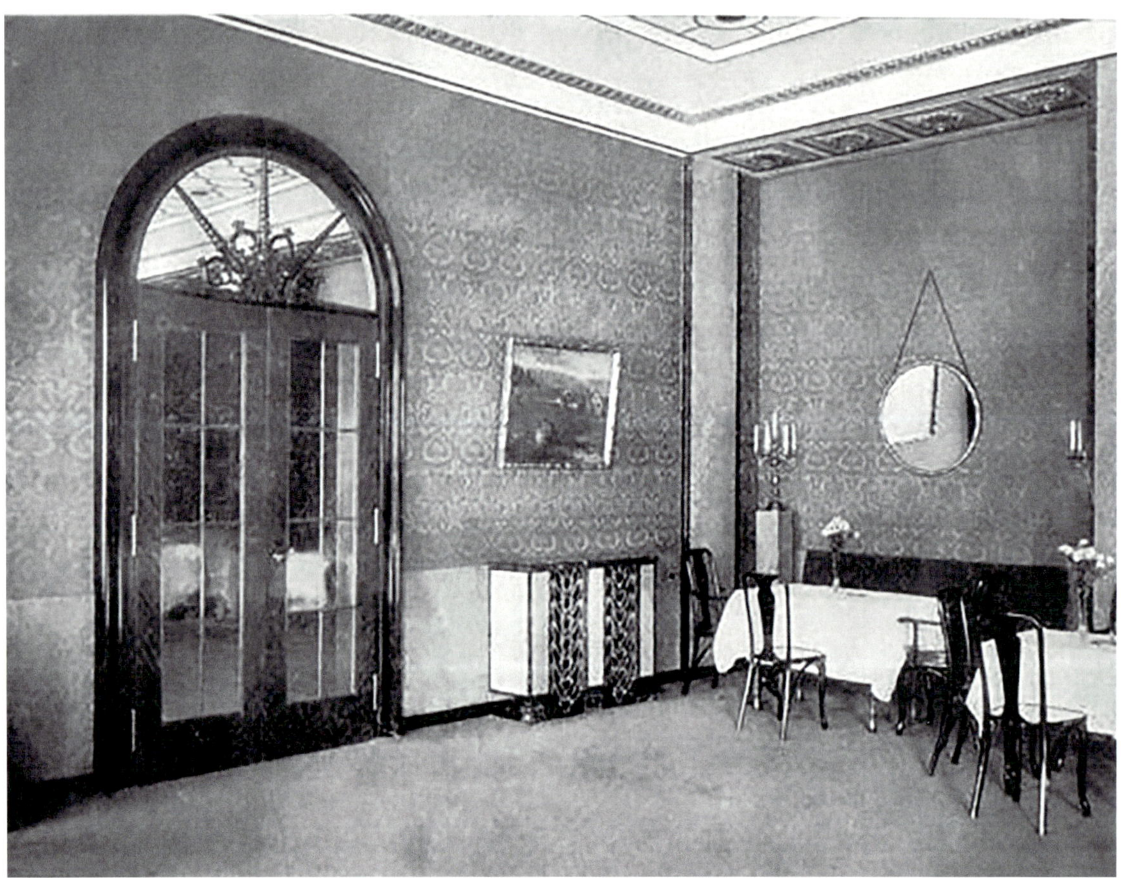

Abb. 138 Das neue Weinzimmer im Erdgeschoss des Gastronomieflügels, 1918 (aus: Stürzenacker, 1918)

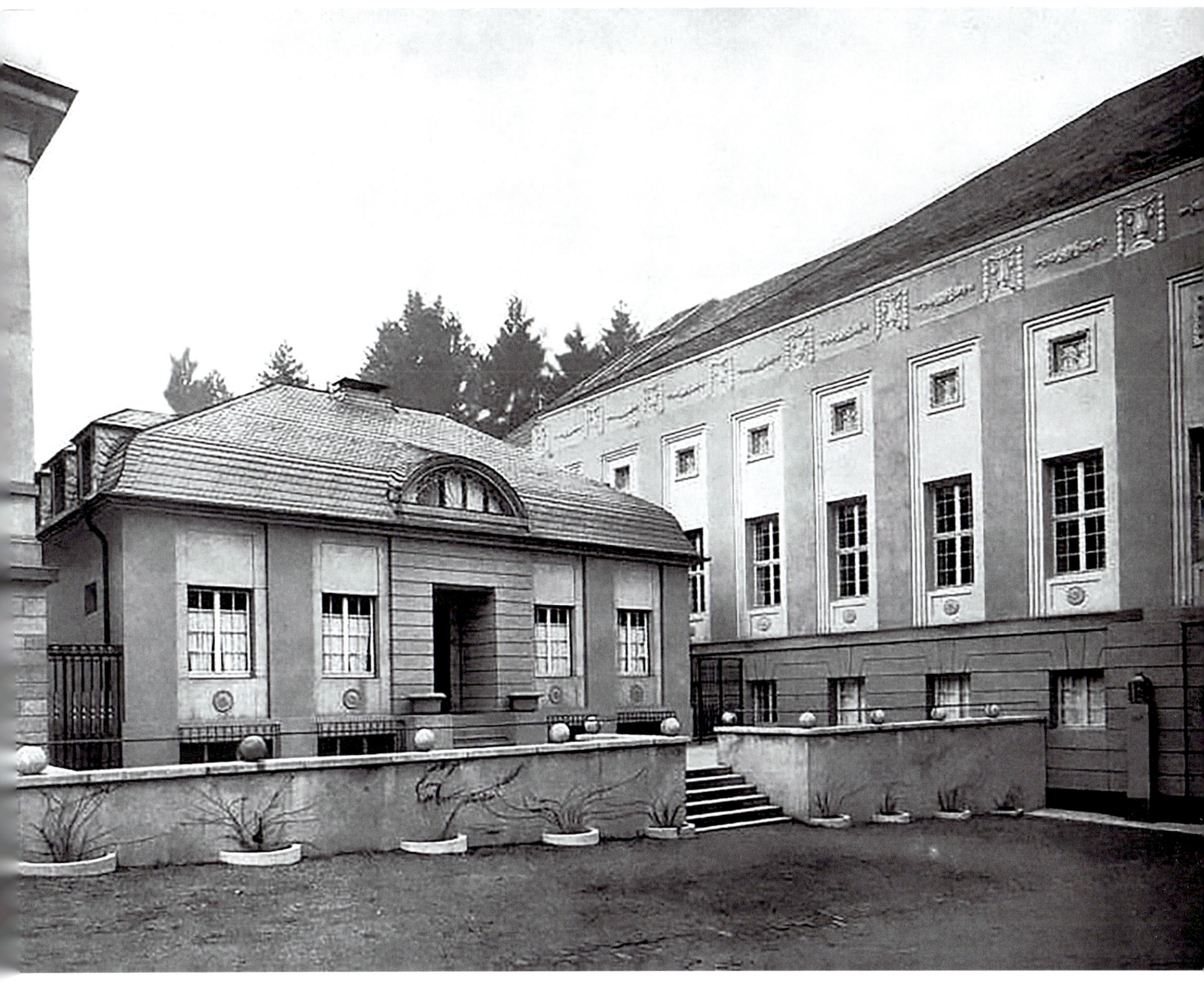

Abb. 139 Der neue Anbau neben dem Konversationshaus/Kurhaus mit dem neuen großen Saal (heutiger Bénazet-Saal); daneben das sog. Kellnerhaus mit den Unterkünften für die männlichen Beschäftigten; ganz am linken Bildrand ist das Atelier des Bildhauers Joseph von Kopf erkennbar, 1918 (aus: Stürzenacker, 1918)

etwa 260; der kleine mit Bühne und Logeneinbau kommt für Vorträge, Kammermusik, intimes Theater und nach seiner Lage zur Küche auch als großer Speise-Festsaal bei besonderen Anlässen in Frage; der große mit Orgel über der Bühne für große Konzerte, zeitweise auch für Theatervorstellungen. (...) Durch reiche Verwendung von Holz, Stoff und Farbe ist den Konzertsälen im Gegensatz zu anderen ein mehr intimer und behaglicher Ausdruck verliehen worden. (...) Kunst und Kunstgewerbe sind in diesem Hause in reichem Maße vertreten: es befinden sich hier die Bildhauerwerke von Schreyögg, Taucher, Föhry; Gemälde von Schönleber, Dill, Thoma, Hellwag, Kampmann, v. Volkmann, Bergmann, Nagel, Wallischek, Göhler, Altherr, *Dischler, Dussault, Noman und Schmidt-Spahn; in den Gesellschaftsräumen Werke der Kleinkunst, Majoliken, Porzellanstücke, Bronzen u. dgl. m.; eine Reihe von Stichen zeigt Baden und dessen Umgebung in der Darstellung früherer Jahrzehnte. Soweit in dem zum Abbruch bestimmten Teilen alte Gemälde oder Einrichtungsgegenstände von Bedeutung sich vorfanden, sind diese in den Neubau übernommen worden und haben dadurch einzelnen Räumen ein besonderes Gepräge gegeben. (...) Als Kosten waren insgesamt 2,5 Millionen Mark bewilligt worden, in die sich Staat*

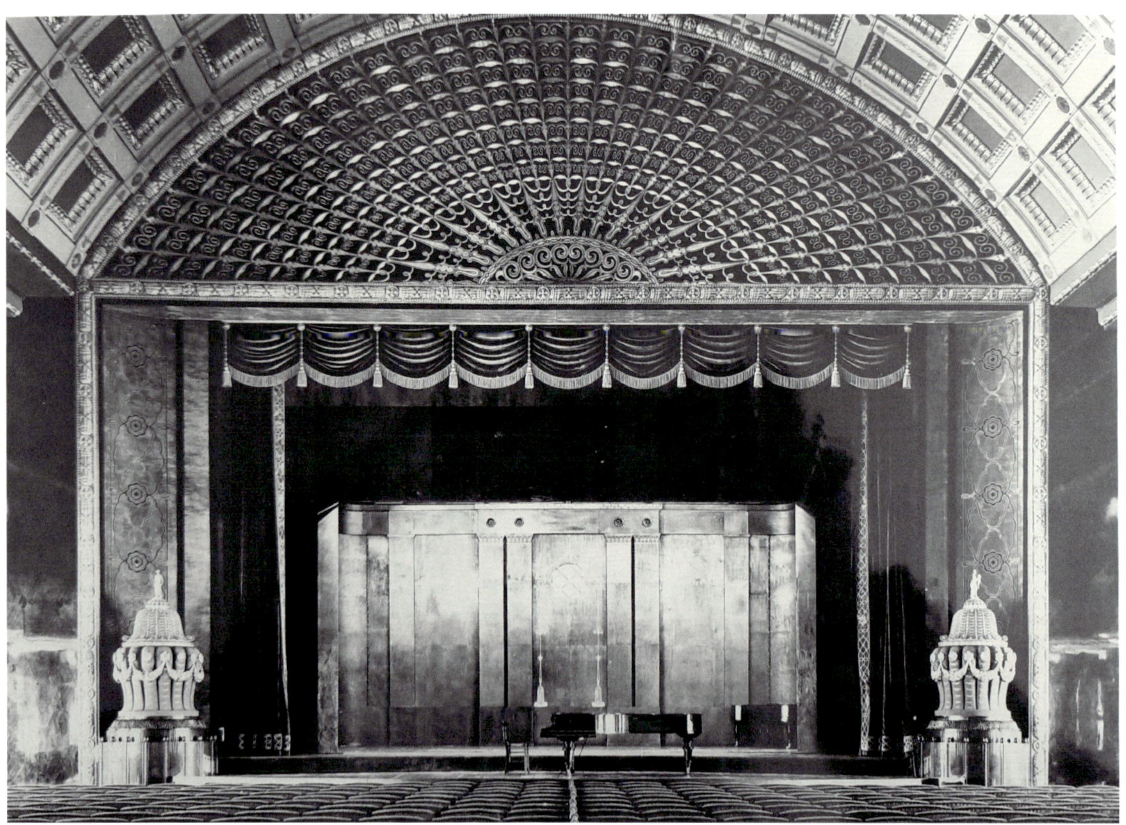

Abb. 140 Der neue Festsaal (heute Bénazet-Saal) mit Blick zur Bühne, um 1920 (Landesamt für Denkmalpflege Karlsruhe)

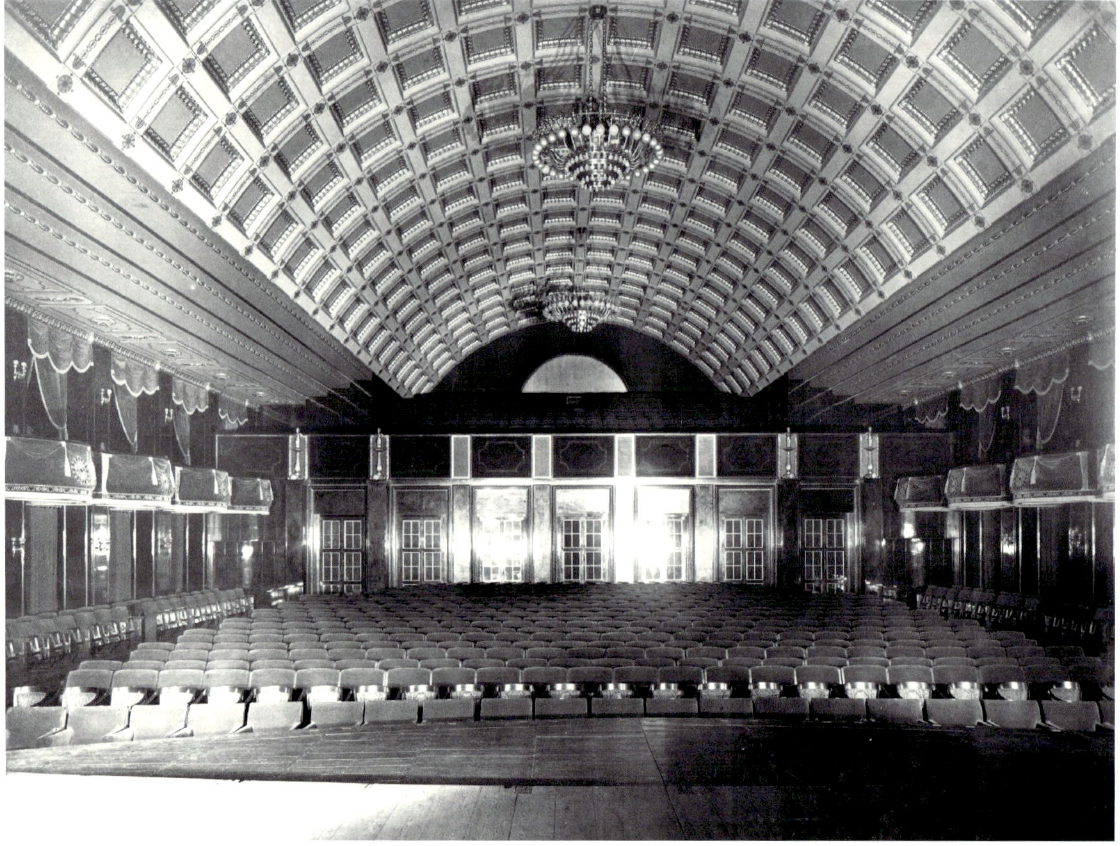

Abb. 141 Der neue Festsaal (heute Bénazet-Saal) mit Blick von der Bühne, um 1920 (Stadtmuseum /-archiv Baden-Baden)

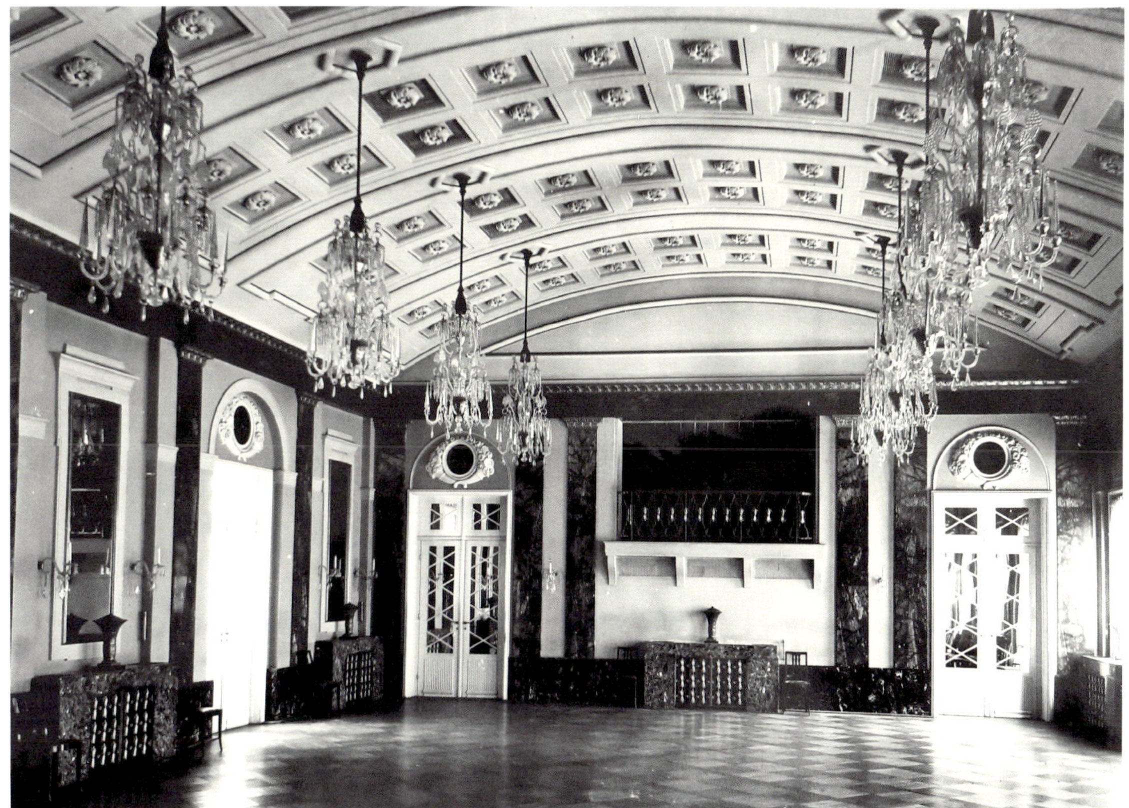

Abb. 142 Vor-Saal oder Spiegelsaal neben dem neuen Festsaal (heute Bénazet--Saal), um 1920 (Landesdenkmalamt Karlsruhe)

und Stadt teilten, der Staat als Eigentümer und Erbauer des Hauses mit zwei Drittteilen, die Stadt Baden mit Rücksicht darauf, daß ihren Wünschen namentlich in der Größe und Ausbildung der Konzertsäle in weitgehendem Maße entsprochen wurde, mit einem Drittel der Gesamtkosten. Die vor etwa 8 ½ Jahren begonnen Bauarbeiten an dem Kurhaus sind damit nahezu zum Abschluss gelangt. Weniges fehlt noch, das in Bälde, insoweit die Kriegsverhältnisse das gestatten, ebenfalls vollendet sein wird. Unbeirrt durch die Erschwerungen, die der Krieg mit sich brachte, sind bei Kriegsausbruch die Arbeiten im Interesse des Kurorts Baden und der Gewerbetreibenden fortgesetzt worden; als stille Friedensarbeit mitten im großen Kriege ist der Bau nunmehr vollendet, nur wenig später, als ursprünglich in Aussicht genommen war. Mit der Fertigstellung des Neubaus ist ein langjähriger Wunsch der Stadt Baden in Erfüllung gegangen, dessen Berechtigung nach eingehender Prüfung sich weder die Regierung noch die Landstände zu entziehen vermochten. (...)«[231].

Der neue große Konzertsaal (Bénazet-Saal) hingegen entsprach seinerzeit dem neusten technischen Stand mit einer großen Bühne samt Unterbühne und Orchestergraben, einem großen Zuschauerraum und einem zusätzlichen »Logengeschoss« an den Längsseiten mit Logen im Obergeschoss (Abb. 140/141). Unterhalb des Zuschauerraums befanden sich die Kostüm- und Stuhlmagazine sowie die Künstlergarderoben. Vor dem Saal war auf ganzer Breite noch ein kleinerer »Vor-Saal« bzw. »Spiegel-Saal« angeschlossen mit versenkbaren Türen und kleiner seitlicher Bühne, der die Verbindung zwischen dem großen Saal (Bénazet-Saal) und dem Treppenhaus bildete (Abb. 142). In der Gestaltung folgten beide

231 Karlsruher Zeitung vom 18. April 1916. Bei den genannten zeitgenössischen Künstlern handelt es sich u.a. um die Bildhauer Georg Schreyögg (1870–1934), Konrad Taucher (1873–1950) und Herrmann Föhry (1879–1930); sowie um die Maler Gustav Schönleber (1839–1924), Otto Dill (1884–1957), Hans Thoma (1839–1924), Rudolf Hellwag (1867–1942), Gustav Kampmann (1859–1917), Hans von Volkmann (1860–1927), Max Bergmann (1884–1955), Karl Nagel (1879–1950), Franz Wallischeck (1865–1941), Herrmann Göhler (1874–1959), Heinrich Altherr (1878–1947), Herrmann Dischler (1866–1935), Karl Dussault (1860–1930) und Carl Friedrich Schmidt-Spahn (1877–1962).

Säle – wie auch schon im Treppenhaus bzw. der Empfangshalle – den seinerzeit modernen Formen des Jugendstils mit klaren Gliederungen und den architektonischen Akzentuierungen mit schwarzem Marmor, dunklem Kirschbaumholz und grünen Textilien (Vorhänge, Teppiche). Bemerkenswert ist die Gestaltung der Decken in beiden Sälen als halbrundes »Tonnengewölbe« mit einer Kassettendecke im klassizistischen Stil, die sich an der Deckengestaltung im großen Saal von Weinbrenner orientierte, aber in ihrer dunklen Gestaltung mit goldenen Akzenten den zeitgenössischen Geschmack des Jugendstils aufnahm. Stürzenacker schaffte damit im Innenraum die Verbindung zwischen einer neuen, zeitgemäßen Gestaltung der Säle und des Treppenhauses und der bestehenden Architektur Weinbrenners, die sich im großen Saal (Weinbrenner-Saal) erhalten hatte. Zudem wurde 1916 ebenfalls von Stürzenacker im rechten Flügel das bisherige Lesezimmer vor dem großen Ballsaal als »Wandelsaal« umgestaltet (Abb. 143). Dieser Raum (heutiger Markgrafensaal der Spielbank) war laut Entwurf im gleichen Stil gestaltetet, wie auch die Gesellschaftszimmer im Obergeschoss des Gastronomieflügels: u.a. mit kassettierten Türen, Sockeln und Pilastern aus Marmor oder sonstigen polierten Stein sowie dekorativen Art-Deco- bzw. Jugendstil-Motiven in Rundbögen über Fenster und Türen.

Die 1854 gestalteten Räume im einstigen Spielbank-Flügel blieben hingegen unangetastet, was von dem Architekten Stürzenacker im Sinne einer gewissen »Denkmalwürdigkeit« begründet wurde, jedoch ohne dass man den Räumen – außer dem Salon Pompadour – einen besonderen architektonischen Wert zustand : *»(...) die Säle werden geschätzt und bewundert ihrer Abwechslung, Pracht und des Reichtums wegen, aber nicht darum, weil man dieselbe für kunstvolle Schöpfungen mit großen inneren Gehalt hält; sie sind ein klares Zeichen des Geschmacks der damaligen Welt und dürfen aus diesem Grunde Achtung und sorgfältige Pflege für sich beanspruchen (...). Es muß das Verdienst anerkannt werden, daß es Séchan beim Umbau des Gesellschaftsflügels gelungen ist, unter kaum wahrnehmbaren Veränderungen des Äußeren im Inneren höchst Bemerkenswertes zu schaffen; als weiteres, daß er rücksichtslos nur auf das Endziel zuging und sich dabei weder um Geld noch um Pietät kümmerte. (...) Zu dem Prunkhaftesten im Inneren gehört der Rote Saal, der weder in Form noch Farbe irgendeine Mäßigung kennt. Es liegen bei ihm innere Widersprüche in der schwülstigen Dekoration der Decke und der zierlichen Ausbildung mancher Wandteile und Möbel, doch über diese täuschen die üppigen Farben völlig hinweg, die einer heiteren festlichen Gesellschaft einen wunderbaren Rahmen geben. (...) der Gartensaal läßt an sich schon durch seine wenig interessante Formengebung etwas kühl an (...). Es zeigt sich auch an dieser Stelle, daß Sèchan und seine Mitarbeiter einzelne Räume wohl richtig und gut zu schmücken verstanden, daß Ihnen indessen die Fähigkeit, die einzelnen Räume gegenseitig in die richtige organische und stimmungsvolle Beziehung zu bringen, fehlte. In seiner Erscheinung wirkt am vornehmsten das Kleingemach Pompadour, eine Plauderstube in einer zierlichen »Rocaille« Arbeit, in der Wirkung noch verstärkt durch Verwendung eines edlen Lyoner Seidenstoffes. Die Grundform des Raumes gleicht einem recht langgezogenen Rechteck und ist für den Innenkünstler wenig dankbar, und doch ist in feinster Weise durch Anordnung der Sitznische und die Unterteilung der Wände diese Schwierigkeit überwunden; der Raum ist ein architektonisches Schmuckstück. In der Ausbildung des wenig interessanten Ballsaals zeigt sich das außerordentlich leichte Schaffen des Maler-Architekten, der hier einen Raum von guten Abmessungen gab, dessen Ausbildung im Einzelnen aber bedeutungslos ist, nicht zum wenigsten infolge der aufdringlich großen Wandmalereien, die mehr das Talent eines Dekorationsmalers als das eines feines Künstlers verraten. (...) Was in den Räumen an Kunstmalerei geboten ist, wirkt auf der Ferne, hält aber in der Nähe nicht Stand, flott hingeworfene Skizzen ohne das Studium der Einzelheiten – Theaterarbeit! (...)«*[232]. Angesichts dieses harschen Urteils rund ein halbes Jahrhundert nach Entstehung der betreffenden Räumlichkeiten muss jedoch berücksichtigt werden, dass man im frühen 20. Jahrhundert rückblickend den Stil des Historismus oftmals generell eher kritisch sah.

Der »alte« große Saal (Weinbrenner-Saal) wurde hingegen vor 1927 nochmals umgestaltet, wobei die letzte historistische Ausstattung und die ergänzende Ausmalung von 1896/97 vollständig entfernt wurden. Erhalten blieben neben der Kassettendecke auch noch die Gliederung der Wände, wobei jedoch sämtliche Malerei und Dekorationen bis auf die vergoldeten korinthischen

232 Stürzenacker, 1917, S. 35–37.

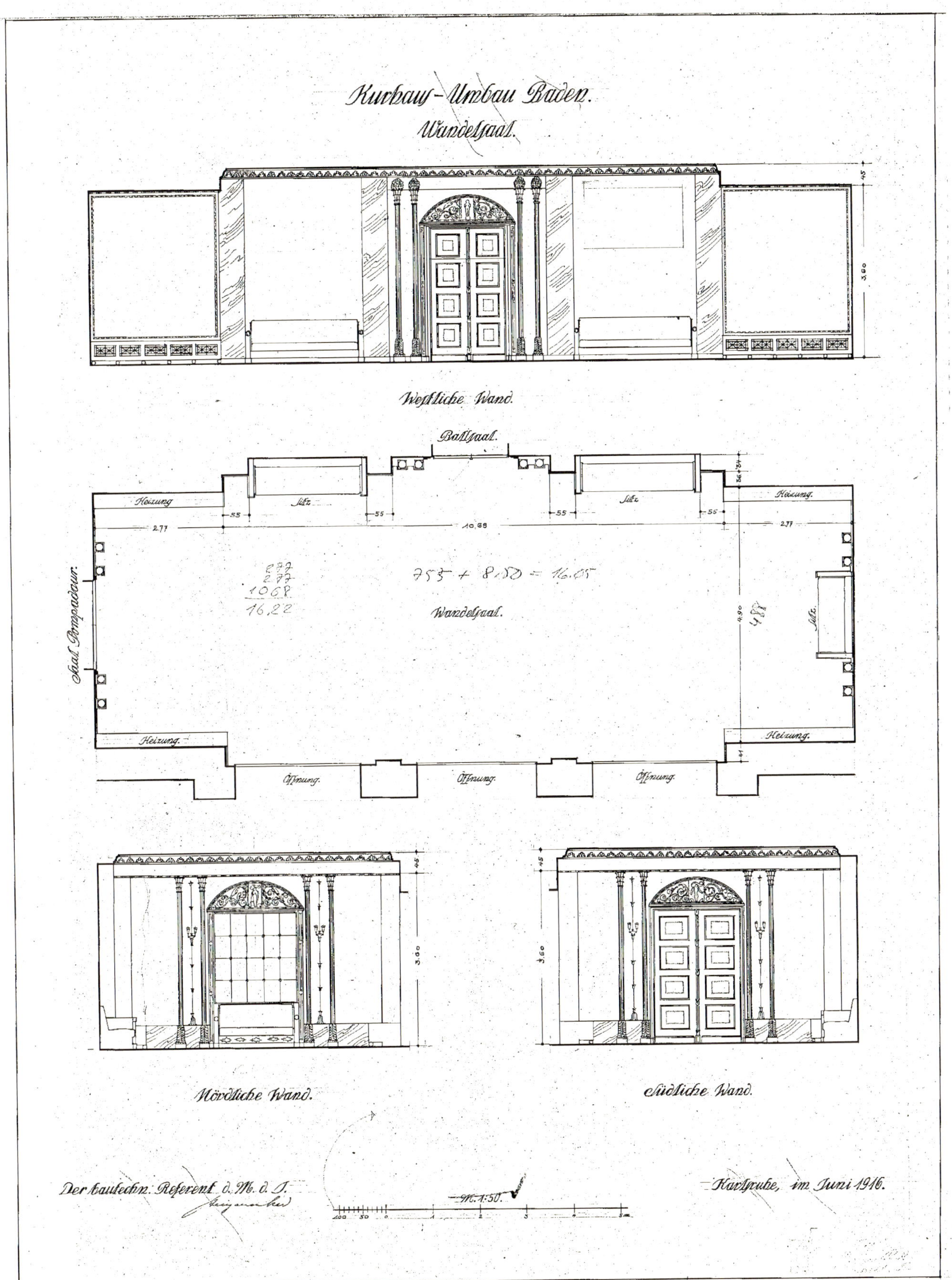

Abb. 143 Entwurf für den »Kurhaus Umbau Baden. Wandelsaal« von August Stürzenacker mit Grund- und Aufriss des Wandel-Saals, vom Juni 1916 (Archiv BKV)

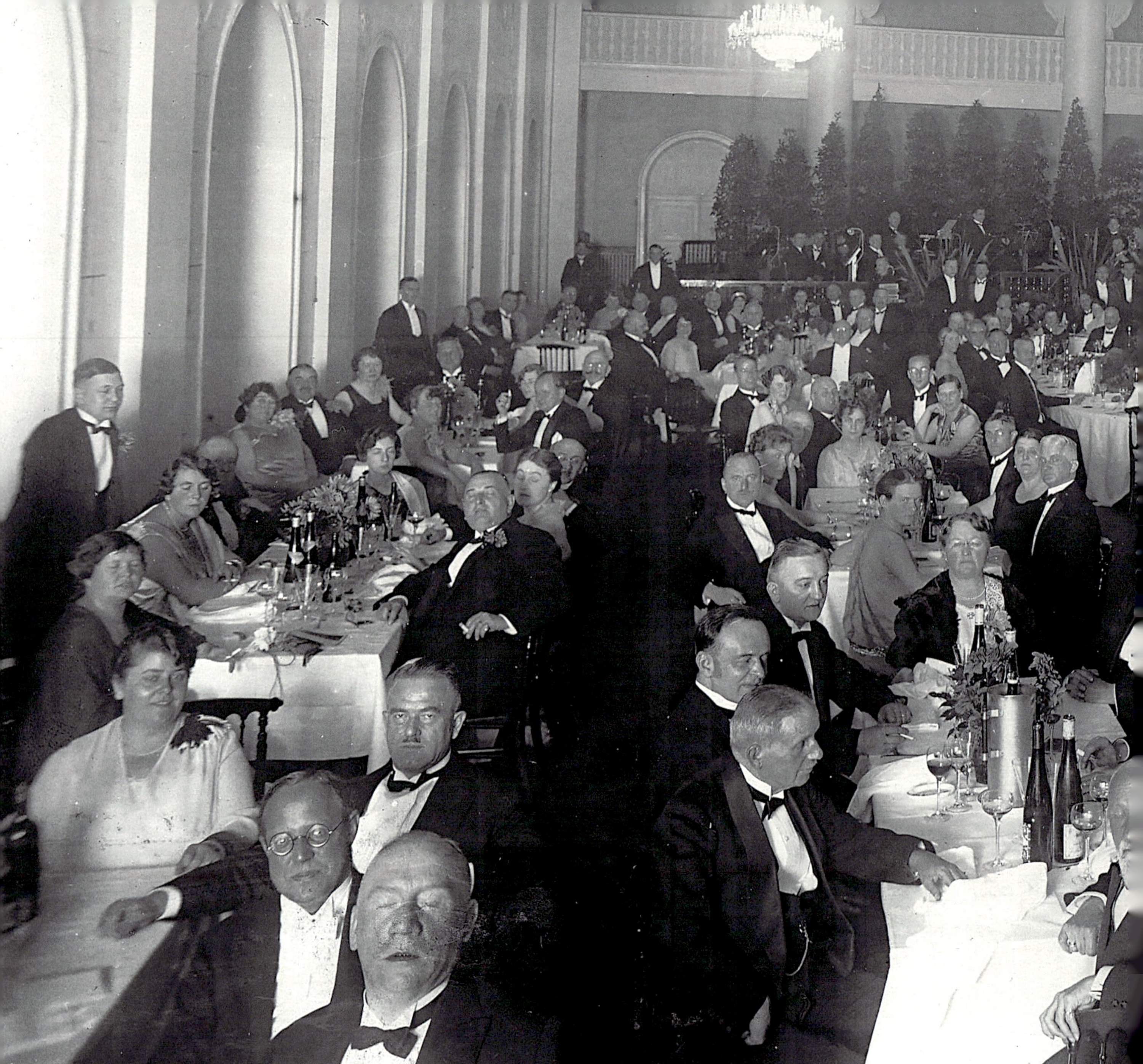

Abb. 144 Veranstaltung im »alten« großen Saal (heute Weinbrenner-Saal) im Konversationshaus/Kurhaus, 1927 (Stadtmuseum/-archiv Baden-Baden)

Säulen bzw. Halbsäulen-Kapitelle, sowie die Balustrade auf den Galerien und die Kronleuchter entfernt wurden (Abb. 144). Stattdessen erhielten nur die Wände eine zeitgemäße Malerei im Art-Deco-Stil bzw. Jugendstil, während die gliedernden Säulen und Halbsäulen völlig ungefasst bzw. weiß blieben und so in den Hintergrund traten und kaum mehr wahrnehmbar waren. Außer über den Galerien wurde auch auf jegliche Fenster- und Türvorhänge und Draperien verzichtet.

Wenige Jahre später 1933 wurde die Verwaltung des Kurhauses neu organisiert: unterstand es verwaltungstechnisch noch bis 1933 dem städtischen Kurkomitee, so wurde es ab dem 1. April 1934 von der neu gegründeten Bäder- und Kurverwaltung (als eine Anstalt des öffentlichen Rechts) verwaltet. Diese Verwaltung war neben dem Kurhaus samt Außenanlagen nun u. a. auch für die Spielbank, das Friedrichs- und Augusta-Bad, die Park- und Grünanlagen, dem Theater und der Kunsthalle zuständig und besaß ebenso die Thermalwasserrechte. Ziel der neuen Bäder- und Kurverwaltung war *»(…) die Pflege des Bade- und Kurlebens in Baden-Baden,*

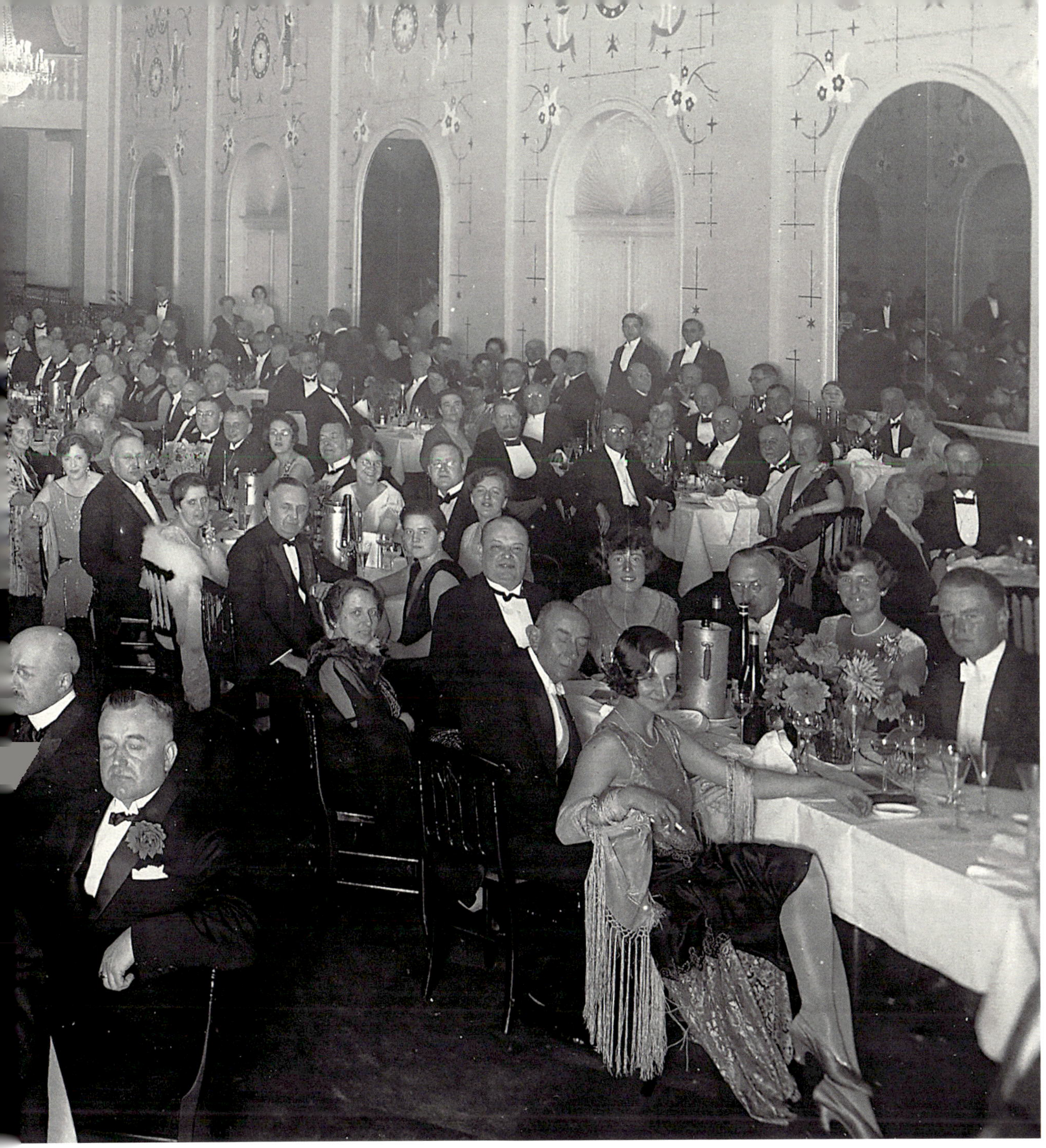

insbesondere zur förderlichen Ausnützung der heilkräftigen Quellen und aller der Erholung und Unterhaltung der Kurgäste gewidmeten Einrichtungen (...)«; das Kurhaus samt den *»Promenadenbuden«* und dem angrenzenden Atelier des Bildhauers Kopf gehörte jedoch weiterhin dem Staat Baden und wurde der neu gegründeten Anstalt nur *»zur Nutzung zur Verfügung gestellt«*.[233]

233 Vgl. »Vertrag zwischen dem Land Baden (Landesfiskus) und der Stadt Baden-Baden zur Errichtung einer Anstalt des öffentlichen Rechts mit dem Namen Bäder- und Kurverwaltung Baden-Baden«, § 1 und § 3, vom 8 und 24. November 1934, Finanzministerium Baden-Württemberg. Zur neuen Verwaltung als Anstalt des öffentlichen Rechts gehörten als Mitglieder nur der badische Staat und die Stadt Baden-Baden, wobei beide Mitglieder jeweils 100.000 Reichsmark als Betriebseinlage einbrachten. Sofern weitere Zuschüsse nötig werden sollten, würden hierbei der badische Staat ein Drittel und die Stadt zwei Drittel übernehmen. Die Verwaltungsaufsicht führte die Aufsichtsbehörde deren Vorsitzender der badische Innenminister war. Neben der Kurtaxe sollten vor allem die Einnahmen aus der Spielbank die Finanzierungsquelle der neuen Anstalt sein, vgl. auch Karlsruher Zeitung vom 15. Dezember 1933.

1933–1944:

DAS INTERMEZZO DES SPIELS

»...das neu erstandene badische Monte Carlo,
das (...) in seiner wirtschaftlichen Bedeutung für den Platz
nicht zu unterschätzen ist...«

Bereits am 3. Oktober 1933 war die Spielbank im Kurhaus wiedereröffnet worden, wobei der Betrieb von einer französischen »Finanzgruppe« übernommen wurde und das Spielangebot umfasste Roulette, Boule und Baccara[234]. Die Eröffnung war durch das im Juli 1933 erlassene Gesetz über die Zulassung öffentlicher Spielbanken ermöglicht worden, wobei für die Spielbank Baden-Baden – die einzige in Deutschland zu dieser Zeit – zunächst nur eine einjährige vorläufige Zulassung erteilt worden war. Im September 1934 wurde dann durch das Reichsinnenministerium die endgültige Erlaubnis zur »*Errichtung einer öffentlichen Spielbank in Baden-Baden*« zunächst für die nächsten 10 Jahre erteilt, wobei eine 51 %-Beteiligung »*deutschen Kapitals*« vorgeschrieben wurde, um zukünftig wohl eine ausländische Investorenmehrheit zu unterbinden[235]. Das Spiel sollte zukünftig aber nur noch auswärtigen Gästen erlaubt und eine Teilnahme war den Einwohnern der Stadt nicht gestattet.

Am Vorabend der offiziellen Wiedereröffnung im Oktober 1933 fand ein Festakt mit staatlichen und städtischen Vertretern aus Politik und Gesellschaft sowie dem Repräsentanten der französischen Finanz- bzw. Pächtergruppe, Paul Salles, statt: »*(...) Das große Ereignis in unserer Bäderstadt, die Eröffnung des Spielcasinos, bildete heute überall das Tagesgespräch. Ein jahrzehnte alter Wunsch ist in Erfüllung gegangen. Baden-Baden hat seinen Spielbetrieb wieder! Wenn auch die einheimische Bevölkerung sich am Spiel nicht beteiligen soll und darf, so freut sie sich gleichwohl mit der noch immer großen Zahl der Kurgäste – es sind in den letzten Tagen sogar sehr viele Fremde neu angekommen – über das neu erstandene badische Monte Carlo, das mit der Geschichte unseres Weltbades einen Wendepunkt darstellt und in seiner wirtschaftlichen Bedeutung für den Platz nicht zu unterschätzen ist. Tausende nahmen im Laufe des Nachmittags Gelegenheit, die für das Spiel getroffenen Einrichtungen zu besichtigen. Um ½ 8 Uhr abends, als die offizielle Eröffnungsfeier begann, zeigten sich die Kurhausanlagen in einer wundervollen Beleuchtung. Im Lichterprunk und prächtigem Pflanzenschmuck präsentierten sich die Spielsäle. (...) Diener in Livrees überreichten den Damen Blumengebinde. Kurdirektor von Selazinski gab einen kurzen Einblick in die Art der Spiele. Punkt 8 Uhr rollte die erste Kugel, geworfen von Apotheker Dr. Rößler, einem der ältesten mit der Geschichte Baden-Badens eng verwachsenen Mitbürger, der noch das letzte Spiel im Jahre 1872 erlebt hat. (...) Möge das Spiel zu neuer Blüte der Stadt Baden-Baden und damit auch zu einem wesentlichen Teil zur Blüte des Landes und des deutschen Vaterlandes beitragen. (...) Herr Salles dankte in französischer Sprache für das ihm entgegen gebrachte Vertrauen und knüpfte daran die Zusicherung, daß er auch dieses Vertrauen zu rechtfertigen suche. Er machte die Mitteilung, daß die Bank als erste Stiftung für die Armen der Stadt den Betrag von 1000 Reichsmark spende. (...) Unterdessen – 21 Uhr – wurde der Spielbetrieb in vollem Umfange aufgenommen. Vor den Spielsälen drängte sich eine große Menschenmenge (...)*«[236].

Trotz der zu dieser Zeit noch immer herrschenden allgemeinen Wirtschaftskrise erfuhr die wiedereröffnete Spielbank erneut einen beachtlichen Besucherzustrom: Standen bei der

234 Die Verhandlungen mit dem Repräsentanten der »Finanzgruppe« bzw. »Pächtergruppe« Paul Salles in Paris führte der damalige Kurdirektor von Selazinski, wobei der Vertrag vom badischen Reichsinnenministerium genehmigt und geschlossen wurde. Der Spielbetrieb bzw. die Eröffnung des Spielcasinos sollte am 3. Oktober 1933 um 14.00 Uhr nachmittags erfolgen, vgl. Karlsruher Zeitung vom 19. und vom 29. September 1933.

235 Badische Presse vom 13./14. Oktober 1934. Der Führer vom 29. Januar 1935.

236 Karlsruher Zeitung vom 4. Oktober 1933.

Eröffnung nur ein Saal mit zwei Roulette- und einem Baccara-Tisch zur Verfügung, so wurde bereits 1935 das Spiel an sechs Roulette- und drei Baccara-Tischen angeboten, hinzu kam das sogenannte »Klondykespiel« (eine Art Pferderenn-Roulette, wobei die Roulettekugel entschied, welches der auf einer Tischrennbahn montierten Pferdchen gewann)[237]. Dieses erweiterte Spielangebot führte abermals zu Umbauten im Kurhaus: Hierbei wurden u. a. der einstige (alte) Blumensaal hinter dem alten großen Saal (Weinbrenner-Saal) zugunsten der Erweiterung der Spielbank aufgelöst und zum Foyer der Spielbank umgebaut, um dort auch das *»Klondykespiel«* anbieten zu können; ebenso wurde dahinter eine Bar eingerichtet und ein *»Cercle Privè«*, ein Spielsaal, der *»den die Glücksgöttin mit hohen Einsätzen umwerbenden Spielern vorbehalten war«*[238].

Das einstige Lesezimmer, hinter dem großen Ballsaal gelegen, wurde als neues Büro der Spielbank genutzt: *»(...) Die Baden-Badener Spielbank wies während des ersten Betriebsmonats täglich einen guten Besuch auf, an den Sonntagen wie überhaupt an Wochenenden großen Andrang. Die Besucherschaft ist durchaus international. Dauernd sieht man Engländer, Schweizer, Franzosen. das Hauptkontingent stellen jedoch die Deutschen und die Elsässer. An einzelnen Tagen wurden bis 600 Besucherkarten ausgegeben. Bevorzugt werden von den Spielern meist die Mindesteinsätze, jedoch wurden auch schon beachtliche Summen gewagt. Durch den guten Besuch ermutigt, hat die Kasinoleitung sich zu einem Aus- und Umbau entschlossen. Durch die Hinzunahme des Blumensaales haben die Räumlichkeiten der Bank eine allseits begrüßte Erweiterung erfahren. Das Boule wurde aus dem Lesezimmer dem Besucherstrom nähergerückt. Seine frühere Unterkunftsstätte beherbergt jetzt das Büro der Spielbank. Im roten Saal ist das dritte Roulette aufgestellt worden. Hier beträgt der Mindesteinsatz fünf Mark. Es ist nur bei Hochbetrieb in Gebrauch. Die Bank wird den ganzen Winter geöffnet bleiben (...)«*[239].

Das Fazit des ersten Jahres des durchgängigen Spielbank-Betriebs 1934 schien ebenfalls erfolgversprechend: *»(...)* Täglich kamen etwa 300 Besucher zu den Spieltischen, ein Dur*chschnitt der bis heute hielt, ja zeitenweise, in belebten Saisonabschnitten, erheblich überschritten wurde. Schon im November vorigen Jahres zeigte sich auch die Rückwirkung auf den Fremdenbesuch ganz deutlich in einer Verdreifachung der Besucherzahl gegenüber November 1932 (...). Noch klarer tritt das in diesem Jahr zu Tage, wo die Bäderstadt bereits vor einigen Wochen den 80.000sten Gast verzeichnen konnte und die berechtigte Hoffnung hegt, bis zum Jahresende die Besuchsziffer 100.000 zu erreichen, wenn nicht zu überschreiten. (...) Gleich in den ersten Monaten des Spielbetriebs machten die beträchtlichen Gewinne eines Spielers von sich Reden. Sie bezifferten sich innerhalb weniger Tage auf ein ansehnliches, fünfstelliges Vermögen (...) ähnliche Summen, wenn vielleicht auch nicht ganz so hoch, wurden wiederholt im Verlauf des Jahres gewonnen oder verloren. (...)«*[240]. Insgesamt besuchten seit der Eröffnung im Oktober 1933 bis zum Dezember 1934 über 177.000 Gäste die Spielbank.

Angesichts dieser Besuchersteigerung der Spielbank waren neue Anbauten im Kurhaus notwendig geworden, da im alten bzw. wiedereröffneten Spielbankbereich sämtliche Räumlichkeiten nur noch für den Spielbetrieb genutzt wurden. Der Stadt stand für weitere Veranstaltungen damit nur der neue große Bühnen-Saal (Bénazet-Saal) zur Verfügung, weswegen ein zusätzlicher Erweiterungsbau ausgeführt wurde. Dieser wurde von der Spielbank mit einer halben Million Reichsmark gefördert und ebenfalls vom Architekten August Stürzenacker entworfen[241]. Hierbei wurde im 1. Obergeschoss östlich neben dem großen Bühnensaal ein kleinerer Rundsaal (»Ballsaal«) (Abb. 145–149) mit Vorraum und mit anschließenden Speise-/Veranstaltungssaal (»Bankett-/Konferenz-Saal«) (Abb. 151/152) angebaut[242]. Dieser wurde am 3. August 1936 eröffnet und war von der Münchner Firma Anton Pössenbacher unter dem Architekten Georg Manner errichtet und ausgestattet worden[243]. In einem zeitgenössischen Bericht von 1936 wird der Rundsaal wie folgt beschrieben: *»(...) Der Ballsaal hat einen nahezu kreisrunden Grundriß. Er kann als vorbildlich gelten für jenen neuen Begriff gesellschaftlicher Eleganz, der die Gemessenheit liebt und sich auf edle Form und erlesene Werkstoffe verpflichtet weiß. Der große Raum, in*

237 Der Führer vom 29. Januar 1935.
238 Das neue Baden vom 5. Juni 1949.
239 Karlsruher Zeitung vom 4. November 1933.
240 Badische Presse vom 13./14. Oktober 1934.
241 Der Führer vom 29. Januar 1935.
242 Zusammenfassung zur Geschichte des Kurhauses vom Denkmalamt Karlsruhe vom 28. Januar 1993, LAD Karlsruhe.
243 Vgl. »Neue Räume im Kurhaus Baden-Baden«, in: Das behagliche Heim – Innendekoration. Die gesamte Wohnungskunst in Bild und Wort, hg. von Alexander Koch, XLVII. Jahrgang, Darmstadt-Stuttgart 1936, S. 357–367.

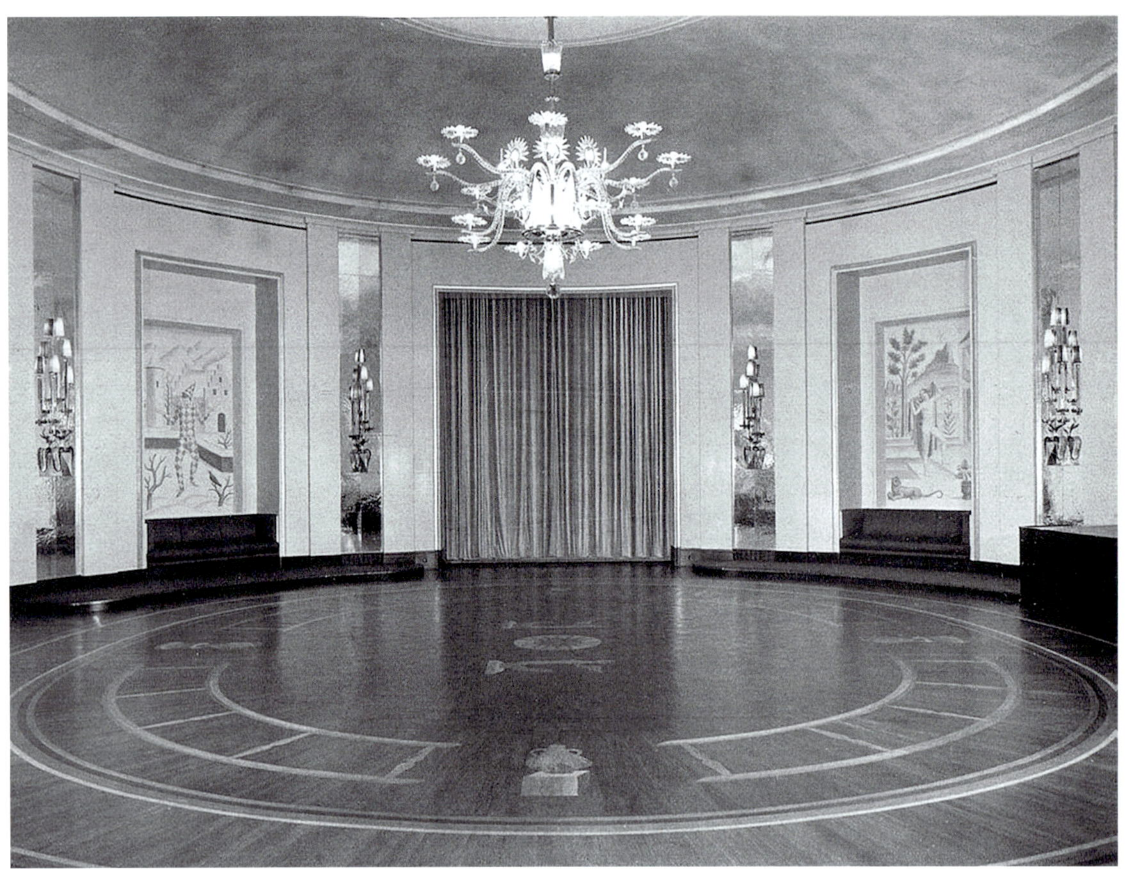

Abb. 145 Gesamtansicht des neuen Rundsaals neben dem heutigen Bénazet-Saal, 1936 (aus: Das behagliche Heim – Innendekoration, 1936)

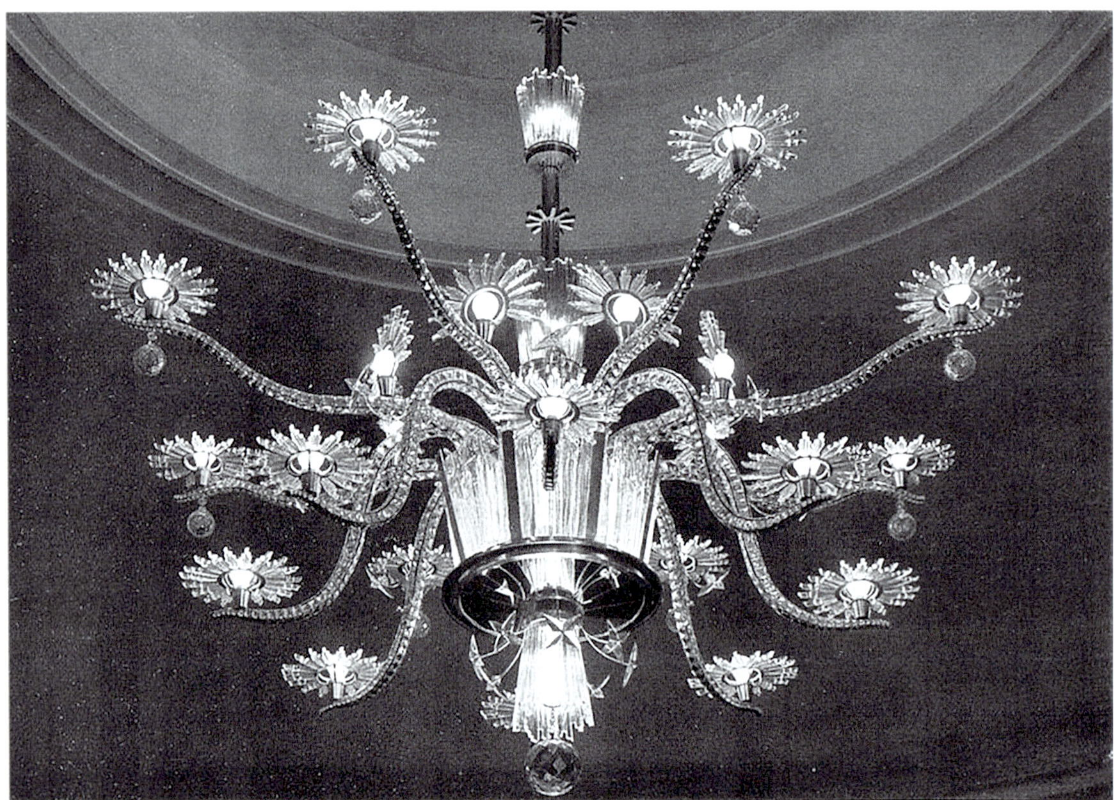

Abb. 146 Detail Leuchter im neuen Rundsaal neben dem heutigen Bénazet-Saal, 1936 (aus: Das behagliche Heim – Innendekoration, 1936)

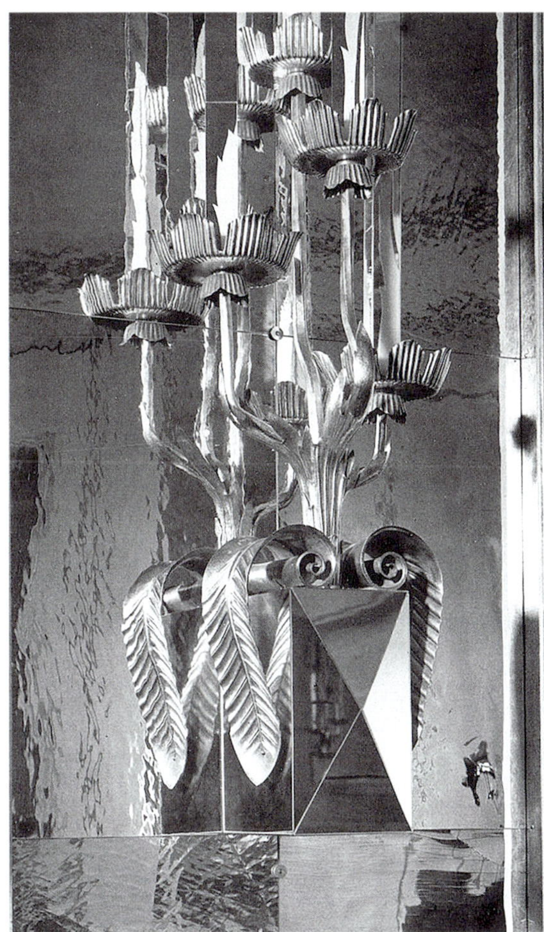

Abb. 147 Detail eines der Wand-Leuchter im neuen Rundsaal neben dem heutigen Bénazet-Saal, 1936 (aus: Das behagliche Heim – Innendekoration, 1936)

Abb. 148 Detail des Parkettbodens im neuen Rundsaal neben dem heutigen Bénazet-Saal, 1936 (aus: Das behagliche Heim – Innendekoration, 1936)

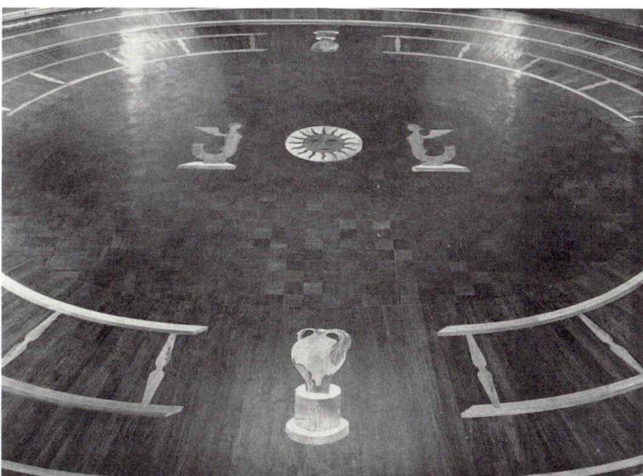

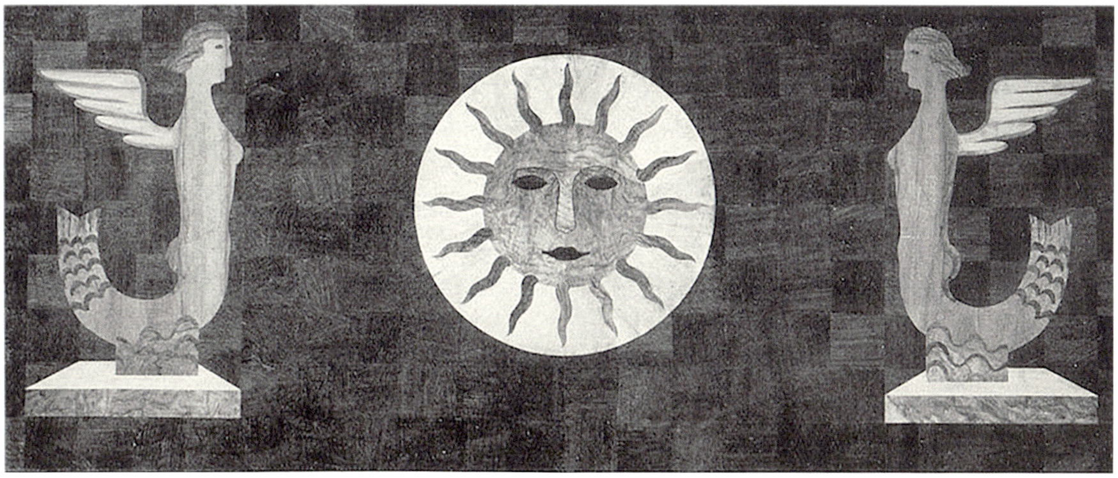

Abb. 149 Detail des Parkettbodens im neuen Rundsaal neben dem heutigen Bénazet-Saal mit der Darstellung einer von Sirenen flankierten Sonne, 1936 (aus: Das behagliche Heim – Innendekoration, 1936)

warmtonigen Weiß gehalten (Holz mit Schleiflack), führt eine klare, architektonische Sprache. Die Gliederung durch flache Pfeiler ist von strenger Schlichtheit und Symmetrie. Vier gleich große Öffnungen teilen die ausschwingende Rundung der Wand. Eine davon ist als Eingang vom Vorraum her, die andere als Durchgang zum Speisesaal, die dritte als Fenstergruppe, die vierte als Bühnenöffnung mit Podium gestaltet. Jede dieser Öffnungen ist reichfallenden Panne-Vorhängen in Silbergrau abschließbar. In den vier Wandteilen zwischen den Öffnungen liegt jedesmal als Kernstück eine von silberlasierten Leisten gerahmte Sitznische mit rotbezogenem Sofa. Die beiderseitigen Pfeilerpaare

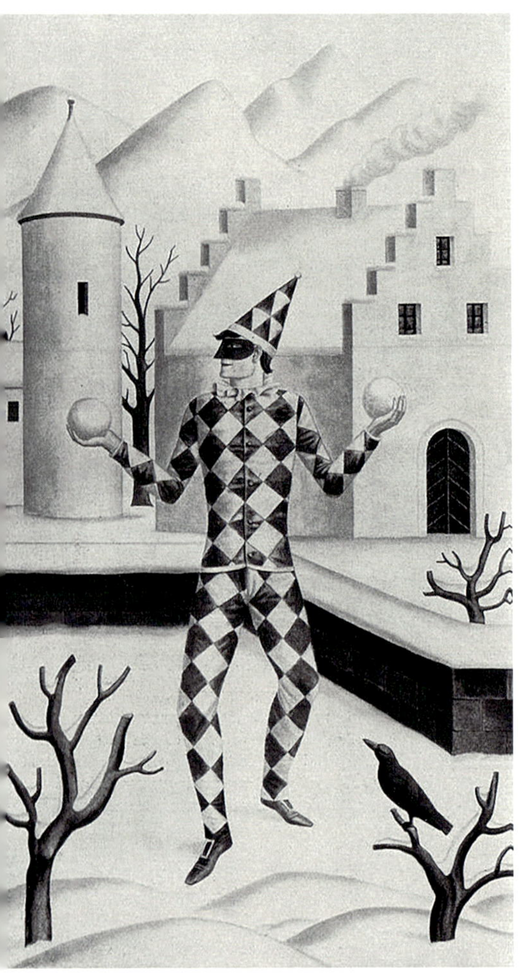
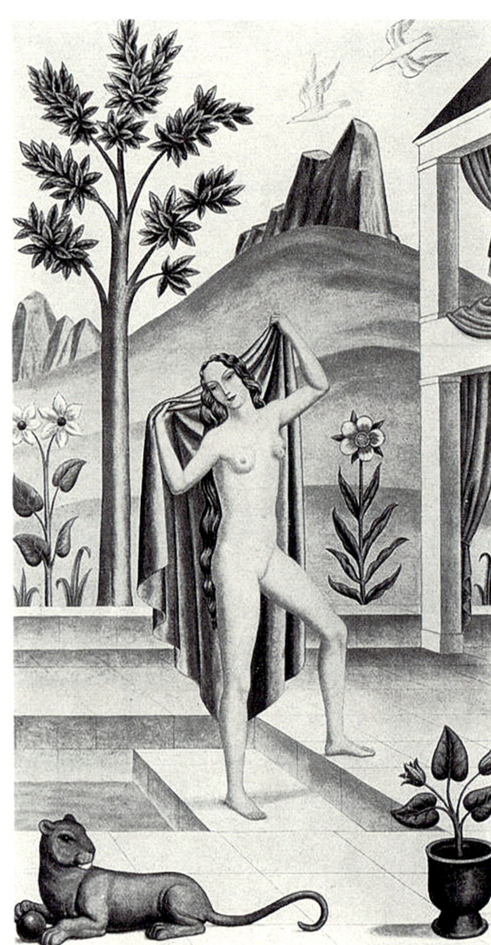
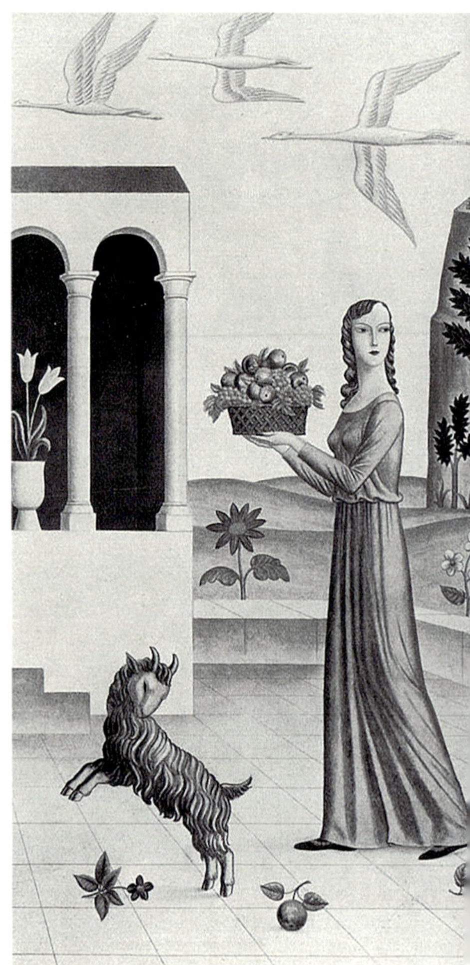

Abb. 150 »Detail« der Wandbilder im neuen Rundsaal neben dem heutigen Bénazet-Saal mit der Darstellung von drei der Vier Jahreszeiten (Winter, Sommer, Herbst), 1936 (aus: Das behagliche Heim – Innendekoration, 1936)

fassen diese Nischen zwischen hohe Rechteckfelder aus verspiegelten handgefertigtem Antikglas. Vor diesen Feldern sitzen auf prismatisch geformten, spiegelbelegten Konsolen reich gestaltete Lichtträger in handgetriebenem Silber; ihre Form hat eine pflanzliche Führung mit Blatt- und Schaftmotiven und läßt etwa an Kandelaberkakteen denken. Die Verbindung von Silber und Spiegelglas sowie die reiche Durchbildung der Lichtträger sind als Schmuckakzente dem Raum sehr wichtig. Die Hauptrolle in dieser Hinsicht spielt jedoch die Lichtkrone in der Mitte, die von der fein empfundenen Deckenschale herabhängt und maßgebend den Raum beherrscht. Ihrer Gestalt liegt die Idee eines riesigen Blumenkorbes zugrunde, die unter Verwendung von Glas und blankem Metall zur Entwicklung von Blüten- und weitausschwingenden Rankenformen führt. Weitere ornamentale Akzente bringt der in Palisanderparkett ausgeführte Fußboden mit einer schwungvollen Einlegearbeit; das Hauptmotiv ist ein Baluster mit zwei Sockelvasen, der die Phantasie in ein Parkgelände lockt; in der Mitte ist eine Sonne mit zwei Sirenen gesetzt. Die technische Ausführung (Lebermann, Karlsruhe) ist ausgezeichnet. (...)«[244]. Die Wandbilder oberhalb der Sitznischen stammten von dem Münchner Maler Erich Schilling, der hier die »Vier Jahreszeiten« darstellte (Abb. 150): *»(...) in einer Auffassung, die mit ihrer geistigen Höhe und linienstrengen Lieblichkeit an frühe Italiener mahnt. Er (der Maler) läßt in sparsamen Farben, in denen ein kühles Rot die Führung hat neben zarten bräunlichen, grünlichen, bläulichen Tönen, eine Welt von leichtem, heiterem Ernst anklingen, die in diesen dem Lebensgenuß gewid-*

244 Vgl. »Neue Räume im Kurhaus Baden-Baden«, in: Das behagliche Heim – Innendekoration. Die gesamte Wohnungskunst in Bild und Wort, hg. von Alexander Koch, XLVII. Jahrgang, Darmstadt-Stuttgart 1936, S. 357/358.

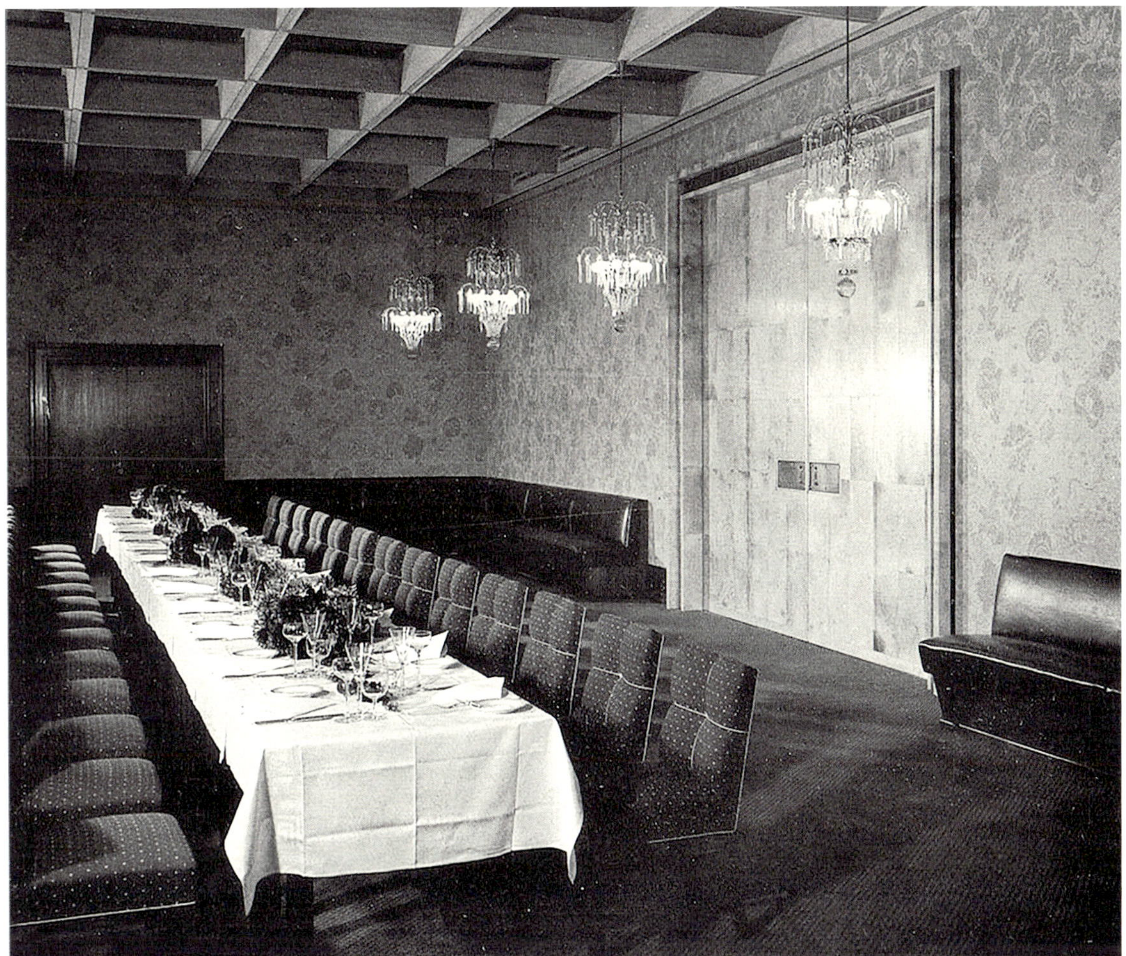

Abb. 151 Der Speisesaal bzw. Bankettsaal neben dem neuen Rundsaal, 1936 (aus: Das behagliche Heim – Innendekoration, 1936)

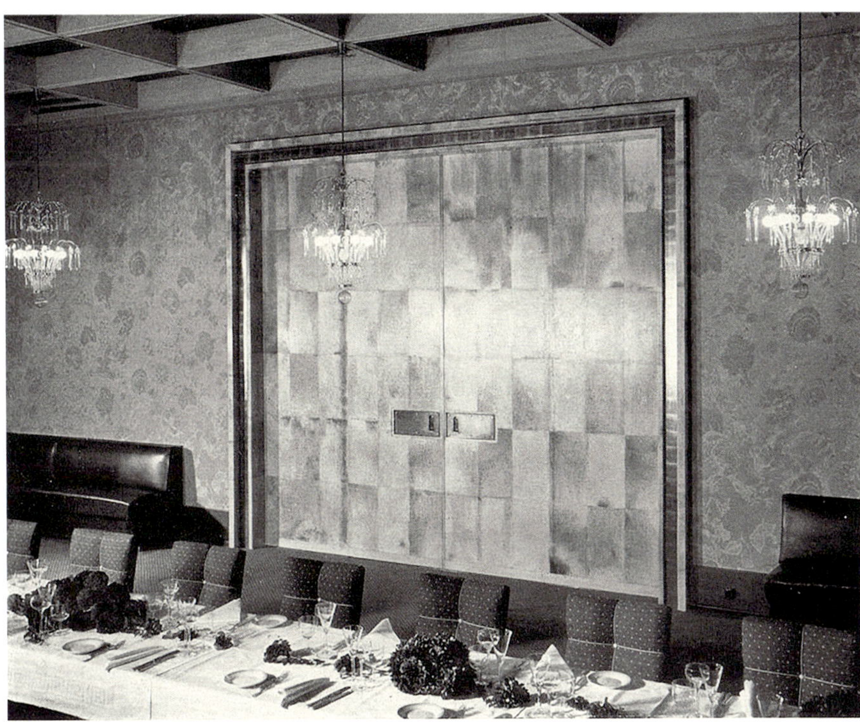

Abb. 152 Der Speisesaal bzw. Bankettsaal neben dem neuen Rundsaal, 1936 (aus: Das behagliche Heim – Innendekoration, 1936)

meten Räumen leise an die geistverbundene Freude zu mahnen scheint (...)«[245]. Auch der zugehörige Vorraum war mit in goldenen Leisten gefassten Wandspiegeln und Wandtischen, mit Tischplatten von Spiegelglas in Ätzungs-Ornamentik und Wand-Leuchtern von Muranoglas auf marmornen Wandsockeln verziert[246].

Der anschließende Speise- bzw. Bankettsaal mit rechteckigem Grundriss war mit einer Kassettendecke mit blattgold-belegten Feldern und mit Polsterbänken als Sitzecken an den Wänden ausgestattet: *»(...) leicht und sprühend heiter wirken daneben die zahlreichen Glaslüster mit ihren Prismen, Lichtbällen, Spiegelfeldern und zierlichen Ranken – jeder gleichsam ein Feuerwerk. Ein Schmuckstück für sich ist die Tür zum Ballsaal mit ihrem tief profilierten Rahmen, bei dem dunkle Bänder mit hellen, hervorragenden Leisten abwechseln. Die Füllungen der hohen Schiebetüren sind durchgehend mit goldgeprägtem Pergament in Rechteckfeldern belegt ist (...). Dazu gesellt sich das schöne Ziegelrot der Sesselbezüge und der rote Rindlederbezug der Eckbänke. Der Bezugsstoff der Sessel ist weißbesternt und mit weißem Leder paspeliert (...), die Wand trägt einen Bezug aus pergamentfarbenem Damast. (...)«*[247]. Beide Räume zusammen sollten beispielhaft sein: *»(...) nicht nur (für) das technische Können des Architekten (...), sondern auch auf das geistige Wesen. (...) Sieht man den Ballsaal (...) so dankt man ihm außer der tadellosen Fassung (...) noch etwas anderes: einen Begriff von festlicher Geselligkeit, der die gute Form über alles stellt (...)«*[248].

Die Nutzung dieser neuen Anbauten sollte jedoch nur von kurzer Dauer sein. 1938 fand nochmals eine Ausstellung zur historischen Spielbank in Baden-Baden statt, wobei historische Spielgeräte- und Zubehör gezeigt wurden[249]. Im August 1944 wurde die Spielbank, mit zuletzt bis zu 140 beschäftigten Croupiers[250], dann als letzte der drei im Deutschen Reich noch geöffneten Casinos geschlossen: *»(...) auf Anordnung des Reichsministers des Inneren wurden die drei bisher im Reich noch bestehenden öffentlichen Spielbanken in Baden-Baden, Zoppot und Baden bei Wien bereits im August d.J. geschlossen. Die dort Tätigen, in der Mehrzahl ausländische Arbeitskräfte, sind der Rüstung zur Verfügung gestellt worden. (...)«*[251]. Ebenso wurde im September 1944 auch die Gastronomie im Kurhaus eingestellt, da das *»(...) Gaststätten- und Beherbergungsgewerbe den Erfordernissen des totalen Kriegseinsatzes angepaßt (wird) (...)«*, denn es durften nur *»(...) Betriebe, die für die Versorgung der arbeitenden Bevölkerung notwendig sind, d. h. also kriegswichtig sind (...)«* geöffnet bleiben – und hierzu gehörte das Kurhaus nicht[252].

245 Ebenda, S. 358.
246 Ebenda, S. 358.
247 Ebenda, S. 360.
248 Ebenda, S. 360.
249 Die Ausstellung zeigte seinerzeit noch erhaltene historische Spielgeräte- und Zubehör, die sich seit 1872 in der Städtischen Sammlung erhalten hatten: *»(...) da steht Edouard Bénazets* Büste im weißen Marmor, da hängt die letzte Abrechnung (...). Wir sehen die Lederschalen für die Goldmünzen, die alten Rechen, die einst zur Verwendung gelangten Geldkassetten, getrennt für Papier und Gold, erblicken prachtvolle Möbel der alten Zeit und stehen vor einem alten Tableau. (...) Da steht noch ein Päckchen der Glücksnadeln, die man sich einst am Eingang der Spielbank kaufte, wohl im Glauben, damit der wetterwendischen Herrscherin Fortuna einen Stich versetzen zu können (...)«, vgl. Der Führer am Sonntag vom 12. Juni 1938.
250 Badische Abendzeitung vom 13. August 1949.
251 Strassburger Neuste Nachrichten vom 29. September 1944
252 Strassburger Neuste Nachrichten vom 29. September 1944

NACH 1945:

DER NEUBEGINN

»…für Baden-Baden sind die Säle mit den grünen Tischen die Herzkammern, die neue Kraft in die Wirtschaftsadern der Stadt pumpen sollen…«

Die Stadt und das Kurhaus hatten den Krieg weitgehend unbeschadet überstanden. Nach Kriegsende stand die Stadt unter französischer Besatzung und auch das Kurhaus wurde beschlagnahmt. Bis zum Frühjahr 1949 wurde das Haus von der französischen Besatzungsmacht u. a. für verschiedene kulturelle Veranstaltungen genutzt, so zum Beispiel für die Ausstellung »Frankreich-Baden im Spiegel der Geschichte 1660–1860«, die im Mai/Juni 1946 im Kurhaus auf Initiative der französischen Militärregierung stattfand[253].

Erst nach Ende der Besatzung 1949 durfte das Kurhaus im April 1950 endlich wieder zur ersten Nachkriegssaison öffnen: *»(…) Während in den Höhenorten des Schwarzwaldes und den romantischen Städten und Plätzen am Bodensee der Zustrom der Erholungsreisenden groß ist, hat Baden-Baden, einst die Königin aller deutschen Kurorte, das Nachsehen. Die Gründe liegen in der eigentümlichen Situation in der sich die Stadt im Oostal befindet: Mehr Besatzung als Einwohner, nur zwei repräsentative Hotels für den deutschen Fremdenverkehr, vor allem der Fortfall des Kurhauses und damit der Spielbank. (…) Die große Welt hat von jeher in dieser Stadt den prickelnden Reiz der Nerven an den Spieltischen gesucht und ihr dafür die Symphonie sämtlicher Weltsprachen, Eleganz, Anmut und ein einzigartiges Fluidum geschenkt. (…) für 1950 rechnet man in Baden-Baden mit der Wiederaufnahme des normalen Kurbetriebs (…) bis Oktober diesen Jahres werde das Kurhaus von der Besatzung frei gegeben. (…) Unter den Kolonaden, die zum Kurhaus führen, stellt man die Anfänge der Rückgabe in deutsche Hände fest. In fast allen Geschäften stehen wieder die deutschen Inhaber. Der Rasen vor dem Kurhaus gewinnt langsam ein gepflegtes Aussehen (…). Das Restaurant, seit 1945 nur für alliierte Gäste, bedarf kleinerer Verschönerungsarbeiten, ebenfalls die rot gepolsterte Bar. Auch der Theatersaal wird nicht viel Mühe bei der Wiederherrichtung machen. In den Spielsälen, die vor rund 200 Jahren der Göttin Fortuna geweiht wurden, steht die gesamte Einrichtung verstaubt übereinander. (…) Für Baden-Baden sind die Säle mit den grünen Tischen die Herzkammern, die neue Kraft in die Wirtschaftsadern der Stadt pumpen sollen. (…)«*[254].

Mit der Freigabe des Kurhauses war somit auch Wunsch nach der Wiedereröffnung der Spielbank verbunden, da man die Hoffnung hegte die Stadt nach Kriegsende mithilfe der Spielbank wieder zu alter Größe zurückführen zu können: *»(…) Denn alle wissen, daß ohne die aus dem Kasino fließende ständige Einnahmequelle der Aufbau und die Pflege des Kurortes, vornehmlich auch des Heilbades, unmöglich sind. (…) Und noch nie war die Situation, sich zum westdeutschen Heilbad (…) zu entwickeln für Baden-Baden so günstig wie heute, weil die gleichartigen Kurorte der Ostzone ganz und viele des Westens durch Zerstörung im erheblichen Umfang ausgefallen sind. (…) Das Kurhaus ist zum Glück mit seinen prachtvollen Sälen und Einrichtungen so erhalten geblieben, daß es ohne kostspielige Erneuerungen nach der Freigabe wieder in den Dienst der kurörtlichen Gesellschaftspflege gestellt werden kann. Und die gesamte wertvolle technische Einrichtung der Spielbank ist ebenfalls vorhanden. (…) Man darf aber ohne unzeitgemäße Romantik behaupten, daß es nach Art und Atmosphäre in Deutschland keine zweite Stätte gibt, die mehr zum ›mitteleuropäischen Monte Carlo‹ prädestiniert wäre, als die vier Hauptspielsäle des Baden-*

253 Ausst.-Kat. Frankreich-Baden im Spiegel der Geschichte 1660–1860, bearb. von Michel Francois, Baden-Baden 1946. GLA 56-1 Nr. 738

254 Karlsruher neue Zeitung vom 7. September 1949.

Badener Kurhauses. (...) Wenn die jahrelange, traumverlorene und schicksalsschwere Stille der Prunksäle des Kurhauses wieder erfüllt würde vom wogenden Atem der erregten Spieler und das monotone »Rien ne va plus« das nervengespannte Gemurmel übertönte – dann dürfte die Stadt an der Schwelle zum neuen Aufstieg stehen, weil ihr das Kasino die Mittel sichern würde, die zur Unterhaltung, Pflege und zum Ausbau aller kurörtlichen Einrichtungen erforderlich sind. (...)«[255] Am 1. April 1950 wurde dann endlich die Spielbank mit einem Festakt wiedereröffnet: *»(...) Seit dem Samstag gehört die ›spielbanklose, die schreckliche Zeit‹ wieder der Vergangenheit an. (...) Unter dem (...) gleißenden Licht der Schweinwerfer warf Frau Baronin (Ulla) Haniel von Rauch, eine bekannte Wohltäterin Baden-Badens (...) mit sicherer Hand die erste Kugel in das Roulette-Rund. Ein beinahe historischer Augenblick für die Geschichte der Oos-Stadt, von vielen mit prickelnder Ungeduld erwartet. Das eine steht jedenfalls fest: der 1. April 1950 leitet für Baden-Baden und seine Spielbank mit betont internationalen Milieu nach sechsjähriger Zwangspause eine neue Aera ein. (...) Die Stadt an der Oos lebt und stirbt mit dem Blühen oder Versanden des Fremdenverkehrs. Sie wurde jetzt einem jahrelangen Dornröschen-Schlaf entrissen (...)«* [256]. Die erste Zahl, welche im Eröffnungsspiel von der Baronin von Rauch geworfen wurde, soll die schwarze 28 gewesen sein; begleitet wurde die Wiedereröffnung mit einer kleinen Ausstellung zur Historie des Glücksspiels im Wintergarten der Spielbank und als »Stargast« war die Schauspielerin Lilian Harvey eingeladen worden[257].

Angesichts der schon 1952 aufkommenden Kritik am Glücksspiel von einzelnen Bundestagsabgeordneten verwies die Stadt im Zuge einer Denkschrift abermals auf die finanzielle Notwendigkeit einer Spielbank: *»(...) Die Stadt Baden-Baden verweist in einer Denkschrift darauf hin, daß sie als Kurstadt ohne ihre Spielbank verloren wäre. Sie nimmt damit gegen das von einigen Bundestagsabgeordneten geforderte Spielbanken-Verbot Stellung. (...) Die Aufrechterhaltung des Kurbetriebs erfordere jährlich einen Zuschuß von 1,8 Millionen Mark, der nur durch die Einnahmen der Spielbank gedeckt werden könnte. (...) Falls jedoch die Erlaubnis für den Spielbankbetrieb entzogen werden sollte, würde dies eine Enteignung darstellen, für die der Bund auch eine angemessene Entschädigung zahlen müsse (...)«*[258]. Der Erfolg der Spielbank sprach zudem für sich, als ein gutes Jahr nach Eröffnung bereits am 23. Juni 1951 der oder die 200.000. Besucher bzw. Besucherin begrüßt werden konnte[259], zwei Jahre später, im April 1953, bereits der 500.000 Besucher[260]. Die Stadt gewann zunehmend ihren Ruf als internationale Bäderstadt zurück und das Kurhaus bot neben dem Spiel weiterhin den Rahmen für anspruchsvolle kulturelle und gesellschaftliche Ereignisse, wie den großen Empfang der jungen baden-württembergischen Landesregierung zu Ehren des Besuchs des Schahs von Persien im März 1955 und die Außenministerkonferenz der Montan-Union unter Konrad Adenauer im August 1953[261]. Ebenso konnten in der Stadt wie auch im Kurhaus wieder internationale und berühmte Gäste begrüßt werden, so zum Beispiel im September 1953 den britischen Herzog und ehemaligen König von Großbritannien, Edward, mit seiner Gattin Wallis Simpson[262].

Aufgrund der steigenden Gästezahl und den gestiegenen Anspruch an Komfort und Technik, sowie dem modernen Zeitgeschmack setzte Mitte der 1950er Jahre die erste größere Umbauphase des Kurhauses nach dem Krieg ein. So wurde der neue große Bühnen-Saal (Bènazet-Saal) in dieser Zeit erstmals umgebaut. Hierbei wurde unter dem Düsseldorfer Architekten Bernhard Pfau (1902–1989) jedoch u. a. durch den Einbau einer Flachdecke mit zeitgenössischen Beleuchtungskörpern, welche die historischen kassettierte Tonnendecke völlig verdeckte, die ursprüngliche Innengestaltung des Saales von 1917 nahezu aufgelöst und dem damaligen Zeitgeschmack angepasst (Abb. 153/154). Der Umbau sollte jedoch

255 Das neue Baden vom 5. Juni 1949.

256 Bruchsaler Post vom 22. Februar 1950. Pforzheimer Anzeiger vom 5. April 1950. Im Vorfeld der Wiedereröffnung mussten zunächst wieder Croupiers ausgebildet werden: *»(...) kamen die Anwärter dieses Berufes hier täglich sechs Stunden zusammen, um sich für ihre anstrengende Tätigkeit zu schulen. Die Ausbildung dauerte sechs Monate, nach deren Verlauf es nur allzu häufig für viele hieß: »Viele sind berufen, aber wenige auserwählt«. Denn dieser Beruf erfordert ein ungewöhnliches Maß an Anpassungsfähigkeit, Konzentrationsgabe und großes natürliches Geschick. Von hundert Anwärtern bestanden 1936 nur 26 die Prüfung. Kenntnisse der französischen und englischen Sprache sind selbstverständlich Voraussetzung für die Laufbahn eines Croupiers (...)«*, vgl. Badische Abend-Zeitung vom 13. August 1949.

257 Offenburger Tageblatt vom 4. April 1950.

258 Offenburger Tageblatt vom 4. Februar 1952.

259 Südkurier vom 27. Juni 1951.

260 Badische allgemeine Zeitung vom 14. April 1953.

261 Vgl. https://kurhaus-badenbaden.de/de/im-kurhaus.

262 Herzog Edward soll beim Besuch mit seiner Gattin im Kurhaus bzw. der Spielbank rund 2800 DM beim Baccara gewonnen haben, Badische allgemeine Zeitung vom 9. September 1953.

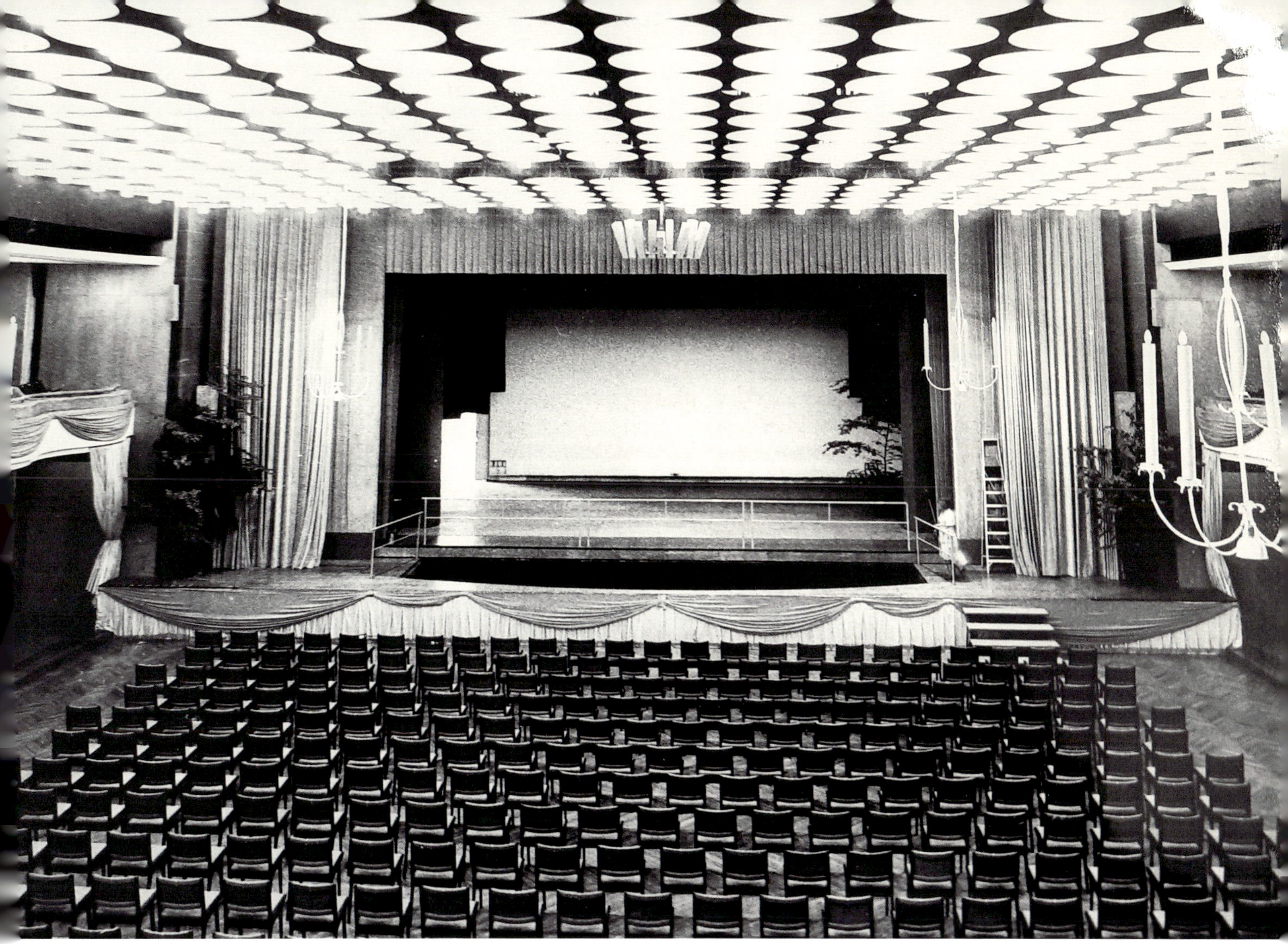

Abb. 153 Der neue große Saal (heute Bénazet-Saal) mit Blick in Richtung Bühne, nach 1955 und vor 1978 (Landesdenkmalamt Karlsruhe)

Abb. 154 Der neue große Saal (heute Bénazet-Saal) mit Blick von der Bühne, nach 1955 und vor 1978 (Landesdenkmalamt Karlsruhe)

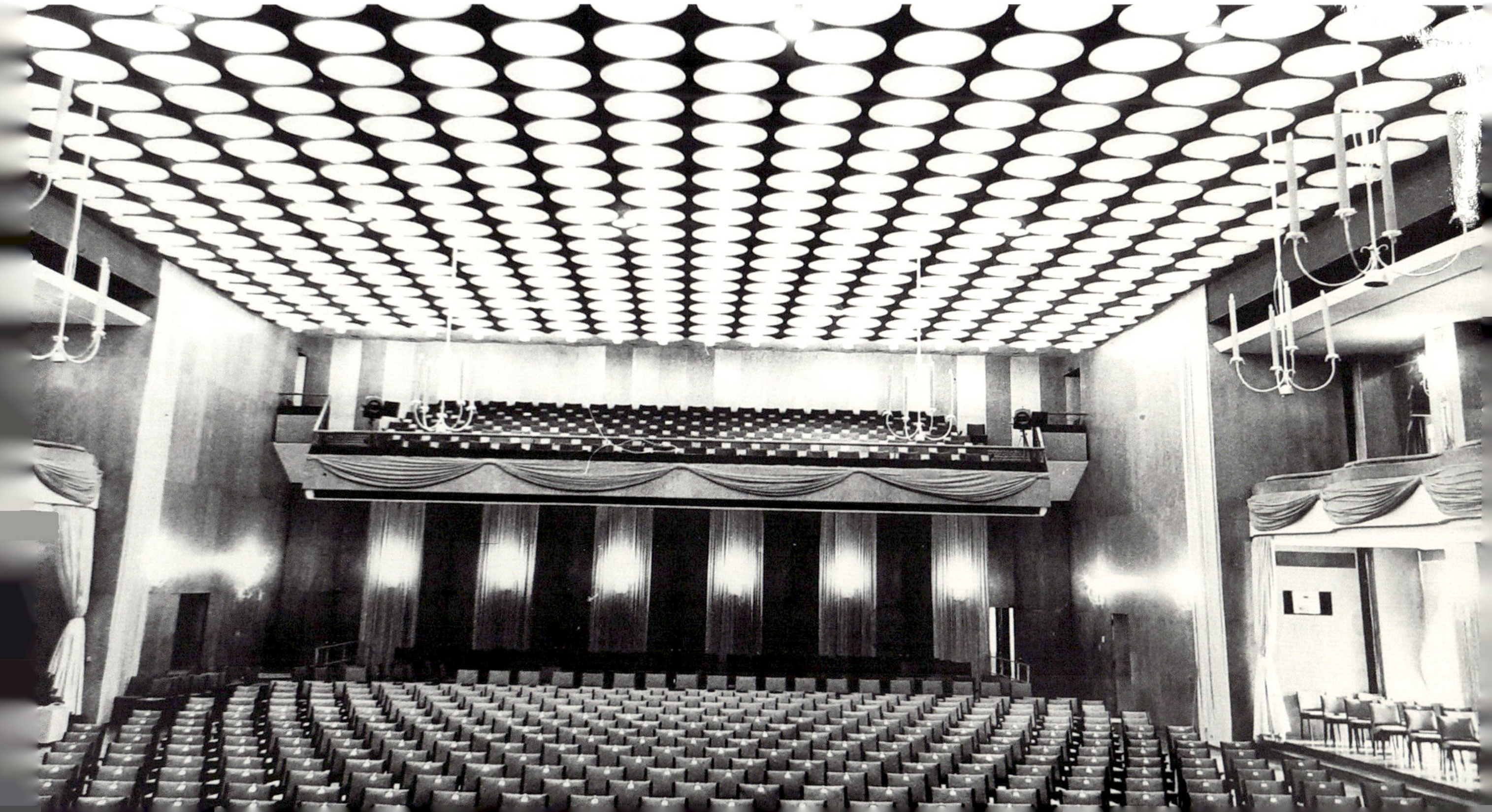

insbesondere in technischer und akustischer Hinsicht nicht lange den Ansprüchen genügen, so dass man bereits 1975 erneut im Zuge einer kompletten Renovierung des gesamten Mitteltrakts (großer Saal, Foyer, Konferenzsaal, Rundsaal und alle Nebenräumen) auch die Neugestaltung des großen Festsaals plante[263]: *»(...) Es hat sich gezeigt, daß die Neugestaltung des Saales um 1955 nicht von überzeugender, dauerhafter Wirkung war und diese auch technische, insbesondere akustische Mängel aufweist. Diese vorhandene Raumgestaltung ist als ›Verschlimmbesserung‹ anzusehen, die man nun wieder beseitigen wird.(...)«*[264]. Erste Pläne zu einer erneuten vollständigen Umgestaltung hierzu wurden von den Architekten Prof. Horst Linde und Prof. Herta-Maria Witzemann vorgelegt[265]. Der erneute Umbau war jedoch problematisch, da man wiederum eine Rekonstruktion der Stürzenacker-Architektur von 1917 wünschte: *»(...) Die Schwierigkeiten liegen in der Auseinandersetzung mit dem historischen Bestand, der durch einen tiefgreifenden Umbau im Jahre 1956 stark beeinträchtigt worden ist. Das Auffälligste ist die unerhörte Diskrepanz, die zwischen den hohen Anspruch des Stürzenacker'schen Gesamtkunstwerks und dem Nachkriegsbau besteht, der dem baugeschichtlichen Rang dieser neoklassizistischen Architektur nicht im Entferntesten gerecht geworden ist. Durch den jetzt notwendigen Umbau soll die Raumhülle in ihrer ursprünglichen Gestalt soweit zurückgewonnen werden, wie dies nach den Vorgaben am Bau und den heutigen Nutzungserfordernissen möglich ist. Dies umfaßt die Freilegung der Fensterwände im Bereich des ehem. Bühnensaals, der Kolossalstützen mit den Gebälkstufungen und das bis über die ehem. Empore durchlaufende kassettierte Tonnengewölbe. Dazu gehört auch das mit einem Gitter geschlossene Segmentbogenfeld. (...) Die Raumbeleuchtung sollte wieder Kronleuchter und Wandleuchter auf den alten Pfeilern übernehmen. (...) Ziel der Neugestaltung muß sein, die noble Saal-Architektur Stürzenackers als Hilfe des gesamten Raumes wieder sichtbar zu machen. Der Rang dieser Architektur, deren eindrucksvolle Vorräume und Aufgänge noch weitgehend unberührt erhalten sind, und in der der Bühnensaal der zentrale Kern der Gesamtanlage gewesen ist, erlaubt keine Kompromisse und Schmälerungen, wenn der Sinn der Denkmalpflege ernstgenommen werden soll. (...) Die Neugestaltung der Emporen, des Saalparketts, der Bühne und der erforderlichen technischen Einrichtungen bietet die Gelegenheit, die bedeutende Saalarchitektur des Neuklassizismus mit ihren Jugendstilornamenten, um ein Zeugnis unserer Tage zu bereichern, das ebenfalls von dauerhafter Wirkung sein wird.(...)«*[266]. Erst 1980 wurde der Saal dann erneut saniert, wobei u. a. die einstige kassettierte Tonnendecke wieder frei gelegt und jedes einzelne der 240 Kassettenfelder restauriert wurde[267]. Im Zuge dieses Umbaus wurde der Saal zudem in »Bénazet-Saal« umbenannt, in Erinnerung an die einstigen Pächter Jean-Jacques und Edouard Bénazet, welche zum Aufstieg des Kurhauses beigetragen hatten.

Zeitgleich mit der ersten Umgestaltung des jetzigen Bénazet-Saals waren wohl auch die Gesellschaftsräume im Obergeschoss des Gastronomieflügels überarbeitet worden, wie Aufnahmen aus der Zeit um 1960 belegen. Demnach blieben die Räume nur noch in ihrer Grundstruktur erhalten: im Speisesaal wurden die Goldverzierungen an den Deckenstuckaturen ebenso wie sämtliche Marmorverkleidungen, die marmornen Konsoltische samt Spiegel, die Wandleuchter sowie die goldfarbenen Verzierungen der Fenster und Spiegel entfernt. Im Damenzimmer wurde ebenfalls die Wandbespannung, die Goldverzierungen der Stuckaturen, die Vorhänge und die Möblierung entfernt; ebenso wurden wahrscheinlich auch in den übrigen Gesellschafts- und Wirtschaftsräumen im Ober- und Erdgeschoss des Gastronomieflügels verfahren (Abb. 155/156)[268]. Erhalten blieben lediglich die Kronleuchter, während die Räume eine zeitgemäße Möblierung und schlichte Vorhänge, welche teilweise auch die Wände verdeckten, erhielten. Die umfangreiche Umgestaltung des Bénazet-Saals ebenso wie der Räume im Gastronomieflügel nur wenige Jahrzehnte nach ihrer Fertigstellung scheint somit

263 Vgl. Schreiben des Staatl. Hochbauamts Karlsruhe/Baden-Baden an das LAD BW Karlsruhe vom 26.11.1975, in den Unterlagen zum Kurhaus Baden-Baden im LAD BW Karlsruhe.

264 Schreiben des Landesdenkmalamtes an das Staatliche Hochbauamt Karlsruhe vom 8. Juni 1978 bzgl. der Planung zum Umbau und zur Umgestaltung des Bühnensaales (Bénazet-Saal), LAD Karlsruhe.

265 Ebenda.

266 Schreiben des Denkmalamtes an die Stadt Baden-Baden/ untere Denkmalschutzbehörde vom 2. Oktober 1978 bzgl. der geplanten Umbaumaßnahmen des neuen Konzertsaals (Bénazet-Saal) im Kurhaus, LAD Karlsruhe

267 https://kurhaus-badenbaden.de/de/im-kurhaus.

268 Es haben sich bis jetzt keine Unterlagen zu den Umbauten der Gesellschaftszimmer in den 1950er Jahre finden lassen, so dass die Abbildungen bis jetzt die einzigen Hinweise auf den Umbau sind.

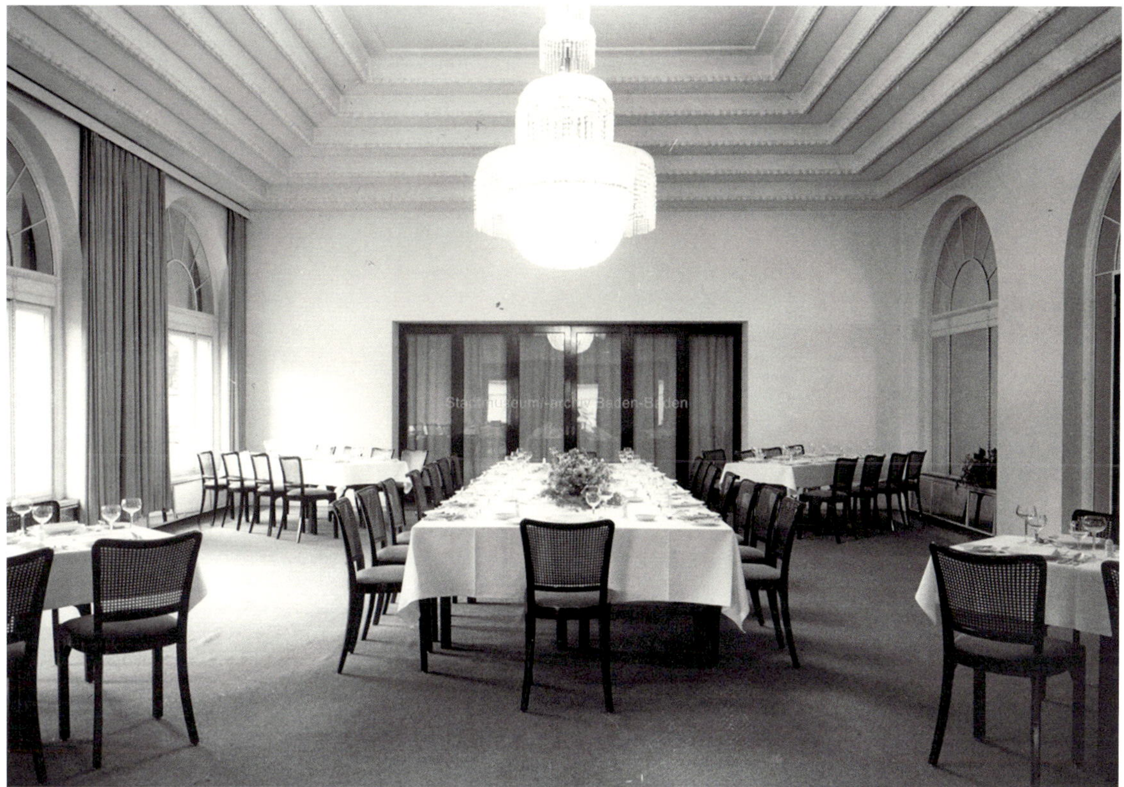

Abb. 155 Speisesaal der neuen Gesellschaftsräume im 1. Obergeschoss des Gastronomieflügels nach dem Umbau, um 1960 (Stadtmuseum/-archiv Baden-Baden)

dem Zeitgeschmack sowie dem gestiegenen Anspruch an Komfort- und Technik geschuldet gewesen zu sein.

Der alte große Saal (Weinbrenner-Saal) wurde 1965/66 im Zuge des Einbaus einer Tiefgarage unter dem Kurhaus umfassend statisch überprüft[269]. Bei den statischen Untersuchungen zeigte sich, dass das hölzerne Gebälk der Dachkonstruktion über den Saal bereits stellenweise morsch und massiv beschädigt war. Daher wurde die gesamte Dachkonstruktion einschließlich des Daches abgenommen und durch eine Stahlkonstruktion ersetzt. Im Zuge der daraus resultierenden Arbeiten sollten auch das Erscheinungsbild des Saals wieder soweit wie möglich auf die ursprüngliche Gestaltung unter Weinbrenner zurückgeführt werden. Daher wurden auch die Kassettendecke und Emporen erneuert, ebenso wie die dortigen Stuckgesime und Kapitelle der Wandpfeiler. Die Wände wurde mit einem neuen, *»dem Farbempfinden der Weinbrennerzeit entsprechenden«*, Farbanstrich versehen[270]. Außerdem musste

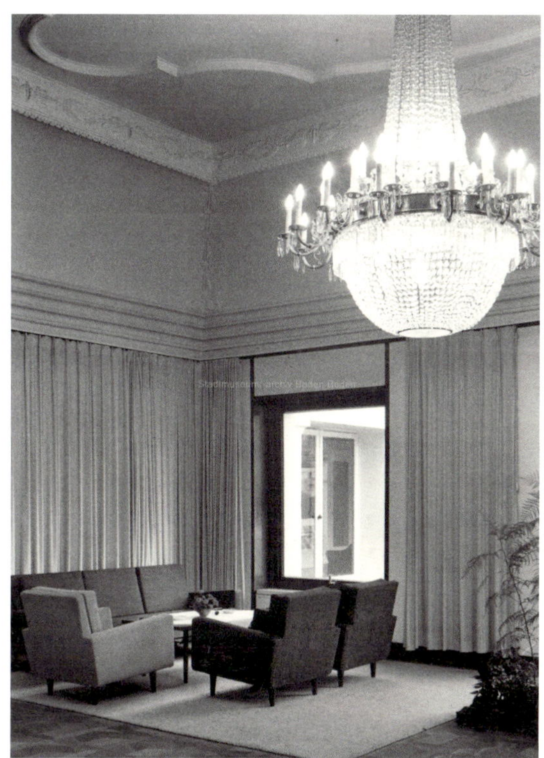

Abb. 156 Damenzimmer der neuen Gesellschaftsräume im 1. Obergeschoss des Gastronomieflügels nach dem Umbau, um 1960 (Stadtmuseum/-archiv Baden-Baden)

269 Haebler, 1967, S. 229–242.
270 Ebenda, S. 240.

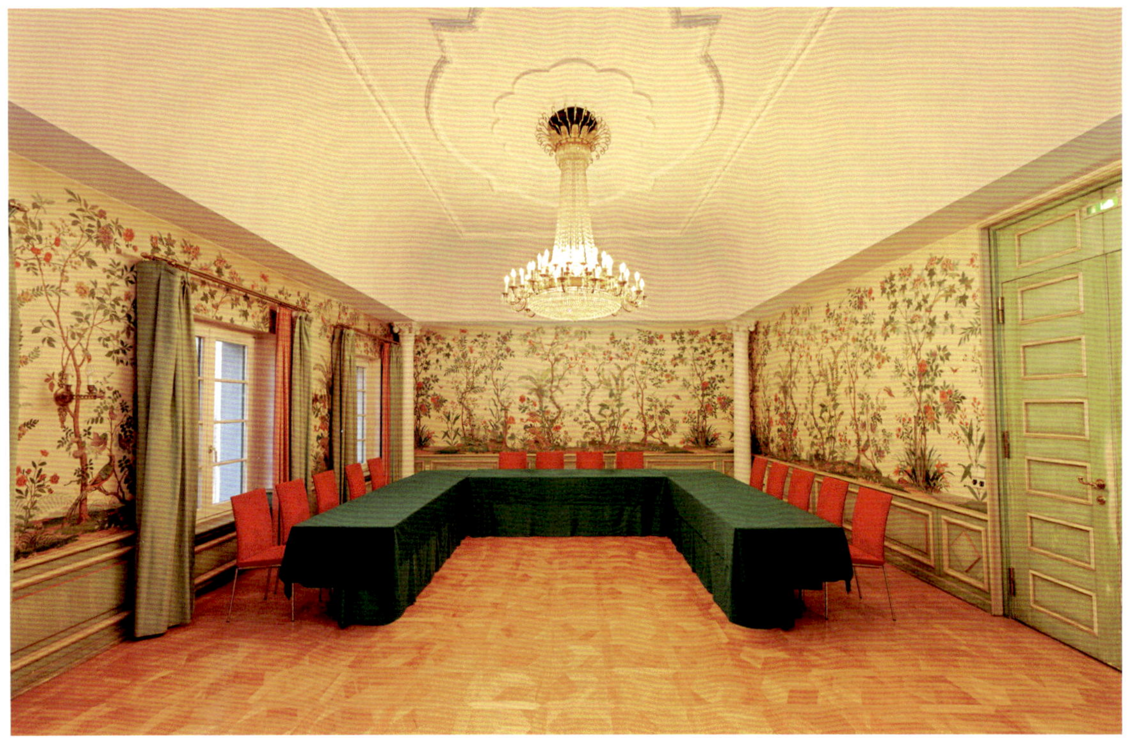

Abb. 157 Empfangszimmer der neuen Gesellschaftszimmer im 1. Obergeschoss des Gastronomieflügels nach der Umgestaltung 1997, 2024 (BKV)
Im Vergleich mit der Gestaltung von 1917 wurde nur die Deckenstruktur beibehalten, wobei die einst goldfarbenen Stuckaturen an der Decken weiß gefasst wurden, und der Kronleuchter beibehalten wurde; die Wände hingegen erhielten im unteren Teil ein Lambris und eine moderne Wandbespannung im Gegensatz zu der einst Terrakotta-farbenen Seidendamast; der einst umlaufende goldfarbene Fries wurde weggelassen.

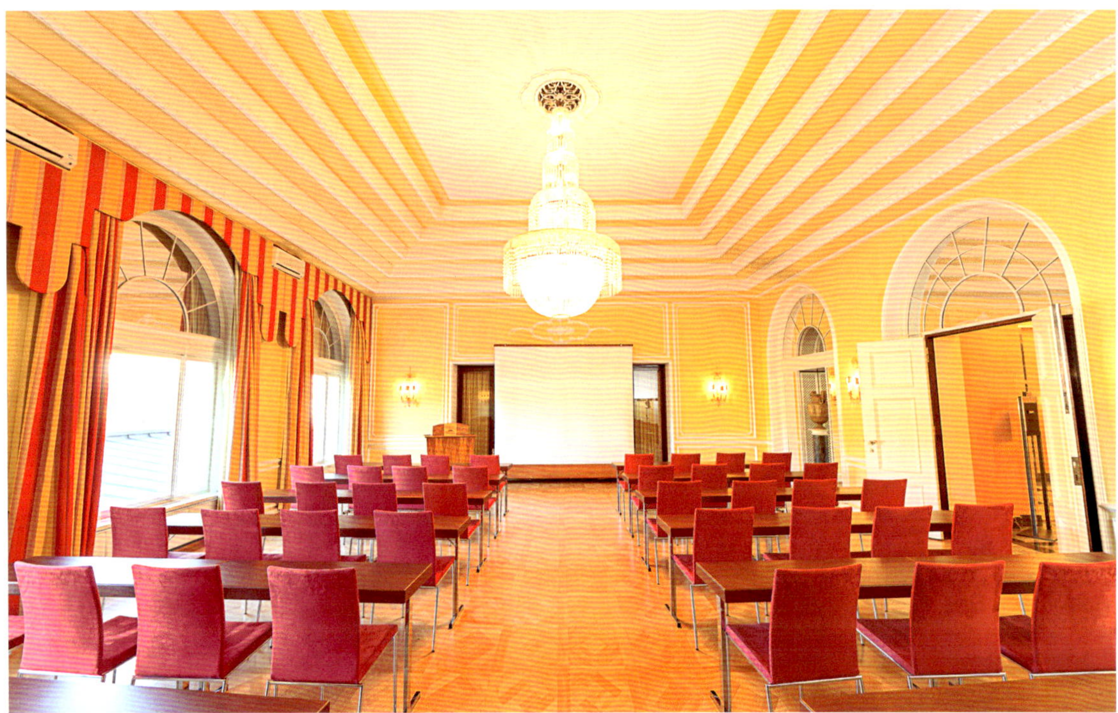

Abb. 158 Speisesaal der neuen Gesellschaftszimmer im 1. Obergeschoss des Gastronomieflügels nach der Umgestaltung 1997, 2024 (BKV)
Im Vergleich mit der Gestaltung von 1917 wurden ebenfalls nur die getreppte Deckenstruktur beibehalten, wobei die einst goldfarbenen Stuckaturen an der Decken ebenfalls nur weiß gefasst wurden; die ursprünglich mit hellen Marmor verkleideten Wände wurden völlig neu und nur mehr mit einem Farbabstrich gestaltet.

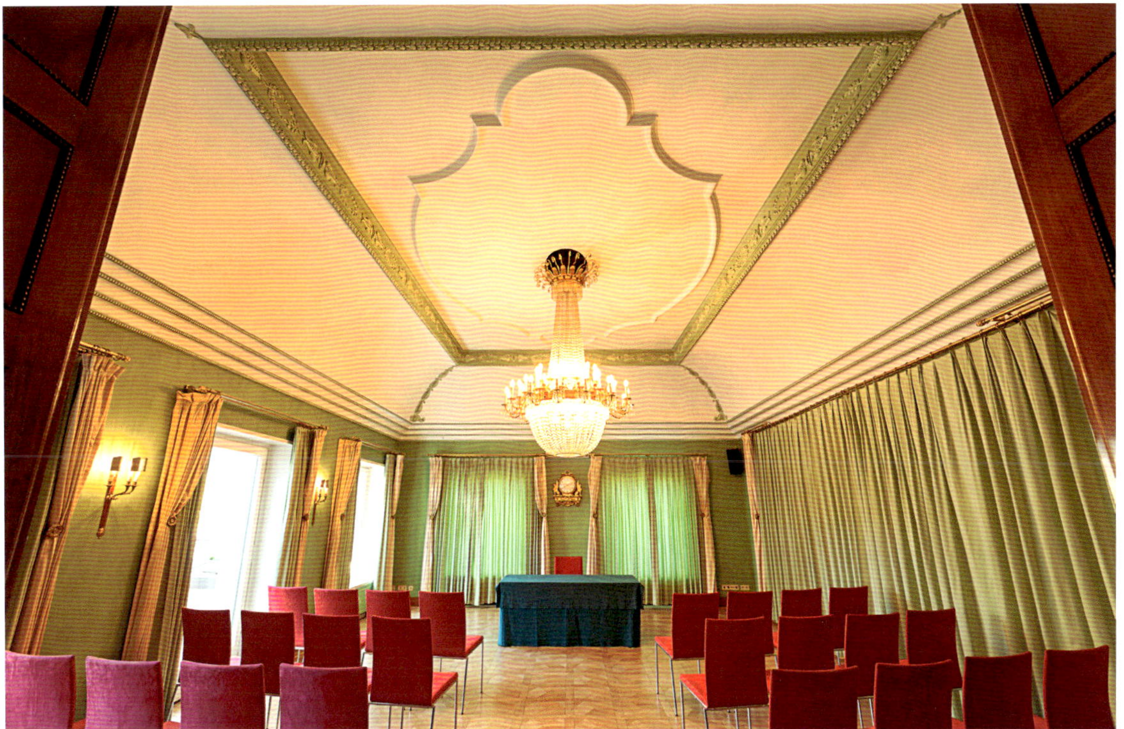

Abb. 159 Herrenzimmer der neuen Gesellschaftszimmer im 1. Obergeschoss des Gastronomieflügels nach der Umgestaltung 1997, 2024 (BKV)
Im Vergleich mit der Gestaltung von 1917 wurde die Deckenstruktur und der Kronleuchter behalten, die Stuckaturen jedoch anstelle eines Goldtons in Grün gefasst; die einst mit mauve- oder altrosa-farbenen Damast bespannten Wände wurden nur mehr farbig gefasst.

der Parkettboden aufgrund der vorhandenen Schwammfäule vollständig komplett saniert werden, und im Zuge dessen wurde auch das Podium für das Orchester erneuert. Auch wurde die gesamte Technik und Beleuchtung des Saals den seinerzeit gültigen Standards angepasst (samt einer in der Decke versenkbare Podiumsbeleuchtung) und die noch erhaltenen Kronleuchter des 19. Jahrhunderts »überarbeitet«[271].

Bereits 1971/72 hatte man Pläne für einen Erweiterungsbau an der Rückseite des nördlichen Kurhausflügels bzw. des Spielbank-Flügels vorgelegt[272]. Hierbei sollte ab 1973 der Westflügel erweitert und mit einem Verbindungsbau zum »alten Barbereich« verbunden werden, um »*(...) durch ihre Anordnung einen intimen Innenhof mit Wasserspielen, der die Gesamtanlage der Spielbank nach hinten abschließt (...)*« zu erhalten[273]. Im Obergeschoss des Erweiterungsbaus sollen Räume für die Angestellten und Büros untergebracht werden. Zudem sollten in den bestehenden Spielbankräumen die Rezeption samt aller benötigten Nebenräume ebenso wie der Bar-Bereich modernisiert werden und die Schaffung neuer Spielsäle im neuen Erweiterungsbau erreicht werden[274]. Hierzu gehörte auch ein moderner verglaster Wintergarten, der an den inneren Wintergarten bzw. Gartensaal von 1854 anschloss, und eine Lounge mit einer modernen kupferfarbenen Innengestaltung, die einen bewussten Kontrast zu den benachbarten historischen Spielsäle bilden sollte[275]. Im Zuge dieser Erweiterung wurden auch die wandfesten Dekorationen in den historischen Räumen gereinigt und konserviert, so zum Beispiel im Gartensaal bzw. Wintergarten, wo die Vergoldungen der Wanddekorationen aufwendig konserviert wurden[276].

271 Ebenda, S. 240.
272 Vgl. Schreiben des LAD BW Karlsruhe an das Bauamt Stadt Baden-Baden vom 30.03.1972, in den Unterlagen zum Kurhaus Baden-Baden im LAD BW Karlsruhe.
273 Schreiben von Prof. Horst Linde zur Erläuterung der Baumaßnahmen zur Erweiterung der Spielbank Baden-Baden an das LAD BW Karlsruhe vom 09.11.1971.
274 Vgl. Ebenda.
275 Vgl. Badische Neueste Nachrichten Baden-Baden vom 31. 05.1973: Neuer Glanz für Girlanden im Spielsaal.
276 Hierfür wurden seinerzeit die Dekorationsmaler Willy Kümpel und seine Tochter Barbara Kümpel-Kaufmann beauftragt, vgl. Badische Neueste Nachrichten Baden-Baden vom 31. 05.1973: Neuer Glanz für Girlanden im Spielsaal.

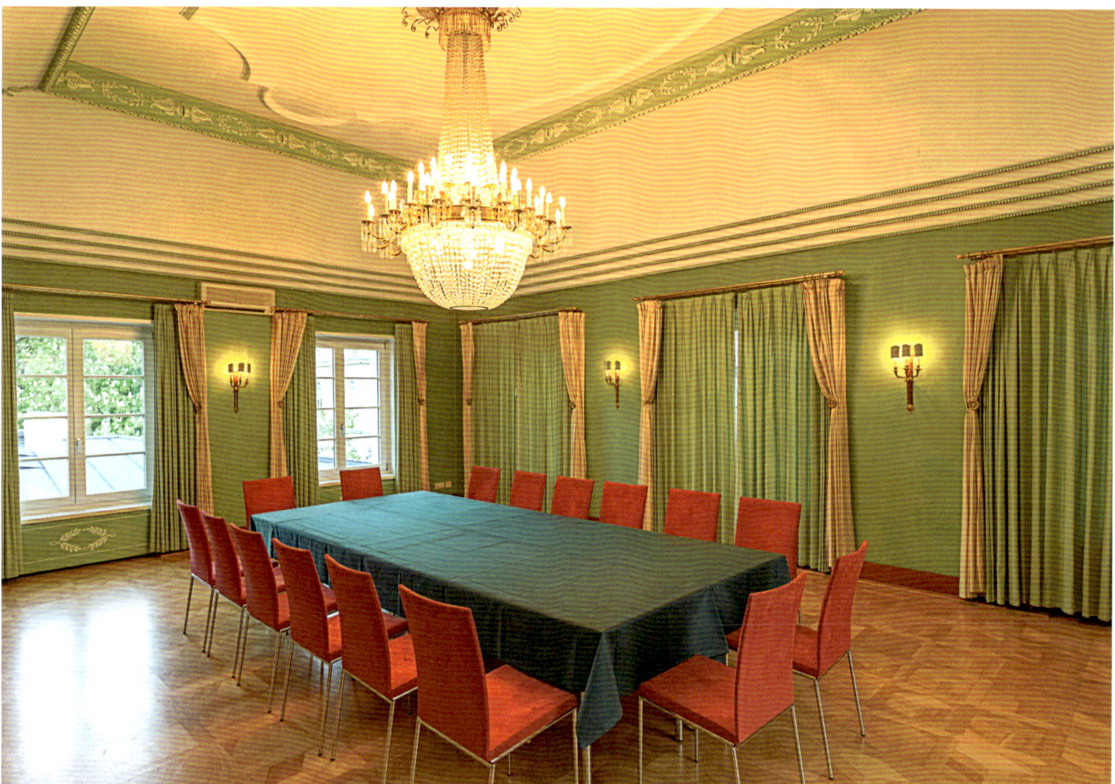

Abb. 160 Damenzimmer der neuen Gesellschaftszimmer im 1. Obergeschoss des Gastronomieflügels nach der Umgestaltung 1997, 2024 (BKV)
Im Vergleich mit der Gestaltung von 1917 wurde die Deckenstruktur und der Kronleuchter behalten, die Stuckaturen jedoch anstelle eines Goldtons in grün gefasst; die einst mit mauve- oder altrosa-farbenen Damast bespannten Wände wurden nur mehr farbig gefasst

Insgesamt wurden im Kurhaus bis zum Herbst 1975 im Zuge einer größeren Sanierung und technischen Ertüchtigung 25 Mio. DM investiert, wobei der Großteil in die technischen Erneuerungen des Gastronomiebereichs floss[277]. Am 6. Februar 1987 kam es im dortigen Restaurant zu einem folgenschweren Brand, wodurch der gesamte Gastronomieflügel massiv beschädigt wurde[278]. Beim folgenden Wiederaufbau wurden neben dem Restaurantbetrieb im Erdgeschoss auch die diversen Gesellschaftsräume im Obergeschoss umgestaltet. Hierbei sollten die schon in den 1950/60er Jahren verursachten Umbauten der Gesellschaftsräume wieder in die einstigen von Stürzenacker 1917 gestalteten Formen soweit wie möglich zurückversetzt werden[279]. In der heute erhaltenen Fassung bzw. nach der Neu-Eröffnung am 17.5.1988[280] der betreffenden Räume sind jedoch wiederum nur noch wenige Formen der Architektur Stürzenackers erkennbar. So wurden zum Beispiel die Farben und Muster der Wandanstriche und Wandbespannungen ohne Bezug zur einstigen Gestaltung gewählt, ebenso wurden die Goldverzierungen der Decken-Stuckaturen und Zierleisten sowie die einstige Marmorverkleidung im Speisesaal nicht mehr rekonstruiert

277 Vgl. Badische Neuste Nachrichten Baden-Baden vom 16.09.1975: Hinter der klassizistischen Fassade moderne Perfektion.

278 Vgl. Artikel der Stuttgarter Nachrichten, Nr. 31 vom 07.02.1987: Brand im Baden-Badener Kurhaus – Schadenshöhe noch unbekannt – Aufbau bis zur Rennwoche.
In der Restaurantküche war ein Feuer ausgebrochen, das sich über den Lüftungsschacht sehr schnell bis in das Obergeschoss und Dach des Gastronomieflügels ausbreitete. Es gab keine Verletzten, aber massive Schäden durch Feuer und Löschwasser im gesamten Gastronomieflügel.

279 Im Schreiben des LAD BW Karlsruhe an das Staatl. Hochbauamt Karlsruhe Baden-Baden vom 16.02.1987 bzgl. einer gemeinsamen Ortsbegehung am 09.02.1987 heißt es: *»(...) Ebenso sollte alsbald geklärt werden, in welchem Umfang Veränderungen der Nachkriegszeit in den Gesellschaftsräumen des ersten Obergeschosses zu Gunsten der noblen Formen Stürzenackers* rückgängig gemacht werden können mit dem Ziel, *daß das Baden-Badener Kurhaus in diesem Teil des Gebäudes innen und außen wieder zu einer harmonischen Einheit wird (...)«.*

280 Vgl. Artikel der Badischen Neuesten Nachrichten Baden-Baden vom 18.05.1988: Kurhaus-Wiedereröffnung mit Festakt.

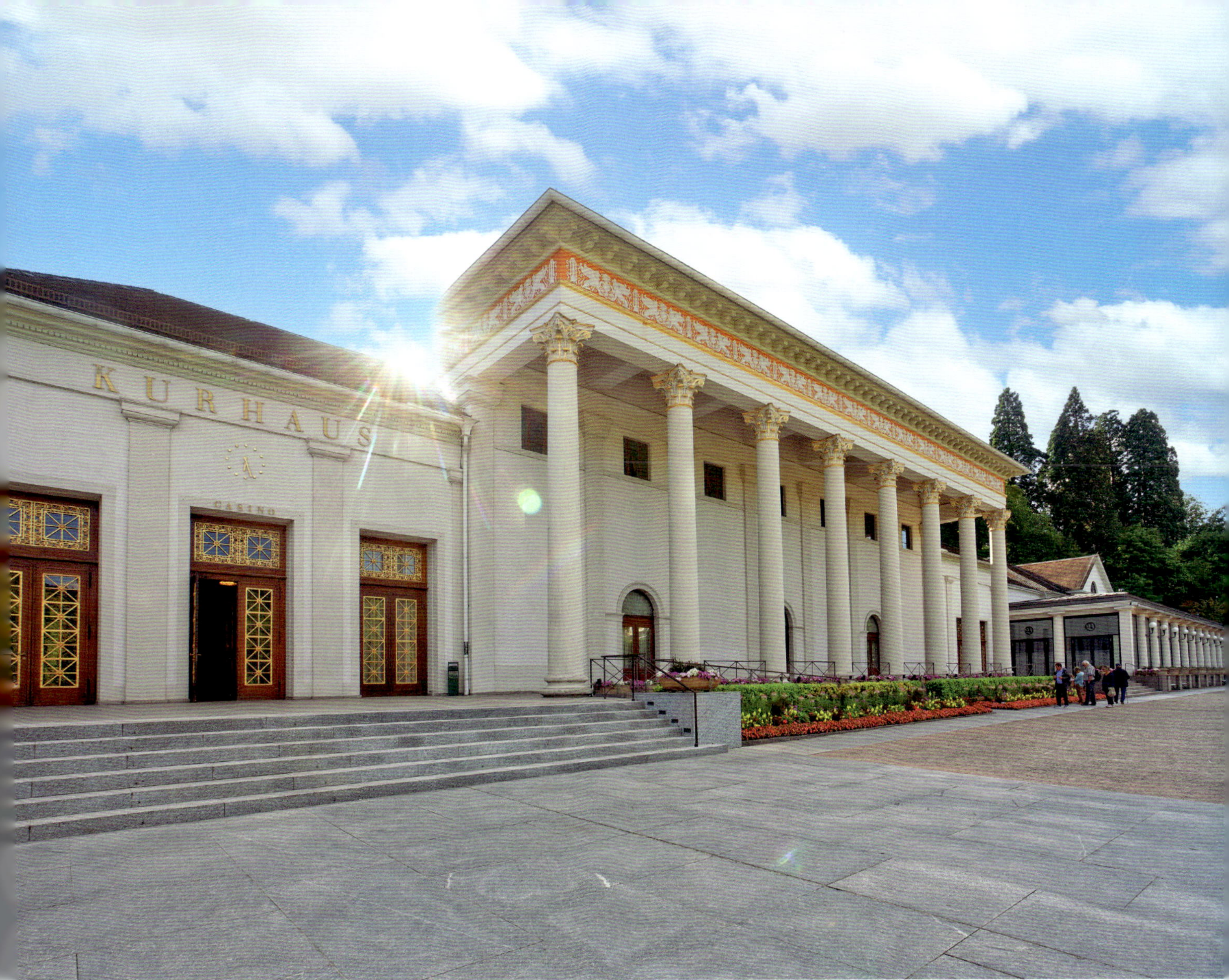

Abb. 161 Außenansicht des Kurhauses mit dem Eingang zum großen Saal (heute Weinbrenner-Saal), Foyer und Spielbank, 2024 (BKV)

(Abb. 157–160). Der seinerzeit hierfür zuständige Wiener Architekt Hermann Czech begründete seine freie Gestaltung, dass die Räume zukünftig eine »*gewisse Offenheit, vielleicht sogar eine Lässigkeit ausstrahlen (...) und eine Wirkung, die ihren Reiz erst nach längerem Aufenthalt entfalten, möglicherweise erst nach Tagen (...)*« sollten[281]. 1990/91 erfolgten nochmals diverse Sanierungs- und Konservierungsarbeiten im gesamten Kurhaus, wozu u. a. eine Erneuerung des Außenanstrichs gehörte, wobei man auf zwei helle Grautöne zurückgriff, um die »architektonische Gliederung« im Sinne Stürzenackers zu betonen (Abb. 161)[282]. Zugleich wurde auch das obere Foyer wieder soweit wie möglich auf den originalen Zustand von 1917 zurückgeführt, indem die grünen Majolika-Platten der Wandpfeiler wieder frei gelegt und die Politur der Holztüren ebenso wie der einstige helle Deckenanstrich samt dem unterhalb des Oberlichts umlaufenden goldenen Palmettenfries auf grü-

281 Vgl. Artikel der Badischen Neuesten Nachrichten Baden-Baden vom 18.05.1988: Kurhaus-Wiedereröffnung mit Festakt. Das genannte Ziel des Architekten setzte somit wohl einen mehrtägigen Aufenthalt des Gastes in den Räumen des Gastronomieflügels bzw. der Gesellschaftsräume voraus.

282 Zusammenfassung zur Geschichte des Kurhauses vom Denkmalamt Karlsruhe vom 28. Januar 1993, LAD Karlsruhe. Dem Neuanstrich vorausgegangen war eine Befunduntersuchung, wonach insgesamt sechs verschiedene Anstriche nachgewiesen werden konnten, beginnend mit der einfarbigen ockergelben Fassung von 1824 und abschließend mit einem weißen Anstrich von 1966.

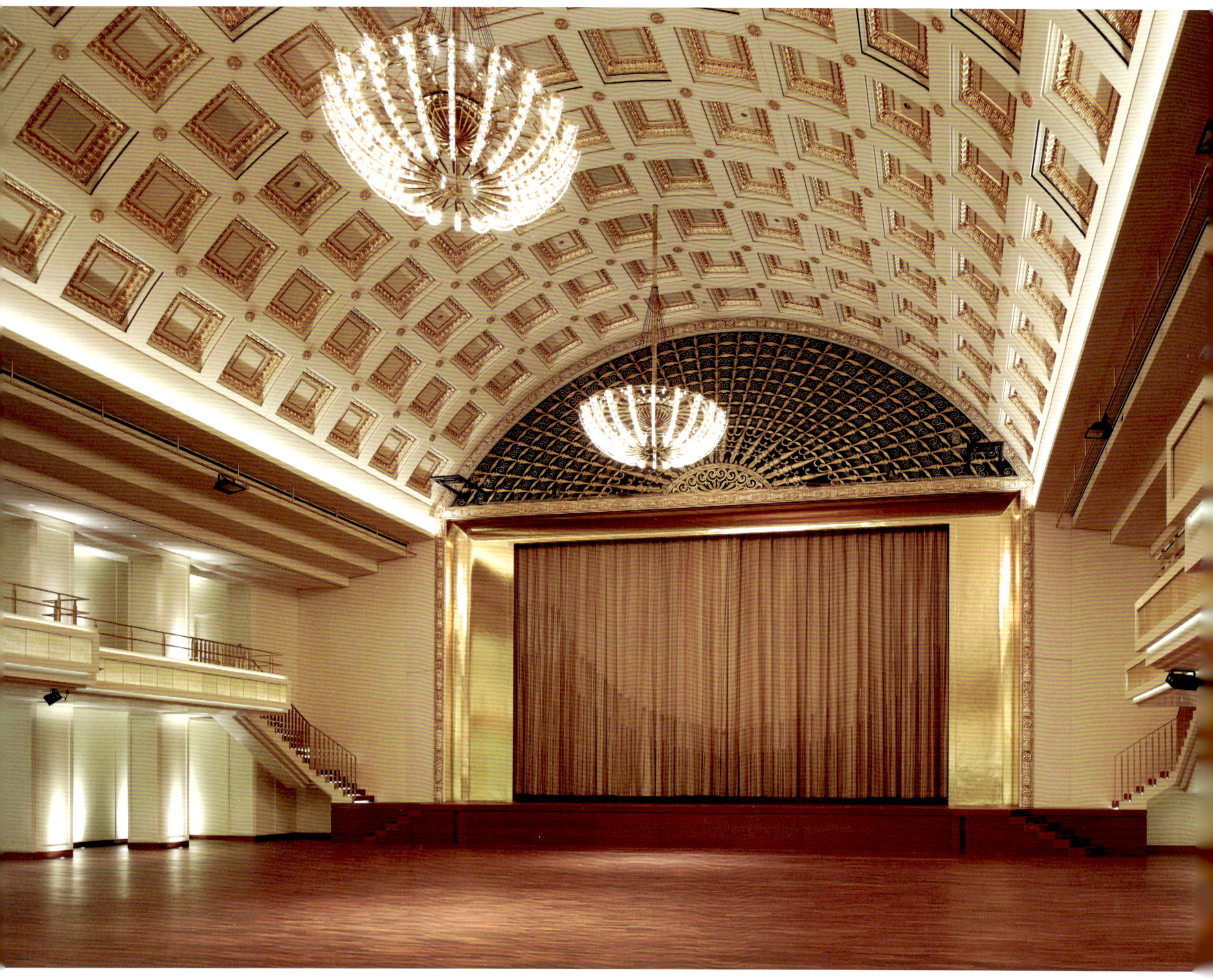

Abb. 162 Der Bénazet-Saal mit Blick zur Bühne nach der Sanierung 2011, 2024 (BKV)

nen Grund und die Metallkonstruktion und Ornamente des Oberlichts wiederhergestellt wurde (Abb. 128/129)[283]. In den historischen Räumen des Spielbank-Flügels erfolgten bereits im Frühjahr 1989 großflächige Bestandsuntersuchungen, um den Zustand der dortigen wandfesten Dekorationen und Malereien für eine folgende Konservierung zu untersuchen. Hierbei zeigten sich zahlreiche Beschädigungen sowie der Hinweis auf eine bereits erfolgte Restaurierung der Malereien im grünen Saal von 1961[284]. Im Jahr 2006/07 erfolgte dann die letzte größere Konservierung dieser Räume, wobei u. a. die historischen Decken- und Wandgemälde sowie die Textilbespannung und einzelne Ausstattungsobjekte konserviert, restauriert und gereinigt wurden[285].

283 Zusammenfassung zur Geschichte des Kurhauses vom Denkmalamt Karlsruhe vom 28. Januar 1993, LAD Karlsruhe.

284 Vgl. Schreiben des LAD BW Karlsruhe an die Direktion der Kurverwaltung Baden-Baden vom 30.05.1989 im LAD BW Karlsruhe, worin die Ergebnisse der Bestandsuntersuchung vom März 1989 in den historischen Räumen der Spielbank zusammengefasst werden.

285 Die umfangreichen Unterlagen zu diesen Maßnahmen befinden sich heute im Amt Pforzheim von Vermögen und Bau Baden-Württemberg.

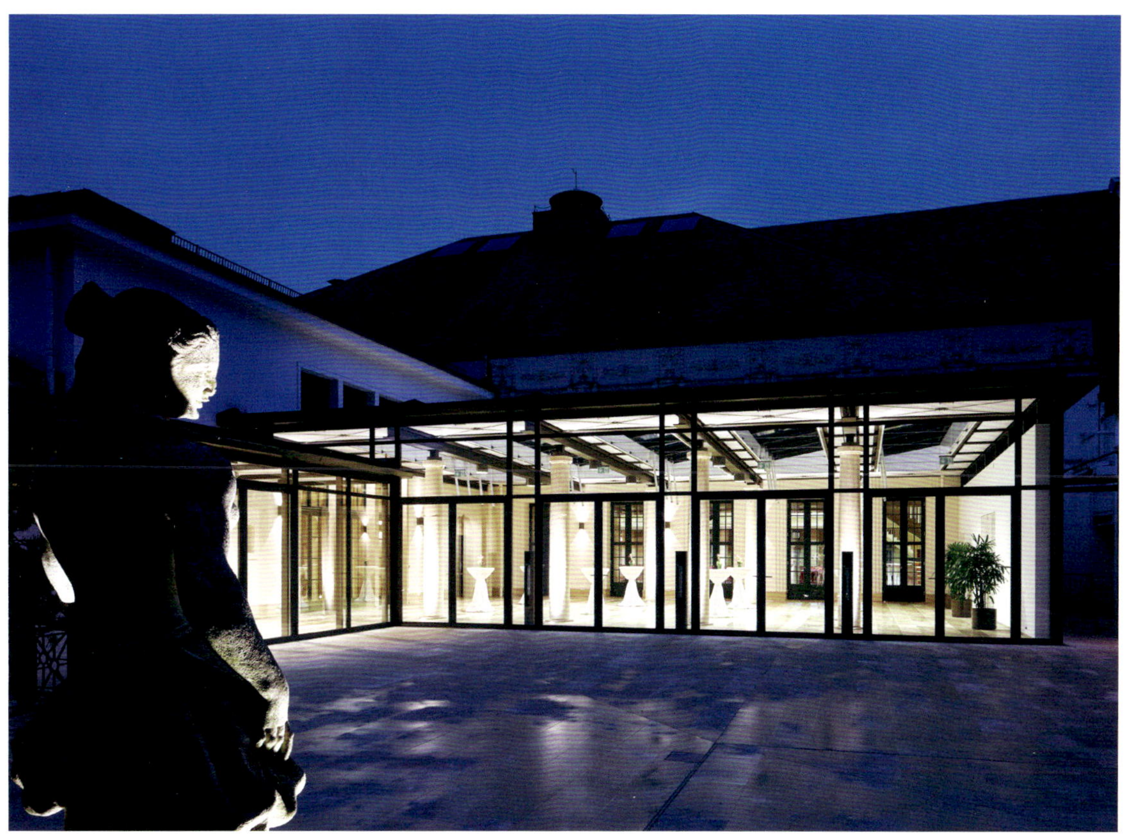

Abb. 163 Der neue gläserne Wintergarten im Kurhaus, 2024 (BKV)

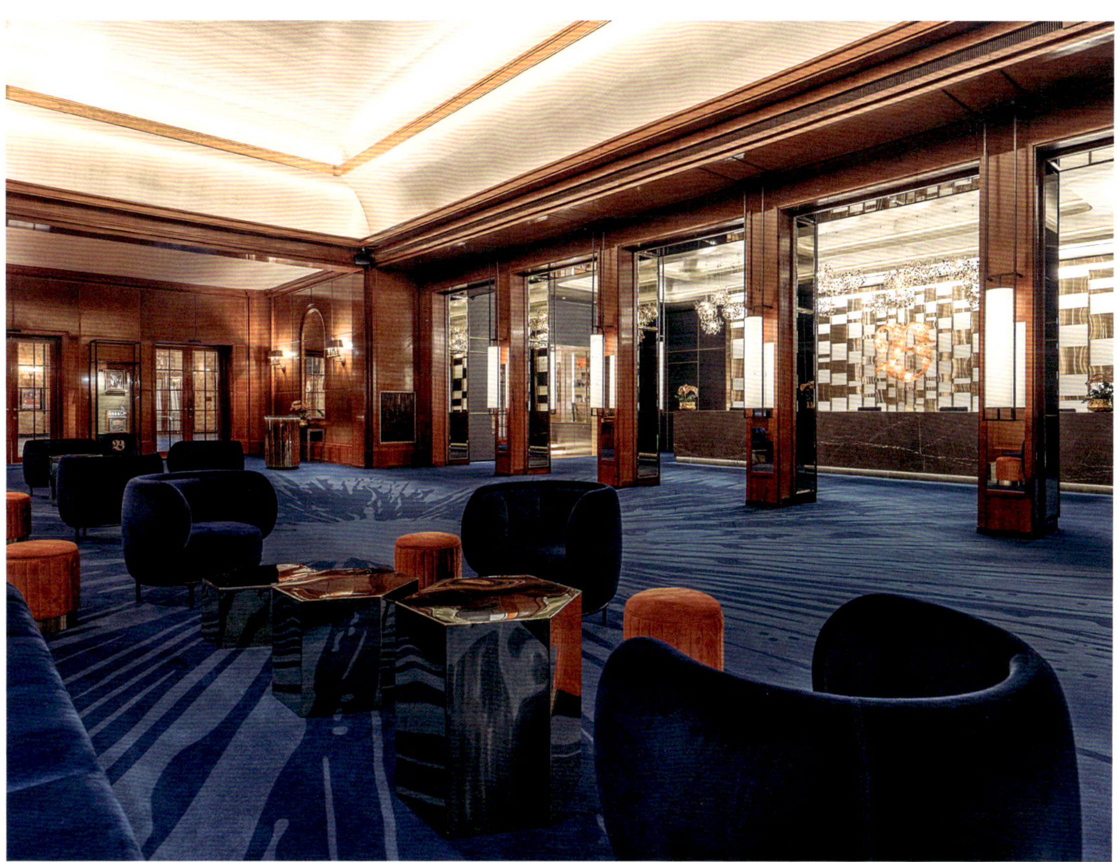

Abb. 164 Der neue Eingangsbereich der Spielbank Baden-Baden, 2024 (Spielbank Baden-Baden/Thorben Beeg)

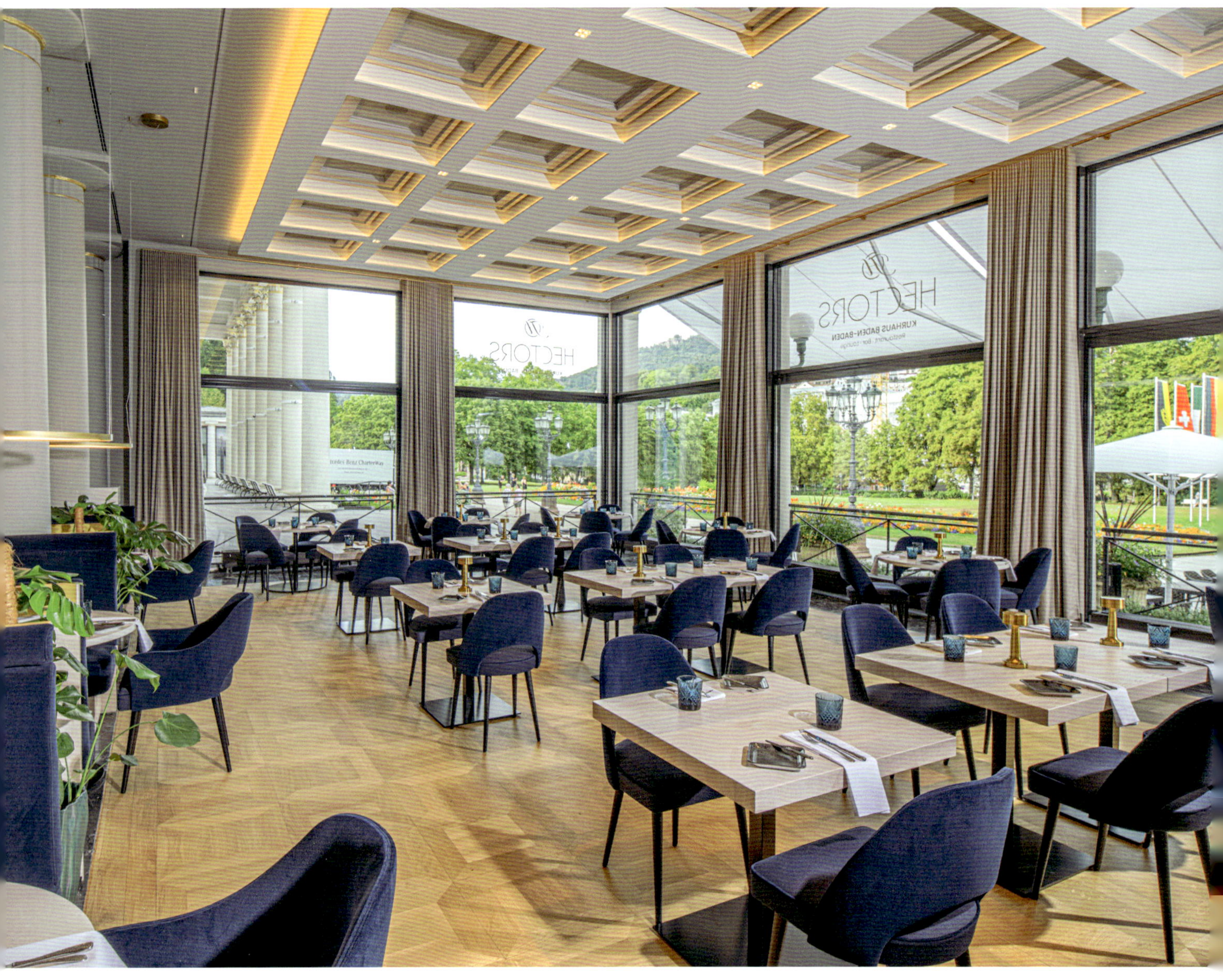

Abb. 165 Das neue Restaurant »Hector`s« im Gastronomieflügel nach dem Umbau 2022, 2024 (BKV)

Zu den letzten größeren Maßnahmen im Kurhaus gehörte die grundlegende Sanierung des Bénazet-Saals 2011 (Abb. 162)[286], der Anbau eines neuen Wintergartens zwischen Bénazet-Saal und den anschließenden Rundsaal 2014 (Abb. 163), sowie die Modernisierung des Eingangsbereichs der Spielbank (Abb. 164) und der Umbau der Kurhaus-Gastronomie mit neuem Restaurant 2022 (Abb. 165). Ebenso wurde der Weinbrenner-Saal 2009 einer größeren Sanierung unterzogen, wozu u. a. ein neuer Wandanstrich, die Instandsetzung des Bodenparketts, die Modernisierung der Beleuchtung und die Konservierung der historischen Kronleuchter gehörten; 2013 wurde zudem die Bestuhlung erneuert (Abb. 166/167).

286 Der Bénazet-Saal wurde 2011 völlig entkernt, so dass nur noch die Außenwände und die Bühne stehen blieben. Innerhalb von sieben Monaten wurde u. a. die einstige Tonnendecke restauriert, Empore und Seitenränge vergrößert, eine neue Beleuchtungs- und Tontechnik eingebaut, sämtliche Oberflächen und Böden neugestaltet und neue Fenster eingebaut, vgl. https://kurhaus-badenbaden.de/de/im-kurhaus.

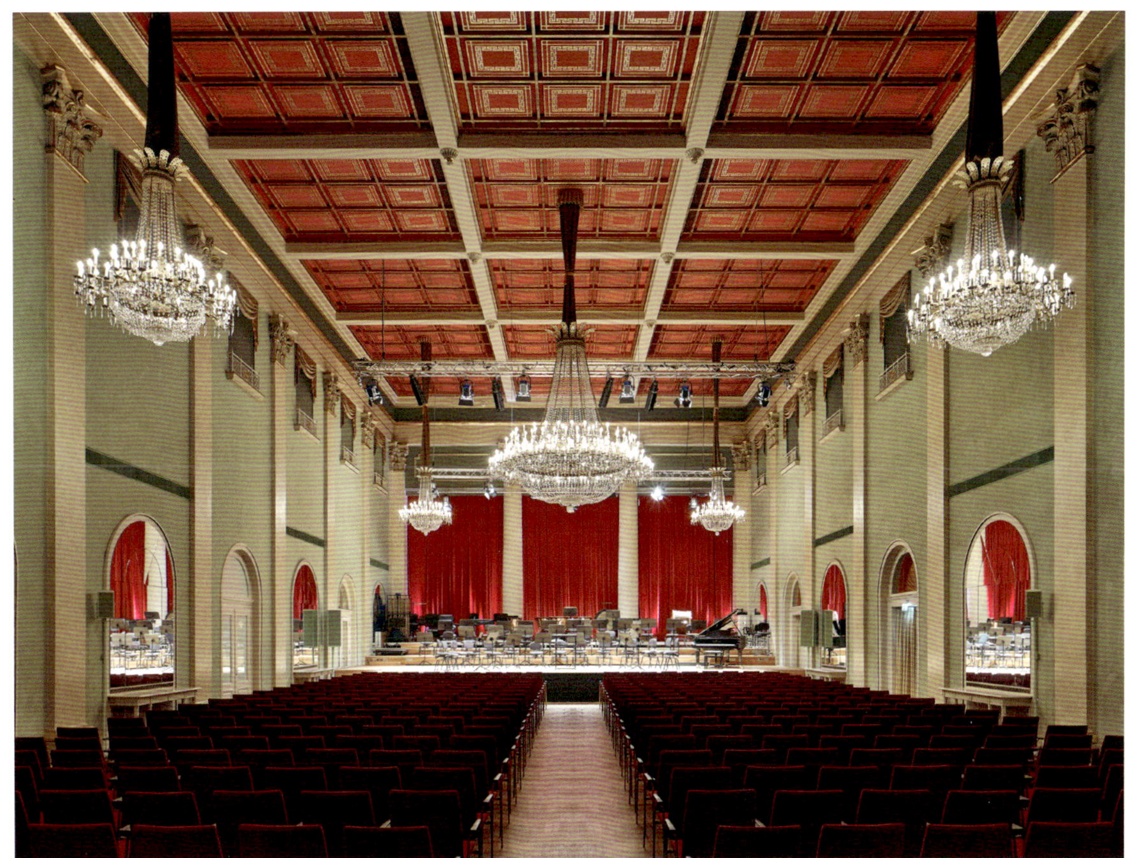

Abb. 166 Der große Saal (heute Weinbrenner-Saal) mit Blick zur Bühne nach der letzten Sanierung 2009, 2024 (BKV)

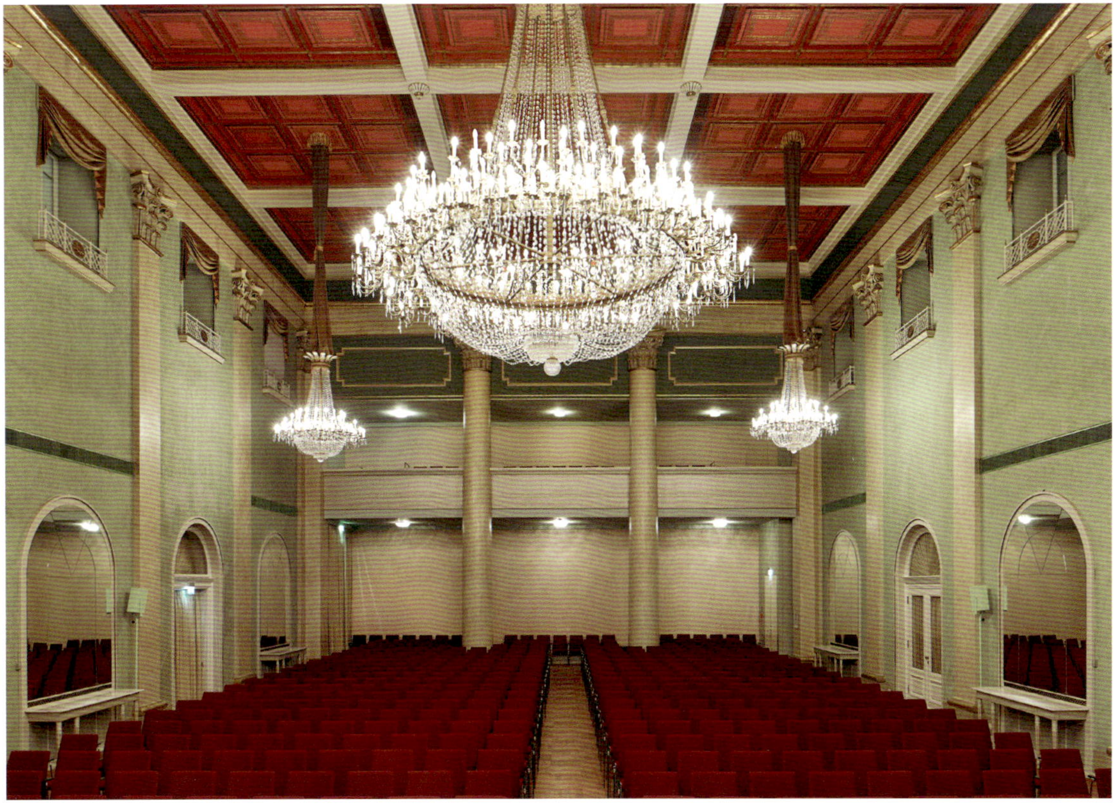

Abb. 167 Der große Saal (heute Weinbrenner-Saal) mit Blick zur Empore nach der letzten Sanierung 2009, 2024 (BKV)

2024:
»... EIN STÜCK LEBENSKULTUR«

Das Kurhaus bot auch in den letzten Jahrzehnten immer wieder den Rahmen für bedeutende kulturelle, wirtschaftliche und politische Veranstaltungen: zum Beispiel die seit 1960 jährliche Prämierung des »Sportler des Jahres«, der Olympische Kongress 1981, das Treffen der G-20-Finanzminister und Notenbankchefs 2017, die Russischen Kulturtage in den Jahren 2012 bis 2015, der NATO-Gipfel 2009, aber auch Bälle wie der seit 2005 jährlich gefeierte Ball der Badischen Wirtschaft und Messen, wie die internationale, seit 2009 jährlich stattfindende Messe »fine« zu exquisiter Lebensart, sowie die Antiquitäten- und Designmesse »Fine Art«. Ebenso führte das Kurhaus die Tradition als Bühne für nationale und internationale Künstler fort: so tritt das kommunale Philharmonie-Orchester Baden-Baden regelmäßig im Weinbrenner-Saal des Kurhauses auf und steht somit in der Tradition des »Cur-Orchesters« des 19. Jahrhunderts[287].

Das Kurhaus wird heute von der Bäder- und Kurverwaltung (BKV) betrieben, welche als Pächterin der landeseigenen Bäder- und Kureinrichtungen in Baden-Baden fungiert. Im Rahmen eines Pachtvertrags zwischen dem im Ministerium für Finanzen ansässigen Staatlichen Verpachtungsbetrieb (SVB) und der BKV überlässt das Land der BKV zahlreiche Immobilien zur Bewirtschaftung. Zu den zum Großteil denkmalgeschützten Liegenschaften gehören das Kurhaus Baden-Baden, die Trinkhalle, die Kurhauskolonnaden sowie das Friedrichsbad. Zudem gehören u. a. die moderne Caracalla-Therme, die Kurhausgarage sowie der Kurgarten zum Pachtvermögen der BKV. Die BKV unterhält ihrerseits Miet- und Pachtverträge, u. a. mit der landeseigenen Baden-Württembergischen Spielbankengesellschaft für die Spielbank, dem privaten Betreiber der Thermalbäder, einer Tanzbar im Kurhaus, dem Café in der Trinkhalle sowie den 17 Boutiquen in den Kurhaus-Kolonnaden. Zudem vermietet sie in Eigenregie die zahlreichen Säle im Kurhaus[288]. Die Spielbank im Kurhaus gehört heute zu der Baden-Württembergische Spielbanken GmbH & Co. KG, welche die staatlich konzessionierten Spielbanken in Baden-Baden, Konstanz und Stuttgart betreibt, unter der Verwaltung der Baden-Württembergische Spielbanken Managementgesellschaft mbH mit Sitz in Baden-Baden[289]. Neben einem umfangreichen Spielangebot bietet die Spielbank ebenso ein breites Gastronomie- und Unterhaltungsangebot.

Das Kurhaus Baden-Baden steht somit auch nach zwei Jahrhunderten noch immer in seiner historischen Nutzung und Tradition als ein *»(...) Architektonisches Gesamtkunstwerk, Mittelpunkt Baden-Badens und das Wahrzeichen der Stadt in aller Welt. Schlicht: ein Stück Lebenskultur (...)«*.[290]

287 Zu den Gästen des Philharmonie-Orchesters bzw. des Kurhauses zählten in den letzten Jahren u. a. Edita Gruberova, José Carreras, Placido Domingo, Anna Netrebko und Anne Sophie Mutter. Zudem gehörten aber auf Auftritte u. a. von Simple Minds (2017), Sinead O´Connor (2015), Peter Maffay (2019), Max Raabe (2023) und David Garrett (2023), ebenso wie Theater, Kabarett, Diskussionsrunden oder Festivals usw. zur großen Bandbreite des kulturellen Angebots des Kurhauses. Eine Übersicht der Veranstaltungen im Kurhaus findet sich unter: https://kurhaus-badenbaden.de/de/veranstaltung.

288 Beteiligungsbericht des Landes Baden-Württemberg 2023, S. 23.

289 Beteiligungsbericht des Landes Baden-Württemberg 2023, Glücksspielunternehmen, S. 177–182.

290 https://kurhaus-badenbaden.de/de/startseite.

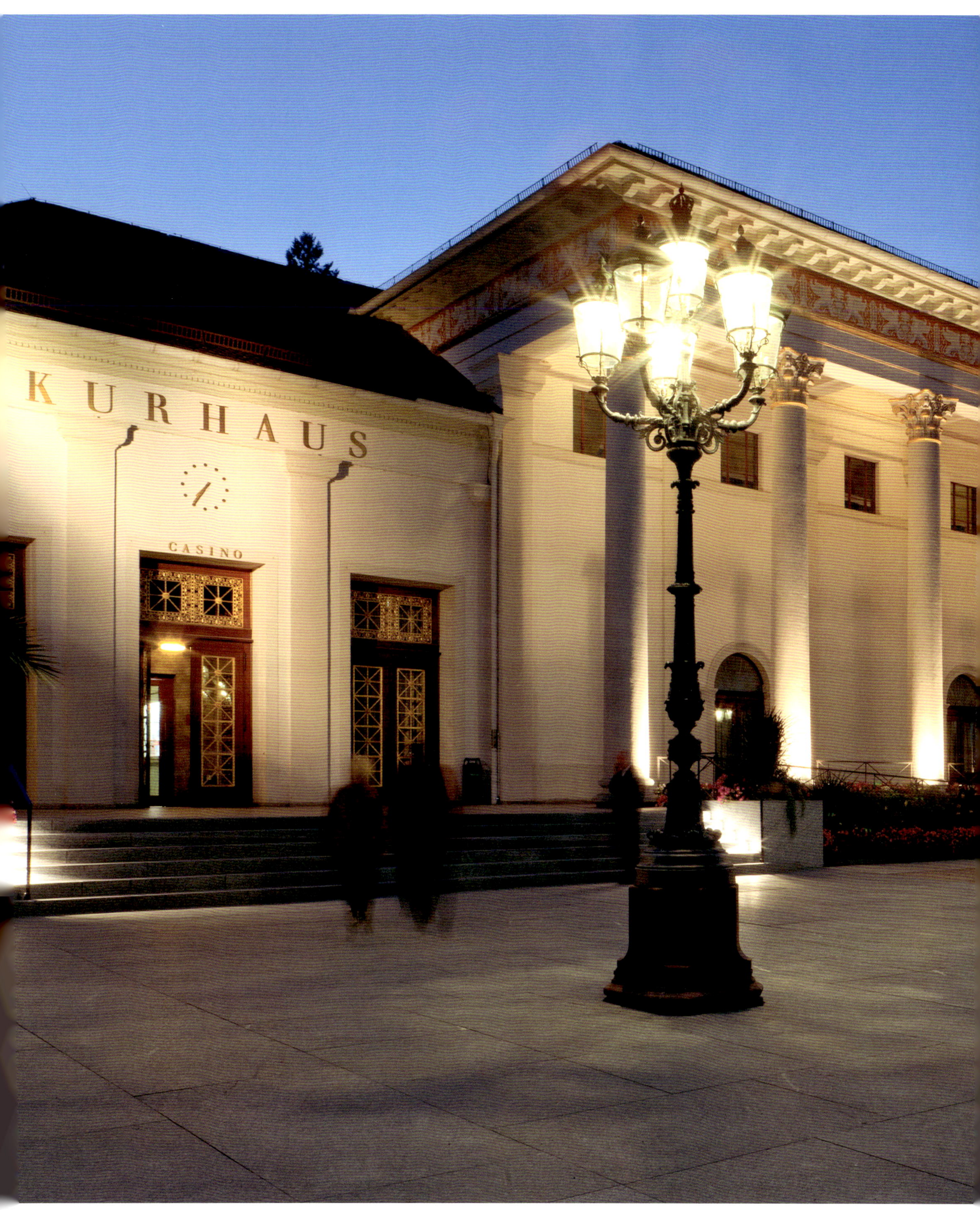

Kurhaus Baden-Baden bei Nacht, 2024 (BKV)

LITERATUR- UND QUELLENVERZEICHNIS

QUELLEN

Generallandesarchiv Karlsruhe (GLA):

56-1 (Generalintendanz der Civilliste),

195 (Baden-Baden Stadt),

233 (Badisches Staatsministerium),

236 (Badisches Innenministerium),

339 (Bezirksamt Baden-Baden),

424a Zugang 1996-67 (Staatliches Hochbauamt Baden-Baden),

565 (Staatliches Rheumakrankenhaus Baden-Baden),

N Nebenius (Nachlass Karl Friedrich Nebenius)

Grundbuchzentralarchiv Kornwestheim:

ACH 5 A 002.327.061 (Grundbuchamt Baden-Baden)

Stadtarchiv Baden-Baden:

C20/9-1 (Schriftwechsel Bezirks-Bauinspektion Baden)

A26/15-69 (Bauliche Unterhaltung des Kurhauses, Umbaumaßnahmen)

A 26/15-83 (Kurhaus Inventar)

C25/1070 (Konversationshaus. Die Spielpacht in Baden)

LITERATUR

Das Friedrichsbad in Baden-Baden. Beschreibung des Baues und Anleitung zum Gebrauche der Bäder und der Trinkkur, nebst Badeordnung, Baden-Baden 2002 (Nachdruck der Ausgabe von 1878)

Ausst.-Kat. Frankreich-Baden im Spiegel der Geschichte 1660–1860, bearb. von Michel Francois, Baden-Baden 1946

Dr. v. Blaha: Chabert, Bénazet und die Gebrüder Blanc, oder die Geheimnisse des Roulettespiels und der deutschen Spielbanken. Grimma/Leipzig [circa 1850]

Wilhelm von Chezy: Tableau de Baden-Baden et de ses environs, Carlsruhe 1841

Ulrich Coenen: Die Kurhäuser in Baden-Baden und Wiesbaden – Ein neuer klassizistischer Bautyp innerhalb der Bäder- und Kurarchitektur und seine Einbindung in die Landschaft, in: Die Ortenau – Jahrbuch des Historischen Vereins für Mittelbaden, 2021, Band 101, S. 231–260

Ulrich Coenen: Baden in Baden-Baden. Von den römischen Anlagen zur modernen Caracallatherme, in: Die Ortenau – Mitteilungen des Historischen Vereins für Mittelbaden, Nr. 81, Offenburg i. B., 2001, S. 189–228

Fjodor Dostojewski: Der Spieler. Roman aus dem Badeleben, Berlin 1888, S. 157.

Volkmar Eidloth: Kleine historische Geographie europäischer Kurstädte und Badeorte im 19. Jahrhundert, in: Europäische Kurstädte und Modebäder des 19. Jahrhunderts (Int. Fachtagung des Deutschen Nationalkomitees von ICOMOS (…) 25.–27.11.2010), hg. von Volkmar Eidloth, Stuttgart 2012 (Hefte des Deutschen Nationalkomitees, Nr. 24), S. 15–44

Eugene Guinot: »Ein Sommer in Baden«, Leipzig 1858

Rolf Gustav Haebler: Der Weinbrennersaal – Die abwechslungsreiche Geschichte eines berühmten Saales im Kurhaus zu Baden-Baden, in: Die Ortenau. Veröffentlichungen des Historischen Vereins für Mittelbaden, 47. Jg. 1967, S. 229–242.

Peter Kohlbecker: Der Architekt Friedrich Weinbrenner in Baden-Baden, in: Aquae. – Baden-Baden. Arbeitskreis für Stadtgeschichte Baden-Baden, 2011, S. 124–146

Heike Kronenwett: Baden-Baden – Vom römischen Kurort zur Sommerfrische Europas, in: Europäische Kurstädte und Modebäder des 19. Jahrhunderts, (Int. Fachtagung des Deutschen Nationalkomitees von ICOMOS 25.–27.11.2010), hg. von Volkmar Eidloth, Stuttgart 2012 (Hefte des Deutschen Nationalkomitees, Nr. 24), S. 43–56

Heike Kronenwett (Hrsg.): Baden im Applaus. 150 Jahre Theater in Baden-Baden. Rendezvous, Baden-Baden 2012

August Lewald: Die Saison von Baden-Baden, in: Europa 2 (1839), S. 557–564

Wilhelm Michel: Neue Räume im Kurhaus Baden-Baden von den Werkstätten Anton Pössenbacher München, in: Das behagliche Heim – Innendekoration. Die gesamte Wohnungskunst in Bild und Wort, hg. von Alexander Koch, XLVII. Jahrgang, Darmstadt-Stuttgart 1936, S. 357–367

Jonas Mylius/Heinrich Wagner: Baulichkeiten für Cur- und Badeorte, in: Josef Durm: Handbuch der Architektur, Theil 4, Darmstadt 1894, S. 1–40

Karlfriedrich Ohr: Das Friedrichsbad in Baden-Baden, in: Denkmalpflege in BW, Bd. 25 Nr. 1 (1996)

Alois Schreiber: Ausgeführte und projectirte Gebäude von Friedrich Weinbrenner, großherzoglich badischen Ober-Baudirektor, Carlsruhe und Baden 1835

Christian Spielmann: Das Kurhaus zu Wiesbaden 1808–1904, Wiesbaden 1904

Stadtmuseum/Stadtarchiv Baden-Baden (Hg.): Promenade der Klassik. Friedrich Weinbrenner in Baden-Baden, bearb. von Ulrich Maximilian Schumann, Bad Saulgau 2015

August Stürzenacker: Das Kurhaus in Baden-Baden und dessen Neubau 1912–1917, Karlsruhe 1918

Eva Zimmermann: Baden-Baden, Sommerhauptstadt Europas: Eine deutsch-französische Beziehungsgeschichte, 1840–1870, Heidelberg: Heidelberg University Publishing, 2024 (Pariser Historische Studien, Band 128)